陈鹤 编著



# 行政法与行政诉讼法精编案例教程（第二版）

XINGZHENGFA YU XINGZHENG SUSONGFA JINGBIAN ANLI JIAOCHENG

華中科技大學出版社
http://www.hustp.com
中国·武汉

## 内 容 提 要

本书是为行政法与行政诉讼法理论课教学编写的配套案例教材。在编写体例上，按行政法学内在的逻辑结构与通行的理论体系，分为十六章，可与通用的理论课教材相配合。全书含130多个案例，尽量涉及更多的行政法规范，尽量选择典型案例，尽量反映案例的原貌，每个案例分别针对理论教学中的一个知识点，便于教师选择使用。案例点评则将法理分析与公共政策分析有机地结合起来。本书可供法学专业或公共管理专业教学使用，也可作为人文社科通识教育的教材。

**图书在版编目(CIP)数据**

行政法与行政诉讼法精编案例教程/陈鹤编著. —2版. —武汉：华中科技大学出版社，2019.12
ISBN 978-7-5680-1864-7

Ⅰ.①行… Ⅱ.①陈… Ⅲ.①行政法-案例-中国-教材 ②行政诉讼法-案例-中国-教材
Ⅳ.①D922.105 ②D925.305

中国版本图书馆 CIP 数据核字(2019)第 296803 号

**行政法与行政诉讼法精编案例教程(第二版)**
Xingzhengfa yu Xingzheng Susongfa Jingbian Anli Jiaocheng (Di-er Ban) 陈 鹤 编著

策划编辑：钱 坤 周晓方
责任编辑：殷 茵
责任校对：刘 竣
封面设计：原色设计
责任监印：周治超
出版发行：华中科技大学出版社(中国·武汉) 电话：(027)81321913
武汉市东湖新技术开发区华工科技园 邮编：430223
录 排：华中科技大学惠友文印中心
印 刷：武汉科源印刷设计有限公司
开 本：710mm×1000mm 1/16
印 张：23.25
字 数：558千字
版 次：2019年12月第2版第1次印刷
定 价：49.80元

# 第二版前言

本教材出版以来，我国行政法的理论和实践都发展较快，尤其是行政法的立法工作成绩显著，行政诉讼方面也出现了不少经典案例。编者希望将最新的立法突破、经典案例和理论进展在本教材中体现出来，这就是修订本教材的初衷。

本次修订在原版 111 个案例的基础上，增加了 31 个案例，替换了 12 个案例，删除了 5 个案例。修订之后，案例的总数增加了，分类更合理了，时效性更强了，并且涉及的法律问题更广泛了。

本次修订还有一个重大改进，即在案例中出现法律、法规、规章、司法解释的名称时，用注释标明其立法变迁过程，并且说明在本案中所依据或所指的法律处于变迁过程的哪个阶段。据编者所知，在同类教材中，这还是首创。这样编写的目的，一是让学生查阅法条时不会出错，二是帮助学生理解该立法的来龙去脉。学生将会发现，某些法律的修改(修订或修正)相当频繁，这一方面体现了我国法律制度还不够稳定，另一方面也反映出我国社会政治经济发展迅速从而促使立法活动紧跟时代脉搏。

# 第一版前言

案例教学是现代法学教育的必然要求。经过多年的实践，国内学者已经编写了不少高质量的案例教学教材。现有的案例教学，其出发点在于解决传统的课堂教授法与实践型人才需求之间的矛盾，希望通过教学手段与方法的革新，使法学专业的学生毕业后能尽快成为司法实务部门和律师界的急需人才。然而，非法学专业的学生又如何从法学案例教学中受益呢？非法学专业的学生接受法学教育，这既是社会主义法治建设的需要，也是培养现代公民的需要。在此，案例教学是一种人文科学教育手段，而不是法律职业性训练手段。显然，作为两种不同手段的案例教学，应当使用不同的教材。

本教程的特点体现在以下四个方面。

首先，本教程不仅仅适用于法学专业学生，或者说，它更多是为非法学专业的学生准备的。因此，本教程的研究对象不能局限于狭义的法律本身，而是要扩及对更广义的法律现象的探索，其中包括对法院的“一般做法”(或称“习惯性做法”、“倾向性做法”)的观察和分析。编者想让学生知道，对于现行法律中的概念和原则，我国的法官是如何理解和运用的；编者想让学生了解，由立法者造出的法，在实践中是如何发挥作用的；编者想让学生思考，我们立法、执法、司法上的偏差，以及出现偏差的原因和解决途径。

其次，在案例的编写体例上，本教程按行政法学内在的逻辑结构与通行的理论体系，分为行政法概述、行政法基本理论与基本原则、行政主体概论、行政机关、公务员、行政行为概论、行政立法、行政许可、行政处罚、行政强制、其他具体行政行为、行政调解、行政合同及行政指导、行政程序、行政复议、行政诉讼、行政赔偿，共十六章。这样的体例安排，符合行政法与行政诉讼法课程教学的惯例，也能够与常用的理论课教材很好地配合。为了突出案例的知识点，编者还在每一个案例的标题上冠以简短的概括语。

再次，本教程在案例的选择上遵循以下原则。①尽量涉及更多的行政法律、法规、规章，使非法学专业的学生能够通过案例了解更多的行政法规范。②尽量选择典型性案例。《人民法院改革五年纲要(1999—2003)》规定，从“2000 年起，经最高人民法院审判委员会讨论、决定有适用法律问题的典型案件予以公布，供下级法院审判类似案件时参考”。本教程优先选取《最高人民法院公报》中影响较大和时间上较新近的案件。同时，每年年终由媒体评选出来的当年典型案件也是本教程选择的重点。③尽量反映案例的原貌。不同于很多教材将案例简化处理，本教程力求反映案例的原貌，使学生能够对案情的真实性、复杂性有一个直观的认识。

最后,在案例点评中,本教程将法理分析与公共政策分析有机地结合起来,将公共管理的理论与方法融入非法学专业的法学教育中。编者认为,行政法治与现代国家行政管理是密不可分的,大学在对学生进行法律思维训练时,也应当同时施以公共管理的思维训练。因此,本教程也可以作为公共管理、公共政策分析等课程的案例教材使用。

# 目　录

# 第1章　行政法概述

## 案例1　行政法治应追求公共利益与私人利益的平衡

——益民公司诉河南省周口市人民政府等行政行为违法案①

### 【案情简介】

2003年4月26日,河南省周口市发展计划委员会(以下简称市计委)向河南亿星实业集团有限公司(以下简称亿星公司)、周口市益民燃气有限公司(以下简称益民公司)等13家企业发出邀标函,着手组织周口市天然气城市管网项目法人招标。同年5月2日发出《周口市天然气城市管网项目法人招标方案》(以下简称《招标方案》),规定投标人应"按时将5000万元保证金打入周口指定账户,中标企业的保证金用于周口天然气项目建设"。益民公司在报名后因未能交纳5000万元保证金而没有参加最后的竞标活动。5月12日,正式举行招标。6月19日,市计委依据评标结果和考察情况向亿星公司下发了《中标通知书》。6月20日,周口市人民政府(以下简称市政府)作出周政〔2003〕54号《关于河南亿星实业集团有限公司独家经营周口市规划区域内城市管网燃气工程的通知》(以下简称54号文)。

益民公司认为,市计委、市政府作出的上述《招标方案》、《中标通知书》和54号文违反了法律规定,并侵犯了其依法享有的管道燃气经营权,遂向河南省高级人民法院提起行政诉讼。

河南省高级人民法院认定,益民公司1999年4月已取得工商营业执照,其经营范围包括燃气,2000年7月,益民公司又取得原周口地区建设局关于授予益民公司管道燃气专营权的批复。2003年6月,周口市的天然气管网项目进行招标并确定了亿星公司对周口市天然气管网项目的独家经营权。由于当时益民公司的燃气经营权并未被废止或撤销,亿星公司的天然气城市管网项目独家经营权直接与益民公司的燃气经营权冲突。所以,益民公司与被诉行政行为有法律上的利害关系,具备本案的原告主体资格。

河南省高级人民法院认定以下事实。首先,关于《招标方案》的合法性。市计

---

① 最高人民法院行政判决书(2004)行终字第6号。

委在益民公司的燃气经营权未被废止或撤销的情况下发布天然气城市管网项目法人招标方案属程序违法。其次,关于《中标通知书》的合法性。招标过程在适用邀请招标方式、给投标人的准备时间两个方面有违法之处,导致《中标通知书》违法。再次,关于 54 号文的合法性。54 号文是依据招标结果作出的,既然《招标方案》和《中标通知书》存在违法之处,则 54 号文缺乏合法的依据,因此构成违法行政行为。

河南省高级人民法院认为,尽管被诉的《招标方案》、《中标通知书》和 54 号文违法,但根据《最高人民法院关于执行〈中华人民共和国行政诉讼法〉若干问题的解释》[①](以下简称《若干解释》)第五十八条之规定,对被诉的三个行政行为不予撤销,对原告益民公司施工的燃气工程由市政府采取补救措施予以解决,具体理由如下。

(1) 被诉的行政行为虽然存在违法之处,但尚不属于《招标投标法》规定的中标结果当然无效的情形。

(2) 撤销被诉行政行为会对周口市的公共利益产生不利影响。根据《若干解释》第五十八条之规定,被诉行政行为违法,但撤销该行政行为将会给国家利益或公共利益造成重大损失的,人民法院应当作出确认被诉行政行为违法的判决,并责令被诉行政机关采取相应的补救措施。本案中,如果撤销被诉行政行为会产生如下后果。第一,将影响“西气东输”工程在周口市的接口和周口市居民使用天然气。第二,亿星公司已于 2003 年 11 月与中石油公司签订了“照付不议”用气协议,并将于 2004 年 7 月开始供气。如果撤销被诉行政行为,不仅会直接导致用气价款的损失,而且会影响周口市居民及时使用天然气。第三,被诉行政行为作出后,亿星公司已进行了较大资金投入,且已与中石油公司签订了“照付不议”用气协议,如果撤销被诉行政行为,在招标程序中无过错的亿星公司也会遭受较大经济损失。综合以上三点,可以认为,如果撤销被诉行政行为,就会对周口市的公共利益造成较大不利影响。

(3) 结合本案情况,对益民公司施工的天然气工程应由市政府采取补救措施予以解决。根据建设部《关于加快市政公用行业市场化进程的意见》(建城〔2002〕272 号)关于公用事业应通过招标实行特许经营的规定,既然根据公共利益的需要不撤销被诉行政行为,由亿星公司负责周口市天然气城市管网经营,那么,益民公司原有的燃气经营权应予废止。在此情况下,益民公司原来基于有关行政机关授予的燃气经营权而进行的工程建设和其他资产投入将形成益民公司的损失。对

① 本案依据的是法释〔2000〕8 号。《最高人民法院关于适用〈中华人民共和国行政诉讼法〉的解释》于 2018 年 2 月 8 日起施行。该解释施行后,《最高人民法院关于执行〈中华人民共和国行政诉讼法〉若干问题的解释》(法释〔2000〕8 号)、《最高人民法院关于适用〈中华人民共和国行政诉讼法〉若干问题的解释》(法释〔2015〕9 号)同时废止。

此，市政府及有关职能部门负有一定的责任，市政府应根据诚信原则对益民公司施工的燃气工程采取相应的补救措施。

河南省高级人民法院作出(2003)豫法行初字第 1 号行政判决如下：确认市计委作出的《招标方案》、《中标通知书》和市政府作出的 54 号文违法；由市政府对益民公司施工的燃气工程采取相应的补救措施；驳回益民公司的赔偿请求。

益民公司不服河南省高级人民法院上述行政判决，向最高人民法院提起上诉。

最高人民法院认为，虽然市计委作出《招标方案》、发出《中标通知书》及市政府作出 54 号文的行为存在适用法律错误、违反法定程序之情形，且影响了上诉人益民公司的信赖利益，但是如果判决撤销上述行政行为，将使公共利益受到损害。根据《若干解释》第五十八条之规定，应当判决确认被诉具体行政行为违法，同时责令被上诉人市政府和市计委采取相应的补救措施，以实现公共利益和个体利益的平衡。一审法院判决确认被诉具体行政行为违法并无不当，但其对补救措施的判决存在两点不足：一是根据法律精神，为防止行政机关对于采取补救措施之义务无限期地拖延，在法律未明确规定期限的情况下，法院可以指定合理期限，但一审判决未指定相应的期限；二是一审判决仅责令市政府采取相应的补救措施，而未对市计委科以应负的义务。

2005 年 3 月，最高人民法院作出终审判决如下：维持一审判决第一项、第三项；一审判决第二项改为“责令周口市人民政府、周口市发展计划委员会于本判决生效之日起六个月内采取相应补救措施，对周口市益民燃气有限公司的合法投入予以合理弥补”。

## 【点评】

该案例体现了现代行政法治的发展趋势。[①]

**1. 平衡观念**

行政法的核心矛盾是行政权力与相对方权利之间的“关系”问题。传统行政法治模式从主体视角出发，以行政权为核心来构建行政法律制度体系，这就导致了传统行政法的一边倒问题——要么片面地保护行政权，要么片面地控制行政权。现代行政法治建设应确立基于“关系”视角的平衡观念，在维护、监督行政主体依法行政与保护公民、法人和其他组织的合法权益之间谋求一种平衡，通过对行政主体与行政相对方的有效激励和制约，实现行政权力与相对方权利在总体结构上的平衡，以兼顾公共利益和私人利益，确保社会持续、稳定的发展。本案中两审法院都认为，根据《若干解释》第五十八条之规定，应当判决确认被诉具体行政行为违法，同时责令被告或被上诉人(市政府和市计委)采取相应的补救措施，以实现公共利益

① 罗豪才：《现代行政法制的发展趋势》，《国家行政学院学报》2001 年第 5 期。

和私人利益的平衡,就典型地体现了兼顾公共利益和私人利益的平衡观念。

**2. 现代行政法价值取向中的秩序与自由、公平与效率之间的关系将趋于更加和谐、合理**

首先是秩序。行政法所追求的秩序,其价值主要在于保证人们行为的可预期性。

其次是自由。自由是现代行政法的重要价值。当然,这种“自由”是指公民的自由,而非行政机关的自由;是指行政法范围内的自由,而非没有边界、为所欲为的自由。自由的价值之所以在现代行政法中越来越被重视,主要归因于市场经济中的经济自由与政治民主从来都是形影不离的。我国社会主义市场经济体制的确立与完善,要求现代行政法不仅要将行政相对方从传统行政法的束缚中解放出来,做一个能够自主决定的主体,还要求行政机关积极行政,更加有力地保障公民权利和自由的全面实现。

再次是公平。行政法的公平价值,既是指执法公正与司法公正,更是指立法过程中的平等对待;既指同代人之间的机会均等与分配公平,还要兼顾跨代的资源配置公平。

最后是效率。罗豪才等学者认为,行政法内的公平与效率关系可以概括为:在内部行政行为中应以效率优先,兼顾公平;在抽象行政行为中应以公平优先,兼顾效率;在强制性行政行为中应以效率优先,兼顾公平;在非强制性行政行为中应以公平优先,兼顾效率。[①] 本案的判决,确认市政府和市计委的行政行为违法并给予原告补偿,正是出于兼顾秩序与自由、公平与效率的考虑。

## 案例 2 行政权力的参与是构成行政法律关系的必要条件

——长春亚泰足球俱乐部诉中国足协案[②]

### 【案情简介】

2001 年,中国足球协会(以下简称中国足协)组织全国足球甲级联赛并实施管理,长春亚泰足球俱乐部(以下简称长春亚泰)依据有关规则参加了全国足球甲级B组联赛。中国足协在联赛后的 2001 年 10 月 16 日作出《关于对四川绵阳、成都五牛、长春亚泰、江苏舜天和浙江绿城俱乐部足球队处理的决定》(以下简称 14 号处理决定),取消长春亚泰升入甲 A 的资格和 2002 年、2003 年甲、乙级足球联赛引

① 罗豪才、宋功德:《行政法的失衡与平衡》,《中国法学》2001 年第 2 期。

② 罗璇、曹斌:《面临尴尬:长春亚泰状告中国足协》,《中国律师》2002 年第 3 期。

进国内球员的资格，并限长春亚泰内部整顿 3 个月，同时对教练员和球员作出停止转会资格的处罚。长春亚泰不服，于 2001 年 10 月 19 日和 11 月 10 日两次向中国足协提出申诉状，但中国足协未给予答复。

2002 年 1 月 7 日，长春亚泰足球俱乐部及全体教练员、球员向北京市第二中级人民法院递交了以中国足协为被告的行政起诉状。北京市第二中级人民法院于同年 1 月 23 日以“不符合法律规定的受理条件”为由作出了不予受理的裁定。原告长春亚泰认为，中国足协是法律法规授权的组织，中国足协的 14 号处理决定属于行政诉讼受案范围，因此，于 2002 年 1 月 28 日向北京市高级人民法院上诉，请求撤销北京市第二中级人民法院的不予受理的裁定。

2002 年 1 月 29 日，吴长淑等 12 位全国人大代表联名上书全国人大常务委员会，提请全国人大常务委员会就长春亚泰对中国足协提起的行政诉讼案进行监督，并责成相关的人民法院受理此案。[①] 但最终，该案仍未能进入司法程序。对行业协会管理权能否进行司法审查，至今仍是我国法学界和司法界争议的热点问题。

## 【点评】

本案争议的焦点有三。一是中国足协是否具有行政诉讼的被告主体资格？二是该处罚是否属于中国足协的内部管理行为？三是本案是否应当仲裁？

**1. 中国足协具有行政诉讼的被告主体资格**

中国足协是全国单项体育协会，根据我国《体育法》[②]第三十一条第三款关于“全国单项体育竞赛由该项运动的全国性协会负责管理”的规定，中国足协是法律授权的管理全国足球竞赛的组织。中国足协虽然注册为社团法人，但是它并不是自下而上的、通过全体成员民主选举而组成的自律性的民间社团，它的组织机构和管理人员是由国家体育管理机关指定和任命的，国家体育总局将足球行政管理的职能交其行使。同时它又是国家体育总局下属的中国足球运动管理中心，实为两块牌子一个机构。因此，中国足协与各俱乐部及其球员、教练员之间的关系是行政管理者与被管理者之间的关系，而非民事法律关系，中国足协具有行政诉讼被告的主体资格。

① 《全国人大代表再次要求法院受理长春亚泰告足协案》，http://sports.sina.com.cn/b/2002-03-16/16248135.shtml，访问时间：2012 年 6 月 1 日。

② 本案依据的是 1995 年 8 月 29 日第八届全国人民代表大会常务委员会第十五次会议通过的《体育法》。该法已被 2009 年 8 月 27 日第十一届全国人民代表大会常务委员会第十次会议第一次修正，2016 年 11 月 7 日第十二届全国人民代表大会常务委员会第二十四次会议第二次修正。

根据我国《行政诉讼法》[1]第二十五条第四款“由法律、法规授权的组织所作的具体行政行为,该组织是被告”的规定,中国足协作为法律、法规授予行政管理权的组织,可以作为行政诉讼的被告。

**2. 该处罚不属于中国足协的内部管理行为**

中国足协作为法律、法规授权的组织和社团法人,兼具法律、法规授予的行政管理权和按照行业规章的自律管理权两类管理权。两类管理权有所区别:中国足协作为行业协会,其自律管理权是依据章程规定对足球竞技活动进行管理,包括对竞赛规则、裁判及其规则以及竞赛本身的管理等,是一种专业技术性管理,主要依据自律性的竞赛规则;而中国足协作为法律、法规授权的组织,其享有的法律、法规授予的行政管理权是依据法律、法规的规定行使的,这种管理权包括对整个行业的组织和宏观管理、对相对人的注册管理、对相对人的赛场外处罚等,涉及相对人法定的人身权和财产权(包括注册许可、劳动就业、经济处罚、停业等),是一种法定的公权力。上述两类管理权所产生的纠纷,其解决方式有所不同:前者是按照行业协会章程规定,由行业协会自行解决;而后者则只能按照法律的规定,通过司法机关依据法定的行政诉讼程序解决。

中国足协对长春亚泰足球俱乐部及教练员、球员的14号处理决定,是在赛场之外作出的处罚,其内容涉及长春亚泰足球俱乐部及教练员、球员在整个职业联赛中的升级,全体教练员、球员的年度注册等,严重影响了长春亚泰足球俱乐部的经营权和教练员、球员的就业权。中国足协的这一决定远远超出了其行业自律管理的范畴,属于实施公权力的处罚行为。从公平的立场出发,对行政处罚行为产生的纠纷,不能由中国足协自身最终裁决。

**3. 本案纠纷不应当仲裁**

我国《体育法》第三十三条规定:“在竞技体育活动中发生纠纷,由体育仲裁机构负责调解、仲裁。体育仲裁机构的设立办法和仲裁范围由国务院另行规定。”那么,本纠纷是否应适用仲裁方式呢?答案应当是否定的。原因之一,《体育法》第三十三条规定的前提条件是竞技体育活动中的纠纷,而不是体育管理的纠纷。原因之二,仲裁所能解决的纠纷是平等民事主体之间的纠纷,而本案涉及的是体育行政管理方与被管理方之间的纠纷,是不平等主体之间的纠纷。本案纠纷只能通过行政诉讼解决。

---

① 本案依据的是1989年4月4日第七届全国人民代表大会第二次会议通过的《行政诉讼法》。该法已被2014年11月1日第十二届全国人民代表大会常务委员会第十一次会议第一次修正,2017年6月27日第十二届全国人民代表大会常务委员会第二十八次会议第二次修正。

## 案例3　行政权力运用不当应承担相应法律责任

### ——王丽萍诉中牟县交通局行政赔偿纠纷案[①]

### 【案情简介】

王丽萍在河南省中牟县东漳乡小店村开办了一个养猪场。2001年9月27日上午，王丽萍借用小店村村民张军明等三人的3辆小四轮拖拉机装载31头生猪准备到开封销售，路上遇中牟县交通局（以下简称县交通局）的工作人员查车。经检查，县交通局的工作人员以没有交纳养路费为由向张军明等三人送达了《暂扣车辆凭证》，将装生猪的两轮拖斗摘下放在仓寨乡黑寨村村南，便驾驶小四轮主车离去。卸下的两轮拖斗失去车头支撑后成45°角倾斜，拖斗内的生猪站立不住往一侧挤压，当场因挤压受热死亡2头。王丽萍通过旁人的帮助才将剩下的29头生猪转移到收猪车上。29头生猪运抵开封时又死亡13头。王丽萍将13头死猪以每头30元的价格出售。同年11月22日，王丽萍向县交通局申请赔偿遭拒绝，遂向中牟县人民法院提起行政诉讼，请求判令县交通局赔偿生猪死亡损失10500元，交通费损失1700元。

中牟县人民法院于2002年3月19日判决，被告县交通局扣押原告王丽萍借用的3台小四轮拖拉机车头，造成王丽萍的生猪死亡的行为违法，要求被告于判决生效之日起3日内赔偿原告经济损失10500元。宣判后双方当事人均未上诉，一审判决发生法律效力。

### 【点评】

行政权力的运用是否恰当，不仅包括认定事实是否清楚、适用法律是否正确、是否符合法定程序，还包括行政权力主体是否合理地使用行政自由裁量权。明显不合理的具体行政行为构成滥用职权。本案中，准备暂扣的小四轮拖拉机正处在为原告王丽萍运送生猪的途中，无论暂扣车辆的决定是否合法，被告县交通局的工作人员准备执行这个决定时都应该知道，在炎热的天气下，运输途中的生猪不宜受到挤压以及在路上久留。不管这些生猪归谁所有，只有及时妥善处置后再行扣车才能保证不因扣车而使该财产遭受损失。然而，县交通局工作人员不考虑该财产的安全，对于王丽萍“将生猪运抵目的地后再扣车”的合理请求置之不理，卸下两轮

---

① 《王丽萍诉中牟县交通局行政赔偿纠纷案》，《最高人民法院公报》2003年第3期。

拖斗,开走主车。县交通局工作人员在执行暂扣车辆决定时的这种具体行政行为不符合合理、适当的要求,是滥用职权。依照《行政诉讼法》[①]第五十四条第一款第(二)项第5目和《最高人民法院关于执行〈中华人民共和国行政诉讼法〉若干问题的解释》[②]第五十七条第二款第(二)项的规定,应当确认县交通局工作人员在行使行政职权时的行为违法,并承担相应的赔偿责任。

## 案例4 行政法律关系中的行政穷尽原则

### ——平乐乡人民政府诉失学儿童家长案[③]

### 【案情简介】

贵州省安龙县平乐乡是一个偏远闭塞的少数民族聚集乡,当地经济落后,人们观念陈旧,女童辍学现象严重。罗琴等四位女童辍学后,学校老师几次上门劝请家长们将孩子送回学校,家长们不予理会。教师们把情况反映到平乐乡人民政府。2001年3月9日,乡政府给上述四位失学女童的家长下达了《入学通知书》,严肃告诫家长要立即送子女入学,否则将采取行政手段进行处罚。在家长不听从告诫的情况下,4月13日,平乐乡人民政府正式给上述家长下达《行政处罚决定书》。但家长仍然置之不理。8月中旬,经乡党政联席会研究决定,乡政府将侵害子女九年制义务教育权利的三名家长(其中一名为两位失学女童的家长)告上法院,要求法院判令被告人送其子女入学。

2001年9月3日,安龙县人民法院维护妇女儿童合法权益审判庭公开开庭审理平乐乡人民政府诉辖区罗益坤等侵害子女九年制义务教育权利一案,旁听的群众数千人。这是贵州省首例政府状告失学儿童家长违反《义务教育法》的官告民案件。

---

① 本案依据的是1989年4月4日第七届全国人民代表大会第二次会议通过的《行政诉讼法》。该法已被2014年11月1日第十二届全国人民代表大会常务委员会第十一次会议第一次修正,2017年6月27日第十二届全国人民代表大会常务委员会第二十八次会议第二次修正。

② 本案依据的是法释〔2000〕8号。《最高人民法院关于适用〈中华人民共和国行政诉讼法〉的解释》于2018年2月8日起施行。该解释施行后,《最高人民法院关于执行〈中华人民共和国行政诉讼法〉若干问题的解释》(法释〔2000〕8号)、《最高人民法院关于适用〈中华人民共和国行政诉讼法〉若干问题的解释》(法释〔2015〕9号)同时废止。

③ 郭兴利:《乡政府诉失学儿童家长案的法理困境》,《政治与法律》2005年第3期。

法庭经审理后认为，三被告的行为违反了《义务教育法》[①]第十一条第一款“父母或者其他监护人必须使适龄的子女或者被监护人按时入学，接受规定年限的义务教育”的规定和《未成年人保护法》[②]第九条“父母或者其他监护人应当尊重未成年人接受教育的权利，必须使适龄未成年人按照规定接受义务教育，不得使在校接受义务教育的未成年人辍学”的规定，判决三被告停止对其子女接受九年制义务教育权利的侵害，责令立即履行送子女复学的法定义务。

## 【点评】

在本案中，行政主体（乡政府）已经下达了《入学通知书》、《行政处罚决定书》，而女童家长仍不履行送子女入学的义务。面对如此情形，乡政府又应当如何处理呢？

首先，从理论方面讲，此时，直接来自《义务教育法》所规定的抽象的“法定义务”已经转化为具体行政行为所确定的义务，如果行政相对人（家长）不履行该义务，行政主体（乡政府）应该采取强制手段以体现行政行为的强制力，从而实现行政行为的效力。

其次，从实践方面讲，《义务教育法实施细则》[③]第四十条规定：“适龄儿童、少年的父母或者其他监护人未按规定送子女或者其他被监护人就学接受义务教育的，城市由市、市辖区人民政府或者其指定机构，农村由乡级人民政府，进行批评教育；经教育仍拒不送其子女或者其他被监护人就学的，可视具体情况处以罚款，并采取其他措施使其子女或者其他被监护人就学。”这里的“其他措施”当然包括行政强制措施。

可见，无论是理论上还是实践上，乡政府都应当积极行使行政权力而不是提起诉讼。

当家长未履行义务而乡政府对家长们实施行政管理（下达《入学通知书》、《行政处罚决定书》）时，家长们只是消极地不履行原来的义务，并没有积极地反对在他们看来乡政府为他们设定的新的义务。面对行政相对人的这种消极不作为，乡政府应当采取各种行政措施来促使相对人履行义务。这一过程需要的是行政权的运

---

① 本案依据的是1986年4月12日第六届全国人民代表大会第四次会议通过的《义务教育法》。现行《义务教育法》已被2006年6月29日第十届全国人民代表大会常务委员会第二十二次会议重新修订，2015年4月24日第十二届全国人民代表大会常务委员会第十四次会议第一次修正，2018年12月29日第十三届全国人民代表大会常务委员会第七次会议第二次修正。

② 本案依据的是1991年9月4日第七届全国人民代表大会常务委员会第二十一次会议通过的《未成年人保护法》。现行《未成年人保护法》已被2006年12月29日第十届全国人民代表大会常务委员会第二十五次会议重新修订，2012年10月26日第十一届全国人民代表大会常务委员会第二十九次会议修正。

③ 本案依据的是1992年3月14日国家教育委员会令第19号发布的《义务教育法实施细则》。该细则已被2008年1月15日国务院令第516号发布的《国务院关于废止部分行政法规的决定》废止。

用,而不是司法权的介入。因为,司法权是判断权,而判断的基础是纠纷和争议的存在。本案中,家长们不履行义务是出于对乡政府强制执行力的经验性怀疑,家长和乡政府之间就女童接受教育的权利问题并不存在纠纷和争议。就本案而言,只有当女童家长认为乡政府行政权力使用不当,向人民法院提起行政诉讼时,才需要司法权的介入。

乡政府提起诉讼的做法,是与行政行为效力原则相冲突的,也是与行政权和司法权分立的原则相冲突的。这种做法混淆了司法权与行政权的界限,不恰当地将乡政府行政管理工作中的困难转嫁给了人民法院。

## 案例 5 行政法的不同渊源冲突时的处理

——刘家海诉南宁市公安局交警二大队交通行政处罚违法案[①]

### 【案情简介】

广西壮族自治区南宁市市民刘家海 2005 年 1 月 27 日驾驶摩托车在南宁市民主路思贤路口被值勤交通民警以不按规定车道行驶为由当场处以 100 元罚款。刘家海不服,于 2005 年 3 月 18 日向南宁市青秀区人民法院提起行政诉讼。

刘家海认为,根据《行政处罚法》[②]第三十三条规定,对公民处以警告或 50 元以下罚款的行政处罚才能适用简易程序当场处罚,该条款没有“法律另有规定除外”这样允许例外的但书规定;而且《行政处罚法》第三条还特别规定,法律、法规、规章对行政处罚的规定和行政机关实施行政处罚的程序,都必须“依照本法”,这是明确排除其他法律、法规、规章作出除外规定的效力的。所以,被告对原告的处罚违反了《行政处罚法》规定的法定程序,应属违法无效。

被告认为,其根据《道路交通安全法》[③]第一百零七条第一款和公安部《道路交

① 《广西南宁市法院开先河:以〈立法法〉裁判行政争议》,http://www. chinalawedu. com/news/21606/138/2006/2/ma1089405044162600299400_183032. htm,访问时间:2012 年 6 月 1 日。

② 本案依据的是 1996 年 3 月 17 日第八届全国人民代表大会第四次会议通过的《行政处罚法》。该法已被 2009 年 8 月 27 日第十一届全国人民代表大会常务委员会第十次会议第一次修正,2017 年 9 月 1 日第十二届全国人民代表大会常务委员会第二十九次会议第二次修正。

③ 本案依据的是 2003 年 10 月 28 日第十届全国人民代表大会常务委员会第五次会议通过的《道路交通安全法》。该法已被 2007 年 12 月 29 日第十届全国人民代表大会常务委员会第三十一次会议第一次修正,2011 年 4 月 22 日第十一届全国人民代表大会常务委员会第二十次会议第二次修正。

通安全违法行为处理程序规定》[①]第七条第二款的规定，对原告作出的处罚是符合法律规定的。被告特别指出，此案适用的是《道路交通安全法》而非《行政处罚法》，是符合“新法优于旧法、特别法优于一般法”的法律适用规则的。所以，原告刘家海所诉理由不成立，请法院依法驳回其诉讼请求。

一审法院在审理过程中以本案存在特殊情况为由，向广西壮族自治区高级人民法院申请延长审理期限，至 2005 年 8 月作出了(2005)青行初字第 17 号行政判决书。

一审法院认为，《道路交通安全法》第一百零七条第一款规定：“对道路交通违法行为人予以警告、二百元以下罚款，交通警察可以当场作出行政处罚决定，并出具行政处罚决定书。”《道路交通安全违法行为处理程序规定》第七条第二款规定：“对个人处以二百元以下罚款的，可以适用简易程序，由交通警察当场作出处罚决定。”被告值勤交通民警对原告当场作出处罚决定依法有据，且符合上述法律、法规的规定。在本案中，被告对原告作出处罚依据的是《道路交通安全法》，该法是规范道路交通秩序的特别法，按照“特别法优于一般法”的法律适用原则，被告适用上述法律规定对原告作出当场处罚 100 元，适用法律、法规正确，程序合法。据此，原告主张处罚程序不合法的理由不成立，判决原告败诉。

原告不服一审判决，向南宁市中级人民法院提起上诉。上诉人认为，被上诉人和原审判决对适用简易程序而不是适用一般程序对上诉人处以 100 元罚款符合“特别法优于一般法”的法律适用规则的解释，不符合《行政处罚法》和《立法法》[②]。理由如下。

(1)《行政处罚法》是全国人大的立法，是关于行政处罚的基本法律。该法第三条和第三十三条是排除其他法律、法规和规章作出除外规定和不一致的规定的。《道路交通安全法》是全国人大常委会的立法，是基本法律以外的法律。《道路交通安全法》的规定与基本法律《行政处罚法》不一致的规定，应适用《行政处罚法》的规定。

(2)《道路交通安全法》中与《行政处罚法》不一致的规定，不是根据全国人大制定的《立法法》第二条、第七条规定而赋予全国人大常委会进行修改基本法律的权力和程序作出的，因此，《道路交通安全法》不具有改变《行政处罚法》规定的法律效力。

(3)“特别法优于一般法”的法律适用原则，依《立法法》第八十三条的规定，其

① 本案依据的是 2004 年 4 月 30 日发布的《道路交通安全违法行为处理程序规定》(公安部令第 69 号)。该规定已被 2008 年 11 月 17 日公安部令第 105 号自 2009 年 4 月 1 日起废止，现行《道路交通安全违法行为处理程序规定》同时施行。

② 本案依据的是 2000 年 3 月 15 日第九届全国人民代表大会第三次会议通过的《立法法》。该法已被 2015 年 3 月 15 日第十二届全国人民代表大会第三次会议修正。

适用的前提是“同一机关”制定的法律之间存在不一致的情况。全国人大与它的常委会是上下级的关系,不是“同一机关”,所以,不能用“特别法优于一般法”的法律适用原则来解释本案被上诉人适用行政处罚程序不合法的问题。

被上诉人则坚持认为《道路交通安全法》与《行政处罚法》关于行政处罚适用简易程序的规定不一致,按照“特别法优于一般法”的法律适用原则,应适用《道路交通安全法》的规定。

南宁市中级人民法院于2005年10月25日开庭对本案进行了审理,并于11月作出了(2005)南市行终字第105号终审判决书。法院认为,本案出现了法律规定的选择适用问题。针对双方当事人的诉辩主张,法院有必要对上述法律的地位、相互关系以及法律适用原则进行适当的评述。

法院认为,根据《立法法》第七条第二款“全国人民代表大会制定和修改刑事、民事、国家机构的和其他的基本法律”的规定,以及该条第三款“全国人民代表大会常务委员会制定和修改除应当由全国人民代表大会制定的法律以外的其他法律”的规定,全国人大常委会作为全国人大的常设机关,没有上下级的区分,应视为同一机关;全国人大和全国人大常委会制定的法律也不存在上位法和下位法的区分,只存在“基本法律”和“基本法律以外的法律”的区别。《行政处罚法》是全国人大制定的关于行政处罚的基本法律,《道路交通安全法》是全国人大常委会制定的关于道路交通安全管理的法律,属于基本法律以外的法律。由于两法不存在上位法和下位法的区分,故不存在下位法的规定与上位法的规定相抵触的情形,只是出现了同一机关制定的法律一般规定与特别规定不一致的情形,即《行政处罚法》的上述规定属于行政处罚适用简易程序的一般规定,《道路交通安全法》的上述规定属于对道路交通违法行为实施行政处罚适用简易程序的特别规定。

据上,二审判决认为,根据《立法法》第八十三条“同一机关制定的法律、行政法规、地方性法规、自治条例和单行条例、规章,特别规定与一般规定不一致的,适用特别规定”的规定,本案应选择适用《道路交通安全法》的上述规定。根据上诉人的违法事实,被上诉人决定给予上诉人罚款100元的行政处罚并无不当,同时也符合《道路交通安全法》规定的适用简易处罚程序的条件,因此,被上诉人适用简易程序对上诉人实施行政处罚没有违反法定程序。判决维持原判。

## 【点评】

《行政处罚法》及《道路交通安全法》都是法律,都是行政法的渊源。当两者的规定相冲突,就出现了法律规定的选择适用问题。法律选择适用的基本原则是上位法优于下位法,特别法优于一般法,新法优于旧法。对该基本原则的理解必须把握:不同位阶时,上位法优于下位法;同一位阶时,特别法优于一般法,新法优于旧法。本案中原告主张两法属于不同位阶,《行政处罚法》是上位法;而被告主张两法属于同一位阶，《道路交通安全法》是特别法，是新法。因此，本案的争议焦点就演变成了两法是否属于同一位阶的问题。

南宁市中级人民法院对本案作出终审判决，认定南宁市公安局交警二大队适用简易程序对刘家海处以 100 元罚款的行政行为合法，其理由是依据《立法法》，全国人大常委会作为全国人大的常设机关，与全国人大没有上下级的区分，应视为同一机关；全国人大和全国人大常委会制定的法律也不存在上位法和下位法的区分。由此，本案法院开了以《立法法》审理裁判行政争议之先河，值得关注。

关于本案，司法界及学术界仍存在争议。如公安部的机关报纸《人民公安报》2005 年 12 月 30 日第 6 版载文《交警能否当场决定给予我 200 元罚款处罚?》，其观点与本案原告（二审上诉人）一致。究竟孰是孰非？出现这种乱象的根源在于立法机关立法过程中的不严谨，问题的解决当然也需要立法机关的权威解释。

## 案例 6　行政规章的实施细则不是行政法的渊源

### ——施宝昌诉通州市卫生局行政处罚决定案[①]

### 【案情简介】

1999 年 2 月 24 日，江苏省通州市三余镇村民施宝昌在三余镇农贸交易市场销售生猪肉。三余镇生猪定点屠宰办公室（以下简称生猪办）在市场执法检查中，发现施宝昌没有营业执照、税务登记证，所经营的生猪也未经卫生检疫。于是，三余镇生猪办将未售完的猪肉扣留并变价处理给敬老院，得款 230 元作为罚款上缴镇财政。

施宝昌不服，以三余镇人民政府为被告向通州市人民法院提起行政诉讼。通州市人民法院经审理，判决撤销三余镇人民政府对施宝昌罚款的具体行政行为。

后三余镇人民政府经通州市财经贸易委员会将此案移送给通州市卫生局。通州市卫生局依据《食品卫生法》[②]第九条第（四）项、第四十二条的规定对施宝昌作出没收违法所得 230 元、罚款 1000 元的行政处罚。施宝昌仍不服，再次向通州市人民法院提起行政诉讼。

---

① 江苏通州市人民法院行政判决书(2000)通行初字第 39 号。

② 本案依据的是 1995 年 10 月 30 日第八届全国人民代表大会常务委员会第十六次会议通过的《食品卫生法》。该法已被《食品安全法》替代，自 2009 年 6 月 1 日起废止。

通州市人民法院经审理认为,《动物防疫法》[①]第四条明确划分了“已经检疫合格作为食品的动物产品”与“未经检疫或经检疫不合格的动物产品”两种情形下行政机关管辖权的范围:食品卫生主管部门只有在前一种情形下才有管辖权;后一种情形只能依《动物防疫法》的规定办理,该法第四十九条明确规定“经营依法应当检疫而没有检疫证明的动物、动物产品的,由动物防疫监督机构责令停止经营,没收违法所得”。按此规定,针对原告的违法事实只能由动物防疫监督机构处理,本案中被告属于越权。被告的行为违反了《行政诉讼法》[②]第五十四条第(二)项第4目关于行政执法不得超越职权的规定,应当撤销。

依照《行政诉讼法》第五十四条第(二)项第4目、《最高人民法院关于执行〈中华人民共和国行政诉讼法〉若干问题的解释》[③]第五十六条第(四)项的规定,通州市人民法院于2000年10月14日作出判决:撤销被告通州市卫生局对原告施宝昌作出的通卫食罚字(2000)第16号行政处罚决定;驳回原告要求行政赔偿的诉讼请求。

## 【点评】

本案首先要澄清“卫生检疫”与“卫生检验”两个概念。

卫生检疫与卫生检验是两种不同的行政监督形态,通过行政法律规范的调整,形成两种不同的行政法律关系:前者是由《动物防疫法》调整的,动物防疫监督机构在对动物、动物产品实现卫生检疫职能时形成的动物防疫监督机构与动物、动物产品经营者间的权利义务关系;后者是由《食品卫生法》调整的,食品卫生监督部门在对肉类及其制品实现卫生检验职能时形成的卫生监督部门与肉类及其制品经营者间的权利义务关系。

卫生检疫与卫生检验,仅一字之差,但两者是有严格区别的。①实施的时间阶段不同。卫生检疫在生猪屠宰之前进行,卫生检验则在生猪屠宰之后进行。②检查的内容和目的不同。卫生检疫是通过检疫对动物传染病、寄生虫病进行预防、控

① 本案依据的是1997年7月3日第八届全国人民代表大会常务委员会第二十六次会议通过的《动物防疫法》。现行《动物防疫法》已被2007年8月30日第十届全国人民代表大会常务委员会第二十九次会议重新修订,2013年6月29日第十二届全国人民代表大会常务委员会第三次会议第一次修正,2015年4月24日第十二届全国人民代表大会常务委员会第十四次会议第二次修正。

② 本案依据的是1989年4月4日第七届全国人民代表大会第二次会议通过的《行政诉讼法》。该法已被2014年11月1日第十二届全国人民代表大会常务委员会第十一次会议第一次修正,2017年6月27日第十二届全国人民代表大会常务委员会第二十八次会议第二次修正。

③ 本案依据的是法释〔2000〕8号。《最高人民法院关于适用〈中华人民共和国行政诉讼法〉的解释》于2018年2月8日起施行。该解释施行后,《最高人民法院关于执行〈中华人民共和国行政诉讼法〉若干问题的解释》(法释〔2000〕8号)、《最高人民法院关于适用〈中华人民共和国行政诉讼法〉若干问题的解释》(法释〔2015〕9号)同时废止。

制、消灭；卫生检验是通过检验摘除肉类及其制品中有害腺体、病变淋巴及各种病灶，确保肉类制品不带毛、不含血、不被污染，确保食用卫生和健康。③依据的规范性文件不同。国务院《生猪屠宰管理条例》[①]第八条明确规定：生猪屠宰的检疫及监督，依照动物防疫法和国务院的有关规定执行；生猪屠宰的卫生检验及监督，依照食品卫生法的规定执行。本案中，施宝昌无证经营的未经卫生检疫的生猪猪肉，早为他人所食用完毕，卫生管理部门已无法对这批猪肉产品实行现场卫生检验，也无从得出经卫生检验猪肉产品不合格的结论。卫生管理部门对施宝昌作出行政处罚缺乏基本事实佐证。卫生管理部门对施宝昌作出的行政处罚所根据的事实是三余镇生猪办在执法中获取的猪肉产品未经卫生检疫的有关事实，根据此事实作出行政处罚，显然是超越职权。

其次，本案还涉及某些行政规范能否作为行政法渊源的问题。

针对生猪检疫与检验问题，通州市卫生局提出，《江苏省生猪屠宰管理办法实施细则》中规定，集中检疫系指到批准的屠宰场进行宰前检疫和宰后卫生检验与品质检验，因此认为卫生检疫与卫生检验是一回事。然而，《江苏省生猪屠宰管理办法实施细则》是经江苏省人民政府同意、由省政府办公厅于1996年10月31日以苏政办发〔1996〕213号文发布的行政规范，该行政规范对"检疫"的解释不属于具有法律效力的法律解释，因而不能成为行政法的渊源。[②]

最高人民法院2004年《关于审理行政案件适用法律规范问题的座谈会纪要》[③]中指出："根据行政诉讼法和立法法有关规定，人民法院审理行政案件，依据法律、行政法规、地方性法规、自治条例和单行条例，参照规章。在参照规章时，应当对规章的规定是否合法有效进行判断，对于合法有效的规章应当适用。根据立法法、行政法规制定程序条例和规章制定程序条例关于法律、行政法规和规章的解释的规定，全国人大常委会的法律解释，国务院或者国务院授权的部门公布的行政法规解释，人民法院作为审理行政案件的法律依据；规章制定机关作出的与规章具有同等效力的规章解释，人民法院审理行政案件时参照适用。"可见，行政规章及其实施细则不能作为法院审理行政案件的法律依据。

《关于审理行政案件适用法律规范问题的座谈会纪要》还指出："行政审判实践中，经常涉及有关部门为指导法律执行或者实施行政措施而作出的具体应用解释和制定的其他规范性文件，主要是：国务院部门以及省、市、自治区和较大的市的人

① 本案依据的是1997年12月19日发布的《生猪屠宰管理条例》(国务院令第238号)。现行《生猪屠宰管理条例》已被2007年12月19日国务院第201次常务会议重新修订，2011年1月8日《国务院关于废止和修改部分行政法规的决定》第一次修正，2016年2月6日《国务院关于修改部分行政法规的决定》第二次修正。

② 周佑勇：《行政法案例教程》，复旦大学出版社2008年版。

③ 法〔2004〕96号，是最高人民法院发布的司法解释。

民政府或其主管部门对于具体应用法律、法规或规章作出的解释;县级以上人民政府及其主管部门制定发布的具有普遍约束力的决定、命令或其他规范性文件。行政机关往往将这些具体应用解释和其他规范性文件作为具体行政行为的直接依据。这些具体应用解释和规范性文件不是正式的法律渊源,对人民法院不具有法律规范意义上的约束力。但是,人民法院经审查认为被诉具体行政行为依据的具体应用解释和其他规范性文件合法、有效并合理、适当的,在认定被诉具体行政行为合法性时应承认其效力;人民法院可以在裁判理由中对具体应用解释和其他规范性文件是否合法、有效、合理或适当进行评述。"本案中,《江苏省生猪屠宰管理办法实施细则》关于"检疫"的解释显然与《动物防疫法》第四条的规定相抵触,人民法院可以在裁判理由中对其不合法性进行评述。

## 案例 7　宪法作为行政法的渊源

### ——赵恒先诉山东省人民政府争取滕州市行政自主权案[①]

### 【案情简介】

赵恒先作为山东省滕州市的人大代表,为了争取更多的行政自主权,并促使山东省实际施行直辖滕州的权力,于 2006 年 1 月 4 日将山东省人民政府告上了法院,要求法院确认山东省人民政府鲁政函〔1988〕24 号《关于撤销滕县设立滕州市的通知》无效,请求山东省人民政府严格、全面贯彻落实国务院国函〔1988〕43 号《关于山东省撤销滕县设立滕州市的批复》。

赵恒先认为:山东省人民政府将滕州市确定为枣庄市代管的行为,违反了《宪法》[②]和国务院的批复,严重束缚了滕州市县域经济的发展。

滕州市,1989 年以前叫滕县,位于山东省的南部,历史悠久,资源丰富,自古以来就是鲁南地区的政治、经济、文化中心,新中国成立初是滕县专区的驻地,辖济宁、枣庄矿区在内的 15 个县(市)。后来,滕县专区被撤销,1979 年,滕县划归枣庄市。1988 年 3 月 7 日,国务院国函〔1988〕43 号规定:"同意撤销滕县,设立滕州市(县级),由省直辖,以原滕县的行政区域为滕州市的行政区域。"后山东省人民政府

---

① 张驰:《滕州、枣庄之争:小马拉大车》,《法人杂志》2007 年第 9 期。

② 我国现行宪法由 1982 年 12 月 4 日第五届全国人民代表大会第五次会议通过,自 1982 年 12 月 4 日起施行。本宪法已被 1988 年 4 月 12 日第七届全国人民代表大会第一次会议第一次修正,1993 年 3 月 29 日第八届全国人民代表大会第一次会议第二次修正,1999 年 3 月 15 日第九届全国人民代表大会第二次会议第三次修正,2004 年 3 月 14 日第十届全国人民代表大会第二次会议第四次修正,2018 年 3 月 11 日第十三届全国人民代表大会第一次会议第五次修正。本案依据的是第四次修正后的《宪法》。

又下发了鲁政函〔1988〕24号，规定："滕州市由枣庄市代管，从1989年起计划单列，但计划权限不变。"由于国务院国函〔1988〕43号规定"滕州市由省直辖"，而鲁政函〔1988〕24号规定"滕州市由枣庄市代管"，两者规定不一致，为后来的纷争埋下了隐患。

赵恒先提起行政诉讼的原因更重要的还在于经济方面。良好的工农业基础使得滕州市的经济发展一直领先于枣庄的其他行政区域。2003年，枣庄市其他5区财政收入总值是6.41亿元，而滕州市的财政收入是19亿元。社会经济的发展，让滕州市摆脱枣庄市管辖、回归省直接管辖的愿望日趋强烈。

最终，赵恒先的起诉未被法院立案。

## 【点评】

县域经济的发展与地方现有的行政管理体制不相适应的现象在全国各地的县级市当中普遍存在，只不过滕州市表现得尤为突出而已。强县要求扩权，在全国已屡见不鲜，但基本上是官方行为，老百姓并不十分关注。滕州市是一个特例，来自民间的呼声一浪高过一浪，而官方却没有一点声音。

市管县体制，就是从20世纪80年代开始的地级市领导县或者县级市的行政管理体制。但现行的市管县、市管市体制，大部分是违法的。我国《宪法》第三十条规定："中华人民共和国的行政区域划分如下：(一) 全国分为省、自治区、直辖市；(二) 省、自治区分为自治州、县、自治县、市；(三) 县、自治县分为乡、民族乡、镇。直辖市和较大的市分为区、县。自治州分为县、自治县、市。……"

依据《宪法》，我国行政区划分省、县、乡三级，没有在省和县之间加上"地级市"的区划；市分为设区的市和不设区的市，并没有"地级市"和"县级市"的概念；只规定直辖市和较大的市可以管辖县，没有规定其他的市也可以管辖县；没有规定直辖市和较大的市除了可以管辖县以外还可以管辖市，更没有规定其他的市也可以管辖市。可见，市管县的宪法依据仅限于直辖市和较大的市，市管市则没有任何宪法依据。

《宪法》规定，较大的市可以管辖其区域内的区和县。什么样的市可以称作较大的市呢？《立法法》[①]第六十三条规定，较大的市是指省、自治区的人民政府所在地的市，经济特区所在地的市和经国务院批准的较大的市。枣庄市不在这个范围，其以前对滕县和现在对滕州市的管辖没有宪法依据。

但是山东省人民政府的《关于撤销滕县设立滕州市的通知》中未用"管辖"而用了"代管"一词。这种看似文字游戏的做法，并非独此一例。全国的地级市基本上

① 本案依据的是2000年3月15日第九届全国人民代表大会第三次会议通过的《立法法》。该法已被2015年3月15日第十二届全国人民代表大会第三次会议修正。

都是在“代管”着县和市。“代管”这个词最早出现在中共中央、国务院《关于地方政府机构改革的意见》(中发〔1999〕2号),但并没有对“代管”作出具体的、科学的定义。从山东省人民政府发文的1988年开始,到1999年中发〔1999〕2号文件出台,这11年内,“代管”既没有任何法律依据,也没有任何中央精神。

另外,从法理上,国务院国函〔1988〕43号实质上是授权山东省直辖滕州市,而山东省却将这种权力转授权给自己管辖的另一个市来行使。这违背了公认的宪法原则——权力不能再委托,权力只能一次授权。

由于我国还没有宪法法院,不具备进行违宪诉讼的司法条件,只能先采取(或者叫作借用)行政诉讼的方式。在没有违宪审查制度的情况下,宪法的价值被“合法”地消解。违宪无审查,违宪无后果,再好的宪法也只能停留在纸上。2005年12月16日,十届全国人大常委会第四十次委员长会议完成了对《行政法规、地方性法规、自治条例和单行条例、经济特区法规备案审查工作程序》的修订,并通过了《司法解释备案审查工作程序》,规定国务院等国家机关和其他单位及公民认为法规、司法解释同宪法或者法律相抵触,均可向全国人大常委会书面提出审查要求或审查建议。会议并就有关法规、司法解释的报送和接收,审查工作的分工负责,被动审查和主动审查,同宪法或者法律相抵触的法规、司法解释的纠正程序等作出了具体规定。这是我国建立违宪审查机制的重要一步。

《宪法》第九十九条规定,“地方各级人民代表大会在本行政区域内,保证宪法、法律、行政法规的遵守和执行”;第一百零四条规定,“县级以上的地方各级人民代表大会常务委员会讨论、决定本行政区域内各方面工作的重大事项;监督本级人民政府、人民法院和人民检察院的工作;撤销本级人民政府的不适当的决定和命令”。因此,滕州公民的诉求,在依法进行诉讼的同时,还可以向山东省人大常委会和全国人大常委会提出建议,要求对市管县问题进行违宪审查。而且,违宪审查的提起并不局限于滕州公民,我国任何一位公民都有此权利。[①]

① 杨学林:《滕州冲动拷问市管县体制》,《江南时报》2007年9月5日。

# 第 2 章　行政法基本理论与基本原则

## 案例 8　法治行政是对行政权的控制

### ——黄梅县振华建材物资总公司诉黄石市公安局扣押财产及侵犯企业财产权案[①]

**【案情简介】**

黄梅县振华建材物资总公司(以下简称振华公司)于 1993 年 4 月初与黄梅县工商联建安公司签订钢材订货合同,合同约定被上诉人于 1993 年 4 月 24 日前向黄梅工商联建安公司提供钢材 200 吨。同年 4 月 5 日,振华公司从信用社贷款 74 万元,4 月 12 日在鄂州市购买钢材 193.27 吨,分装两船停泊在鄂州市熊家沟码头待运。当日下午 3 时许,黄石市公安局刑侦支队工作人员到码头将正在办理结算手续的振华公司所聘副总经理张卖席带走,并口头通知码头管理部门两船钢材不得离港。振华公司法定代表人桂林枫闻讯后,即与监督该项贷款使用情况的信贷员赶到黄石市,并于 4 月 13 日从黄石市公安局得知:张卖席原任黄梅县建材供销公司经理期间,在与浙江省瑞安市生产资料服务公司(以下简称瑞安生资公司)等单位的经济活动中,拖欠货款,涉嫌诈骗,被收容审查,其经办的上述钢材被扣押。桂林枫当即向黄石市公安局表明:振华公司成立于 1992 年 11 月,张卖席 1993 年 2 月才受聘于本公司,其与瑞安生资公司等单位发生业务往来时,本公司尚未成立;被扣钢材是本公司贷款所购,与张卖席被控行为无关。随后,又向黄石市公安局出示了银行贷款凭证及购买钢材发票等有关证明材料,请求放行被扣钢材。黄石市公安局未予理睬,并于 1993 年 4 月 15 日出具“扣押物品清单”,将两船中大船的全部钢材 133.38 吨运至黄石市继续扣押。振华公司多次请求解除扣押,黄石市公安局未予解除。此间,张卖席之妻为了使丈夫能够被解除收容审查,筹款 10 万元送交黄石市公安局,黄石市公安局提出要交 40 万元。黄石市公安局拟就地处理钢材未成,又多次动员瑞安生资公司买下所扣钢材,以抵偿张卖席欠款,并迫使振

---

① 《黄梅县振华建材物资总公司不服黄石市公安局扣押财产及侵犯企业财产权行政上诉案》,《最高人民法院公报》1996 年第 1 期。

华公司将钢材卖给瑞安生资公司,为张卖席还债。1993 年 4 月 29 日,黄石市公安局通知瑞安生资公司到其办公室与振华公司签订合同,在瑞安生资公司与张卖席之间欠款账目尚不清楚的情况下,主持并参与双方"订货合同"的签订,并在合同鉴证单位处盖章。钢材价格、运费承担及汇款数额等亦由黄石市公安局确定。同年 5 月 12 日,瑞安生资公司将 24 万元汇到黄石市公安局账户,当日黄石市公安局将张卖席解除收容审查。5 月 20 日,黄石市公安局未通知振华公司到场过磅,即将所扣钢材交付瑞安生资公司。此后,振华公司多次向黄石市公安局索要货款,黄石市公安局先后三次退给被上诉人 13.3 万元。其余款项仍留在黄石市公安局处,其中部分款项已被其使用。

湖北省高级人民法院在审理振华公司诉黄石市公安局违法扣押财产一案所作的行政判决中认定:振华公司利用银行贷款所购钢材属该企业合法财产,黄石市公安局在所扣钢材所有权关系明确,有关证据足以证明与其所称犯罪嫌疑人无关的情况下,对振华公司合法财产强制扣押的行为违法;黄石市公安局在扣押钢材期间,向振华公司施加压力,并在其办公地点主持振华公司与无经济合同关系的瑞安生资公司签订违背被上诉人真实意愿的合同,强迫振华公司用其合法财产偿还他人所欠债务,侵犯了振华公司财产所有权,应当承担由此产生的赔偿责任。根据《行政诉讼法》[①]第五十四条第(二)项第 5 目、第六十七条第一款之规定作出判决:撤销被告黄石市公安局 1993 年 4 月 15 日扣押原告振华公司 133.38 吨钢材的行为;被告向原告赔偿被扣钢材损失 357371 元,其他损失 5100 元;被告向原告赔偿被扣钢材贷款利息。

黄石市公安局对一审判决不服提起上诉,主要理由是:扣押钢材的行为是公安机关办理诈骗犯罪案件采取的刑事侦查措施,不属人民法院行政诉讼受案范围。

最高人民法院认为,上诉人黄石市公安局以张卖席涉嫌诈骗被收容审查,需进行刑事侦查为名,扣押了被上诉人振华公司所购钢材,其行为无论从事实上还是法律上,均不属于刑事诉讼法所规定的侦查措施。上诉人在对张卖席收容审查的同时,以同一事实和理由扣押被上诉人财产,被上诉人对扣押财产不服依法提起行政诉讼,符合《行政诉讼法》第十一条第一款第(二)项规定的受案范围。上诉人明知所扣钢材既非赃物,亦非可用以证明所称嫌疑人有罪或无罪的证据,而是被上诉人的合法财产,与其所办案件无关,却继续扣押,拒不返还,并一手操纵被上诉人与无任何经济关系的瑞安生资公司签订经济合同,用被上诉人合法财产为他人还债,违

① 本案依据的是 1989 年 4 月 4 日第七届全国人民代表大会第二次会议通过的《行政诉讼法》。该法已被 2014 年 11 月 1 日第十二届全国人民代表大会常务委员会第十一次会议第一次修正,2017 年 6 月 27 日第十二届全国人民代表大会常务委员会第二十八次会议第二次修正。

反了《刑事诉讼法》[①]第八十七条关于"对于扣押的物品、文件、邮件、电报，经查明确实与案件无关的，应当迅速退还原主或者原邮电机关"和公安部《关于公安机关不得非法越权干预经济纠纷案件处理的通知》第二条"对经济纠纷问题，应由有关企事业及其行政主管部门、仲裁机关和人民法院依法处理，公安机关不要去干预，更不允许以查处诈骗等经济犯罪为名，以收审、扣押人质等非法手段去插手经济纠纷问题"的规定。由此给被上诉人造成的经济损失，应当由上诉人依照《行政诉讼法》第六十七条第一款的规定，承担赔偿责任。原判认定事实清楚，证据充分，适用法律正确，上诉人上诉理由不能成立。依照《行政诉讼法》第六十一条第(一)项之规定，判决驳回上诉，维持原判。

## 【点评】

人类社会已经发展到这么一个阶段：国家行政权渗透到人们社会生活的各个领域，人们在其生命的整个过程中都离不开行政机关，行政机关的行政行为成为影响人们生命、自由、财产和国家安全、稳定、发展的一种几乎无所不能之物。这就是所谓的"行政国家"。行政国家的主要标志是：①行政机构和行政人员大量增加；②行政职能大为扩张；③行政权力大为膨胀；④行政自由裁量权大为增长。[②]

行政国家在给人们提供各种各样所需要的"公共产品"的同时，也生产出各种各样的副产品，包括对民主、自由和人权的威胁，腐败和滥用权力，官僚主义和效率低下，人、财、物资源的大量浪费，人的生存能力和创造能力的退化，等等。为避免行政国家异化带来的危害，法治行政的观念应运而生。法治行政是指政府的一切权力来源于法律，法律优于行政，行政受制于法律，政府受法律支配，并严格按照法的规定以及法的宗旨和原则行事。现代行政法的主要目标就是规范行政行为，控制行政权。

控制行政权包括事前控制、事中控制和事后控制。所谓事前控制，是指法律在事前为行政权的行使规定一套实体准则，如行为条件、范围、幅度等，以控制行政权运作的前提和标准；所谓事中控制，是指法律为行政权的行使规定一套公开、公平、公正的程序，如告知、听证、说明理由、职能分离、回避、不单方接触等，以控制行政权运作的过程；所谓事后控制，是指法律对行政权的行使规定一套事后监督机制，如行政监察、行政复议、行政诉讼等，以控制行政权运作的结果。

---

① 本案依据的是 1979 年 7 月 1 日第五届全国人民代表大会第二次会议通过的《刑事诉讼法》。该法已被 1996 年 3 月 17 日第八届全国人民代表大会第四次会议第一次修正，2012 年 3 月 14 日第十一届全国人民代表大会第五次会议第二次修正，2018 年 10 月 26 日第十三届全国人民代表大会常务委员会第六次会议第三次修正。

② 姜明安：《行政国家与行政权的控制与转化》，http://article.chinalawinfo.com/ArticleHtml/Article_26207.shtml，访问时间：2012 年 6 月 1 日。

本案中，黄石市公安局在所扣钢材所有权关系明确，有关证据足以证明与其所称犯罪嫌疑人张卖席无关的情况下，对振华公司合法财产进行强制扣押，进而强迫振华公司签订违背其真实意愿的合同，强迫其用自己的合法财产偿还他人所欠债务，侵犯了振华公司的财产所有权和经营自由权。当公民、法人和其他组织的合法权益受到行政权力的侵犯时，可以向人民法院提起行政诉讼。《行政诉讼法》第十一条第一款规定："人民法院受理公民、法人和其他组织对下列具体行政行为不服提起的诉讼：……(二)对限制人身自由或者对财产的查封、扣押、冻结等行政强制措施不服的……"可见，振华公司提起行政诉讼是合法的，而黄石市公安局主张"不属人民法院行政诉讼受案范围"是错误的。一审和二审法院均依法判决黄石市公安局败诉，体现了司法权对行政权的制约，避免了行政权滥用带来的社会损失。

## 案例9 合法性原则要求行政主体的职权法定

——邓州市骨伤医院诉河南邓州工商局越权扣押物品案[①]

### 【案情简介】

1996年5月9日，原告邓州市骨伤医院向卫生行政管理部门申请自配制剂，河南省卫生厅1996年12月26日以豫卫药〔1996〕38号文件批准向该医院核发(1996)豫卫药制证字第16033号《医疗机构制剂许可证》，该许可证规定的制剂范围为大输液，许可证有效期限至1999年12月。2000年7月7日至2001年4月26日，国家药品监督管理局先后发出三个通知，将换发《医疗机构制剂许可证》的时间延长至2001年12月31日。2001年7月23日，被告邓州市工商局接到关于原告大输液制剂有严重质量问题的电话举报。7月30日，在"打假保健康红盾行动"中，被告邓州市工商局对原告制剂室进行突击检查，当场扣押了制剂室的《医疗机构制剂许可证》、自配制剂和其他设备，同时被告又在市区一些医疗机构查扣了原告供应的制剂。被告所采取的查扣封存措施一直未办理没收、扣押或者解除手续。2001年8月16日，邓州市骨伤医院以被告具体行政行为超越职权、违反法定程序为由，向邓州市人民法院提起行政诉讼，要求撤销被告扣押《医疗机构制剂许可证》、制剂室药品和其他财物的具体行政行为。

被告邓州市工商局答辩称，2001年7月23日我局接到关于原告大输液制剂有严重质量问题的电话举报后，于7月30日对原告制剂室进行突击检查，发现周

① 《河南邓州工商局越权扣押物品被判败诉》，http://www.110.com/ziliao/article-35849.html，访问时间：2012年6月1日。

围环境不符合执业管理要求，也没有合法有效的《医疗机构制剂许可证》，于是当场扣押了原告的《医疗机构制剂许可证》、自配制剂和其他物品，属依法行政，并未超越职权。

邓州市人民法院审理后认为，依据《药品管理法》及其实施办法[①]的规定，对于《医疗机构制剂许可证》和制剂的管理，属于卫生行政部门的职责。工商行政机关对违反药品管理法规行为的处罚范围，是“城乡集市贸易市场”和“广告管理”中的违法行为，被告到原告邓州市骨伤医院制剂室查扣《医疗机构制剂许可证》、制剂药品和其他财物，属超越职权行为。被告扣押原告物品以后，一直未作任何处理，违反法定程序。原告邓州市骨伤医院的《医疗机构制剂许可证》是按审批程序依法取得的，虽然该证件 1999 年 12 月到期，但根据国家药品监督管理局先后发出的三个通知，将换发《医疗机构制剂许可证》的时间延长到 2001 年 12 月 31 日，故被告所扣押的《医疗机构制剂许可证》仍属有效证件。被告的具体行政行为侵犯了原告的合法权益，应予撤销。邓州市人民法院依据《行政诉讼法》[②]的有关规定，判决撤销被告扣押原告邓州市骨伤医院《医疗机构制剂许可证》、制剂室药品和其他财产的具体行政行为。

被告邓州市工商局不服一审判决，提起上诉。

南阳市中级人民法院审理后认为，《药品管理法》第四十五条规定：“县级以上卫生行政部门行使药品监督职权。县级以上卫生行政部门可以设置药政机构和药品检验机构。”第五十四条第一款规定：“本法规定的行政处罚，由县级以上卫生行政部门决定。违反本法第十五条规定、第八章有关广告管理的行政处罚，由工商行政管理部门决定。”《药品管理法实施办法》第四条第二款规定：“县以上地方各级卫生行政部门的药政机构主管所辖行政区的药品监督管理工作。”根据上述规定，对于作为医疗单位的邓州市骨伤医院的《医疗机构制剂许可证》和制剂的管理，属于卫生行政部门的职责，而工商行政机关对违反药品管理法规行为的处罚范围为“城

---

① 本案依据的是 1984 年 9 月 20 日第六届全国人民代表大会常务委员会第七次会议通过的《药品管理法》。该法已被 2001 年 2 月 28 日第九届全国人民代表大会常务委员会第二十次会议修订，2013 年 12 月 28 日第十二届全国人民代表大会常务委员会第六次会议第一次修正，2015 年 4 月 24 日第十二届全国人民代表大会常务委员会第十四次会议第二次修正。现行《药品管理法》已被 2019 年 8 月 26 日第十三届全国人民代表大会常务委员会第十二次会议第二次修订。

本案依据的是 1989 年 1 月 7 日国务院国函〔1989〕3 号批准，2 月 27 日由卫生部发布施行的《药品管理法实施办法》。2002 年 8 月 4 日国务院令第 360 号发布《药品管理法实施条例》，《药品管理法实施办法》同时失效。该条例已被 2016 年 2 月 6 日国务院令第 666 号第一次修正，2019 年 3 月 2 日国务院令第 709 号第二次修正。

② 本案依据的是 1989 年 4 月 4 日第七届全国人民代表大会第二次会议通过的《行政诉讼法》。该法已被 2014 年 11 月 1 日第十二届全国人民代表大会常务委员会第十一次会议第一次修正，2017 年 6 月 27 日第十二届全国人民代表大会常务委员会第二十八次会议第二次修正。

乡集市贸易市场”和“广告管理”中的违法行为,因此,上诉人邓州市工商局查押原告邓州市骨科医院《医疗机构制剂许可证》、制剂药品和其他财物,显属超越职权行为。且上诉人在扣押被上诉人物品以后,一直未作任何处理,违反法定程序。综上所述,上诉人的上诉理由不能成立,原判决认定事实清楚,证据充分,适用法律正确。遂判决:驳回上诉,维持原判。

### 【点评】

行政职权是指国家行政权的转化形式,是依法定位到具体行政主体身上的国家行政权,是各行政主体实施国家行政管理活动的资格及其权能。

职权法定是法治政府最基本的特征。法治政府,就是按照法治原则运作的政府,是推进依法行政要实现的目标。法治政府的最基本特征,就是政府把自身的权力自觉地限制在法律的范围内,严格依法办事,防止权力滥用。在宪法和行政法的意义上,职权法定通常是指任何行政权的来源与行使都必须具有明确的法律依据,否则无效。具体来说:首先,行政权的取得和存在必须有法律依据,即行政主体的行政职权必须由法律直接设定或依法授予;其次,行政主体必须在法律规定的实体及程序范围内行使其职权,不能滥用或超越职权。

本案涉及工商行政部门的法定职权。《药品管理法》规定,药品监督职权应当由县级以上卫生行政部门行使,而工商行政管理部门除特殊情况外并无此职权。据此,邓州市工商局查押邓州市骨科医院《医疗机构制剂许可证》、制剂药品和其他财物的行为显属超越职权的行为。

## 案例 10　合法性原则要求行政行为的程序合法

——平山县劳动就业管理局诉平山县地税局税务行政处理决定案[①]

### 【案情简介】

原告河北省平山县劳动就业管理局(以下简称就业局)是承担着部分政府行政职能的就业管理机构。从 1994 年 1 月至 1996 年 10 月,该局收取劳务管理费、劳务服务费、临时工管理服务费、临时工培训费和劳务市场收入等共计 578698.40 元。1996 年 11 月 29 日,被告河北省平山县地方税务局(以下简称地税局)向就业局发出限期申报纳税通知书,12 月 2 日和 7 日又两次发出限期缴纳税款 31394.71

① 《平山县劳动就业管理局不服税务行政处理决定案》,《最高人民法院公报》1997 年第 2 期。

元的通知，就业局均未按期履行。12 月 13 日，地税局依据《税收征收管理法》[①]第四十六条关于“从事生产、经营的纳税人、扣缴义务人在规定期限内不缴或者少缴应纳或者应解缴的税款，经税务机关责令限期缴纳，逾期仍未缴纳的，税务机关除依照本法第二十七条的规定采取强制执行措施追缴其不缴或者少缴的税款外，可以处以不缴或者少缴的税款五倍以下的罚款”的规定，以平地税罚字第 1 号税务处理决定，对就业局作出处以应缴未缴的营业税、城建税、教育费附加 31394.71 元的 3 倍罚款，计 94184.13 元，限于 12 月 18 日前入库。就业局不服，提起行政诉讼。

平山县人民法院认为，八届全国人大四次会议通过的《行政处罚法》[②]已于 1996 年 10 月 1 日起施行。被告地税局作为县级以上人民政府的税务行政管理机关，有权对自己在管辖范围内发现的税务违法行为进行处罚，但是这种处罚必须依照《行政处罚法》的规定进行。行政机关在作出行政处罚决定前，应当依照《行政处罚法》第三十一条的规定，将作出行政处罚决定的事实、理由及法律依据告知当事人，并告知当事人依法享有陈述和申辩、申请行政复议和提起行政诉讼的权利；依照《行政处罚法》第三十六条的规定，收集有关证据；依照第三十七条的规定，制作调查笔录。而这些工作，地税局都没有做。《行政处罚法》第四十二条规定，行政机关作出数额较大的罚款处罚决定之前，应当告知当事人有要求听证的权利。关于多少为数额较大，国家税务总局在《税务行政处罚听证程序实施办法（试行）》[③]中作出界定，对法人或者组织罚款 1 万元以上为数额较大。这个实施办法已经于 1996 年 10 月 1 日起施行，但地税局在对就业局作出处理决定 30 日以后才收到该实施办法的文件。在该办法下达前，法律虽然没有明确数额较大的界限，但是也没有明确 9 万余元的罚款不属于数额较大，地税局认为实施办法下达得晚，该处理决定不适用《行政处罚法》第四十二条有关听证程序规定的辩解，不予支持。依照《行政处罚法》第四十一条的规定，地税局违背该法规定的程序作出的行政处罚，不能成立。依照《行政诉讼法》[④]第五十四条第一款第（二）项的规定，该决定应予撤销。

---

① 本案依据的是 1992 年 9 月 4 日第七届全国人民代表大会常务委员会第二十七次会议通过，并被 1995 年 2 月 28 日第八届全国人民代表大会常务委员会第十二次会议修正的《税收征收管理法》。现行《税收征收管理法》已被 2001 年 4 月 28 日第九届全国人民代表大会常务委员会第二十一次会议修订，2013 年 6 月 29 日第十二届全国人民代表大会常务委员会第三次会议第一次修正，2015 年 4 月 24 日第十二届全国人民代表大会常务委员会第十四次会议第二次修正。

② 本案依据的是 1996 年 3 月 17 日第八届全国人民代表大会第四次会议通过的《行政处罚法》。该法已被 2009 年 8 月 27 日第十一届全国人民代表大会常务委员会第十次会议第一次修正，2017 年 9 月 1 日第十二届全国人民代表大会常务委员会第二十九次会议第二次修正。

③ 国税发〔1996〕190 号，自 1996 年 10 月 1 日起施行。

④ 本案依据的是 1989 年 4 月 4 日第七届全国人民代表大会第二次会议通过的《行政诉讼法》。该法已被 2014 年 11 月 1 日第十二届全国人民代表大会常务委员会第十一次会议第一次修正，2017 年 6 月 27 日第十二届全国人民代表大会常务委员会第二十八次会议第二次修正。

就业局诉称自己不是纳税义务人,向其征税是错误的;地税局辩称原告就是属于纳税义务人,应当依法纳税,是行政执法实体方面的争议。已经查明,该行政处理决定从程序上违法,依法应予撤销,法院无须再就行政执法实体方面的争议继续进行审理。据此,平山县人民法院于1997年3月12日判决:撤销河北省平山县地税局1996年12月13日所作的税务处理决定。

一审宣判后,双方当事人均未上诉,判决发生法律效力。

## 【点评】

本案开创了“程序上违法便可撤销,无须继续对实体性争议进行审理”的先例。

行政程序是行政主体作出具体行政行为时应遵守的条件、方式、步骤等规范的总称。行政行为必须依据行政程序作出,以实现行政的客观公正。根据《行政诉讼法》第五十四条的规定,违反法定程序的具体行政行为应当撤销。那么在现实生活中,是否所有违反法定程序的具体行政行为都要撤销呢?事实上,行政程序种类繁多,其性质、作用、根据各异,因而违反行政程序的后果并不完全相同。如果将所有程序不合法或有瑕疵的具体行政行为一概予以撤销,恐怕失之偏颇,在实践中也会造成一些新的问题。因此,对程序违法的具体行政行为的效力问题,需要结合程序的不同性质及其后果来具体分析。

以行政机关在程序的适用上是否有自由裁量权为标准,行政程序可分为无自由裁量权的程序与有自由裁量权的程序。无自由裁量权的程序也称强制性程序,指行政主体作出行政行为时应当遵守,不能选择和变更的程序。违反了该程序,该行为在性质上属于违法行为。有自由裁量权的程序,指行政主体作出行政行为时对适用的程序有一定选择的余地。根据自由裁量权的大小,可以分为选择性程序与任意性程序。选择性程序指行政主体可以根据实际情况选择适用的法定程序,但选择后必须遵守程序规定,不再有自由裁量的权力。例如《行政处罚法》第三十三条规定:“违法事实确凿并有法定依据,对公民处以五十元以下、对法人或者其他组织处以一千元以下罚款或者警告的行政处罚的,可以当场作出行政处罚决定。”“可以”的措辞表明,行政机关若认为有必要,也可以依一般程序作出决定。任意性程序指法律没有规定或者规定不明确,行政机关作出行政行为时可以自由裁量的行政程序。需要指出的是,即使有自由裁量权的程序,其自由裁量权也是相对的,只能在法律规定的范围内自由选择,在公法中没有不受约束的自由裁量权。

这种分类的意义在于:人民法院有权对依无自由裁量权的程序作出的行政行为进行合法性审查,对违反该类程序的行政行为应当依法撤销;而人民法院对依有自由裁量权的程序作出的行政行为,在自由裁量范围内仅有权进行合理性审查,对行政程序严重不当作出的行政行为才有权撤销。

《行政处罚法》第四十二条规定,作出数额较大的罚款处罚决定之前,应当告知当事人有要求听证的权利。“应当”一词表明,告知听证权利是行政行为的无自由裁量权的程序,行政机关必须依照该程序行事。本案中,河北省平山县地税局在作出较大数额行政罚款的具体行政行为时,未依法告知相对人有听证权利,属于行政程序违法。

## 案例 11　合法性原则要求在无具体程序规定时仍须遵循正当程序原则

——于艳茹诉北京大学撤销博士学位决定案①

### 【案情简介】

于艳茹系北京大学历史学系 2008 级博士研究生,于 2013 年 7 月 5 日取得历史学博士学位。2013 年 1 月,于艳茹将其撰写的论文《1775 年法国大众新闻业的“投石党运动”》(以下简称《运动》)向《国际新闻界》杂志社投稿。同年 3 月 18 日,该杂志社编辑通过电子邮件通知于艳茹按照该刊格式规范对《运动》一文进行修改。同年 4 月 8 日,于艳茹按照该杂志社要求通过电子邮件提交了修改稿。同年 5 月 31 日,于艳茹向北京大学提交博士学位论文答辩申请书及科研统计表。于艳茹将该论文作为科研成果列入博士学位论文答辩申请书,注明“《国际新闻界》,2013 年待发”。于艳茹亦将该论文作为科研论文列入研究生科研统计表,注明“《国际新闻界》于 2013 年 3 月 18 日接收”。同年 7 月 23 日,《国际新闻界》(2013 年第 7 期)刊登《运动》一文。2014 年 8 月 17 日,《国际新闻界》发布《关于于艳茹论文抄袭的公告》,认为于艳茹在《运动》一文中大段翻译原作者的论文,直接采用原作者引用的文献作为注释,其行为已构成严重抄袭。随后,北京大学成立专家调查小组对于艳茹涉嫌抄袭一事进行调查。同年 9 月 1 日,北京大学专家调查小组召开第一次会议,决定聘请法国史及法语专家对于艳茹的博士学位论文、《运动》一文及在校期间发表的其他论文进行审查。同年 9 月 9 日,于艳茹参加了专家调查小组第二次会议,于艳茹就涉案论文是否存在抄袭情况进行了陈述。其间,外聘专家对涉案论文发表了评审意见,认为《运动》一文“属于严重抄袭”。同年 10 月 8 日,专家调查小组作出调查报告。该报告提到专家调查小组第三次会议中,小组成员认为《运动》一文“基本翻译外国学者的作品,因而可以视为严重抄袭,应给予严肃处理”。同年 11 月 12 日,北京大学学位评定委员会召开第 117 次会议,对于艳茹涉嫌抄袭事件进行审议,决定请法律专家对现有管理文件的法律效力进行审查。

① 北京市第一中级人民法院行政判决书(2017)京 01 行终 277 号。

2015 年 1 月 9 日，北京大学学位评定委员会召开第 118 次会议，全票通过决定撤销于艳茹博士学位。同日，北京大学作出校学位〔2015〕1 号《关于撤销于艳茹博士学位的决定》(以下简称《撤销决定》)。该决定载明：“于艳茹系我校历史系 2008 级博士研究生，2013 年 7 月获得博士学位，证书号为(×××)。经查实，其在校期间发表的学术论文《1775 年法国大众新闻业的“投石党运动”》存在严重抄袭。依据《中华人民共和国学位条例》、《国务院学位委员会关于在学位授予工作中加强学术道德和学术规范建设的意见》、《北京大学研究生基本学术规范》等规定，经 2015 年 1 月 9 日第 118 次校学位评定委员会审议批准，决定撤销于艳茹博士学位，收回学位证书。”该决定于 1 月 14 日送达于艳茹。于艳茹不服，于 1 月 20 日向北京大学学生申诉处理委员会提出申诉。3 月 16 日，北京大学学生申诉处理委员会作出〔2015〕3 号《北京大学学生申诉复查决定书》，决定维持《撤销决定》。3 月 18 日，于艳茹向北京市教育委员会(以下简称市教委)提出申诉，请求撤销上述《撤销决定》。5 月 18 日，市教委作出京教法申字〔2015〕6 号《学生申诉答复意见书》，对于艳茹的申诉请求不予支持。于艳茹亦不服，于 7 月 17 日向北京市海淀区人民法院提起行政诉讼，请求撤销北京大学作出的《撤销决定》，并判令恢复于艳茹博士学位证书的法律效力。

2017 年 1 月 17 日，北京市海淀区人民法院经审理认为，根据《学位条例》[①]第八条规定，博士学位，由国务院授权的高等学校和科学研究机构授予。第十七条规定，学位授予单位对于已经授予的学位，如发现有舞弊作伪等严重违反本条例规定的情况，经学位评定委员会复议，可以撤销。根据上述规定，北京大学作为学位授予机构，依法具有撤销已授予学位的行政职权。因此，北京大学向于艳茹作出的《撤销决定》，属于《行政诉讼法》[②]规定的行政行为；于艳茹不服该《撤销决定》而提起的诉讼，亦属于人民法院行政诉讼受案范围。

本案中，北京大学在作出《撤销决定》的过程中，其行为是否合法，是法院审查的主要问题。北京市海淀区人民法院认为，《学位条例》及相关法律法规虽然未对撤销博士学位的程序作出明确规定，但撤销博士学位涉及相对人重大切身利益，是对取得博士学位人员获得的相应学术水平作出否定，对相对人合法权益产生极其重大的影响。因此，北京大学在作出被诉《撤销决定》之前，应当遵循正当程序原则，在查清事实的基础上，充分听取于艳茹的陈述和申辩，保障于艳茹享有相应的权利。本案中，北京大学虽然在调查初期与于艳茹进行过一次约谈，于艳茹就涉案

① 本案依据的是 1980 年 2 月 12 日第五届全国人民代表大会常务委员会第十三次会议通过，并已被 2004 年 8 月 28 日第十届全国人民代表大会常务委员会第十一次会议修正之后的《学位条例》。

② 本案依据的是 1989 年 4 月 4 日第七届全国人民代表大会第二次会议通过，并已被 2014 年 11 月 1 日第十二届全国人民代表大会常务委员会第十一次会议第一次修正的《行政诉讼法》。该法已被 2017 年 6 月 27 日第十二届全国人民代表大会常务委员会第二十八次会议第二次修正。

论文是否存在抄袭陈述了意见，但此次约谈系北京大学的专家调查小组进行的调查程序；北京大学在作出《撤销决定》前未充分听取于艳茹的陈述和申辩。因此，北京大学作出的对于艳茹不利的《撤销决定》，有违正当程序原则。

此外，北京市海淀区人民法院还认为，北京大学作出的《撤销决定》中仅载明“依据《中华人民共和国学位条例》、《国务院学位委员会关于在学位授予工作中加强学术道德和学术规范建设的意见》、《北京大学研究生基本学术规范》等规定”，未能明确其所适用的具体条款，故其作出的《撤销决定》没有明确的法律依据，适用法律亦存有不当之处。

综上，北京市海淀区人民法院认为，北京大学作出的被诉《撤销决定》违反法定程序，适用法律存在不当之处，应予撤销。该《撤销决定》被依法撤销后，由北京大学依照相关规定进行处理。于艳茹要求恢复其博士学位证书法律效力的诉讼请求，不属于本案审理范围，法院依法予以驳回。

据此，一审法院北京市海淀区人民法院依照《行政诉讼法》第六十九条及第七十条第(二)、(三)项之规定，判决撤销北京大学作出的《撤销决定》，并驳回于艳茹的其他诉讼请求。

北京大学不服一审判决，向北京市第一中级人民法院提起上诉。二审驳回上诉，维持一审判决。

## 【点评】

本案争议的焦点在于：①北京大学作出《撤销决定》时是否应当适用正当程序原则；②北京大学作出《撤销决定》的程序是否符合正当程序原则；③北京大学作出《撤销决定》时适用法律是否准确。

关于焦点一，正当程序原则的要义在于，作出任何使他人遭受不利影响的行使权力的决定前，应当听取当事人的意见。正当程序原则是裁决争端的基本原则及最低的公正标准，其在我国《行政处罚法》、《行政许可法》等基本行政法律规范中均有体现。作为最基本的公正程序规则，只要成文法没有排除或另有特殊情形，行政主体都要遵守。即使法律中没有明确的程序规定，行政主体也不能认为自己不受程序限制，甚至连最基本的正当程序原则都可以不遵守。应该说，对于正当程序原则的适用，行政主体没有自由裁量权。只是在法律未对正当程序原则设定具体的程序性规定时，行政主体可以就履行正当程序的具体方式作出选择。本案中，北京大学作为法律法规授权的组织，其在行使学位授予或撤销权时，亦应当遵守正当程序原则。即便相关法律法规未对撤销学位的具体程序作出规定，其也应自觉采取适当的方式来践行上述原则，以保证其决定程序的公正性。

关于焦点二，正当程序原则保障的是相对人的程序参与权，通过相对人的陈述与申辩，使行政机关能够更加全面把握案件事实、准确适用法律，防止偏听偏信，确保程序与结果的公正。而相对人只有在充分了解案件事实、法律规定以及可能面临的不利后果之情形下,才能够有针对性地进行陈述与申辩,发表有价值的意见,从而保证其真正地参与执法程序,而不是流于形式。譬如,《行政处罚法》在设定处罚听证程序时就明确规定,举行听证时,调查人员提出当事人违法的事实、证据和行政处罚建议,当事人进行申辩和质证。本案中,北京大学在作出《撤销决定》前,仅由专家调查小组约谈过一次于艳茹,约谈的内容也仅涉及《运动》一文是否涉嫌抄袭的问题。至于该问题是否足以导致于艳茹的学位被撤销,北京大学并没有进行相应的提示,于艳茹在未意识到其学位可能因此被撤销这一风险的情形下,也难以进行充分的陈述与申辩。因此,北京大学在作出《撤销决定》前由专家调查小组进行的约谈,不足以认定其已经履行正当程序。

关于焦点三,作为一个对外发生法律效力的行政行为,其所依据的法律规定必须是明确的,具体法律条款的指向必须是不存争议的。唯有此,相对人才能确定行政主体的确切意思表示,进而有针对性地进行权利救济。公众也才能据此了解行政主体适用法律的逻辑,进而增进对于相关法律条款含义的理解,自觉调整自己的行为,从而实现法律规范的指引、教育功能。本案中,北京大学作出的《撤销决定》虽载明了相关法律规范的名称,但未能明确其所适用的具体条款,而上述法律规范的条款众多,相对人难以确定北京大学援引的具体法律条款。因此,法院认定北京大学作出的《撤销决定》没有明确的法律依据。

## 案例12　合法性原则要求行政行为的依据合法

### ——李和义诉即墨市移风店乡人民政府强制执行财产案[①]

### 【案情简介】

1990年初,李和义与即墨市兰村镇后白塔村农民乔宪贵在买卖拖拉机时相识。买卖成交后,乔宪贵和表兄庞立杰将拖拉机送到李和义家,李请乔、庞二人吃饭。闲谈中,乔宪贵得知,李和义的堂兄弟李和法从贵州找了一个对象,便提出自己38岁了,尚未结婚,请李和义帮他也找个对象,李和义当即应允。同年春节,李和义的亲戚雷明由贵州到即墨串亲,李和义与乔商定,乔宪贵出资5500元作为旅途开支和给女方家的彩礼,由雷明带乔同去贵州找对象。乔随即拿出5500元,其中1000元按乔的意思留在李和义处作抵押,其余4500元全部交给雷明。一个月后,乔宪贵由贵州返回,对李和义说,他找了五个对象,看中了一个,在与女方返回

① 中国应用法学研究所:《人民法院案例选》(1992年第二辑),人民法院出版社1992年版。

山东途中，因碰上拦路抢劫的，对象被冲散而没找成，要求李还款。李和义将抵押款 1000 元还给乔宪贵，其余的 4500 元钱，李让乔找雷明要。乔要钱不得，告到乡政府，要求李和义赔偿损失。

1990 年 9 月 25 日，移风店乡人民政府依据司法部颁布的《民间纠纷处理办法》[①]（以下简称《办法》）的有关规定，对李和义与乔宪贵的财产纠纷作出处理决定，限李和义在该决定送达之日内归还乔宪贵 4500 元。因李和义未履行处理决定，同年 10 月 8 日，移风店乡人民政府依据《办法》第二十一条的规定，签发了执行证，强制将李和义已喂养的 200 余天的 328 只"伊莎"型蛋鸡予以变卖，共卖得款 3835 元，其中发还乔宪贵 3635 元，余款 200 元留作执行费。

李和义对乡政府强制变卖财产的强制执行措施不服，以乡政府无行政执行权为由，向山东省即墨市人民法院提起诉讼，请求判决撤销移风店乡人民政府的执行证，并判令乡政府赔偿其经济损失 12000 元。

即墨市人民法院受理此案后，经审理认为：原告欠款不还是不对的，被告对原告财产的处理，事实清楚，证据充分，合理合法，原告的诉讼请求不能支持。1991 年 4 月 6 日，该院判决维持移风店乡人民政府的执行证。

李和义仍不服，以移风店乡人民政府违法行使行政强制执行措施为理由，向青岛市中级人民法院提出上诉。

青岛市中级人民法院经审理认为：司法部颁布的《办法》是根据国务院颁布的《人民调解委员会组织条例》[②]（以下简称《条例》）的有关条款制定的，而该《条例》未授予基层人民政府行政执行权。移风店乡人民政府强制执行李和义的财产，无法律依据，属超越职权的行为，应当予以撤销。由此造成李和义的经济损失，应予适当赔偿。原审判决适用法规错误，应予纠正。根据《行政诉讼法》[③]第五十四条第（二）项第 4 目、第六十一条第（二）项和第六十八条第一款的规定，于 1991 年 9 月 10 日，该院作出如下判决：撤销即墨市人民法院的行政判决；撤销即墨市移风店乡人民政府的执行证；移风店乡人民政府赔偿李和义经济损失 6560 元（每只蛋鸡按 20 元计价）。

## 【点评】

移风店乡人民政府强制执行李和义的财产的依据是否合法？

《行政诉讼法》第五十三条第一款规定："人民法院审理行政案件，参照国务院

① 本案依据的是 1990 年 4 月 19 日司法部令第 8 号发布的《民间纠纷处理办法》。

② 本案依据的是 1989 年 6 月 17 日国务院令第 37 号发布的《人民调解委员会组织条例》。

③ 本案依据的是 1989 年 4 月 4 日第七届全国人民代表大会第二次会议通过的《行政诉讼法》。该法已被 2014 年 11 月 1 日第十二届全国人民代表大会常务委员会第十一次会议第一次修正，2017 年 6 月 27 日第十二届全国人民代表大会常务委员会第二十八次会议第二次修正。

部、委根据法律和国务院的行政法规、决定、命令制定、发布的规章以及省、自治区、直辖市和省、自治区的人民政府所在地的市和经国务院批准的较大的市的人民政府根据法律和国务院的行政法规制定、发布的规章。”所谓“参照”,是指人民法院在审理行政案件中,对不与法律、行政法规相抵触的规章,均可作为审判依据;对与法律、行政法规相抵触的规章,则不予适用。本案中,移风店乡人民政府的行政行为是依据司法部颁布的《民间纠纷处理办法》作出的,该《办法》属于行政规章,它是根据《人民调解委员会组织条例》制定的。从《条例》所规定的基层人民政府的职权来看,并没有授予乡政府行政强制执行权。然而,《办法》第二十一条却规定:“基层人民政府根据当事人一方的申请,可以在其职权范围内,采取必要的措施予以执行。”这超出了《条例》所确定的职权范围,与《条例》发生抵触。根据《行政诉讼法》第五十三条的规定精神,对于与法律、法规相抵触的规章,人民法院审理行政案件时,不应作为审判案件的依据。

移风店乡人民政府以《办法》中与《条例》相抵触的条款为依据,强制变卖李和义的财产,是超越职权的行为。对于该超越职权的具体行政行为,人民法院应当依法予以撤销。

对非法强制变卖公民财产所造成的经济损失,实施强制执行的人民政府应承担行政赔偿责任。其赔偿责任应以赔偿直接损失为原则,不包括间接的或可得利益的损失。本案中,移风店乡人民政府的赔偿范围,应限于其实施行政强制执行措施行为时蛋鸡的实际价值。因此,二审法院判决移风店乡人民政府按蛋鸡的实际损失对李和义给予赔偿,是正确的。

## 案例13 合理性原则之合乎比例

### ——汇丰公司诉哈尔滨市规划局行政处罚案[①]

### 【案情简介】

1993年4月,哈尔滨市同利实业公司(以下简称同利公司)向哈尔滨市规划土地管理局(1995年10月机构改革分立为规划局和土地管理局)申请翻扩建其所有的、位于哈尔滨市道里区中央大街108号(原138号)院内的两层楼房。(院内原有两栋楼房,其中,临中央大街一栋为地下1层、地上3层,院内一栋为地下1层、地上2层。)6月17日,同利公司与汇丰实业发展有限责任公司(以下简称汇丰公司)达成房屋买卖协议,签订了《房屋产权有偿转让协议书》,汇丰公司付清了1000万

① 最高人民法院行政判决书(1999)行终字第20号。

元房款，交纳了房屋买卖有关契税费用，领取了房屋产权证。12 月 7 日，哈尔滨市规划土地管理局颁发 93(地)字 246 号《建设用地规划许可证》，同意同利公司翻建 108 号楼，用地面积 339.20 平方米。1994 年 1 月 6 日，哈尔滨市规划土地管理局以哈规土(94 拨)字第 2 号建设用地许可证批准建设用地 211.54 平方米、建筑面积 680 平方米的 3 层建筑。5 月 9 日，哈尔滨市规划土地管理局核发给同利公司 94(审)1004 号《建设工程规划许可证》，批准建筑面积 588 平方米。6 月 24 日，同利公司与汇丰公司共同向哈尔滨市规划土地管理局申请扩建改造中央大街 108 号楼。申请增建 4 层，面积 1200 平方米。在尚未得到答复的情况下，汇丰公司依据同利公司取得的《建设工程规划许可证》，于 1994 年 7 月末开始组织施工。至哈尔滨市规划局作出处罚决定前(1996 年 8 月 12 日)，汇丰公司将中央大街 108 号院内原有 2 层建筑(建筑面积 303.76 平方米)拆除，建成地下 1 层、地面 9 层(建筑面积 3800 平方米)的建筑物；将中央大街 108 号临街原有 3 层建筑(建筑面积 1678.21 平方米)拆除，建成地下 1 层，地面临中央大街为 6 层、后退 2.2 米为 7—8 层、从 8 层再后退 4.4 米为 9 层(建筑面积 6164 平方米)的建筑物。两建筑物连为一体。

1996 年 8 月 12 日，哈尔滨市规划局作出的哈规罚决字(1996)第 1 号行政处罚决定中认定以下事实。第一，汇丰公司未经市规划管理部门批准，未取得《建设工程规划许可证》，将中央大街 108 号(原 138 号)临街原有 3 层建筑(建筑面积 1678.21 平方米)拆除，建成建筑面积 6164 平方米的建筑物，违反了相关法律规定，作如下处理：拆除地面工程 5、6、7、8、9 层，拆除部分合计建筑面积 2964 平方米；地下 1 层及地面 1、2、3、4 层部分予以罚款保留，处罚建筑面积 3200 平方米，罚款 192000 元。第二，汇丰公司将中央大街 108 号(原 138 号)院内原有 2 层建筑(建筑面积 303.76 平方米)拆除，建成建筑面积 3800 平方米的建筑物，违反了相关法律规定，作如下处理：拆除地面工程 8、9 层，拆除部分建筑面积为 760 平方米；对地下 1 层及地面 1、2、3、4、5、6、7 层予以罚款保留，处罚建筑面积 3040 平方米，罚款 182400 元。

汇丰公司不服上述处罚决定，向黑龙江省高级人民法院提起行政诉讼。

一审法院认为，经规划局批准在同处中央大街位置上的多处建筑均属高层，其高度与汇丰公司所建楼房高度超过 12 米性质相同。另有经批准而超高建筑给予罚款保留处理，还有未经批准而超高的建筑至今未作处理，规划局对在中央大街上的违法建筑存在同责不同罚的现象。规划局确定了中央大街保护建筑“外文书店”为影响中央大街景观的参照标准，就应以汇丰公司建筑物遮挡该书店多少而决定拆除多少。经勘验，规划局所作的处罚拆除面积超过遮挡面积，故对汇丰公司的违建行为处罚显失公正。鉴于汇丰公司建楼系违法建筑，规划局处罚显失公正，一审法院判决如下。第一，撤销哈尔滨市规划局哈规罚字(1996)第 1 号行政决定中第一部分第1项和第2项的罚款部分;撤销第二部分第1项和第2项的罚款部分。第二,维持哈尔滨市规划局哈规罚字(1996)第1号行政决定第一部分第2项的保留部分,维持第二部分第2项的保留部分。第三,变更哈尔滨市规划局哈规罚字(1996)第1号行政处罚对该楼的拆除部分,变更部分为:该楼第7层由中央大街方向向后平行拆至第3支撑柱;第8层从中央大街方向向后拆至第4支撑柱;第7、8、9层电梯间予以保留,电梯间门前保留一个柱距面积通行道。对该违法建筑罚款398480元。上述罚款于本判决发生法律效力后一个月内履行,上述罚款履行后汇丰公司、规划局于一个月内补办有关手续。

哈尔滨市规划局不服一审判决,向最高人民法院提出上诉。最高人民法院经审理后认为,原审判决认定事实基本清楚,适用法律、法规正确,驳回上诉,维持原判。

## 【点评】

在最高人民法院就汇丰公司不服哈尔滨市规划局行政处罚上诉案作出的判决书中,有着这样的表述:“规划局所作的处罚决定应针对影响的程度,责令汇丰公司采取相应的改正措施,既要保证行政管理目标的实现,又要兼顾保护相对人的权益,应以达到行政执法目的和目标为限,尽可能使相对人的权益遭受最小的侵害。”这实际上即为比例原则的直接表述,虽然简短,却极具价值。

比例原则意指行政主体实施行政行为应当兼顾行政目的的实现和保护行政相对人的权益,如果行政目的的实现可能对行政相对人的权益造成不利影响,则这种不利影响应被限制在尽可能小的范围和限度之内,二者应当处于适当的比例。比例原则至少包含三部分——适当性原则、必要性原则,以及狭义比例原则。

适当性原则是指所采行之措施必须能实现行政目的或至少有助于目的之达成,并且为正确之手段。即是说,在目的-手段的关系上必须是适当的。[①]

必要性原则是指在适当性原则已获肯定之后,在所有能够达成立法目的的方式中,必须选择对行政相对人之权利侵害最少的方法。本原则因此也可称为“尽可能最小侵害之原则”。在一个目的与数种手段同时存在的情况下,考虑及评估两点:这些手段可否同样程度地达成目的;这些手段中,哪一个(或几个)能予行政相对人权利最小之侵犯。

狭义比例原则是以利益衡量的方式,衡量行政目的与行政相对人权利损失二者是否成比例。

本案中,无论是一审法院还是二审法院,其判决书中都不同程度地对比例原则

① 湛中乐:《行政法上的比例原则及其司法适用——汇丰实业发展有限公司诉哈尔滨市规划局案的法律分析》,《行政法学研究》2003年第3期。

作了表述，并依照该原则对本案作出了合乎情理的判决。尤其是最高人民法院在判决书中作出的阐述，对于比例原则在行政法领域的确立具有重大的意义，同时，对于督促行政机关合法、适当地行使职权，切实保护行政相对人的合法权益也具有十分积极而有效的作用。

## 案例 14　合理性原则之平等对待

### ——张先著诉芜湖市人事局乙肝歧视案[①]

### 【案情简介】

2003 年 6 月，原告张先著在芜湖市人事局报名参加安徽省公务员考试，报考职位为芜湖县委办公室。经过笔试和面试，张先著综合成绩在报考该职位的 30 名考生中名列第一，按规定进入体检程序。芜湖市人事局指定铜陵市人民医院进行体检。体检报告显示，其乙肝两对半中的 HBsAg、HBeAb、HBcAb 均为阳性，主检医生依据《安徽省国家公务员录用体检实施细则(试行)》确定其体检不合格。张先著随后向芜湖市人事局提出复检要求，并递交书面报告。9 月 25 日，芜湖市人事局经请示安徽省人事厅同意，组织包括张先著在内的 11 名考生前往中国人民解放军第八六医院进行复检。复检结论仍为不合格。依照体检结果，芜湖市人事局依据成绩高低顺序，改由该职位的第二名考生进入体检程序，并以口头方式向张先著宣布，由于其体检结果不合格而不予录取。

张先著接到该通知后，表示不服。2003 年 10 月 18 日，他向安徽省人事厅递交《行政复议申请书》。10 月 28 日，安徽省人事厅作出《不予受理决定书》。11 月 10 日，张先著以被告芜湖市人事局的行为剥夺其担任国家公务员的资格，侵犯其合法权利为由，向法院提起行政诉讼，请求依法判令被告的具体行政行为违法，撤销其不准许原告进入考核程序的具体行政行为，依法准许原告进入考核程序并被录用至相应的职位。

法院审理后认为，国家行政机关招录公务员，由人事部门制定一定的标准是必要的。人事部作为国家公务员的综合管理部门，根据国务院《国家公务员暂行条

---

① 沈武、凌峰：《中国乙肝歧视第一案一审宣判》，http://www.chinacourt.org/public/detail.php? id=109934，访问时间：2012 年 6 月 1 日。

例》[①],制定了《国家公务员录用暂行规定》[②]这一部门规章。安徽省人事厅及卫生厅共同按照规章授权目的和范围行使权力,制定《安徽省国家公务员录用体检实施细则(试行)》。该规范性文件与上位法并不冲突,既未突破高阶位法设定的范围,也未突破高阶位法的禁止性规定。因此,依照《最高人民法院关于执行〈中华人民共和国行政诉讼法〉若干问题的解释》[③]第六十二条第二款规定,《安徽省国家公务员录用体检实施细则(试行)》属合法有效的规范性文件,可以参考适用。

被告芜湖市人事局根据《安徽省国家公务员录用体检实施细则(试行)》的规定,委托解放军第八六医院对考生进行体检,应属于行政委托关系,被委托人所实施的行为后果应由委托人承担。因解放军第八六医院的体检不合格的结论违反《安徽省国家公务员录用体检实施细则(试行)》规定,芜湖市人事局作为招录国家公务员的主管行政机关,仅依据解放军第八六医院的体检结论,认定原告张先著体格检查不合格,作出取消原告进入考核程序资格的行政行为主要证据不足,依照《行政诉讼法》[④]第五十四条第(二)项第1、2目之规定,应予撤销。但鉴于2003年安徽省国家公务员招考工作已结束,且张先著报考的职位已由该专业考试成绩第二名的考生顶替,故该被诉具体行政行为不具有可撤销内容。依据《最高人民法院关于执行〈中华人民共和国行政诉讼法〉若干问题的解释》第五十六条第(四)项之规定,对原告其他诉讼请求应不予支持。

据此,法院依据《最高人民法院关于执行〈中华人民共和国行政诉讼法〉若干问题的解释》第五十七条第二款第(二)项之规定,判决确认:被告芜湖市人事局在2003年安徽省国家公务员招录过程中作出取消原告张先著进入考核程序资格的具体行政行为,主要证据不足。依照法律规定,该行政行为应予撤销,但鉴于招考工作已结束,故该行政行为不具可撤销内容。因此,原告要求被录用至相应职位的请求未获支持。

---

① 本案依据的是1993年8月14日国务院令第125号发布的《国家公务员暂行条例》。根据自2006年1月1日起施行的《公务员法》第一百零七条规定,该条例已于2006年1月1日起废止。

② 本案依据的是1994年6月7日人事部人录发〔1994〕1号发布的《国家公务员录用暂行规定》。2007年11月6日人事部令第7号发布《公务员录用规定(试行)》,《国家公务员录用暂行规定》同时废止。

③ 本案依据的是法释〔2000〕8号。《最高人民法院关于适用〈中华人民共和国行政诉讼法〉的解释》于2018年2月8日起施行。该解释施行后,《最高人民法院关于执行〈中华人民共和国行政诉讼法〉若干问题的解释》(法释〔2000〕8号)、《最高人民法院关于适用〈中华人民共和国行政诉讼法〉若干问题的解释》(法释〔2015〕9号)同时废止。

④ 本案依据的是1989年4月4日第七届全国人民代表大会第二次会议通过的《行政诉讼法》。该法已被2014年11月1日第十二届全国人民代表大会常务委员会第十一次会议第一次修正,2017年6月27日第十二届全国人民代表大会常务委员会第二十八次会议第二次修正。

【点评】

本案被称为中国乙肝歧视第一案。尽管原告张先著的诉讼请求没有获得支持，但其维护乙肝病毒携带者宪法平等权的目的已经在一定程度上实现。当然，本案判决也存在一定的缺陷，并没有很好地解决平等对待权问题，也没有解决在公务员录用中对乙肝病毒携带者的歧视问题。

国务院发布的《全面推进依法行政实施纲要》在关于合理行政的描述中提出："行政机关实施行政管理，应当遵循公平、公正的原则。要平等对待行政管理相对人，不偏私、不歧视。"纲要指出了行政机关在行政行为过程中必须承担的一项基本的义务，就是要平等地对待行政相对人。与此相对应，行政相对人则享有要求行政机关平等对待的权利。行政相对人要求平等对待权的核心是行政相对人期待并获求行政机关在作出行政行为时与其他行政相对人同等情况得到同等对待。该权利对行政权力的运行发挥着直接的制约作用，促使行政机关作出行政行为时自觉遵循禁止行政恣意原则和行政自我拘束原则，同时该权利的实现可增强行政相对人对行政行为的认同感。

长期以来，由于大众科学知识的匮乏，以及社会生活中存在着对传染病的"习惯性禁忌"，乙肝病毒携带者在求职、工作和生活中屡屡遭受歧视，合法权益一再遭到无端侵害。他们有的选择默默忍受，有的拿起法律武器维护权益，有的甚至走上了极端的道路(如浙江一名报考公务员的大学生因"乙肝歧视"愤而杀人)。

国家人事部和卫生部于 2005 年公布了政府部门录用公务员的全国统一体检标准，规定乙肝病毒携带者可以担任公务员。乙肝病毒携带者获得了担任公务员的权利，饱受诟病的"乙肝歧视"终于走到了尽头，这是公务员体检新标准中最引人注目的一个亮点。政府部门招录公务员不再拒绝乙肝病毒携带者，为社会"反乙肝歧视"带了个好头。

2007 年 5 月，劳动和社会保障部与卫生部联合颁布了《关于维护乙肝表面抗原携带者就业权利的意见》，规定"保护乙肝表面抗原携带者的就业权利。除国家法律、行政法规和卫生部规定禁止从事的易使乙肝扩散的工作外，用人单位不得以劳动者携带乙肝表面抗原为理由拒绝招用或者辞退乙肝表面抗原携带者"。还规定，"严格规范用人单位的招、用工体检项目，保护乙肝表面抗原携带者的隐私权。用人单位在招、用工过程中，可以根据实际需要将肝功能检查项目作为体检标准，但除国家法律、行政法规和卫生部规定禁止从事的工作外，不得强行将乙肝病毒血清学指标作为体检标准。各级各类医疗机构在对劳动者开展体检过程中要注意保护乙肝表面抗原携带者的隐私权"。

2008年1月开始实施的《促进就业法》[①]第三十条规定:“用人单位招用人员,不得以是传染病病原携带者为由拒绝录用。但是,经医学鉴定传染病病原携带者在治愈前或者排除传染嫌疑前,不得从事法律、行政法规和国务院卫生行政部门规定禁止从事的易使传染病扩散的工作。”

从此,全社会的“反乙肝歧视”运动有了坚实的法律依据。

## 案例15　合理性原则之信赖保护

### ——田永诉北京科技大学拒绝颁发毕业证、学位证案[②]

### 【案情简介】

原告田永认为自己符合大学毕业生的法定条件,被告北京科技大学拒绝给其颁发毕业证、学位证是违法的,遂向北京市海淀区人民法院提起行政诉讼。

北京市海淀区人民法院经审理查明:

1994年9月,原告田永考入被告北京科技大学下属的应用科学学院物理化学系,取得本科生学籍。1996年2月29日,田永在参加电磁学课程补考过程中,随身携带写有电磁学公式的纸条,中途去厕所时,纸条掉出,被监考教师发现。监考教师虽未发现田永有偷看纸条的行为,但还是按照考场纪律,当即停止了田永的考试。北京科技大学于同年3月5日按照该校“068号通知”第三条第(五)项关于“夹带者,包括写在手上等作弊行为者”的规定,认定田永的行为是考试作弊,根据第一条“凡考试作弊者,一律按退学处理”的规定,决定对田永按退学处理,4月10日填发了学籍变动通知。但是,北京科技大学没有直接向田永宣布处分决定和送达变更学籍通知,也未给田永办理退学手续。田永继续在该校以在校大学生的身份参加正常学习及学校组织的活动。

1996年3月,原告田永的学生证丢失,未进行1995至1996学年第二学期的注册。同年9月,被告北京科技大学为田永补办了学生证。其后,北京科技大学每学年均收取田永缴纳的教育费,并为田永进行注册、发放大学生补助津贴,还安排田永参加了大学生毕业实习设计,并由论文指导教师领取了学校发放的毕业设计结业费。田永还以该校大学生的名义参加考试,先后取得了大学英语四级、计算机应用水平测试BASIC语言成绩合格证书。田永在该校学习的4年中,成绩全部合

① 2007年8月30日,第十届全国人民代表大会常务委员会第二十九次会议通过《促进就业法》。该法已被2015年4月24日第十二届全国人民代表大会常务委员会第十四次会议修正。

② 《田永诉北京科技大学拒绝颁发毕业证、学位证行政诉讼案》,《最高人民法院公报》1999年第4期。

格，通过了毕业实习、设计及论文答辩(论文还被评为优秀毕业论文)，其毕业总成绩全班第九名。北京科技大学对以上事实没有争议。

被告北京科技大学的部分教师曾经为原告田永的学籍一事向国家教委申诉，原国家教委高校学生司于 1998 年 5 月 18 日致函北京科技大学，认为该校对田永违反考场纪律一事处理过重，建议复查。同年 6 月 5 日，北京科技大学复查后，仍然坚持原处理结论。

1998 年 6 月，被告北京科技大学的有关部门以原告田永不具有学籍为由，拒绝为其颁发毕业证，进而也未向教育行政部门呈报毕业派遣资格表，也因此没有将田永列入授予学士学位资格名单内交本校学位评定委员会审核。

基于上述事实，北京市海淀区人民法院于 1999 年 2 月 14 日判决：被告北京科技大学在本判决生效之日起 30 日内向原告田永颁发大学本科毕业证书；被告北京科技大学在本判决生效之日起 60 日内召集本校的学位评定委员会对原告田永的学士学位资格进行审核；被告北京科技大学于本判决生效之日起 30 日内履行向当地教育行政部门上报原告田永毕业派遣的有关手续的职责；驳回原告田永的其他诉讼请求。

第一审宣判后，北京科技大学提出上诉。北京市第一中级人民法院依照《行政诉讼法》[①]第六十一条第(一)项的规定，于 1999 年 4 月 26 日判决：驳回上诉，维持原判。

## 【点评】

《教育法》[②]第二十一条规定："国家实行学业证书制度。经国家批准设立或者认可的学校及其他教育机构按照国家规定，颁发学历证书或者其他学业证书。"第二十二条规定："国家实行学位制度。学位授予单位依法对达到一定学术水平或者专业技术水平的人员授予相应的学位，颁发学位证书。"《学位条例》[③]第八条规定，"学士学位，由国务院授权的高等学校授予"。本案被告北京科技大学是从事高等教育事业的法人，原告田永诉请其颁发毕业证、学位证，正是由于其代表国家行使对受教育者颁发学业证书、学位证书的行政权力时引起的行政争议，可以适用《行

① 本案依据的是 1989 年 4 月 4 日第七届全国人民代表大会第二次会议通过的《行政诉讼法》。该法已被 2014 年 11 月 1 日第十二届全国人民代表大会常务委员会第十一次会议第一次修正，2017 年 6 月 27 日第十二届全国人民代表大会常务委员会第二十八次会议第二次修正。

② 本案依据的是 1995 年 3 月 18 日第八届全国人民代表大会第三次会议通过的《教育法》。该法已被 2009 年 8 月 27 日第十一届全国人民代表大会常务委员会第十次会议第一次修正，2015 年 12 月 27 日第十二届全国人民代表大会常务委员会第十八次会议第二次修正。

③ 本案依据的是 1980 年 2 月 12 日第五届全国人民代表大会常务委员会第十三次会议通过的《学位条例》。该条例已被 2004 年 8 月 28 日第十届全国人民代表大会常务委员会第十一次会议修正。

政诉讼法》予以解决。

原告田永没有得到被告北京科技大学颁发的毕业证、学位证,起因是北京科技大学认为田永已按退学处理,没有了学籍。《教育法》第二十八条规定的学校及其他教育机构行使的权力中,第(四)项明文规定有"对受教育者进行学籍管理,实施奖励或者处分"。由此可见,学籍管理也是学校依法对受教育者实施的一项特殊的行政管理。因而,审查田永是否具有学籍,是本案的关键。

田永在补考时虽然携带写有与考试有关内容的纸条,但是没有证据证明其偷看过纸条,其行为尚未达到考试作弊的程度,应属于违反考场纪律。北京科技大学可以根据本校的规定对田永违反考场纪律的行为进行处理,但是这种处理应当符合法律、法规、规章规定的精神,至少不得重于法律、法规、规章的规定。国家教委1990年1月20日发布的《普通高等学校学生管理规定》[①]第十二条规定:"凡擅自缺考或考试作弊者,该课程成绩以零分计,不准正常补考,如确实有悔改表现的,经教务部门批准,在毕业前可给一次补考机会。考试作弊的,应予以纪律处分。"第二十九条规定应予退学的十种情形中,没有不遵守考场纪律或者考试作弊应予退学的规定。北京科技大学的"068号通知",不仅扩大了认定"考试作弊"的范围,而且对"考试作弊"的处理方法明显重于《普通高等学校学生管理规定》第十二条的规定,也与第二十九条规定的退学条件相抵触,应属无效。

另一方面,学校在处理的程序上也存在不合法的问题,比如未将处理决定送达本人,未给本人以申诉权等。

本案的判决还体现了信赖保护原则。信赖保护原则是行政法中的一个重要原则,指行政相对人对行政权力的正当合理信赖应当予以保护,行政机关不得擅自改变已生效的行政行为,确需改变行政行为的,对于由此给行政相对人造成的损失应当给予补偿。本案中,北京科技大学在行使学籍管理的职权过程中,实际上从未给田永办理过注销学籍,迁移户籍、档案等手续。特别是田永丢失学生证以后,该校又在1996年9月为其补办了学生证并注册,这一事实令田永相信该校自动撤销了原对其作出的退学处理决定。此后发生的田永在该校修满4年学业,还参加了该校安排的考核、实习、毕业设计,其论文答辩也获得通过等事实,均证明按退学处理的决定在法律上从未发生过应有的效力,田永仍具有北京科技大学的学籍。基于信赖保护原则,北京科技大学应向原告田永颁发大学本科毕业证书。

① 本案依据的是1990年1月20日国家教育委员会令第7号发布的《普通高等学校学生管理规定》。2005年3月25日教育部令第21号发布新的《普通高等学校学生管理规定》,原规定失效。2016年12月16日教育部令第41号发布修订后的《普通高等学校学生管理规定》,自2017年9月1日起施行,原《普通高等学校学生管理规定》(教育部令第21号)同时废止。

# 第3章 行政主体概论

## 案例16 依职权获得行政主体资格

### ——王生秋诉两级人民政府不履行颁发土地承包权证职责案[①]

### 【案情简介】

王生秋是湖北省武汉市洪山区天兴乡江心村村民。1984年1月,王生秋的二哥王毕跃代表全家7口人与江心村村委会签订11亩土地承包合同,后获得《土地使用证》。1985年,由王生秋耕种此11亩土地,在得到村委会同意后由王生秋承包经营。2006年12月,在农村土地二轮延包中,王生秋与村委会签订二轮土地承包合同,承包耕地11亩,但相关材料经村委会送至天兴乡人民政府后,一直未领到《土地承包经营权证》。耕种了21年的土地,却迟迟拿不到乡政府的《土地承包经营权证》。王生秋多次找到乡政府相关职能部门,均未成功办理。王生秋无奈之下,以政府不作为为由,将洪山区、天兴乡两级人民政府告上法庭,要求政府依职权履行职责为其颁发《土地承包经营权证》。

2008年9月,武汉市青山区人民法院作出判决,洪山区、天兴乡两级人民政府应依次、依法向村民履行颁证职责。

### 【点评】

本案原告王生秋当选"2008年中国十大法制人物"(由人民网、新华网、央视网、中国法院网联合主办),可见本案的影响力。

本案涉及行政主体资格的问题。行政主体,是指享有行政权,能以自己的名义行使国家行政职权并能独立承担因此产生的相应法律责任的组织。由此分解出三个标准:①权,即独立地拥有并行使行政权力;②名,即能够以自己的名义对外采取行政行为;③责,即承担由其采取的行政活动而产生的法律责任,如在行政诉讼中为被告、行政复议中为被申请人、行政赔偿中为赔偿义务机关等。根据行政主体资

① 《王生秋:因土地承包权证告赢两级政府的农民》,http://www.chinacourt.org/article/detail/2008/12/id/334326.shtml,访问时间:2012年6月1日。

格取得的法律依据的不同,可将行政主体划分为职权性行政主体和授权性行政主体。职权性行政主体只能是国家行政机关,包括各级人民政府及其职能部门和县级以上地方人民政府的派出机关。职权性行政主体的最大特点,就是按照宪法和行政机关组织法的规定及国家职能划分的需要(包括区域和行业),依组织程序而设立,并在设立时就独立存在和取得行政主体资格。本案中,洪山区、天兴乡两级人民政府就属于职权性行政主体。

《农村土地承包法》[①]已于2002年8月29日九届全国人大常委会第二十九次会议通过,自2003年3月1日起施行。该法第十一条规定:"国务院农业、林业行政主管部门分别依照国务院规定的职责负责全国农村土地承包及承包合同管理的指导。县级以上地方人民政府农业、林业等行政主管部门分别依照各自职责,负责本行政区域内农村土地承包及承包合同管理。乡(镇)人民政府负责本行政区域内农村土地承包及承包合同管理。"第二十二条规定:"承包合同自成立之日起生效。承包方自承包合同生效时取得土地承包经营权。"第二十三条规定:"县级以上地方人民政府应当向承包方颁发土地承包经营权证或者林权证等证书,并登记造册,确认土地承包经营权。"王生秋在耕种所争议土地21年后,与江心村村委会签订二轮土地承包合同并已生效,故天兴乡人民政府应该及时依职权履行职责,为其颁发《土地承包经营权证》。

## 案例17 依授权获得行政主体资格

### ——溆浦县中医院诉溆浦县邮电局不履行法定职责案[②]

### 【案情简介】

湖南省卫生厅、省邮电局〔1997〕15号《关于规范全省"120"医疗急救专用电话管理的通知》(以下简称15号文件)规定,医疗机构申请开办急救中心、开通"120"急救电话的程序是:经当地卫生行政部门指定并提交书面报告,由地、市卫生行政部门审核批准后,到当地邮电部门办理"120"急救电话开通手续。

1997年8月15日,湖南省卫生厅确认原告溆浦县中医院(以下简称县中医院)是一所功能较全、急诊科已达标的二级甲等综合医院,具备设置急救中心的条

---

① 本案依据的是2002年8月29日第九届全国人民代表大会常务委员会第二十九次会议通过的《农村土地承包法》。该法已被2009年8月27日第十一届全国人民代表大会常务委员会第十次会议第一次修正,2018年12月29日第十三届全国人民代表大会常务委员会第七次会议第二次修正。

② 《溆浦县中医院诉溆浦县邮电局不履行法定职责案》,《最高人民法院公报》2000年第1期。

件。12 月 8 日，溆浦县卫生局指定县中医院开办急救中心，开通“120”急救电话。同日，县中医院向被告溆浦县邮电局（以下简称县邮电局）提交了《关于开通“120”急救专用电话的报告》，并经县长和主管副县长批示同意。12 月 13 日，县邮电局为县中医院安装了“120”急救电话，但是该电话一直未开通。1998 年 7 月 20 日，县邮电局为没有经过卫生行政主管部门指定和审批的溆浦县人民医院开通了“120”急救电话。7 月 24 日，县中医院向怀化市卫生局提出《关于请求设置“120”医疗急救专用电话的报告》。7 月 25 日，该报告得到市卫生局批准。7 月 27 日，县中医院再次书面请求县邮电局开通“120”急救电话，县邮电局仍拒不开通。县中医院遂提起行政诉讼。

溆浦县人民法院认为，被告县邮电局是企业单位，不具有通信管理的行政职能，没有给原告县中医院开通“120”急救电话的法定义务，县中医院的诉讼请求不能成立。据此，溆浦县人民法院于 1998 年 9 月 9 日判决：驳回县中医院的诉讼请求。

一审宣判后，县中医院不服，以县邮电局对开通“120”急救电话负有行政上的职责，上诉人的诉讼请求依据充分、程序合法为由提起上诉，请求二审撤销原判，判令被上诉人县邮电局履行给县中医院开通“120”急救电话的职责，赔偿县中医院因“120”急救电话未开通而造成的损失。

怀化市中级人民法院经审理认为：

长期以来，我国对邮电部门实行政企合一的管理模式。邮电部门既具有邮电行政主管机关的职权，又参与邮电市场经营。经过改革，目前虽然邮政和电信初步分离，一些电信部门逐渐成为企业法人，但是由于电信行业的特殊性，我国电信市场并未全面放开，国有电信企业仍然是有线通信市场的单一主体，国家对电信方面的行政管理工作，仍然要通过国有电信企业实施。这些国有电信企业沿袭过去的做法行使行政管理职权时，应视为《行政诉讼法》[①]第二十五条第四款所指的“由法律、法规授权的组织”。

开办“120”急救中心，是医疗机构救死扶伤的一项公益事业。鉴于此举能给医疗机构带来一定收益，为使责任专一，趋利避害，防止因混乱而耽误抢救病人，政府对“120”急救事业实施行政管理，规定在一个行政区域只允许一家医疗机构开办“120”急救中心、开通“120”急救电话。“120”急救电话不是只要缴纳安装费就能装的普通电话，因此湖南省卫生厅、省邮电局联合下发的 15 号文件规定，只有功能较全、医疗急救水平较高，且急诊科已达标的综合医院，在经县卫生局指定并报地、市卫生行政主管部门批准后，才能获得开通“120”急救电话的特许权。15 号文件还

① 本案依据的是 1989 年 4 月 4 日第七届全国人民代表大会第二次会议通过的《行政诉讼法》。该法已被 2014 年 11 月 1 日第十二届全国人民代表大会常务委员会第十一次会议第一次修正，2017 年 6 月 27 日第十二届全国人民代表大会常务委员会第二十八次会议第二次修正。

规定,邮电部门对开通"120"急救电话只收取电话安装费,免费安装影示系统和电脑自答系统,免收电话费。这些明显不同于企业营利行为的优惠政策,既体现了政府支持举办此项公益事业的行政意志,也表明了政府对此项事业进行统一规范和管理。

15号文件下发给地、市和县级的卫生行政主管部门以及邮电局,正说明政府要通过这些职能部门对"120"急救电话的开通实施行政管理。邮电局在执行这个文件时,其与被审查的医疗机构之间发生的关系,不是平等的民事关系,而是特殊的行政管理关系。按照15号文件的分工,确定哪一家医疗机构有开办"120"急救中心的资格,由卫生行政主管部门负责;而审查申请开通"120"急救电话的医疗机构是否符合15号文件的规定,决定是否给其开通"120"急救电话,则由邮电局负责。上诉人县中医院是被批准开办"120"急救中心的合格单位。县中医院向被上诉人县邮电局提出开通"120"急救电话的申请后,县邮电局即着手安装。该局后来又以"120"急救电话的开通应由邮电与卫生行政部门共同确定为由,拒绝对县中医院履行开通职责,却私自为另一家未经审批的医院开通"120"急救电话。这一事实说明,所谓"应由邮电与卫生行政部门共同确定",只是县邮电局为达到与卫生行政部门分享开通确定权的目的而对15号文件的曲解;当其分权目的无法达到时,就不再坚持共同确定的主张,而单方行使"120"急救电话的开通权力。

综上所述,被上诉人县邮电局在接到上诉人县中医院的申请后拒不开通"120"急救电话,是不履行职责的错误行政行为,应当纠正。县中医院请求县邮电局赔偿购置的急救车辆和其他设施不能正常运转的损失问题,鉴于急救车辆和急救设备没有投入急救使用,这项损失不宜按《国家赔偿法》[①]第二十八条第(七)项规定的"直接损失"计算,因此依法不予支持。据此,怀化市中级人民法院依照《行政诉讼法》第五十四条第(三)项的规定,于1998年10月28日判决:撤销溆浦县人民法院〔1998〕溆行初字第66号行政判决;限被上诉人溆浦县邮电局从接到本判决书的次日起15日内为上诉人溆浦县中医院履行法定职责。

## 【点评】

本案一审法院认为被告县邮电局是企业单位,不具有相关行政职能,没有给原告县中医院开通"120"急救电话的法定义务,因此驳回了原告的诉讼请求。而二审法院认为,邮电局虽然不是行政机关,却是授权组织,因此具有行政主体资格。这里就有一个对行政主体资格取得的认定问题。除依职权取得行政主体资格外,还可因授权而取得行政主体资格。本案中县邮电局是不是因授权而取得行政主体资格的行政主体呢?

---

① 本案依据的是1994年5月12日第八届全国人民代表大会常务委员会第七次会议通过的《国家赔偿法》。该法已被2010年4月29日第十一届全国人民代表大会常务委员会第十四次会议第一次修正,2012年10月26日第十一届全国人民代表大会常务委员会第二十九次会议第二次修正。

授权行政主体是指行政职权来自法律、法规授权的行政主体，它是职权行政主体（国家行政机关）以外的行政主体的统称。二审法院认为，由于我国长期以来邮电部门实现政企合一的管理模式，因此，国有电信企业沿袭过去的做法行使行政管理职权时，应视为《行政诉讼法》第二十五条第四款所指的"由法律、法规授权的组织"。但在判决书中，法院却并未援引相关的法律条文来证明邮电局行政权力具体来自哪些法律、法规，难免令人遗憾。

查阅邮政局作为行政主体的法律依据，主要包括以下内容。《邮政法》①第二条第二款规定："国务院邮政主管部门根据需要设立地区邮政管理机构，管理各该地区的邮政工作。"《邮政法实施细则》②第二条第二款规定："各省、自治区、直辖市邮电管理局（以下简称邮电管理局）是地区邮政管理机构，管理该地区的邮政工作。"第三条第一款规定："市、县邮电局（含邮政局，下同）是全民所有制的经营邮政业务的公用企业（以下简称邮政企业），经邮电管理局授权，管理该地区的邮政工作。"

但以上法律、法规，都没有对邮政局管理"120"业务进行具体授权。而 15 号文件虽然授权湖南当地邮政局开通"120"业务，但该规范性文件并不是行政法规。因此，有学者认为，本案二审判决存在缺陷。③

编者认为，《邮政法》授权地方邮政管理机构管理该地区的邮政工作，而开通专线电话应当属于邮政工作的内容之一，因此，可看作是对县邮政局开通"120"电话的法律授权。既然如此，县邮政局作为授权组织而不恰当履行行政管理职责，其在行政诉讼中败诉也就在所难免了。

## 案例 18　高校作为授权组织的行政主体资格
### ——何小强诉华中科技大学拒绝授予学位案④

### 【案情简介】

原告何小强系第三人华中科技大学武昌分校（以下简称武昌分校，现武昌首义

---

① 本案依据的是 1986 年 12 月 2 日第六届全国人民代表大会常务委员会第十八次会议通过的《邮政法》。现行《邮政法》已被 2009 年 4 月 24 日第十一届全国人民代表大会常务委员会第八次会议重新修订，2012 年 10 月 26 日第十一届全国人民代表大会常务委员会第二十九次会议第一次修正，2015 年 4 月 24 日第十二届全国人民代表大会常务委员会第十四次会议第二次修正。

② 本案依据的是 1990 年 11 月 12 日国务院令第 65 号发布的《邮政法实施细则》。

③ 左明：《左氏评析〈溆浦县中医院诉溆浦县邮电局不履行法定职责案〉》，http://article.chinalawinfo.com/article_print.asp? articleid=37596，访问时间：2012 年 6 月 1 日。

④ 《何小强诉华中科技大学拒绝授予学位案》，最高人民法院指导案例 39 号（2014 年 12 月 25 日发布），《人民法院报》2014 年 12 月 26 日，第 2 版。

学院)2003级通信工程专业的本科毕业生。武昌分校是独立的事业单位法人,无学士学位授予资格。根据国家对民办高校学士学位授予的相关规定和双方协议约定,被告华中科技大学同意对武昌分校符合学士学位条件的本科毕业生授予学士学位,并在协议附件载明《华中科技大学武昌分校授予本科毕业生学士学位实施细则》。其中,第二条规定,“凡具有我校学籍的本科毕业生,符合本《实施细则》中授予条件者,均可向华中科技大学学位评定委员会申请授予学士学位”;第三条规定,“……达到下述水平和要求,经学术评定委员会审核通过者,可授予学士学位。……(三)通过全国大学英语四级统考”。2006年12月,华中科技大学作出《关于武昌分校、文华学院申请学士学位的规定》,规定通过全国大学外语四级考试是非外国语专业学生申请学士学位的必备条件之一。

2007年6月30日,何小强获得武昌分校颁发的《普通高等学校毕业证书》,由于其本科学习期间未通过全国英语四级考试,武昌分校根据上述《实施细则》,未向华中科技大学推荐其申请学士学位。8月26日,何小强向华中科技大学和武昌分校提出授予工学学士学位的申请。2008年5月21日,武昌分校作出书面答复,因何小强没有通过全国大学英语四级考试,不符合授予条件,华中科技大学不能授予其学士学位。何小强不服,以华中科技大学为被告,提起行政诉讼。

武汉市洪山区人民法院认为,本案争议焦点主要涉及被诉行政行为是否可诉、是否合法以及司法审查的范围问题。

**1. 被诉行政行为具有可诉性**

根据《学位条例》[①]等法律、行政法规的授权,被告华中科技大学具有审查授予普通高校学士学位的法定职权。依据《学位条例暂行实施办法》[②]第四条第二款“非授予学士学位的高等学校,对达到学士学术水平的本科毕业生,应当由系向学校提出名单,经学校同意后,由学校就近向本系统、本地区的授予学士学位的高等学校推荐。授予学士学位的高等学校有关的系,对非授予学士学位的高等学校推荐的本科毕业生进行审查考核,认为符合本暂行办法第三条及有关规定的,可向学校学位评定委员会提名,列入学士学位获得者的名单”,以及国家促进民办高校办学政策的相关规定,华中科技大学有权按照与民办高校的协议,对于符合本校学士学位授予条件的民办高校本科毕业生经审查合格授予普通高校学士学位。

本案中,第三人武昌分校是未取得学士学位授予资格的民办高校。武昌分校与华中科技大学签订合作办学协议,协议约定,武昌分校对该校达到学士学术水平的本科毕业生,向华中科技大学推荐,由华中科技大学审核是否授予学士学位。依

① 本案依据的是1980年2月12日第五届全国人民代表大会常务委员会第十三次会议通过,并已被2004年8月28日第十届全国人民代表大会常务委员会第十一次会议修正的《学位条例》。

② 本案依据的是国发〔1981〕89号《学位条例暂行实施办法》。

据《学位条例暂行实施办法》的规定以及华中科技大学与武昌分校之间的合作办学协议，华中科技大学具有对武昌分校推荐的应届本科毕业生进行审查和决定是否颁发学士学位的法定职责。因此，华中科技大学是本案适格的被告，何小强对华中科技大学不授予其学士学位不服提起诉讼的，人民法院应当依法受理。

**2. 被告制定的《华中科技大学武昌分校授予本科毕业生学士学位实施细则》第三条的规定符合上位法规定**

《学位条例》第四条规定："高等学校本科毕业生，成绩优良，达到下述学术水平者，授予学士学位：(一)较好地掌握本门学科的基础理论、专门知识和基本技能……"。《学位条例暂行实施办法》第二十五条规定："学位授予单位可根据本暂行实施办法，制定本单位授予学位的工作细则。"该办法赋予学位授予单位在不违反《学位条例》所规定授予学士学位基本原则的基础上，在学术自治范围内制定学士学位授予标准的权力和职责，华中科技大学在此授权范围内将全国大学英语四级考试成绩与学士学位挂钩，属于学术自治的范畴。高等学校依法行使教学自主权，自行对其所培养的本科生教育质量和学术水平作出具体的规定和要求，是对授予学士学位的标准的细化，并没有违反《学位条例》第四条和《学位条例暂行实施办法》第二十五条的原则性规定。因此，何小强因未通过全国大学英语四级考试不符合华中科技大学学士学位的授予条件，武昌分校未向华中科技大学推荐其申请授予学士学位，故华中科技大学并不存在不作为的事实，对何小强的诉讼请求不予支持。

**3. 对学校授予学位行为的司法审查以合法性审查为原则**

各高等学校根据自身的教学水平和实际情况，在法定的基本原则范围内确定各自学士学位授予的学术水平衡量标准，是学术自治原则在高等学校办学过程中的具体体现。在符合法律法规规定的学位授予条件前提下，确定较高的学士学位授予学术标准或适当放宽学士学位授予学术标准，均应由各高等学校根据各自的办学理念、教学实际情况和对学术水平的理想追求自行决定。对学士学位授予的司法审查不能干涉和影响高等学校的学术自治原则，学位授予类行政诉讼案件司法审查的范围应当以合法性审查为基本原则。

武汉市洪山区人民法院于 2008 年 12 月 18 日作出(2008)洪行初字第 81 号行政判决，驳回原告何小强要求被告华中科技大学为其颁发工学学士学位的诉讼请求。何小强不服，提起上诉。武汉市中级人民法院于 2009 年 5 月 31 日作出(2009)武行终字第 61 号行政判决，驳回上诉，维持原判。

## 【点评】

本案例对于如何界定独立学院与其挂名高校诉讼主体资格、如何理解学术自治很有普遍指导意义。

20世纪90年代初期以来,高校涉讼案例逐渐增多。最高人民法院发布的第九批指导性案例中,38号为《田永诉北京科技大学拒绝颁发毕业证、学位证案》,39号为《何小强诉华中科技大学拒绝授予学位案》。两个案例都作为指导性案例予以发布,就是为了更全面地阐释教育行政案件的审判规则。

由于被告华中科技大学拒绝向何小强授予学士学位,何小强将其告上法庭。实际上,田永案已经认定高校授予学位行为属于法律法规授权组织依据法律法规授权实施的具体行政行为,具有可诉性。但由于本案涉及独立学院、合作办学等问题,有一定特殊性。

根据《学位条例》、《学位条例暂行实施办法》、《国务院批准首批授予学士学位高等学校名单》等行政法规、规章的授权,被告华中科技大学具有审查授予普通高校学士学位的法定职权。根据国家法律法规和国家促进民办高校办学政策的相关规定,华中科技大学可以接受民办高校委托,对于符合本校学士学位授予条件的民办高校应届本科毕业生经审查合格授予普通高校学士学位。本案中,由于当时武昌分校并无学士学位授予资格①,其与华中科技大学依据法律法规等规定签订合作办学协议,委托华中科技大学对武昌分校推荐的应届本科毕业生进行审查和决定是否授予学士学位。因此,何小强对华中科技大学不授予其学士学位的行为不服提起行政诉讼的,华中科技大学为适格被告。《最高人民法院公报》对该案总结的"裁判摘要"第一点指出:"根据有关行政法规、规章及民办高校办学相关政策、规范性文件的规定,大学作为独立学院的挂名高校,具有授予独立学院符合条件毕业生学士学位的法定职责。学生以独立学院无根据未授予学士学位为由起诉的,大学应为适格被告。因独立学院作出具有终局性的初审行为,对学生的利益有直接利害关系,亦应作为被告。学生坚持起诉大学,而不起诉独立学院的,法院应将独立学院列为第三人。"

本案与田永案涉及的行政诉讼案由基本相同,但基本案情、裁判结果和法律适用问题有一定区别。② 其一,田永案是因为大学生违反校规、校纪,高等学校对其作出退学处理决定而拒绝颁发毕业证书、学位证书;何小强案是因为大学本科毕业生因为没有通过全国大学英语四级考试,高等学校在学术自治范围内经过审查,认为学生达不到学术标准拒绝授予学位证引起的。其二,两案都涉及高等学校自行制定的校规、校纪问题。田永案中,北京科技大学发布的《关于严格考试管理的紧

---

① 根据《教育部关于鼓励和引导民间资金进入教育领域促进民办教育健康发展的实施意见》(教发〔2012〕10号)的规定,民办高校可以申请学士、硕士和博士学位授予权,其审批程序和要求与公办高校相同。当前,大量民办高校已经具有独立学位授予权。如本案中,当时华中科技大学武昌分校没有学位授予权,但其已于2012年通过学士学位授予权评估,获得学士学位授予权。

② 石磊:《〈何小强诉华中科技大学拒绝授予学位案〉的理解与参照——高等学校在学术自治范围内有依法制定学术评价标准职权》,《人民司法(案例)》2016年第20期。

急通知》(校发〔94〕第 068 号文件)违背上位法,被告据此通知对田永作出退学处理决定,因此被判败诉。何小强案中,华中科技大学和武昌分校制定的授予本科毕业生学士学位实施细则等规定,将通过全国大学外语四级考试作为非外国语专业学生申请学士学位的必备条件之一,法院认定这是高校学术自治行为,不与上位法相抵触。其三,田永案涉及正当程序原则,被告败诉的原因之一是没有保障受教育者在教育管理活动中享有最低程序权利。这一问题在何小强案中没有涉及。

## 案例 19　行政主体必须在职权范围内行使权力

——丰祥公司诉上海市盐务局行政强制措施案[①]

### 【案情简介】

原告上海丰祥贸易有限公司(以下简称丰祥公司)分别从山东省潍坊市寒亭区央子镇第一盐厂、安徽省定远县盐矿调入工业盐共计 302 吨,2001 年 5 月 16 日到达上海铁路局金山卫西站。被告上海市盐务管理局(以下简称盐务局)认定丰祥公司在不具备经营工业盐资格的情况下擅自从外省市调入工业盐至本市,违反了《上海市盐业管理若干规定》的有关规定,遂于 2001 年 5 月 21 日对丰祥公司作出盐业违法物品扣押强制措施,并将(沪)盐政(2001)第 9 号《盐业违法物品封存、扣押通知书》送达丰祥公司。丰祥公司对该强制措施不服,向上海市商业委员会提起行政复议。上海市商业委员会于 2001 年 8 月 21 日作出沪商复决字(2001)第 1 号行政复议决定,维持了盐务局的扣押行为。丰祥公司遂提起行政诉讼。

上海市静安区人民法院判决,维持盐务局 2001 年 5 月 21 日作出的(沪)盐政(2001)第 9 号盐业违法物品扣押行政强制措施。宣判后丰祥公司不服一审判决,向上海市第二中级人民法院提起上诉。

上海市第二中级人民法院认为,根据国务院《盐业管理条例》[②]第四条的规定:“轻工业部是国务院盐业行政主管部门,主管全国盐业工作。省及省级以下人民政府盐业行政主管部门由省、自治区、直辖市人民政府确定,主管本行政区域内的盐业工作。”轻工业部《盐业行政执法办法》[③]第七条规定:“各级盐业行政主管部门,应当设立盐政执法机构,负责本辖区内的盐政执法工作。”根据以上法规、规章的规

① 《丰祥公司诉上海市盐务局行政强制措施案》,《最高人民法院公报》2003 年第 1 期。

② 本案依据的是 1990 年 3 月 2 日国务院令第 51 号发布的《盐业管理条例》。该条例已于 2017 年 12 月 26 日被新修订的《食盐专营办法》废止。

③ 本案依据的是 1991 年 6 月 6 日轻工业部令第 2 号发布的《盐业行政执法办法》。

定，上海市人民政府制定了《上海市盐业管理若干规定》，其中第四条规定："上海市商业委员会(以下简称市商委)是本市盐业行政主管部门。上海市盐务管理局(以下简称市盐务局)是市人民政府依据《食盐专营办法》[①]授权的盐业主管机构，负责管理本市行政区域内的食盐专营工作，组织本规定的实施，并接受市商委的领导。"因此，本市盐业行政主管部门是市商委，而非盐务局，盐务局只能负责管理食盐专营工作，并无对本市工业盐的经营、运输进行查处的职权，不具有作出封存、扣押违法经营工业盐行政强制措施的执法主体资格。

上海市第二中级人民法院依照《行政诉讼法》[②]第五十四条第(二)项第1、2目和第六十一条第(三)项的规定，于2002年5月24日判决：撤销上海市静安区人民法院(2001)静行初字第71号行政判决；撤销盐务局于2001年5月21日作出的(沪)盐政(2001)第9号盐业违法物品扣押行政强制措施。

## 【点评】

丰祥公司与上海市盐务局行政强制措施案，是我国加入世贸组织后人民法院审结的一起典型的行政纠纷案件。该案的依法审结，不仅对于行政机关内部文件在行政执法中的效力问题进行了正确认定，更为人民法院在审判实践中如何准确适用法律，尤其是注意参照世贸规则，正确审理案件提供了范例。

第一审、第二审法院在审理中对于行政机关行使职权的依据认定、具体行政行为依据的法律认定问题分歧较大，认识不一，并因此作出了两个截然不同的判决。

(1) 关于丰祥公司经营工业盐的经营权限问题。丰祥公司营业执照的经营范围中包括了经营工业盐的业务，属于地方一级盐业公司，根据国务院《盐业管理条例》，丰祥公司有权经营工业盐。

(2) 关于盐务局是否具备执法主体资格问题。依据《上海市盐业管理若干规定》，上海市盐业行政主管部门为上海市商业委员会，而非盐务局。盐务局只能负责管理食盐专营工作，并无职权对工业盐的经营进行查处。

(3) 关于未经公布的政府机关的文件是否具有法律效力问题。根据世贸规则，未经公布的政府机关的文件，对外不具有法律效力。盐务局将未经对外公布的文件，即国家轻工业局盐业管理办公室《关于对上海市盐务管理局〈关于请求解释"盐的批发业务由各级盐业公司统一经营"的请示〉函复函》作为执法依据。该文件规定，"市盐业公司统一经营包括工业盐在内的盐业产品，其他单位和个人不得从

---

① 本案依据的是1996年5月27日国务院令第197号发布的《食盐专营办法》。该办法已被2013年12月7日国务院令第645号修正，2017年12月26日国务院令第696号重新修订。

② 本案依据的是1989年4月4日第七届全国人民代表大会第二次会议通过的《行政诉讼法》。该法已被2014年11月1日第十二届全国人民代表大会常务委员会第十一次会议第一次修正，2017年6月27日第十二届全国人民代表大会常务委员会第二十八次会议第二次修正。

事统一经营盐产品的采购和经销”。然而,“法不公布不生效”是法治的公理,而且,该文件的发文主体国家轻工业局盐业管理办公室无权对《盐业管理条例》作出解释。可见,盐务局的行政行为属于适用法律法规不当。

第二审法院通过对如上三个问题的正确认定,依法撤销了盐务局违法的具体行政行为,不仅有利于保护当事人的合法权益,维护盐务市场的稳定,促进市场经济的健康有序发展,而且对于各行政机关尤其是盐务行政管理部门今后加强执法行为的合法性、规范性起到了积极的推动作用。

本案中盐务局除了无事务管辖权外,还存在随意执法的问题。《盐业行政执法办法》第二十四条规定:“在盐业违法案件当事人有隐匿、销毁证据可能的情况下,对违法物品,盐政执法机构可予以先行封存、扣押,并向当事人出具封存、扣押通知书。”本案丰祥公司并不存在隐匿、销毁证据的情况,盐务局的强制扣押行为于法无据。

## 案例20 依据行政委托不能获得行政主体资格

——合江县食品公司不服合江县榕山畜牧兽医站扣押猪肉决定案[①]

### 【案情简介】

1998年5月6日,合江县食品公司聘用职工张国友在合江县榕山镇综合市场销售猪肉,合江县榕山畜牧兽医站(以下简称榕山兽医站)执法人员以张国友销售的猪肉未经定点检验、未加盖检验合格的印章为由,将张国友正在销售的83.85公斤猪肉暂扣,并出具了扣押清单收据。当日,榕山兽医站经过调查,认为张国友销售的猪肉是死因不明的猪肉,该行为违反了《动物防疫法》[②]第十八条规定,榕山兽医站以合江县兽医卫生监督检验所的名义,根据《动物防疫法》第四十八条规定,对张国友作出责令停止经营、没收未出售的83.85公斤猪肉的处罚决定。张国友拒绝签收该处罚决定书,并多次找榕山兽医站要求返还其被扣押的猪肉或赔偿其经济损失,榕山兽医站拒绝了张国友的要求。合江县食品公司认为,张国友是本公司聘用职工,张国友销售的猪肉为本公司所有,榕山兽医站扣押该猪肉并予以没收是

---

① 《合江县食品公司不服合江县榕山畜牧兽医站扣押猪肉决定案》,http://www.110.com/ziliao/article-38055.html,访问时间:2012年6月1日。

② 本案依据的是1997年7月3日第八届全国人民代表大会常务委员会第二十六次会议通过的《动物防疫法》。现行《动物防疫法》已被2007年8月30日第十届全国人民代表大会常务委员会第二十九次会议重新修订,2013年6月29日第十二届全国人民代表大会常务委员会第三次会议第一次修正,2015年4月24日第十二届全国人民代表大会常务委员会第十四次会议第二次修正。

违法行为,侵犯了本公司的合法权益。6 月 10 日,合江县食品公司向合江县人民法院提起行政诉讼,请求判决撤销榕山兽医站的处罚决定,并赔偿其猪肉折价款 815.65 元。

被告榕山兽医站辩称:张国友销售的猪肉,没有证据证明是合江县食品公司所有,本兽医站代表合江县兽医卫生监督检验所对行为人张国友作出处罚决定,处罚相对人是张国友而不是合江县食品公司,合江县食品公司不具有本案原告资格,请求法院驳回合江县食品公司的起诉。

合江县人民法院审理认为,合江县兽医卫生监督检验所是对猪肉所有人张国友作出处罚,合江县食品公司不具备原告主体资格,依照《最高人民法院关于贯彻执行〈中华人民共和国行政诉讼法〉若干问题的意见(试行)》[①]第七十一条第(二)项规定,该院于 1998 年 7 月 7 日作出裁定:驳回合江县食品公司的起诉。

一审裁定后,原告合江县食品公司不服,向泸州市中级人民法院提起上诉。其主要理由是:张国友在市场上销售猪肉的行为,是代表上诉人实施的行为,合江县兽医卫生监督检验所作出的处罚决定,并未送达上诉人,上诉人符合原告的主体资格,一审裁定错误,请求二审法院撤销原裁定,发回重审。被上诉人榕山兽医站未作答辩。

泸州市中级人民法院审理认为,合江县食品公司是企业法人,认为其合法权益受到行政主体的侵害,依法有权提起行政诉讼,一审裁定认定该公司不具备原告主体资格不当,依法应予纠正。合江县榕山兽医站依法不享有独立执法职权,该站在兽医卫生监督检验管理中所实施的行为,是代表依法享有独立执法权的合江县兽医卫生监督检验所实施的行为,合江县榕山兽医站依法不具有行政诉讼被告的主体资格。合江县食品公司坚持以该站为被告起诉,不符合行政诉讼起诉条件,一审裁定驳回起诉正确,上诉人请求裁定发回重审的上诉理由不能成立,本院不予支持。依照《行政诉讼法》[②]第六十一条第(一)项规定,该院于 1998 年 11 月 19 日作出裁定:驳回上诉,维持原裁定。

## 【点评】

本案的案情并不复杂,所涉及的问题主要是行政诉讼当事人的主体资格问题。

① 本案依据的是 1991 年 6 月 11 日《最高人民法院关于贯彻执行〈中华人民共和国行政诉讼法〉若干问题的意见(试行)》(法〔1991〕19 号)。该意见已被 2000 年 3 月 8 日《最高人民法院关于执行〈中华人民共和国行政诉讼法〉若干问题的解释》(法释〔2000〕8 号)废止。

② 本案依据的是 1989 年 4 月 4 日第七届全国人民代表大会第二次会议通过的《行政诉讼法》。该法已被 2014 年 11 月 1 日第十二届全国人民代表大会常务委员会第十一次会议第一次修正,2017 年 6 月 27 日第十二届全国人民代表大会常务委员会第二十八次会议第二次修正。

**1. 本案原告的主体资格问题**

根据《行政诉讼法》第二条规定："公民、法人或者其他组织认为行政机关和行政机关工作人员的具体行政行为侵犯其合法权益，有权依照本法向人民法院提起诉讼。"第二十四条第一款规定："依照本法提起诉讼的公民、法人或者其他组织是原告。"本案合江县食品公司是企业法人，根据上述法律规定，该公司依法享有充当行政诉讼原告的主体资格。只要该公司提起的诉讼符合法定的起诉条件，就能够启动行政诉讼的运转，在诉讼中充当原告的角色。一审法院经过审理，认为行政处罚不是对合江县食品公司作出的，该公司就不符合充当本案原告的主体资格，这样以处罚对象作为衡量原告主体资格的标准，是没有法律依据的。如果仅有行政处罚相对人才有权提起诉讼，那么不是行政处罚相对人却认为受到行政处罚主体的侵害的，将无法得到司法救济，这是不符合法律规定的。本案合江县食品公司认为其合法权益受到行政主体的侵害，其就有权以原告的名义提起诉讼，至于实体权利是否真正受到侵害，是否能够得到法律保护，只有通过对实体的审理才能得出结论。

**2. 本案被告的主体资格问题**

《行政诉讼法》第二十五条第四款规定："由行政机关委托的组织所作的具体行政行为，委托的行政机关是被告。"《动物防疫法》第六条第三款规定："县级以上人民政府所属的动物防疫监督机构实施动物防疫和动物防疫监督。"第四十六条至第五十三条都规定了享有处理、处罚权的主体是动物防疫监督机构。合江县动物防疫监督机构是合江县兽医卫生监督检验所，该所是法定的执法主体，合江县乡、镇所设立的兽医站不享有独立的执法主体资格，其从事的兽医卫生监督工作是受合江县兽医卫生监督检验所之委托。本案榕山兽医站不是以自己的名义而是以享有执法主体资格的合江县兽医卫生监督检验所的名义作出处罚决定，合江县食品公司以为该处罚决定侵犯其合法权益，只能依法以合江县兽医卫生监督检验所为被告提起诉讼，而不能以榕山兽医站为被告提起诉讼。合江县食品公司以榕山兽医站为被告提起诉讼是错误的。

**3. 被告不适格的处理规定**

根据《行政诉讼法》第四十一条第(二)项规定，原告提起诉讼要"有明确的被告"，该项的含义也包括被告是适格的被告，要符合该法第二十五条对适格被告规定的情形。《最高人民法院关于贯彻执行〈中华人民共和国行政诉讼法〉若干问题的意见(试行)》第十七条规定："人民法院在第一审程序中，征得原告的同意后，可以依职权追加或者变更被告。应当变更被告，而原告不同意变更的，裁定驳回起诉。"本案一审中未适用本条规定是不当的，二审法院以本案被告主体资格不适格为由，纠正了一审裁定的理由，作出驳回上诉、维持原裁定的裁定是正确的。

# 案例21　村民委员会不是行政主体
## ——时某诉东风村村委会行政处罚案[①]

### 【案情简介】

2002年8月15日,江西省铜鼓县大段镇神口村村民时某在无自用材砍伐证和木材运输证的情况下,到本镇东风村某村民家购买木材3立方米,并用车运回家中。东风村村委会发现后,依据该村的村规民约对时某罚款800元,开具了一张内部往来收款收据给时某后放行。同日,当地林业公安分局没收了涉案木材,并依照《森林法》[②]对时某处以行政罚款。时某多次要求东风村村委会返还罚款未果,遂向人民法院起诉。

法院审理后认为,时某无证运木材是违法行为,应当并已受到有权行政机关的处罚。村民委员会是村民自治组织,不能设定行政处罚的项目和标准,也没有行政处罚权,对时某进行罚款属于越权行为。遂依法判决东风村村委会返还时某罚款800元。

### 【点评】

《村民委员会组织法》[③]第二条规定,“村民委员会是村民自我管理、自我教育、自我服务的基层群众性自治组织”;《行政处罚法》[④]第三条规定,“公民、法人或其他组织违反行政管理秩序的行为,应当给予行政处罚的,依照本法由法律、法规或者规章规定,并由行政机关依照本法规定的程序实施。没有法定依据或者不遵守

---

① 刑童:《村委会没有行政处罚权》,《人民日报》2003年2月12日。

② 本案依据的是1984年9月20日第六届全国人民代表大会常务委员会第七次会议通过,并已被1998年4月29日第九届全国人民代表大会常务委员会第二次会议第一次修正的《森林法》。该法已被2009年8月27日第十一届全国人民代表大会常务委员会第十次会议第二次修正。现行《森林法》已被2019年12月28日第十三届全国人民代表大会常务委员会第十五次会议重新修订,自2020年7月1日起施行。

③ 本案依据的是1998年11月4日第九届全国人民代表大会常务委员会第五次会议通过的《村民委员会组织法》。现行《村民委员会组织法》已被2010年10月28日第十一届全国人民代表大会常务委员会第十七次会议重新修订,2018年12月29日第十三届全国人民代表大会常务委员会第七次会议修正。

④ 本案依据的是1996年3月17日第八届全国人民代表大会第四次会议通过的《行政处罚法》。该法已被2009年8月27日第十一届全国人民代表大会常务委员会第十次会议第一次修正,2017年9月1日第十二届全国人民代表大会常务委员会第二十九次会议第二次修正。

法定程序的,行政处罚无效"。被告东风村村委会系基层群众性自治组织,不是行政机关,其依法无行政处罚权。

《行政处罚法》第十七条规定,"法律、法规授权的具有管理公共事务职能的组织可以在法定授权范围内实施行政处罚",而依照《村民委员会组织法》第二条"村民委员会办理本村的公共事务和公益事业"的规定,村民委员会只具有办理本村公共事务的职能,而非管理公共事务,且《村民委员会组织法》并没有授予村民委员会行政处罚权。故被告不存在系因法律、法规授权成为具有行政处罚权的组织之情形。

东风村村委会的处罚没有法定依据,其作出的行政处罚无效。《村民委员会组织法》第二十条规定:"村民自治章程、村规民约以及村民会议或者村民代表大会讨论决定的事项不得与宪法、法律、法规和国家的政策相抵触,不得有侵犯村民的人身权利、民主权利和合法财产权利的内容。"被告东风村村委会依据村规民约对原告作出罚款的行政处罚。然而,被告依据的村规民约中关于罚款的规定与《宪法》[①]第五条"国家维护社会主义法制的统一和尊严。……任何组织或者个人都不得有超越宪法和法律的特权"以及《行政处罚法》的相关条款相抵触。而且,村规民约仅是村民委员会制定的在本村内施行的指导性的民事约定,是为规范村民的行为而设定的内部民事性质的规章制度,而不是《行政处罚法》规定的行政处罚的"法定依据"。

关于村民委员会是否具有行政主体资格,理论界是存在争议的。《村民委员会组织法》的立法目的和主要精神在于"保障农村村民实行自治,由村民群众依法办理自己的事情,发展农村基层民主"。在民主自治体制下,村民会议是村内事务的决定者,村民委员会是村民会议决定事项的执行者。从民主体制运行的理论上说,村民委员会没有任何强行性的权力,民主管理不是行政管理。对于村内重大事项,无村民会议的决议,村民委员会便没有任何权力。因此,村民委员会应当真正在村民自治的精神下,在平等的基础上为村民服务,而不应当有任何"权力"。村民委员会成员如果对村务的处理不当引起争议,应当通过民事诉讼程序进行处理。

① 我国现行宪法由 1982 年 12 月 4 日第五届全国人民代表大会第五次会议通过,自 1982 年 12 月 4 日起施行。本宪法已被 1988 年 4 月 12 日第七届全国人民代表大会第一次会议第一次修正,1993 年 3 月 29 日第八届全国人民代表大会第一次会议第二次修正,1999 年 3 月 15 日第九届全国人民代表大会第二次会议第三次修正,2004 年 3 月 14 日第十届全国人民代表大会第二次会议第四次修正,2018 年 3 月 11 日第十三届全国人民代表大会第一次会议第五次修正。本案依据的是第三次修正后的《宪法》。

# 案例22　经法律授权的派出机构是行政主体

## ——秦有福诉黎塘车站公安派出所行政处罚案[①]

### 【案情简介】

广西宾阳县黎塘车站公安派出所对所辖黎塘火车站广场秩序进行管理，在广场的出入口放置告示“进入广场的车辆，请按指定位置停放，违者依法处罚。黎塘车站公安派出所”，并在广场内竖牌明示了“摩托车、电动车、单车停放处”。2008年9月16日18时许，秦有福驾驶一辆电动车径直驶入黎塘火车站广场，未于指定位置停车、保管，而是停放在售票厅台阶下。秦有福到售票厅办理退票手续出来后，被值勤民警询问，但其不理睬。秦有福驾车驶至广场出口处时被保安拦住。值勤民警出示工作证，要求秦有福到派出所接受调查，遭其拒绝。值勤民警将秦有福强制带到派出所。这一系列事情引起群众、旅客围观，阻塞了火车站广场出口正常通行。派出所认为秦有福扰乱公共场所秩序，经审批、立案，于当日18时30分对其进行传唤，并调查证人，9月17日11时30分结束传唤，此间秦有福未离开派出所。派出所依法作出行政处罚决定，秦有福当场交纳罚款200元，派出所当场出具财政部门印制的代收罚款收据。事后秦有福不服，向当地人民法院提起行政诉讼。11月17日，广西宾阳县人民法院判决，维持车站派出所的行政处罚决定。

### 【点评】

《治安管理处罚法》[②]已于2006年3月1日起施行。其中第九十一条规定：“治安管理处罚由县级以上人民政府公安机关决定；其中警告、五百元以下的罚款可以由公安派出所决定。”派出所虽然只是派出机构，但根据《治安管理处罚法》的授权，享有法定职权，此案中行政主体资格合法。

秦有福进入车站广场时已见警示牌，明知广场内车辆须有序停放，却不遵守管理制度，未将车停放于指定位置，并采取非理性手段抗拒值勤民警的管理，造成了火车站广场出入口旅客正常通行受阻的后果，原告的行为确已扰乱了公共场所秩序。宾阳县人民法院的判决是符合事实和法律的。

---

① 张磊、覃作信：《车站广场乱停车被罚，状告派出所未获支持》，http://www.chinacourt.org/html/article/200811/18/331156.shtml，访问时间：2012年6月1日。

② 本案依据的是2005年8月28日第十届全国人民代表大会常务委员会第十七次会议通过的《治安管理处罚法》。该法已被2012年10月26日第十一届全国人民代表大会常务委员会第二十九次会议修正。

# 第4章 行政机关

## 案例23 国务院

### ——聚焦2018年国务院机构改革①

**【案情简介】**

2018年3月22日,《国务院机构改革方案》(以下简称《方案》)在十三届全国人大一次会议表决通过,标志着改革开放40年以来第八次政府机构改革序幕由此拉开。改革后,国务院正部级机构减少8个,副部级机构减少7个。具体改革方案如下。

**一、关于国务院组成部门调整**

(一)组建自然资源部

将国土资源部的职责,国家发展和改革委员会的组织编制主体功能区规划职责,住房和城乡建设部的城乡规划管理职责,水利部的水资源调查和确权登记管理职责,农业部的草原资源调查和确权登记管理职责,国家林业局的森林、湿地等资源调查和确权登记管理职责,国家海洋局的职责,国家测绘地理信息局的职责整合,组建自然资源部,作为国务院组成部门。自然资源部对外保留国家海洋局牌子。

不再保留国土资源部、国家海洋局、国家测绘地理信息局。

(二)组建生态环境部

将环境保护部的职责,国家发展和改革委员会的应对气候变化和减排职责,国土资源部的监督防止地下水污染职责,水利部的编制水功能区划、排污口设置管理、流域水环境保护职责,农业部的监督指导农业面源污染治理职责,国家海洋局的海洋环境保护职责,国务院南水北调工程建设委员会办公室的南水北调工程项目区环境保护职责整合,组建生态环境部,作为国务院组成部门。生态环境部对外保留国家核安全局牌子。

① 2018年《国务院机构改革方案》。

不再保留环境保护部。

(三)组建农业农村部

将农业部的职责,以及国家发展和改革委员会的农业投资项目、财政部的农业综合开发项目、国土资源部的农田整治项目、水利部的农田水利建设项目等管理职责整合,组建农业农村部,作为国务院组成部门。

将农业部的渔船检验和监督管理职责划入交通运输部。

不再保留农业部。

(四)组建文化和旅游部

将文化部、国家旅游局的职责整合,组建文化和旅游部,作为国务院组成部门。

不再保留文化部、国家旅游局。

(五)组建国家卫生健康委员会

将国家卫生和计划生育委员会、国务院深化医药卫生体制改革领导小组办公室、全国老龄工作委员会办公室的职责,工业和信息化部的牵头《烟草控制框架公约》履约工作职责,国家安全生产监督管理总局的职业安全健康监督管理职责整合,组建国家卫生健康委员会,作为国务院组成部门。

保留全国老龄工作委员会,日常工作由国家卫生健康委员会承担。民政部代管的中国老龄协会改由国家卫生健康委员会代管。国家中医药管理局由国家卫生健康委员会管理。

不再保留国家卫生和计划生育委员会。不再设立国务院深化医药卫生体制改革领导小组办公室。

(六)组建退役军人事务部

将民政部的退役军人优抚安置职责,人力资源和社会保障部的军官转业安置职责,以及中央军委政治工作部、后勤保障部有关职责整合,组建退役军人事务部,作为国务院组成部门。

(七)组建应急管理部

将国家安全生产监督管理总局的职责,国务院办公厅的应急管理职责,公安部的消防管理职责,民政部的救灾职责,国土资源部的地质灾害防治、水利部的水旱灾害防治、农业部的草原防火、国家林业局的森林防火相关职责,中国地震局的震灾应急救援职责以及国家防汛抗旱总指挥部、国家减灾委员会、国务院抗震救灾指挥部、国家森林防火指挥部的职责整合,组建应急管理部,作为国务院组成部门。

中国地震局、国家煤矿安全监察局由应急管理部管理。公安消防部队、武警森林部队转制后,与安全生产等应急救援队伍一并作为综合性常备应急骨干力量,由应急管理部管理。

不再保留国家安全生产监督管理总局。

（八）重新组建科学技术部

将科学技术部、国家外国专家局的职责整合，重新组建科学技术部，作为国务院组成部门。科学技术部对外保留国家外国专家局的牌子。

国家自然科学基金委员会改由科学技术部管理。

（九）重新组建司法部

将司法部和国务院法制办公室的职责整合，重新组建司法部，作为国务院组成部门。

不再保留国务院法制办公室。

（十）优化水利部职责

将国务院三峡工程建设委员会及其办公室、国务院南水北调工程建设委员会及其办公室并入水利部。

不再保留国务院三峡工程建设委员会及其办公室、国务院南水北调工程建设委员会及其办公室。

（十一）优化审计署职责

将国家发展和改革委员会的重大项目稽查、财政部的中央预算执行情况和其他财政收支情况的监督检查、国务院国有资产监督管理委员会的国有企业领导干部经济责任审计和国有重点大型企业监事会的职责划入审计署，构建统一高效审计监督体系。

不再设立国有重点大型企业监事会。

（十二）监察部并入新组建的国家监察委员会。国家预防腐败局并入国家监察委员会

不再保留监察部、国家预防腐败局。

改革后，除国务院办公厅外，国务院设置组成部门 26 个：

1. 中华人民共和国外交部
2. 中华人民共和国国防部
3. 中华人民共和国国家发展和改革委员会
4. 中华人民共和国教育部
5. 中华人民共和国科学技术部
6. 中华人民共和国工业和信息化部
7. 中华人民共和国国家民族事务委员会
8. 中华人民共和国公安部
9. 中华人民共和国国家安全部
10. 中华人民共和国民政部
11. 中华人民共和国司法部
12. 中华人民共和国财政部

13. 中华人民共和国人力资源和社会保障部
14. 中华人民共和国自然资源部
15. 中华人民共和国生态环境部
16. 中华人民共和国住房和城乡建设部
17. 中华人民共和国交通运输部
18. 中华人民共和国水利部
19. 中华人民共和国农业农村部
20. 中华人民共和国商务部
21. 中华人民共和国文化和旅游部
22. 中华人民共和国国家卫生健康委员会
23. 中华人民共和国退役军人事务部
24. 中华人民共和国应急管理部
25. 中国人民银行
26. 中华人民共和国审计署

## 二、关于国务院其他机构调整

(一) 组建国家市场监督管理总局

将国家工商行政管理总局的职责,国家质量监督检验检疫总局的职责,国家食品药品监督管理总局的职责,国家发展和改革委员会的价格监督检查与反垄断执法职责,商务部的经营者集中反垄断执法以及国务院反垄断委员会办公室等职责整合,组建国家市场监督管理总局,作为国务院直属机构。同时,组建国家药品监督管理局,由国家市场监督管理总局管理。

将国家质量监督检验检疫总局的出入境检验检疫管理职责和队伍划入海关总署。

保留国务院食品安全委员会、国务院反垄断委员会,具体工作由国家市场监督管理总局承担。

国家认证认可监督管理委员会、国家标准化管理委员会职责划入国家市场监督管理总局,对外保留牌子。

不再保留国家工商行政管理总局、国家质量监督检验检疫总局、国家食品药品监督管理总局。

(二) 组建国家广播电视总局

在国家新闻出版广电总局广播电视管理职责的基础上组建国家广播电视总局,作为国务院直属机构。

不再保留国家新闻出版广电总局。

(三) 组建中国银行保险监督管理委员会

将中国银行业监督管理委员会和中国保险监督管理委员会的职责整合,组建中国银行保险监督管理委员会，作为国务院直属事业单位。

将中国银行业监督管理委员会和中国保险监督管理委员会拟订银行业、保险业重要法律法规草案和审慎监管基本制度的职责划入中国人民银行。

不再保留中国银行业监督管理委员会、中国保险监督管理委员会。

（四）组建国家国际发展合作署

将商务部对外援助工作有关职责、外交部对外援助协调等职责整合，组建国家国际发展合作署，作为国务院直属机构。对外援助的具体执行工作仍由有关部门按分工承担。

（五）组建国家医疗保障局

将人力资源和社会保障部的城镇职工和城镇居民基本医疗保险、生育保险职责，国家卫生和计划生育委员会的新型农村合作医疗职责，国家发展和改革委员会的药品和医疗服务价格管理职责，民政部的医疗救助职责整合，组建国家医疗保障局，作为国务院直属机构。

（六）组建国家粮食和物资储备局

将国家粮食局的职责，国家发展和改革委员会的组织实施国家战略物资收储、轮换和管理，管理国家粮食、棉花和食糖储备等职责，以及民政部、商务部、国家能源局等部门的组织实施国家战略和应急储备物资收储、轮换和日常管理职责整合，组建国家粮食和物资储备局，由国家发展和改革委员会管理。

不再保留国家粮食局。

（七）组建国家移民管理局

将公安部的出入境管理、边防检查职责整合，建立健全签证管理协调机制，组建国家移民管理局，加挂中华人民共和国出入境管理局牌子，由公安部管理。

（八）组建国家林业和草原局

将国家林业局的职责，农业部的草原监督管理职责，以及国土资源部、住房和城乡建设部、水利部、农业部、国家海洋局等部门的自然保护区、风景名胜区、自然遗产、地质公园等管理职责整合，组建国家林业和草原局，由自然资源部管理。国家林业和草原局加挂国家公园管理局牌子。

不再保留国家林业局。

（九）重新组建国家知识产权局

将国家知识产权局的职责、国家工商行政管理总局的商标管理职责、国家质量监督检验检疫总局的原产地地理标志管理职责整合，重新组建国家知识产权局，由国家市场监督管理总局管理。

（十）调整全国社会保障基金理事会隶属关系

将全国社会保障基金理事会由国务院管理调整为由财政部管理，作为基金投资运营机构，不再明确行政级别。

(十一) 改革国税地税征管体制

将省级和省级以下国税地税机构合并,具体承担所辖区域内各项税收、非税收入征管等职责。国税地税机构合并后,实行以国家税务总局为主与省(区、市)人民政府双重领导管理体制。

国务院组成部门以外的国务院所属机构的调整和设置,由新组成的国务院审查批准。

## 【点评】

改革开放以来,国务院至今已进行了 8 次机构改革。其中,2018 年这次机构改革涉及的范围之广、职能调整之深刻,是新中国成立以来前所未有的。

2018 年国务院机构改革的新突破主要体现在[①]:

一是打破党政界限,与党中央的机构统筹设置。之前的历次国务院机构改革都是在其自身范围内进行的。这次国务院机构改革的一个重大突破,就是与党中央的机构改革同步进行,在机构设置和调整方面与党中央的机构统筹安排。此次国务院机构改革将监察部、国家预防腐败局的职责,最高人民检察院查处贪污贿赂、失职渎职以及预防职务犯罪等反腐败相关职责整合,组建国家监察委员会,同中央纪律检查委员会合署办公,履行纪检、监察两项职责。此外还将国家公务员局并入中央组织部;将原国家新闻出版广电总局的新闻出版和电影管理职责划入中央宣传部;将国家民族事务委员会归口中央统战部领导;将国家宗教事务局和国务院侨务办公室并入中央统战部;将工业和信息化部管理的国家计算机网络与信息安全管理中心调整为由中央网络安全和信息化委员会办公室管理。这对于减少多头管理,减少职责分散交叉,使党政机构职能分工合理、责任明确、运转协调,具有重要意义。

二是打破部门界限,对国务院组成部门进行系统性重构。以往的国务院机构改革主要是在部门间进行分合。这次改革打破部门界限,将分散在国务院不同组成部门中相同或相近的职能最大限度地进行合并,通过合并同类项,重新组建一个新的部门,确保一类事项原则上由一个部门统筹、一件事情原则上由一个部门负责。新设立的自然资源部就是将国土资源部、国家发展和改革委员会、住房和城乡建设部、水利部、农业部、国家林业局、国家海洋局、国家测绘地理信息局等八个部门的相关职责进行整合组建而成的。这种组建方式将原来需要在多个部门之间流转的事情放在一个部门,可以大大提高决策和办事效率,加强相关机构的配合联动,避免政出多门、责任不明、推诿扯皮,使国务院机构设置更加科学、职能更加优化、权责更加协同、监管更加有力、运行更加高效。

① 张金才:《2018 国务院机构改革的突破和影响》,《人民论坛》2018 年第 23 期。

三是打破精简的改革模式,机构改革方式取得新突破。以往的国务院机构改革强调精简,这次改革并未突出这一点,而是强调优化协同高效。优化就是要科学合理、权责一致,协同就是要有统有分、有主有次,高效就是要履职到位、流程通畅。这次机构改革后,国务院正部级机构减少 8 个,副部级机构减少 7 个,但这不是靠精简部门做到的,而是靠优化协同高效,具体讲就是打破以往的改革模式,通过对国务院组成部门和其他机构进行系统性重构来完成的。这次国务院机构改革以组建或重新组建为主。其中在国务院组成部门中组建了自然资源部、生态环境部、农业农村部、文化和旅游部、国家卫生健康委员会、退役军人事务部、应急管理部,重新组建了科学技术部、司法部,占改革后国务院 26 个组成部门的 1/3。这一改革的力度之大、影响面之广、触及的利益关系之复杂,都十分少有,堪称一场系统性、整体性、重构性变革。

四是打破固化的利益藩篱,政府职能转变取得新突破。经过之前的几轮改革,国务院在转变政府职能、向市场放权让利方面迈出重要步伐,但囿于部门利益等原因,政府职能转变还不到位。此次国务院机构改革敢于啃最硬的骨头,打破固化的利益藩篱,坚决破除制约市场在资源配置中起决定性作用、更好发挥政府作用的体制机制弊端,在政府职能转变方面取得新突破。这次国务院机构改革,对宏观管理部门的职责和权限进行了大幅调整优化,减少了国家发展和改革委员会、财政部等宏观管理部门的微观管理事务和具体审批事项。这些触及部门利益的改革举措有利于其把主要精力转到制定国家发展战略、统一规划体系上来,更好发挥国家战略、规划导向作用,真正实现政府职能转变。

机构和功能优化整合的典型例证包括(但不限于):

组建国家市场监督管理总局。这个新机构整合的三个正部级总局——国家工商行政管理总局、国家质量监督检验检疫总局、国家食品药品监督管理总局,在职能上有诸多相近之处,此前,在实际工作中常常出现多头执法的局面,不仅推高执法成本,也加重企业负担。多年来,各界一直有合并之声。之前在一些地方已经实行了类似改革,如深圳市就设有市场监督管理局。根据《方案》,新组建的国家市场监督管理总局将统管工商、质检、食品、药品、价格监督等职责,营造竞争有序的市场环境,推进综合监管执法,让民众对产品质量更放心。

组建国家林业和草原局。这一机构将林业和草原的监管职能合到一起。过去,草原和林业分别由农业部和国家林业局各自管理。但草原与森林"你中有我、我中有你",很难完全分开,所以这两个部门经常为此"打架"。比如,在北方防治沙尘暴时,有些地区到底是植树还是种草,双方就长期相持不下。主管草原的农业部主张植草,主管林业的国家林业局则倾向于种树。当达成"宜林则林、宜草则草"的共识后,双方又对"灌木到底是树还是草"产生了分歧。国家林业和草原局的组建,将从根本上解决这一难题。另外,国家林业和草原局还整合了国土资源部、住房和城乡建设部、水利部、农业部、国家海洋局等部门的部分职责,终结了对自然保护区、风景名胜区、自然遗产、地质公园等长期存在的多头管理现象。中国有望在不久出现比肩美国黄石公园的国家公园。

成立国家医疗保障局。国家医疗保障局的成立,终结了人力资源和社会保障部、国家卫生和计划生育委员会对"三险"分治的局面。此前,城镇职工基本医疗保险、城镇居民基本医疗保险由人力资源和社会保障部负责,而新型农村合作医疗则由国家卫生和计划生育委员会负责。"三险合一"的目标早已提出,但由于双方在哪个部门主导这个问题上相持不下,一直没有落地。这次,国家医疗保障局的组建将最终解决这一遗留问题。

组建中国银行保险监督管理委员会(即银保监会)。银监会和保监会合并,主要是为了填补此前两者在监管范围上形成的空白地带。中国以往根据不同业态,分别用不同机构来监管银行业、保险业、证券业,另外央行也有金融监管职能。由于四个机构横向联系弱,钻规定漏洞的金融衍生产品增多,金融市场风险加剧。这次对银行业和保险业的主管部门实施整合,有利于防范漏洞。改革后,中国金融业将形成"一行两会"的新监管框架。

## 案例 24　行政机关的隶属关系

### ——龙渊街道村民不服浙江省人民政府行政复议决定申请国务院最终裁决案[①]

### 【案情简介】

2003 年 6 月,龙泉市发布了一份强制通告,要征用龙渊街道一村土地。一村共 14 个村民组,不签字的是一、三、四组,因为这几个小组的地是种菜的好地。2004 年 3 月,就在村民上访之际,政府开始强行征地。3 月 9 日,政府开了两辆铲车到地里去,村民们则组织 100 多人对抗。两天后,公检法部门 300 多人,另外还有 200 多名民工,排成四路纵队,要强行进地施工。冲突中,有 4 名年纪较大的村民受伤。

2005 年 5 月,龙泉市人民政府又贴出一张公告,称浙江省人民政府作出浙土字(A2005)第 10001 号征地决定,批准了龙泉市的征地申请。批地文件称这块地是荒地。村民正在耕作且有土地承包证的土地,怎么成了荒地?村民不服,向浙江省人民政府法制办提出行政复议。浙江省人民政府法制办作出浙政复决字(2005)

① 国务院行政复议裁决书国复(2007)12 号。

23号行政复议决定，维持了省政府先前作出的浙土字(A2005)第10001号征地决定。村民决定向国务院申请最终裁决。

本案有两个焦点：其一，被征收的土地类型是本案的主要焦点，政府认为是滩地、未利用地，而村民则认为是耕地、农业用地；其二，被申请人土地征收程序是否合法。

国务院法制办认定以下事实：

第一，关于被征收土地的地类。本案被征收土地一直由申请人耕种，龙泉市人民政府于2005年上报申请批准征收，其地类认定应当适用国土资源部2001年公布的《全国土地分类》，被征收土地属于已利用的滩涂，不能认定为未利用地。国务院法制办否定了浙江省人民政府的意见，其依据主要是：国家规定，土地分为农用地、建设用地和未利用地三大类，其中“水库、坑塘的正常蓄水位与最大洪水位之间的滩地”为滩涂，属于未利用地，但是，已利用的滩涂除外。

第二，关于土地征收程序。龙泉市人民政府上报征地材料前，没有将拟征收土地现状的调查结果交被征地农户确认，程序上有瑕疵。国家规定，在征地依法报批前，要将拟征地的用途、位置、补偿标准、安置途径告知被征地农民；对拟征土地现状的调查结果须经被征地农村集体经济组织和农户确认。

综上所述，根据已查明的事实和《行政复议法》[①]第十四条、第二十八条的规定，国务院法制办裁决如下：将被申请人浙土字(A2005)第10001号征地决定中龙渊街道一村15.4228公顷农村集体所有土地的地类由未利用地变更为耕地；责令被申请人完善批准征收耕地的相关手续。

本裁决为最终裁决。

## 【点评】

本案涉及行政机关的隶属关系问题。作为中央行政机关的国务院和作为地方行政机关的浙江省人民政府、龙泉市人民政府之间有隶属关系。根据我国土地管理的有关规定，征收龙渊街道一村土地的行政决定须经省政府批准，因此，该征收行为属于省政府的行政行为。

行政复议管辖上的特殊性。我国《行政复议法》规定，行政复议实行一级复议原则，这是基于及时化解行政争议和司法最终裁决原则所建立的行政复议制度。按照这一原则，龙渊街道村民们只能向省政府的上一级行政机关即国务院提出复议申请，而不能由省政府自行复议。但这就会出现对国务院的行政复议决定不服

① 本案依据的是1999年4月29日第九届全国人民代表大会常务委员会第九次会议通过的《行政复议法》。该法已被2009年8月27日第十一届全国人民代表大会常务委员会第十次会议第一次修正，2017年9月1日第十二届全国人民代表大会常务委员会第二十九次会议第二次修正。

而无所适从的问题。因此,《行政复议法》第十四条规定:"对国务院部门或者省、自治区、直辖市人民政府的具体行政行为不服的,向作出该具体行政行为的国务院部门或者省、自治区、直辖市人民政府申请行政复议。对行政复议决定不服的,可以向人民法院提起行政诉讼;也可以向国务院申请裁决,国务院依照本法的规定作出最终裁决。"这就出现了自行复议制度、两级复议模式和法律规定的行政最终裁决行政行为制度。

国务院法制办曾向村民提出多个解决方案:一是政府答应农民一些安置条件或者把地价加上去,农民主动撤销复议申请;二是撤销省政府的文件。村民坚决地选择了后者。行政复议让他们看到了有效维权的新路径。对于浙江省人民政府而言,行政复议通过制度化的途径化解了行政争议,以较小的成本平息了可能升级的矛盾,虽然输了官司,却为自身进一步提高依法行政意识和能力提供了契机。

## 案例 25　行政机关之间的职权划分

### ——福冠公司不服宜昌市卫生局行政处罚案[①]

### 【案情简介】

2005 年 5 月 9 日,宜昌市卫生局在城区颐环市场 14 号进行执法检查时,对其销售的"福冠牌"黄豆酿造酱油进行抽样检验。该酱油外包装上标明的生产厂家为"宜昌市福冠食品有限公司"(商标:福冠,批号:20050318)(以下简称福冠公司)。经宜昌市疾病预防控制中心检验,结果表明其氨基酸态氮含量未达到国家《酱油卫生标准》(GB2717—2003)。抽检后,宜昌市卫生局按照有关规定,通知福冠公司对抽检样品进行了确认。结果出来后,宜昌市卫生局按照《食品卫生监督程序》的规定,将检验结果告知了福冠公司。对于检验结果,福冠公司放弃了复检申请并表示对检验结果没有异议。

宜昌市卫生局据此认为,福冠公司生产销售的酱油不符合国家标准,属禁止生产经营的食品,其行为违反了《食品卫生法》[②]。2005 年 7 月 12 日,宜昌市卫生局制作发出宜市卫食罚字(2005)026 号《行政处罚决定书》,责令福冠公司公告收回售出的不合格食品并予以销毁,并处以 2 万元罚款。

对这样的处罚结果,福冠公司表示不服。2005 年 8 月 1 日,福冠公司依法提

① 解伟:《这起卫生执法越权了吗?》,《健康报》2006 年 2 月 8 日。

② 本案依据的是 1995 年 10 月 30 日第八届全国人民代表大会常务委员会第十六次会议通过的《食品卫生法》。该法已被《食品安全法》替代,自 2009 年 6 月 1 日起废止。

起行政复议申请，请求复议机关依法撤销宜昌市卫生局宜市卫食罚字(2005)026号《行政处罚决定书》，并责令其停止执行对申请人罚款的行政处罚。

福冠公司提供的主要依据是 2004 年 9 月 1 日国务院下发的国发〔2004〕23 号《关于进一步加强食品安全工作的决定》，其中明确了各监管部门的职责是：农业部门负责初级农产品生产环节的监管；质检部门负责食品生产加工环节的监管，将现由卫生部门承担的食品生产加工环节的卫生监管职责划归质检部门；工商部门负责食品流通环节的监管；卫生部门负责餐饮业和食堂等消费环节的监管；食品药品监管部门负责对食品安全的综合监督、组织协调和依法组织查处重大事故。

福冠公司认为，宜昌市卫生局在生产、流通领域对其生产的酱油进行查处，是超越职权的行政行为。同时，该公司生产的酱油只有一种理化指标氨基酸态氮没有达标，属于产品质量不合格产品，应适用《产品质量法》[①]的规定处罚，而不是《食品卫生法》规定的禁止生产经营的食品。

福冠公司据此认为，宜昌市卫生局在生产、流通领域查处福冠公司生产的“福冠牌”酱油，是典型的超越职权执法行为，处以 2 万元罚款存在适用法律不当，应该予以纠正。

面对被处罚单位提起的行政复议申请及其所陈述的理由，卫生监督部门也很困惑。2005 年 8 月 8 日，宜昌市卫生局作出《行政复议答复书》，对福冠公司进行了驳斥，并表示“为了维护法律尊严，保障法律制度的执行，制裁违法行为，复议机关应维持该局作出的行政处罚决定”。

对于执法主体及是否超越职权的焦点问题，宜昌市卫生局答复认为，《食品卫生法》第三条规定：“国务院卫生行政部门主管全国食品卫生监督管理工作。国务院有关部门在各自的职责范围内负责食品卫生管理工作。”第三十二条规定：“县级以上地方人民政府卫生行政部门在管辖范围内行使食品卫生监督职责。”这两条规定明确规定了我国县级以上地方人民政府各级卫生行政部门是《食品卫生法》的执法主体。

宜昌市卫生局指出，为了进一步加强食品的安全工作，切实保障人民身体健康和生命安全，中央编办发〔2004〕35 号和省编委发〔2005〕4 号文件就进一步明确食品安全监督工作部门职责分工有关问题作了规定。这两个文件进一步明确了卫生行政部门负责食品生产加工、流通、消费环节全过程的卫生许可和流通、消费环节的卫生监督。但这两个文件不能与《食品卫生法》相悖，改变法律规定的执法主体。

---

① 本案依据的是 1993 年 2 月 22 日第七届全国人民代表大会常务委员会第三十次会议通过，并已被 2000 年 7 月 8 日第九届全国人民代表大会常务委员会第十六次会议第一次修正的《产品质量法》。该法已被 2009 年 8 月 27 日第十一届全国人民代表大会常务委员会第十次会议第二次修正，2018 年 12 月 29 日第十三届全国人民代表大会常务委员会第七次会议第三次修正。

如果要修订《食品卫生法》或改变其执法主体,只能由全国人大及其常委会决定。因此,宜昌市卫生局认为自己是严格按照国家相关法律以及中央、省有关文件规范执法,根本不存在超越职权的行为。

在双方的争议中,福冠公司认为抽检的产品只是属于产品质量不合格,而不是《食品卫生法》规定的禁止生产经营的食品,因此应适用《产品质量法》的规定处罚,对此观点,宜昌市卫生局不以为然。在答复书中,宜昌市卫生局认为,酱油是用来烹调或者佐餐之用,很明显是一种食品,是一种关系到人民身体健康和生命安全的特殊产品。既然是食品,就应该按照《食品卫生法》的规定检测评价。对生产经营不合格食品的单位予以相应的行政处罚,这是《食品卫生法》赋予各级卫生行政部门的权力和责任,根本不存在将本案移交给其他部门处理的问题。宜昌市卫生局同时认为,福冠公司混淆了"食品"和"产品"的概念,只承认酱油是产品而否认它是一种食品。

经协调,宜昌市卫生局于 9 月 27 日发出了《暂缓执行宜市卫食罚字(2005)026 号行政处罚函》,福冠公司随即撤回行政复议申请。

## 【点评】

国务院《关于进一步加强食品安全工作的决定》①中提出:"进一步理顺有关监管部门的职责。按照一个监管环节由一个部门监管的原则,采取分段监管为主、品种监管为辅的方式,进一步理顺食品安全监管职能,明确责任。农业部门负责初级农产品生产环节的监管;质检部门负责食品生产加工环节的监管,将现由卫生部门承担的食品生产加工环节的卫生监管职责划归质检部门;工商部门负责食品流通环节的监管;卫生部门负责餐饮业和食堂等消费环节的监管;食品药品监管部门负责对食品安全的综合监督、组织协调和依法组织查处重大事故。按照责权一致的原则,建立食品安全监管责任制和责任追究制,具体由中央编办会同有关部门组织落实。"若依据该决定,本案应移交卫生部门之外的有权的职能部门(质检部门)进行处理。

而《食品卫生法》于 1995 年 10 月 30 日开始执行,本案发生时并未废止。该法第三条规定:"国务院卫生行政部门主管全国食品卫生监督管理工作。"第三十二条规定:"县级以上地方人民政府卫生行政部门在管辖范围内行使食品卫生监督职责。"第三十三条规定:"食品卫生监督职责是:……(六)对违反本法的行为进行巡回监督检查;(七)对违反本法的行为追查责任,依法进行行政处罚……"第四十九条规定:"本法规定的行政处罚由县级以上地方人民政府卫生行政部门决定。本法

① 本案依据的是 2004 年 9 月 1 日国务院发布的国发〔2004〕23 号规范性文件。该文件已于 2015 年 11 月 27 日由国发〔2015〕68 号文件宣布失效。

规定的行使食品卫生监督权的其他机关，在规定的职责范围内，依照本法的规定作出行政处罚决定。”依该法，卫生局监管合法。

《关于进一步加强食品安全工作的决定》是国务院对有关部门食品安全监管职责进行明确划分的规范性文件而非行政法规。因为，《宪法》[①]第八十九条规定，国务院“根据宪法和法律，规定行政措施，制定行政法规，发布决定和命令”，表明“决定”这种形式并非行政法规。根据《立法法》[②]第六十一条的规定，行政法规是由国务院总理签署，以国务院令形式公布，而决定是由国务院以文件形式发布，也不符合行政法规的公布程序。由此可知，《关于进一步加强食品安全工作的决定》是由国务院发布的规范性文件，其效力层级是低于法律、法规的。案件发生时，《食品卫生法》尚在执行过程中，国家有关部委的文件可以调整有关部门的职能，但无权剥夺法律赋予卫生行政部门对食品卫生进行监管的权力。对于本案，卫生行政部门依照《食品卫生法》等实施监督管理，执法行为完全合法，没有越权执法。

2009 年 6 月 1 日，《食品安全法》[③]开始施行，《食品卫生法》同时废止。《食品安全法》第四条规定：

国务院设立食品安全委员会，其工作职责由国务院规定。

国务院卫生行政部门承担食品安全综合协调职责，负责食品安全风险评估、食品安全标准制定、食品安全信息公布、食品检验机构的资质认定条件和检验规范的制定，组织查处食品安全重大事故。

国务院质量监督、工商行政管理和国家食品药品监督管理部门依照本法和国务院规定的职责，分别对食品生产、食品流通、餐饮服务活动实施监督管理。

这样的规定，确定了卫生行政部门在食品安全管理方面的“综合协调”职能，同时沿用了从前的按环节分段管理方式。然而，如何正确把握综合协调与分段监管的关系？食品安全监管是一项复杂的系统工程，综合协调和分段监管是辩证统一的关系。一方面，没有强有力的综合协调，部门监管缺乏联动，就难以形成监管合力，具体监管中会出现缺位、错位和越位，容易埋下安全隐患。综合协调部门应当按照《食品安全法》赋予的职责，结合各环节监管实际，从制度上确保食品安全工作

---

① 我国现行宪法由 1982 年 12 月 4 日第五届全国人民代表大会第五次会议通过，自 1982 年 12 月 4 日起施行。本宪法已被 1988 年 4 月 12 日第七届全国人民代表大会第一次会议第一次修正，1993 年 3 月 29 日第八届全国人民代表大会第一次会议第二次修正，1999 年 3 月 15 日第九届全国人民代表大会第二次会议第三次修正，2004 年 3 月 14 日第十届全国人民代表大会第二次会议第四次修正，2018 年 3 月 11 日第十三届全国人民代表大会第一次会议第五次修正。本案依据的是第四次修正后的《宪法》。

② 本案依据的是 2000 年 3 月 15 日第九届全国人民代表大会第三次会议通过的《立法法》。该法已被 2015 年 3 月 15 日第十二届全国人民代表大会第三次会议修正。

③ 本案依据的是 2009 年 2 月 28 日第十一届全国人民代表大会常务委员会第七次会议通过的《食品安全法》。现行《食品安全法》已被 2015 年 4 月 24 日第十二届全国人民代表大会常务委员会第十四次会议重新修订，2018 年 12 月 29 日第十三届全国人民代表大会常务委员会第七次会议修正。

的连续性和统一性,使各部门形成合力,不断巩固食品安全工作成果。另一方面,没有职责分明的分段监管,就不能适应食品安全监管链条长、监管资源多的监管特点,不能有效调动各部门的积极性,也难以形成应对诸多复杂问题的合力,容易造成监管不力。因此,各监管部门既要按照《食品安全法》的分工要求,明确职责,理清思路,加强职责环节食品安全监管,又要在综合部门的统一协调下,发挥各自监管优势,为保障食品安全的共同目标而努力。

针对《食品安全法》在实施中暴露出来的部门职能分工问题,并根据国务院新的机构设置情况,2018 年 12 月 29 日修正之后的《食品安全法》第五条对于各部门的职能划分如下:

国务院设立食品安全委员会,其职责由国务院规定。

国务院食品安全监督管理部门依照本法和国务院规定的职责,对食品生产经营活动实施监督管理。

国务院卫生行政部门依照本法和国务院规定的职责,组织开展食品安全风险监测和风险评估,会同国务院食品安全监督管理部门制定并公布食品安全国家标准。

国务院其他有关部门依照本法和国务院规定的职责,承担有关食品安全工作。

## 案例 26 政策性文件不能创设行政机关

### ——泸县粮食局服务部不服泸县人民政府税收财务物价大检查办公室处罚决定案[①]

### 【案情简介】

1991 年 11 月 12 日至 16 日,泸县人民政府税收财务物价大检查办公室(以下简称三查办)在一年一度的税收财务物价大检查中,根据群众举报,对泸县粮食局服务部(以下简称服务部)的财务收支情况进行了重点检查。查出服务部于 1989 年至 1991 年 10 月期间有以下违法行为:①擅自提高标准,巧立名目,滥发奖金、实物、补贴 13 项,金额 50522.60 元;②在泸县协昌公司套取乙种发票 2 份,金额 1702 元;③违反规定,擅自购买高级烟酒、照相机、录音机等专控商品,金额 12658.91 元。

1992 年 2 月 25 日,三查办依据国务院《关于违反财政法规处罚的暂行规定》第十二条、财政部《违反财政法规处罚的暂行规定施行细则》第二十四条的规定,决

---

① 中国应用法学研究所:《人民法院案例选》(1994 年第四辑),人民法院出版社 1995 年版。

定对服务部的第 1 项违法行为，处以违法款额 10%的罚款计 5052.26 元，对责任人员服务部经理任仁、会计袁流容分别处以罚款 80 元；依据财政部《全国发票管理暂行办法》第十七条的规定，对服务部的第 2 项违法行为，处以罚款 200 元；依据国务院《关于从严控制社会集团购买力的决定》第八条的规定，对服务部的第 3 项违法行为，处以违法款额 40%的罚款计 5063.56 元，并加收 5%的专控商品附加费 632.95 元。

服务部不服，按照《四川省财政行政复议规则(试行)》第八条的规定，向泸县财政局申请复议，经复议维持原处罚决定。服务部仍不服，于 1992 年 5 月 14 日以四川省泸县人民政府税收财务物价大检查办公室为被告向泸县人民法院提起诉讼，请求撤销被告所作的处罚决定。

泸县人民法院经审理认为，被告三查办认定原告服务部滥发奖金、补贴、实物，擅自购买国家专控商品以及套取发票的违法事实，有对原告各项财务收支情况的检查记录和原告法定代表人在检查记录上签注的承认与辩解意见佐证，其处罚决定所依据的事实清楚，证据确凿充分，适用法律法规正确，应予维持。依照《行政诉讼法》[①]第五十四条第(一)项及国务院《关于违反财政法规处罚的暂行规定》第十二条、《关于从严控制社会集团购买力的决定》第八条、《关于开展 1991 年税收财务物价大检查的通知》(以下简称三查通知)第三条的规定，参照财政部《违反财政法规处罚的暂行规定施行细则》第二十四条、《全国发票管理暂行办法》第十七条的规定，该院于 1992 年 8 月 15 日作出判决：维持三查办对服务部违反财务制度的处罚决定。

一审宣判后，服务部以原审判决认定事实不清，适用法律错误为由，上诉至泸州市中级人民法院。

泸州市中级人民法院审理后认为，原审认定上诉人 1989 年至 1991 年间，滥发奖金、补贴、实物，套取发票，擅自购买国家专控商品等事实存在，上诉人之行为确已违反了国家有关财政法规的规定，应受处罚。被上诉人对上诉人滥发奖金、补贴、实物及套取发票的违法行为予以罚款处理正确，唯对上诉人违反控购规定罚款 5063.56 元显失公正，应予变更。据此，依照《行政诉讼法》第六十一条第(一)、(二)项及第五十四条第(四)项的规定，于 1992 年 12 月 25 日作出判决：撤销泸县人民法院行政判决和三查办处罚决定中关于服务部违反控购规定给予罚款 5063.56元部分，变更为罚款及上缴款项 2658.27 元；对其他部分予以维持。

---

① 本案依据的是 1989 年 4 月 4 日第七届全国人民代表大会第二次会议通过的《行政诉讼法》。该法已被 2014 年 11 月 1 日第十二届全国人民代表大会常务委员会第十一次会议第一次修正，2017 年 6 月 27 日第十二届全国人民代表大会常务委员会第二十八次会议第二次修正。

## 【点评】

被告三查办行使行政执法权,从而对服务部违反财经法纪问题作出处罚决定,所依据的是国务院《关于开展1991年税收财务物价大检查的通知》。三查通知第五条明确规定:"国务院授权国务院税收财务物价大检查办公室,根据国家现行的财经法规,制定有关大检查的具体政策和规定。各级税收财务物价大检查办公室有权依法检查和处理各种违反财经法纪的问题。"因此,怎样看待三查通知的法律效力,就成为本案争议的焦点。

**1. 三查通知是不是行政法规,能否作为人民法院的判案依据?**

国务院即中央人民政府,是国家最高权力机关的执行机关,也是最高国家行政机关。根据《宪法》[①]和《国务院组织法》[②]的规定,国务院有权制定和发布行政法规。但是,并非国务院制定发布的所有规范性文件都是行政法规。为此,经国务院批准、国务院办公厅1987年4月21日发布的《行政法规制定程序暂行条例》[③](以下简称《暂行条例》)指出:"行政法规是国务院为领导和管理国家各项行政工作,根据宪法和法律,并且按照本条例的规定制定的政治、经济、教育、科技、文化、外事等各项法规的总称。"按照《暂行条例》的规定,三查通知显然不具备行政法规的基本要素。一是名称不符。《暂行条例》第三条规定,国务院制定的行政法规的专用名称只能是条例、规定、办法三种,其他名称的规范性文件不能称为行政法规。二是审议和发布程序不符。《暂行条例》指出,制定行政法规是国务院工作中的重大问题,必须经国务院常务会议审议,或者由国务院总理审批。在发布形式上,国务院办公厅1988年5月31日《关于改进行政法规发布工作的通知》(以下简称《通知》)作了比《暂行条例》更加严格的规定。它强调为了提高行政法规的权威性,国务院发布行政法规,由国务院总理签署发布命令,经国务院批准、部门发布行政法规的,由部门主要领导人签署发布命令。三查通知是在《暂行条例》、《通知》之后制定发布的,其审议和发布程序显然与上述规定不符。三是不具有行政法规的稳定性。一般来说,行政法规具有相对普遍性和相对稳定性,可以长期适用、反复适用。包括行政决定、命令在内的规范性文件,则通常为解决某一时间内某一特定问题而发布,适用的范围较小,适用期较短,有时仅为一次性适用。就三查通知而言,实际上

---

① 我国现行宪法由1982年12月4日第五届全国人民代表大会第五次会议通过,自1982年12月4日起施行。本宪法已被1988年4月12日第七届全国人民代表大会第一次会议第一次修正,1993年3月29日第八届全国人民代表大会第一次会议第二次修正,1999年3月15日第九届全国人民代表大会第二次会议第三次修正,2004年3月14日第十届全国人民代表大会第二次会议第四次修正,2018年3月11日第十三届全国人民代表大会第一次会议第五次修正。本案依据的是第一次修正后的《宪法》。

② 本案依据的是1982年12月10日第五届全国人民代表大会第五次会议通过的《国务院组织法》。

③ 本案依据的是1987年4月21日国务院批准、国务院办公厅发布的《行政法规制定程序暂行条例》。该条例已被2001年11月16日国务院令第321号发布的《行政法规制定程序条例》所替代,自2002年1月1日起废止。

是一种年度性的工作安排，主要适用于 1991 年的税收财务物价大检查活动，在新的年度里，国务院作出新的部署后，其效力自然废止，完全不具有行政法规的稳定性及长期适用性。因而一审法院将三查通知作为行政法规在判决中加以引用是不妥的。

制定发布政策性文件，是国务院领导和管理国家各项行政工作的重要手段。由于我国法制尚不完备，目前政府管理活动在一定范围内仍然依靠政策性文件进行。特别是随着国家经济、政治和社会关系的急剧发展和复杂化，对行政管理中的大量具体问题，国务院不可能都通过制定行政法规加以解决。与法律、法规相比，政策性文件具有较大的灵活性，制定方便，修改、废除程序简单，能够及时有效地实现管理目标、任务。因此，相当长一个时期的行政管理活动中，政策性文件仍将大量存在，并起重要作用。尤其是在法律、法规没有规定的行政管理领域，政策性文件还起着填补空白、及时提供规范的作用。根据合法性审查原则，对三查通知这类政策性文件，只要其内容符合宪法和法律，而且不与行政法规相抵触，人民法院可以在审理案件时参照适用。

**2. 三查办是不是适格的行政主体？**

本案一审、二审法院在判案中均将三查办认定为适格被告，是基于如下考虑。一是三查办的设立系依据国务院的三查通知。根据《宪法》第八十九条第（四）项和《国务院组织法》第三条的规定，三查办的设立应视为符合法律规定的行政机构设置原则。二是国务院税收财务物价大检查办公室 1990 年 8 月 25 日发布的《关于税收财务物价大检查办公室工作程序的试行办法》，已对各级三查办的职责、权限予以明确规定。三是三查办已经确定编制，并按编制配备了相应人员。四是已有独立的行政经费预算。五是任命了行政负责人，确定了法定代表人。因此，认定三查办为合法建立并具备了独立的行政执法主体和行政诉讼主体资格，能够以自己的名义对外行使职权，并独立承担其行为产生的法律后果，是本案的适格被告。

然而，对此仍然存在争议。《国务院组织法》第八条规定："国务院各部、各委员会的设立、撤销或者合并，经总理提出，由全国人民代表大会决定；在全国人民代表大会闭会期间，由全国人民代表大会常务委员会决定。"国务院不能以政策性文件的方式设立工作部门。当时的《地方各级人民代表大会和地方各级人民政府组织法》[①]第五十五条第三款规定："省、自治区、直辖市的人民政府的厅、局、委员会等工作部门的设立、增加、减少或者合并，由本级人民政府报请国务院批准。"第四款

① 本案依据的是 1979 年 7 月 1 日第五届全国人民代表大会第二次会议通过，并已被 1982 年 12 月 10 日第五届全国人民代表大会第五次会议第一次修正、1986 年 12 月 2 日第六届全国人民代表大会常务委员会第十八次会议第二次修正的《地方各级人民代表大会和地方各级人民政府组织法》。该法已被 1995 年 2 月 28 日第八届全国人民代表大会常务委员会第十二次会议第三次修正，2004 年 10 月 27 日第十届全国人民代表大会常务委员会第十二次会议第四次修正，2015 年 8 月 29 日第十二届全国人民代表大会常务委员会第十六次会议第五次修正。

规定:“自治州、县、自治县、市、市辖区的人民政府的局、科等工作部门的设立、增加、减少或者合并,由本级人民政府报请上一级人民政府批准。”可见,要成为县级以上政府的正式工作部门,必须经相应的法律程序,而不是有上级文件、有编制、有经费、有负责人就可以的。综上,有学者认为,三查办是政府设置的、挂靠同级财政部门的临时机构,它是基于政府的委托行使行政管理职权的,所以本案的适格被告应为泸县人民政府。

## 案例27 城市管理综合执法行政机关

### ——中发〔2015〕37号文推进城市执法体制改革[①]

### 【案情简介】

2015年12月24日,中共中央、国务院发布《关于深入推进城市执法体制改革改进城市管理工作的指导意见》(中发〔2015〕37号,以下简称《意见》),目的主要是解决城市管理执法工作中存在的管理体制不顺、职责边界不清、法律法规不健全、管理方式简单、服务意识不强、执法行为粗放等问题。

《意见》共8条36款,明确了深入推进执法体制改革和改进城市管理工作的指导思想、基本原则和总体目标,并从理顺管理体制、强化队伍建设、提高执法水平、完善城市管理、创新治理方式、完善保障机制、加强组织领导等方面,系统提出了改革的主要任务和具体措施,并部署了组织保障和落实机制。

《意见》第二条专门解决“理顺管理体制”的问题,包括以下五个方面。

一是框定管理职责。城市管理的主要职责是市政管理、环境管理、交通管理、应急管理和城市规划实施管理等。具体实施范围包括:市政公用设施运行管理、市容环境卫生管理、园林绿化管理等方面的全部工作;市、县政府依法确定的,与城市管理密切相关、需要纳入统一管理的公共空间秩序管理、违法建设治理、环境保护管理、交通管理、应急管理等方面的部分工作。城市管理执法即是在上述领域根据国家法律法规规定履行行政执法权力的行为。

二是明确主管部门。国务院住房和城乡建设主管部门负责对全国城市管理工作的指导,研究拟定有关政策,制定基本规范,做好顶层设计,加强对省、自治区、直辖市城市管理工作的指导监督协调,积极推进地方各级政府城市管理事权法律化、规范化。各省、自治区、直辖市政府应当确立相应的城市管理主管部门,加强对辖区内城市管理工作的业务指导、组织协调、监督检查和考核评价。各地应科学划分

① 《关于深入推进城市执法体制改革改进城市管理工作的指导意见》(中发〔2015〕37号)。

城市管理部门与相关行政主管部门的工作职责，有关管理和执法职责划转城市管理部门后，原主管部门不再行使。

三是综合设置机构。按照精简统一效能的原则，住房和城乡建设部会同中央编办指导地方整合归并省级执法队伍，推进市县两级政府城市管理领域大部门制改革，整合市政公用、市容环卫、园林绿化、城市管理执法等城市管理相关职能，实现管理执法机构综合设置。统筹解决好机构性质问题，具备条件的应当纳入政府机构序列。遵循城市运行规律，建立健全以城市良性运行为核心，地上地下设施建设运行统筹协调的城市管理体制机制。有条件的市和县应当建立规划、建设、管理一体化的行政管理体制，强化城市管理和执法工作。

四是推进综合执法。重点在与群众生产生活密切相关、执法频率高、多头执法扰民问题突出、专业技术要求适宜、与城市管理密切相关且需要集中行使行政处罚权的领域推行综合执法。具体范围是：住房和城乡建设领域法律法规规章规定的全部行政处罚权；环境保护管理方面社会生活噪声污染、建筑施工噪声污染、建筑施工扬尘污染、餐饮服务业油烟污染、露天烧烤污染、城市焚烧沥青塑料垃圾等烟尘和恶臭污染、露天焚烧秸秆落叶等烟尘污染、燃放烟花爆竹污染等的行政处罚权；工商管理方面户外公共场所无照经营、违规设置户外广告的行政处罚权；交通管理方面侵占城市道路、违法停放车辆等的行政处罚权；水务管理方面向城市河道倾倒废弃物和垃圾及违规取土、城市河道违法建筑物拆除等的行政处罚权；食品药品监管方面户外公共场所食品销售和餐饮摊点无证经营，以及违法回收贩卖药品等的行政处罚权。城市管理部门可以实施与上述范围内法律法规规定的行政处罚权有关的行政强制措施。到 2017 年底，实现住房和城乡建设领域行政处罚权的集中行使。上述范围以外需要集中行使的具体行政处罚权及相应的行政强制权，由市、县政府报所在省、自治区政府审批，直辖市政府可以自行确定。

五是下移执法重心。按照属地管理、权责一致的原则，合理确定设区的市和市辖区城市管理部门的职责分工。市级城市管理部门主要负责城市管理和执法工作的指导、监督、考核，以及跨区域及重大复杂违法违规案件的查处。按照简政放权、放管结合、优化服务的要求，在设区的市推行市或区一级执法，市辖区能够承担的可以实行区一级执法，区级城市管理部门可以向街道派驻执法机构，推动执法事项属地化管理；市辖区不能承担的，市级城市管理部门可以向市辖区和街道派驻执法机构，开展综合执法工作。派驻机构业务工作接受市或市辖区城市管理部门的领导，日常管理以所在市辖区或街道为主，负责人的调整应当征求派驻地党（工）委的意见。逐步实现城市管理执法工作全覆盖，并向乡镇延伸，推进城乡一体化发展。

## 【点评】

该《意见》是新中国成立以来中央层面首次对城市管理执法工作作出全面部

署,其中的重点内容就是推进城市综合执法。要理解这一点,必须了解我国城市综合执法的历史和现状。

目前,我国超过一半的人口生活在城市,快速城市化产生了对城市管理的更高要求。为了切实解决城市管理中行政机关因权限不清、职能交叉而可能出现的多头处罚和滥施处罚现象,有的地方将原来由几个行政机关分别行使管理权的事项统一由一个行政机关管理并对违法行为进行处罚。如有的城市由巡警对公共场所的治安、卫生、交通、市容等几个领域的事项进行管理。但是,这种综合执法的形式存在一些法律上的障碍:其一,不符合行政机关职权法定、各司其职的原则;其二,综合执法是在保留原来的执法机构的前提下,由一个机构行使其他机构的处罚权,没有从根本上解决执法机构林立的问题;其三,综合执法机构的法律地位不明确。

为了从法律上给这种新的执法方式找出路,1996 年《行政处罚法》[①]确立了相对集中的行政处罚权制度。该法第十六条规定:"国务院或者经国务院授权的省、自治区、直辖市人民政府可以决定一个行政机关行使有关行政机关的行政处罚权,但限制人身自由的行政处罚权只能由公安机关行使。"此后,国务院办公厅发出《关于继续做好相对集中行政处罚权试点工作的通知》(国办发〔2000〕63 号)对进一步理顺行政管理体制,进行市、县相对集中行政处罚权试点改革作了进一步明确。2002 年,国务院作出了《关于进一步推进相对集中行政处罚权工作的决定》(国发〔2002〕17 号),明确了相对集中行政处罚权的范围,提出了进一步做好相对集中行政处罚权工作的有关要求。根据上述规定,各地纷纷成立了集中行使行政处罚权的行政机关,如城市管理综合行政执法局(可简称城管局)、城管执法大队等。

然而,从城管局或城管执法大队成立的那一天起,质疑声就不断。有学者质疑这种城市管理综合执法部门无宪法和组织法依据,不是合法的行政机关。以国务院法制办复函的形式对各地城管综合执法进行授权不符合行政授权的规范。而且,在城市规划、园林绿化、工商行政、环境保护、公安交通等相关领域里,国家都制定了专门的法律或行政法规,明确规定了对违法行为进行处罚的机关,国务院法制办的批复、省政府的文件、市政府令等都无权修改这些法律或行政法规从而对行政职权重新分配。另外,由于各地的城管部门都设在市或县一级政府,中央和省级政府并无此部门,导致城管部门在中央和省级没有"婆婆"。在我国,行政管理职能的分工以"条条"为主,从国务院到县级地方政府建立相应对口的职能部门,法律、法规对行政处罚权的授权也具体到相应的职能部门。城市管理综合执法部门的设立及处罚权的行使打破了"条条"体制,遭到质疑。

① 此处指的是 1996 年 3 月 17 日第八届全国人民代表大会第四次会议通过的《行政处罚法》。该法已被 2009 年 8 月 27 日第十一届全国人民代表大会常务委员会第十次会议第一次修正,2017 年 9 月 1 日第十二届全国人民代表大会常务委员会第二十九次会议第二次修正。

因此，2015 年 12 月中发 37 号文的出台非常及时和必要。《意见》首次明确住房和城乡建设部为全国城市管理工作的主管部门。2016 年 9 月，中央编办批准住房和城乡建设部设立城市管理监督局，负责拟订城管执法的政策法规，指导全国城管执法工作，开展城管执法行为监督，组织查处住房和城乡建设领域重大案件等。从此，城市管理综合执法部门在中央政府中有了对口的“婆婆”。

2017 年 1 月 24 日，住房和城乡建设部令第 34 号发布《城市管理执法办法》，自 2017 年 5 月 1 日起施行。该办法系我国首部规范城管执法活动的部门规章，共 8 章 42 条，从执法范围、执法主体、执法保障、执法规范、协作与配合以及执法监督等方面，全方位地对城市管理执法活动进行了规范。

## 案例 28　临时机构不是行政机关

### ——游淑平不服龙岩市人民政府征兵办公室行政处罚决定案[①]

### 【案情简介】

原告游淑平于 1991 年 12 月 3 日参加福建省三建公司招干考试，同年 12 月 10 日应征入伍服兵役。入伍前，体检视力左眼为 4.9，右眼为 5.0，并通过抽查合格。入伍后，经部队抽检视力左眼为 4.1，右眼为 4.2。1992 年 2 月 1 日，部队以视力不合格作退兵处理。龙岩市人民政府征兵办公室认为原告入伍前曾参加福建省三建公司招干考试，入伍后，获知考干被录取，便以视力不行要求回地方招干，以其入伍动机不纯，弄虚作假，逃避服兵役为由，根据《福建省征兵工作奖惩规定》[②]第十七条之规定，于 1992 年 2 月 25 日对原告作出龙征(1992)第 001 号处罚决定，处以罚款 600 元，在 3 年内不准参加升学考试，不予招工、招干，不发营业执照。原告不服，向龙岩地区征兵办公室申请复议，龙岩地区征兵办公室逾期未作出复议决定。原告向龙岩市人民法院提起诉讼。

原告游淑平诉称：被告仅根据原告视力在入伍前后的变化这一表面现象，认定原告弄虚作假，逃避服兵役，所作出的处罚决定缺乏事实依据，侵犯了原告的合法权益，请求撤销征兵办公室的处罚决定。

被告龙岩市人民政府辩称：原告的行为是极为错误的，原告为了个人利益，而

---

① 徐文星：《行政机关典型败诉案例评析》，法律出版社 2009 年版。

② 本案依据的是 1990 年 9 月 1 日福建省第七届人民代表大会常务委员会第十六次会议通过的《福建省征兵工作奖惩规定》。该规定已被 1994 年 9 月 16 日福建省第八届人民代表大会常务委员会第十二次会议第一次修正，1997 年 10 月 25 日福建省第八届人民代表大会常务委员会第三十五次会议第二次修正。该规定已被 2010 年《福建省征兵工作条例》自 2010 年 6 月 1 日起废止。

不顾国家利益、人民利益、军队利益,并且给我市征兵工作和部队建设造成了极坏的影响,对其错误行为依照法规予以处理,是正确的,请求法院维持其处理决定。

龙岩市人民法院审理认为,原告入伍前就有近视史,左眼为 4.2,右眼为 4.3,入伍后,在部队复检的视力与入伍前在华侨中学体检的视力基本相符,原告因视力不合格被退兵是正常的,龙岩市人民政府征兵办公室以原告弄虚作假、逃避兵役为由所作的处罚决定主要证据不足;根据《兵役法》[①]和《福建省征兵工作奖惩规定》的有关规定,逃避兵役的行政处罚权应由兵役机关即龙岩市人民武装部行使,龙岩市人民政府征兵办公室是临时机构,作出行政处罚决定不符合法律、法规规定。本案宣判之前,有关行政机关自行撤销对游淑平的处罚决定,原告游淑平同意并申请撤回起诉。根据《行政诉讼法》[②]第五十一条的规定,龙岩市人民法院裁定准予撤诉。

## 【点评】

本案中,作出行政处罚决定的是龙岩市人民政府征兵办公室,但它不是政府的职能部门,只是征兵的临时机构,没有行政诉讼的主体资格,因此本案以龙岩市人民政府作为被告是正确的。

行政主体合法是具体行政行为合法有效的要件之一。行政主体合法的要求是:①必须是法定的行政主体;②必须是在法定的职责权限范围内实施行政行为。根据《兵役法》和《福建省征兵工作奖惩规定》的规定,县(市)人民武装部是同级人民政府的兵役机关,行使兵役行政管理职权。本案中,龙岩市人民政府征兵办公室是根据国务院、中央军委发布的《征兵工作条例》[③]的规定,由龙岩市人民政府组织兵役机关和公安、卫生及其他有关部门成立的临时机构,在征兵期间,依照《征兵工作条例》行使职权。根据上述法律、法规的有关规定,龙岩市人民政府征兵办公室依照《福建省征兵工作奖惩规定》,对游淑平作出行政处罚决定,超越其法定职权范围。因此,龙岩市人民法院应根据《行政诉讼法》的规定,对于行政机关超越职权的具体行政行为,依法判决撤销。

本案被告在诉讼中认为自己的具体行政行为错误,自行撤销对游淑平的处罚

① 本案依据的是 1984 年 5 月 31 日第六届全国人民代表大会第二次会议通过的《兵役法》。该法已被 1998 年 12 月 29 日第九届全国人民代表大会常务委员会第六次会议第一次修正,2009 年 8 月 27 日第十一届全国人民代表大会常务委员会第十次会议第二次修正,2011 年 10 月 29 日第十一届全国人民代表大会常务委员会第二十三次会议第三次修正。

② 本案依据的是 1989 年 4 月 4 日第七届全国人民代表大会第二次会议通过的《行政诉讼法》。该法已被 2014 年 11 月 1 日第十二届全国人民代表大会常务委员会第十一次会议第一次修正,2017 年 6 月 27 日第十二届全国人民代表大会常务委员会第二十八次会议第二次修正。

③ 本案依据的是 1985 年 10 月 24 日国务院、中央军委发布的《征兵工作条例》。该条例已被 2001 年 9 月 5 日修正。

决定，原告对此表示同意并向法院申请撤诉。因此，龙岩市人民法院根据《行政诉讼法》第五十一条的规定，经审查认为原告申请撤诉出于自愿，并非规避法律，又不影响国家、集体和他人的合法权益，据此作出了准予原告撤诉的裁定，是符合法律规定的。

# 第5章　公　务　员

## 案例29　公务员报考资格的公平性

### ——蒋韬诉中国人民银行成都分行公务员录用身高歧视案[①]

### 【案情简介】

蒋韬，四川大学法学院1998级学生。2001年12月23日，原告蒋韬看到成都某媒体刊登的中国人民银行成都分行(以下简称成都分行)的招录公务员启事，其中规定招录对象条件之一为"男性身高168公分、女性身高155公分以上"，而原告恰巧因为身高不符合该招聘单位的要求而丧失报名资格。原告认为，被告招考国家公务员这一具体行政行为违反了《宪法》[②]第三十三条关于中华人民共和国公民在法律面前人人平等的规定，限制了他的报名资格，侵犯了其享有的依法担任国家机关公职的平等权和政治权利，应当承担相应的法律责任。故蒋韬在四川大学法学博士周伟的鼓励下向成都市武侯区人民法院递交行政诉状，请求法院确认成都分行在招录行员时限制身高的具体行政行为违法，责令其停止发布该违法启事，公开更正并取消报名资格中的身高歧视。

2002年1月7日，成都市武侯区人民法院受理此案。1月10日，成都分行重新刊登招录启事，删除了身高条件。原告对这一行为表示赞赏，同时也表示，为推进宪法诉讼，并不打算撤诉。

2002年4月25日，该案在成都市武侯区人民法院开庭审理。庭审中，作为蒋韬诉讼代理人的周伟认为，成都分行招录行员中关于身高限制的规定，既没有得到法律授权，也没有相关法律依据，且其专业和身高没有任何联系，故这是对符合其他报名条件、但身高却在1.68米以下的原告的平等权的侵害。被告方答辩称，自

---

① 王珊：《"中国宪法平等权第一案"庭审实录》，《中国律师》2002年第12期。

② 我国现行宪法由1982年12月4日第五届全国人民代表大会第五次会议通过，自1982年12月4日起施行。本宪法已被1988年4月12日第七届全国人民代表大会第一次会议第一次修正，1993年3月29日第八届全国人民代表大会第一次会议第二次修正，1999年3月15日第九届全国人民代表大会第二次会议第三次修正，2004年3月14日第十届全国人民代表大会第二次会议第四次修正，2018年3月11日第十三届全国人民代表大会第一次会议第五次修正。本案依据的是第三次修正后的《宪法》。

己在媒体上刊登招录启事的行为不属于自己行政职责的范围，不是自己所作出的行政行为，更不具有具体行政行为的法律特征；另外，自己已于 1 月 9 日、1 月 10 日分别在不同媒体上重新刊登了启事，对以前刊登启事的内容进行了调整，因而对原告方实体上的权利并没有造成事实上的侵犯。因此，原告方的诉讼请求不成立。

2002 年 5 月 21 日，成都市武侯区人民法院对本案作出裁定，认为被告成都分行 2001 年 12 月 23 日对外发布的《中国人民银行成都分行招录行员启事》中对招录对象规定身高条件这一行为，不是其作为金融行政管理机关行使金融职权、实施金融行政管理的行为，因此，不属于行政行为的范畴，亦不是法院行政诉讼的主管范围；并且被告在该行为产生效力之前就已经自行修改了招录启事的有关内容，因而实际上并未给原告及其他相对人报名应试的权利造成伤害，原告的诉讼请求也不具有可诉性。据此，法院作出裁定，驳回原告蒋韬的起诉。

## 【点评】

本案存在几大争议焦点。

焦点一：被告招录行员的行为是不是行政法意义上的具体行政行为？

原告方认为，被告招录行员的行为是具体行政行为。根据《中国人民银行法》[①]规定，中国人民银行是国家机关，行使的是行政管理权。被告招考行员是代表国家行使公务员招考权，其行为符合行政行为的普遍特征。

被告方认为，被告招录行员的行为，需要受聘者的合意，它不具有强制性和单向性，不符合行政行为的基本特征。行政行为都普遍具有以下两个特征：①它具有不平等性和强制性，不取决于相对人是否愿意；②行政行为具有单向性，它不需相对人的合意。本案中，被告招录行员必须与应聘者之间形成合意，并且不具有强制性，需要双方自愿，因此，招录行员不具有行政行为应当具备的普遍性特征。

焦点二：行员是否就是公务员？

原告方认为，中国人民银行行员即为公务员。中国人民银行是国家机关，行使行政管理权，成都分行招录的行员就是公务员。

被告方认为，原告认为被告招录行员系招录国家公务员，是没有任何事实依据的。按照中国人民银行的管理体制，中国人民银行内部实行公务员和行员两套体制。其中，中国人民银行总行实行公务员制，其下属分行和中心支行一律实行行员制。被告在发布的招录启事中明确载明了这一点。因此，原告诉讼所依据的基本事实——被告招录公务员，不是事实。国务院 1993 年 11 月 15 日发布的《事业单位工作人员工资制度改革方案》规定，“中国人民银行，除实行公务员制度的单位

① 本案依据的是 1995 年 3 月 18 日第八届全国人民代表大会第三次会议通过的《中国人民银行法》。该法已被 2003 年 12 月 27 日第十届全国人民代表大会常务委员会第六次会议修正。

外,也实行行员等级工资制”。1996年《中国人民银行行员管理暂行办法》第二条也表明,中国人民银行各级分支行实行行员制。事实上,只有中国人民银行总行才实行公务员制度。因此,行员非公务员。

焦点三:被告招录行员是不是基于行政职责行使的具体行政行为?

原告方认为,被告招录行员是基于行政职责行使的具体行政行为。《中国人民银行法》第四条关于人民银行职责的规定表明,中国人民银行是国家机关,行使行政管理权。成都分行的招录行为正是根据国家法律规定的行政管理职责而行使的具体行政行为。

被告方认为,被告招录行员并不是基于行政职责行使的具体行政行为。所谓行政行为,是指行政机关根据国家法律、法规和规章对国家事务进行管理的一种活动。《中国人民银行法》第四条规定,人民银行的职责包括:①依法制定和执行货币政策;②发行人民币,管理人民币流通;③按照规定审批、监督管理金融机构;④按照规定监督管理金融市场;⑤发布有关金融监督管理和业务的命令和规章;⑥持有、管理、经营国家外汇储备、黄金储备;⑦经理国库;⑧维护支付、清算系统的正常运行;⑨负责金融业的统计、调查、分析和预测;⑩作为国家的中央银行,从事有关的国际金融活动;⑪国务院规定的其他职责。换言之,只有中国人民银行根据上述规定进行的职责行为,才能称之为行政法意义上的行政行为。反之,就不能称为行政行为。招聘行员不是相关法律、法规规定的中国人民银行的职责行为,因此,该行为不能称之为行政行为,更谈不上是具体行政行为了。

焦点四:对被告的劳动用工人事权可否提起行政诉讼?

原告方认为,被告招聘工作人员是行政法意义上的行政行为。《中国人民银行法》明确规定中国人民银行是国家机关,行使的是行政管理权,被告招聘工作人员的行为是基于国务院授予它的人事管理权而作出的行政行为,是代表国家行使的公务员招考权,与原告间是不平等的人事行政法律关系,不属于《劳动法》[①]规定的平等主体之间的劳动关系。

被告方认为,机关、团体、企事业单位招聘工作人员应归属于劳动人事、用工制度的范畴,属于法人或者组织的用工权,与行政法意义上的行政行为是没有关系的。按照《行政诉讼法》[②]的规定,就行政机关劳动人事权问题产生的争议,不属于行政案件的受案范围。

---

① 本案依据的是1994年7月5日第八届全国人民代表大会常务委员会第八次会议通过的《劳动法》。该法已被2009年8月27日第十一届全国人民代表大会常务委员会第十次会议第一次修正,2018年12月29日第十三届全国人民代表大会常务委员会第七次会议第二次修正。

② 本案依据的是1989年4月4日第七届全国人民代表大会第二次会议通过的《行政诉讼法》。该法已被2014年11月1日第十二届全国人民代表大会常务委员会第十一次会议第一次修正,2017年6月27日第十二届全国人民代表大会常务委员会第二十八次会议第二次修正。

焦点五:原告担任国家机关工作人员的权利客观上是否受到限制或侵害?

原告方认为,原告担任国家机关工作人员的权利客观上确实受到了侵害。被告出示的媒体报道为第三人转述,不能作为证据证明原告已知招聘启事更改而不去报名。而被告提到的"已录用 10 名身高在 1.68 米以下的大学生"的事实与本案无关,不管被告是否修改启事,最早刊登在媒体上的那则招录行员启事中含身高限制的违宪内容,客观上损害了原告担任国家机关工作人员的权利。

被告方认为,原告担任国家机关工作人员的权利,并未因被告的第一次招录启事而受到限制,是被告自己放弃了这项权利。在第一次广告发布后报名开始日之前,被告在《四川日报》相同位置和《成都商报》登载了新的启事,取消了对应聘者的身高限制,并标注了"招聘行员启事以本次为准"字样。从有关事实来看,原告对新启事的内容是清楚的。但是,原告未到被告处报名,未参加应聘。这说明,原告自己放弃了报名的机会,也放弃这项权利。因此,原告的权利根本就没有受到侵害。

焦点六:原告请求事项是否属于行政审判权的范围?

原告方认为,原告请求事项属于行政审判权的范围。被告招录行员的行为是具体行政行为,行政行为违法属于行政审判权限的范围。

被告方认为,原告请求事项不属于行政审判权限的范围。原告提起此例行政诉讼所依据的并不是法律、法规和地方性法规,也不是规章,而是宪法。也就是说,原告要求法院认定被告的行为违宪。但是,由于我国现行法律没有赋予人民法院审查行政机关的行为违宪的权力,因此,原告的诉请不属于人民法院行政审判权的范围。根据《最高人民法院关于执行〈中华人民共和国行政诉讼法〉若干问题的解释》[①]第四十四条"请求事项不属于行政审判权限范围的",人民法院在受理案件后应依法裁定驳回的规定,本案应予裁定驳回。

最终,成都市武侯区人民法院以被告的行为不属于行政行为,且未给原告造成任何损失因而不具有可诉性为由,裁定驳回了原告的起诉。

这是我国进入诉讼程序的第一个宪法平等权案,受到社会各界的广泛关注。此案原告的起诉虽然被驳回了,但仍然对各级国家机关起到了教育警示作用。国家机关有义务带头维护宪法权威,在公务员招录等工作中保障公民的平等权利。

① 本案依据的是法释〔2000〕8 号。《最高人民法院关于适用〈中华人民共和国行政诉讼法〉的解释》于 2018 年 2 月 8 日起施行。该解释施行后,《最高人民法院关于执行〈中华人民共和国行政诉讼法〉若干问题的解释》(法释〔2000〕8 号)、《最高人民法院关于适用〈中华人民共和国行政诉讼法〉若干问题的解释》(法释〔2015〕9 号)同时废止。

# 案例30　公务员考试作弊的认定

## ——公务员考试被指答案“雷同”案①

## 【案情简介】

2009年1月10日，参加2009年国家公务员考试的北京考生张云(化名)在查询考试结果时，发现竟没有行政能力测试成绩，且被告知严重违纪。经电话复核，她发现自己的试卷被判定为“雷同”。发现这一情况后，张云上网查看，发现和她有相同情况的还有数十人，这些考生来自广东、安徽、山东、湖北、天津等多个省市。这些人建立了一个QQ群进行沟通。该QQ群共有120多人，其中大部分人称其试卷被判“雷同”。1月12日，张云拨通国家公务员局考试录用司的查询电话。工作人员告知，她并未被发现有现场作弊记录，之所以被判为违纪，是因为试卷“雷同”。工作人员还表示，有不少考生出现类似情况，怀疑与接受场外答案的高科技作弊有关。

2009年，公务员阅卷首次采用了一种先进的雷同试卷甄别系统，考试主办方通过软件可以发现哪些答题卡存在相似性很强或是错同率很高的异常情况。对此，国家公务员局考试录用司一名工作人员表示，雷同是由专家组判定的，雷同的百分比判定也符合国际惯例，但具体判定标准不方便向外透露。他介绍，考生拨打咨询电话即可复核，不能通过类似高考查考卷的方式进行复查，如有异议只能提起行政诉讼。应诉时，他们会公开手头的评判证据。

2008年11月，人力资源和社会保障部办公厅发布《中央机关及其直属机构2009年度考试录用公务员应考人员违纪处理规定》(以下简称《规定》)，其中第二条将以下情况认定为严重违纪：①在答题卡规定位置外填写姓名、准考证号或作任何标记的；②未在规定的考场和座位上参加考试的，或者擅自离开座位或考场的；③交头接耳，左顾右盼，不听监考人员警告的；④偷看他人答题，或者有意给他人抄袭的；⑤夹带资料、偷换试卷，传递纸条或其他物品的；⑥不符合报考条件而隐瞒真实情况或伪造证件者；⑦请他人替考的；⑧未按规定，携带笔试禁用的设备和工具至座位的；⑨故意损毁试卷、答题纸、答题卡，或擅自将试卷、答题纸、答题卡及其他考试用纸张带出考场的；⑩试卷作答情况与他人雷同的(经评卷工作领导小组认定)；⑪扰乱考场秩序，影响他人考试的；⑫与工作人员串通作弊或参与组织作弊的；⑬其他严重违纪违规行为。依据该《规定》，被认定有严重违纪行为的应考人

① 李铁铮：《数十份国考考卷被认定雷同》，《京华时报》2009年1月16日。

员，一律取消考试资格，并且在 5 年内不得再报考公务员。

## 【点评】

《公务员法》[1]自 2006 年 1 月 1 日起施行，其中第五条规定："公务员的管理，坚持公开、平等、竞争、择优的原则，依照法定的权限、条件、标准和程序进行。"第二十一条第一款规定："录用担任主任科员以下及其他相当职务层次的非领导职务公务员，采取公开考试、严格考察、平等竞争、择优录取的办法。"考生如果对自己成绩有怀疑，理论上是可以查卷的，包括可以查阅原卷。不允许查卷，不能体现考试的公开、公平性。

但目前我国对于保护考生权益并没有相关法律法规。该案中，国家公务员局依据的人力资源和社会保障部办公厅文件属于规范性文件，可作为法院判案的参考，但不能作为法律上的依据。

考试是国家选拔人才、认定资格、鉴定能力的重要方式，是国家权力的重要组成部分。而我国目前的国家考试往往分散于许多社会领域，分属不同部门主管，如司法考试由司法行政部门主管，公务员考试由人事部门组织，高考则由教育部门举办。由于没有一部统一规范考试事务的法律，致使各部门在组织考试时，考试条件随意制定，考试程序不够规范，组织漏洞频出，对考试作弊的处罚更是五花八门、各行其是，直接影响了国家考试的声誉，不利于保护考生的合法权益。制定一部考试法来规范和调整各种国家考试，对于规范国家权力行使、公平公正组织考试、保障考生合法权益、保证国家考试的信誉，都有着极其重要的意义。

# 案例 31　公务员录用

——公务员考试综合成绩第一名却未被录用提起行政诉讼[2]

## 【案情简介】

2016 年湖北省公务员招考，夏某报考了湖北省国家保密局（以下简称省保密局）宣传法规处科员职位，此职位招录 1 人。《湖北省部分省直单位 2016 年度考试录用公务员考试成绩折算汇总表》显示，夏某位列第一名，笔试面试总分 79.1125 分；第二名潘某，笔试面试总分 78.8950 分。2016 年 9 月 7 日，夏某进行了体检。

---

① 本案依据的是 2005 年 4 月 27 日第十届全国人民代表大会常务委员会第十五次会议通过的《公务员法》。该法已被 2017 年 9 月 1 日第十二届全国人民代表大会常务委员会第二十九次会议修正。现行《公务员法》已被 2018 年 12 月 29 日第十三届全国人民代表大会常务委员会第七次会议重新修订。

② 周琦：《湖北女子公务员考第一后落选，提诉讼一审被驳二审指令继续审》，澎湃新闻，2019 年 2 月 18 日。

同年12月9日,湖北省委组织部对省保密局拟录用人员进行了公示,拟录用人员为潘某。2017年2月7日,湖北省委组织部作出鄂组干函〔2017〕4号《关于同意录用潘某同志为公务员的函》。

夏某对此录用结果有异议,向省保密局提起信访。2018年1月15日,省保密局向夏某作出《信访问题回复》;同年4月3日,湖北省委组织部作出鄂组干〔2018〕198号《关于录用潘某同志为公务员的通知》。省保密局给夏某的《信访问题回复》称,"你报考我局公务员,并最终进入考察阶段,体现了你良好的综合素质和水平。由于与你一同进入考察的另一名同志,在岗位适合度方面更好,经过慎重决定并按程序报上级批准,录取了另一名同志。希望你能正确对待组织的挑选和决定"。

夏某对第二名"岗位适合度方面更好"的说法并不认同。公开资料显示,夏某于2013年8月通过公务员招考以第一名的成绩进入某地级市政法委。而据其出示的两份保密业务培训结业证书显示,夏某曾于2013年11月获省保密局颁发的全国保密干部全员培训湖北省保密干部培训班成绩合格证书,以及某地级市国家保密局2015年6月颁发的涉密网络安全保密管理人员培训班成绩合格证书。2014年1月,业务培训合格后,她正式任机关保密员,负责本单位的保密宣传教育、制度制定、自查自评、保密员队伍管理、保密工作材料撰写、机要通信等。2016年1月,她所在的地级市保密局发文成立全市保密检查督查组,任命其为副组长。

考了第一名却落选,夏某认为自己受到不公正对待,将省保密局告上法庭。2018年10月8日,武汉市武昌区人民法院作出(2018)鄂0106行初157号行政裁定书。法院认为,《行政诉讼法》[①]第二十六条规定,"公民、法人或者其他组织直接向人民法院提起诉讼的,作出行政行为的行政机关是被告"。本案中,被告省保密局是中共湖北省委办公厅的内设机构,不是国家行政机关;且公示、录用潘某的文件由省委组织部作出,省保密局没有作出录用潘某的决定,因此原告将省保密局列为被告错误。又因湖北省委组织部是党委部门,上述行为无论是湖北省委组织部的行为还是湖北省委组织部批准的行为,均不属于人民法院行政诉讼的受案范围。因此,武汉市武昌区人民法院作出裁定,驳回夏某的起诉。

夏某不服,向武汉市中级人民法院提起上诉。

夏某上诉称,省保密局是行政机关。中共湖北省委保密委员会办公室与省保密局属于一个机构、两块牌子,前者为中共湖北省委办公厅的内设机构,后者为省直行政机关单位,根据工作需要以不同的名义对外使用相应名称,因此一审法院认定省保密局不是国家行政机关犯了常识性错误。夏某还上诉指出,虽然湖北省委组织部作出了录用潘某的决定,但只是例行公事的同意行为,即未发现省保密局录

① 本案依据的是1989年4月4日第七届全国人民代表大会第二次会议通过,并已被2014年11月1日第十二届全国人民代表大会常务委员会第十一次会议第一次修正、2017年6月27日第十二届全国人民代表大会常务委员会第二十八次会议第二次修正的《行政诉讼法》。

用潘某的行为在形式上存在错误，而且在湖北省委组织部这个同意行为前，省保密局已经作出了录用潘某的决定，证据为 2018 年 1 月 15 日省保密局作出的《信访问题回复》。此外，虽然湖北省委组织部同意了省保密局录用潘某的行为，但上诉人起诉的不是“同意”行为，而是“录用”行为。

省保密局答辩称，录用潘某的行为合法有效，被上诉人是实行差额考察的招录办法，且进行了笔试、面试等程序，录用经过该局会议讨论决定。省保密局的行政职能仅限于保密管理工作，本案显然不属于保密局的行政职能。

武汉市中级人民法院认为此案双方争议主要有两点：一是被上诉人省保密局是内设机构还是行政机关？二是上诉人起诉的录用行为具体指向什么行为？该行为是否可诉？

针对第一个争议焦点，省保密局主张其不是行政机关，因为省保密局同时又是中共湖北省委保密委员会办公室（以下简称省委保密办），而省委保密办属于中共湖北省委办公厅内设机构，因此被上诉人不是行政诉讼的适格被告。武汉市中级人民法院指出，省委保密办与省保密局虽系同一办事部门，但两者身份不同，承担不同的职能，即俗称的“两块牌子、一套人马”。省委保密办属于内设机构，是党的机构，而省保密局的职责是依法履行全省保密行政管理职能。《保守国家秘密法》[①]第五条规定，“国家保密行政管理部门主管全国的保密工作。县级以上地方各级保密行政管理部门主管本行政区域的保密工作”。从上述规定可知，省保密局作为湖北省保密工作行政管理部门，其身份具有对外性，从其 2015 年领取的《组织机构代码证》上载明的机构类型为“机关法人”也可知，省保密局在对外履职时，能以自己的名义独立作出行政行为，是具有独立承担责任能力的行政机关。本案中，被上诉人是以省保密局的名义面向社会开展招录工作，被上诉人应对自己的招录行为承担相应的法律责任。被上诉人主张其不是行政机关的意见，与事实和法律规定不符，本院不予支持。

针对第二个争议焦点，省保密局辩称，其确定拟录用人员的行为是招录公务员的过程性行为，不是最终的录用决定，对上诉人的权利义务不产生实际影响，故该行为不可诉。武汉市中级人民法院认为，确定拟录用人员虽然是整个公务员招录活动的一个环节，招录工作到此阶段还未最终完成，但对上诉人而言，被上诉人作出确定拟录用人员为潘某的决定具有最终意义，直接导致上诉人在此环节被淘汰，不能再进入招录后续环节，从而影响到上诉人依法获得相关职位的权利。因此，夏某认为被省保密局确定拟录用人员的决定侵犯其合法权益，有权就该行为提起行政诉讼。省保密局认为其确定拟录用人员行为不可诉，不属于行政诉讼受案范围的观点不成立，本院不予支持。

---

① 本案依据的是 1988 年 9 月 5 日第七届全国人民代表大会常务委员会第三次会议通过，并已被 2010 年 4 月 29 日第十一届全国人民代表大会常务委员会第十四次会议重新修订的《保守国家秘密法》。

2019 年 1 月 20 日，武汉市中级人民法院作出终审裁定，撤销武汉市武昌区人民法院的行政裁定，指令武昌区人民法院继续审理此案。

## 【点评】

本案的特殊性在于两点：一是公务员招录涉及党委部门的批准，而党委部门不是行政主体；二是在公务员招录过程中采取差额考察。

关于第一点，一审武昌区人民法院认为，公示、录用潘某的文件由省委组织部作出，省保密局没有作出录用潘某的决定，因此原告将省保密局列为被告错误。又因湖北省委组织部是党委部门，因此，公示、录用行为无论是湖北省委组织部的行为还是湖北省委组织部批准的行为，均不属于人民法院行政诉讼的受案范围。

但二审武汉市中级人民法院没有在湖北省委组织部的批准行为上纠结，直接认定省保密局是公务员招录的主体。省保密局在对外履职时，能以自己的名义独立作出行政行为，是具有独立承担责任能力的行政机关。

关于第二点，尽管夏某对此有异议，但“差额考察”是公务员考试和遴选经常采用的考察方式，并无不妥。夏某报考的职位属于“差额考察”。事先发布的招考公告中明确标注，省保密局岗位考察比例为 1∶1.5，即省保密局有权从总成绩前两名中录用任何一人。《公务员法》[①]第二十一条第一款规定：“录用担任主任科员以下及其他相当职务层次的非领导职务公务员，采取公开考试、严格考察、平等竞争、择优录取的办法。”第二十六条第一款规定：“录用公务员，应当发布招考公告。招考公告应当载明招考的职位、名额、报考资格条件、报考需要提交的申请材料以及其他报考须知事项。”第二十九条第一款规定：“招录机关根据考试成绩确定考察人选，并对其进行报考资格复审、考察和体检。”第三十条第一款规定：“招录机关根据考试成绩、考察情况和体检结果，提出拟录用人员名单，并予以公示。”可见，招录机关在考察人选中提出拟录用人员名单并无不当。

# 案例 32 公务员的公开选任

## ——西安干部公选引发诉讼[②]

## 【案情简介】

2003 年 10 月，西安市长安区开始公开选拔处级领导干部，西安市第四医院主

① 本案依据的是 2005 年 4 月 27 日第十届全国人民代表大会常务委员会第十五次会议通过，并已被 2017 年 9 月 1 日第十二届全国人民代表大会常务委员会第二十九次会议修正的《公务员法》。现行《公务员法》已被 2018 年 12 月 29 日第十三届全国人民代表大会常务委员会第七次会议重新修订。

② 傅剑：《西安干部公选引发诉讼　行政诉讼还是人事仲裁？》，《21 世纪经济报道》2004 年 4 月 29 日。

治医师尚进参加了区卫生局副局长的选拔。他向长安区公选办报名并提供了所要求的全部资料，经长安区公选办资格审查并公示无异议后，尚进领取了准考证。

之后，尚进以总分第一的成绩进入公示考察阶段。2003年12月初，公选办在西安市第四医院考察、测评。2004年2月，尚进接到公选办的通知，未能最后被任用，原因是任职资格问题。2003年他因上学而没有被继续聘任为医院中层职务，而公选方案中规定，处级领导干部任职条件之一就是应从科级干部中选拔。尚进将长安区人民政府告上法庭。

尚进认为，长安区人民政府在公开选拔区卫生局副局长一职中，存在程序违法。他认为，资格审查是选拔的第一步程序，也是最重要的程序之一，公选办以集体形式研究否决或认可某人的报考资格直接决定了报考者是否有资格参加公开考试选拔。公选办在众多报考者中进行了严格的资格审查，又对初步确定者进行了资格公示，并以一级组织的名义发出准考证，因此，当初凡参与考试的人均应是被认可具有相应资格者。被告长安区人民政府作出拒绝任用自己的这一具体行政行为侵犯了法律赋予自己的通过各种途径和形式管理国家社会事务、担任国家机关职务的权利，侵犯了自己参与公开选拔任用党政领导干部竞争中的公平权利。

西安市中级人民法院于2004年3月2日作出了不予受理的行政裁定。裁定书认为：长安区面向社会公开选拔卫生局副局长的事实属实，但公选卫生局副局长的资格审查及公示等事实系有关组织部门的行为，并非长安区人民政府的具体行政行为，起诉人坚持诉长安区人民政府没有事实依据，故该案不属于行政诉讼受理范畴，依照《最高人民法院关于执行〈中华人民共和国行政诉讼法〉若干问题的解释》①第四十四条第(一)项的规定，作出裁定："对尚进的起诉，本院不予受理。"

对于西安市中级人民法院作出的裁定，尚进认为，他状告长安区人民政府的依据有二：其一，公选副局长是长安区委和区政府的共同行为，公选领导小组副组长之一就是长安区人民政府的一名副区长；其二，假如公选副局长确实是"有关组织部门的行为"，那么组织部门也要受法律约束和监督。

## 【点评】

无论从本案发生时还是从《行政诉讼法》②的角度来看，此案都没有法律空间，

① 本案依据的是法释〔2000〕8号。《最高人民法院关于适用〈中华人民共和国行政诉讼法〉的解释》于2018年2月8日起施行。该解释施行后，《最高人民法院关于执行〈中华人民共和国行政诉讼法〉若干问题的解释》(法释〔2000〕8号)、《最高人民法院关于适用〈中华人民共和国行政诉讼法〉若干问题的解释》(法释〔2015〕9号)同时废止。

② 本案依据的是1989年4月4日第七届全国人民代表大会第二次会议通过的《行政诉讼法》。该法已被2014年11月1日第十二届全国人民代表大会常务委员会第十一次会议第一次修正，2017年6月27日第十二届全国人民代表大会常务委员会第二十八次会议第二次修正。

但作为行政内部申诉,有一定的运作空间。根据《国家公务员暂行条例》[①]第十六章规定,尚进作为公务员,可以据此向原处理机关申请复核,向人事部门申诉,向行政监察机关申诉。

《公务员法》[②]于2006年1月1日起施行,《国家公务员暂行条例》同时废止。《公务员法》对于公务员的申诉、控告权利予以了明确保障。但不论是依据旧的《国家公务员暂行条例》,还是依据新的《公务员法》,尚进都不能提起行政诉讼。依据《行政诉讼法》第十二条的规定,尚进的问题属于行政机关所作出的任免等行为,不在诉讼范围之内。

另外,国家人事部于1997年8月8日印发了《人事争议处理暂行规定》[③],开始逐步建立人事仲裁制度。这是我国推进干部人事制度改革的一项新举措。人事争议案件的受理范围包括:①国家行政机关与工作人员之间因录用、调动、履行聘任合同发生的争议;②事业单位与工作人员之间因辞职、辞退以及履行聘任合同或聘用合同发生的争议;③企业单位与管理人员和专业技术人员之间因履行聘任合同或聘用合同发生的争议;④依照法律、法规、规章规定可以仲裁的人才流动争议和其他人事争议。本案中,尚进可以申请人事争议仲裁。

"有关组织部门"能不能作被告呢?我国《宪法》[④]第五条规定:"中华人民共和国实行依法治国,建设社会主义法治国家。……一切国家机关和武装力量、各政党和各社会团体、各企业事业组织都必须遵守宪法和法律。一切违反宪法和法律的行为,必须予以追究。任何组织或者个人都不得有超越宪法和法律的特权。"《党章》也规定党的组织和党员要自觉遵守党的纪律和国家的法律。从现有的法律来看,党委没有被列为行政诉讼的主体;但是从权利和义务统一的法理上讲,任何主体的职权和职责应该是统一的,不应该存在只行使职权、不履行职责的情况。依法治国,建设社会主义法治国家,要求凡是参与决策或是对决策起重要作用的主体,都应该受到法律的约束。

---

① 本案依据的是1993年8月14日国务院令第125号发布的《国家公务员暂行条例》。根据自2006年1月1日起施行的《公务员法》规定,该条例已于2006年1月1日起废止。

② 《公务员法》由2005年4月27日第十届全国人民代表大会常务委员会第十五次会议通过,2017年9月1日第十二届全国人民代表大会常务委员会第二十九次会议修正。现行《公务员法》已被2018年12月29日第十三届全国人民代表大会常务委员会第七次会议重新修订。

③ 本案依据的是2002年7月12日人发〔2002〕75号发布的《人事争议处理暂行规定》。该规定已被2007年8月9日《中共中央组织部、人事部、总政治部关于印发〈人事争议处理规定〉的通知》自2007年10月1日起废止。

④ 我国现行宪法由1982年12月4日第五届全国人民代表大会第五次会议通过,自1982年12月4日起施行。本宪法已被1988年4月12日第七届全国人民代表大会第一次会议第一次修正,1993年3月29日第八届全国人民代表大会第一次会议第二次修正,1999年3月15日第九届全国人民代表大会第二次会议第三次修正,2004年3月14日第十届全国人民代表大会第二次会议第四次修正,2018年3月11日第十三届全国人民代表大会第一次会议第五次修正。本案依据的是第三次修正后的《宪法》。

# 案例33　公务员的公务行为

## ——高某诉某区公安分局行政处罚案[①]

### 【案情简介】

1991年5月9日下午五点半左右，高某从工厂下班回家，行至本厂大门外某浴池门口时，两个不明身份的人对高某说："请你跟我们走一趟。"高某回答："什么事，你们是干什么的？"这两个人说："我们是公安局的便衣，找你有点事。"高某便跟这两个人走进了某市某区公安分局治安科。此二人是该科的两位刑警张某和熊某。张某和熊某要高某交代刚才路过浴池时干了什么事。高某由于没有做什么事，便无从回答。最后，在张某和熊某的威逼下，高某依此二人的授意，写了一个交代材料，承认有偷看女同志洗澡行为。张某和熊某用事先准备好的行政处罚决定书裁决对高某行政拘留7天。事后高某自觉冤枉，提起行政诉讼。后经查高某根本没有偷看女同志洗澡的行为，某区公安分局治安科的科长周某与高某有个人恩怨，为了报私仇便让该科的张某和熊某对高某实施了处罚行为。

### 【点评】

国家公务员是行政权最主要的行使人，也是行政组织的最基本的成员。在本案中，以周某为首的治安科是该行政行为的具体实施者，周某授意张某和熊某以虚构的事实将高某行政拘留。

有理论认为，本案从形式要件上看是区公安分局以分局的名义对高某作出行政处罚，即以单位名义出现的行政行为，但从实质看却不是行政行为。周某授意张某和熊某以虚构的事实将高某行政拘留，该行为尽管是以公安分局的名义作出的，但从该行为发生的场合看，其并非发生在行政管理活动过程中，而且该行为不但不是在理顺管理秩序，反而是将行政管理秩序搞乱。所以，该理论认为，在行政权行使中一些公务员假借行政机关名义实施个人行为，应视为虚假行政行为，其后果不应由公安机关承担。

另一种理论认为，张某和熊某的行为是混有个人因素的公务行为，其法律后果仍应由公安机关承担。因为在高某受行政处罚的全过程中，张某和熊某是根据其享有的行政职权而为的，包括最后出具了行政处罚决定书，直至行政拘留的实际执

① 关保英：《行政法案例教程》，中国政法大学出版社1999年版。

行,这是一个完整的行政行为。只不过这里发生了滥用职权,混杂进了个人因素。但这其中的个人因素与行为性质的认定关系不大,不能因为有个人因素就将其认定为个人行为。另外,从如何更好地保护公民的权利的角度来分析,将此案中张某和熊某的行为认定为公务行为也是更恰当的。

公务员与国家之间存在职务委托关系。国家公务员代表行政机关,以所在行政机关的名义行使国家行政职权,其行为的结果归属于相应的行政机关。那么,在此关系中,如何体现对国家利益的保护呢?

修订后的《公务员法》自 2019 年 6 月 1 日起施行。该法对公务员设定了职业纪律和职务要求,公务员违反这些要求,国家行政机关有权给予必要的处理。

(1) 行政处分。即国家行政机关在机关内部对公务员实施的一种惩戒措施,国家公务员违反法律、法规、纪律或职业道德时,应承担相应的责任。行政处分分为警告、记过、记大过、降级、撤职、开除。

(2) 追偿权。对于国家公务员执行职务行为中所造成的损失,国家行政机关应承担赔偿责任。但国家行政机关保有对公务员的追偿权,即可以要求有重大过失或故意而造成损害的公务员承担部分或全部赔偿费用。

(3) 追究刑事责任。公务员在执行职务的过程中如果违法行为情节严重构成犯罪的,如采用暴力野蛮殴打他人,以致造成人身伤害或死亡的,国家依法对其追究刑事责任。

修订后的《公务员法》第六十条规定:“公务员执行公务时,认为上级的决定或者命令有错误的,可以向上级提出改正或者撤销该决定或者命令的意见;上级不改变该决定或者命令,或者要求立即执行的,公务员应当执行该决定或者命令,执行的后果由上级负责,公务员不承担责任;但是,公务员执行明显违法的决定或者命令的,应当依法承担相应的责任。”本案中张某、熊某和科长周某都将被追究相应责任。

## 案例 34 判断公务行为的标准

### ——张某诉县工商局行政赔偿案[①]

### 【案情简介】

1995 年 6 月,张某用自行车驮着两筐白菜到农贸市场上去出售。到了农贸市

① 《公务员的公务行为》,http://china.findlaw.cn/info/guojiafa/gwyf/gwyfal/20090810/76040.html,访问时间:2012 年 6 月 1 日。

场之后，张某因为急于出售，便没有到指定的摊位，而是在存放自行车处叫卖。这时，在农贸市场执勤的工商管理员王某以张某未在指定摊位出售为由，将张某的秤杆和秤砣拿走。张某赶到工商管理局市场办公室去索要自己的秤杆和秤砣，王某不给。张某便抓起王某脱在地下的鞋子，说："你不给我秤，我便把你的鞋子拿走。"王某急忙往回抢鞋，双方拉拉扯扯，厮打在一起。很快，其他市场管理人员也赶过来帮王某一起厮打。在厮打过程中，张某全身多处受伤，不得不住院治疗，共花去医药费千余元。张某出院后，要求工商管理局赔偿其医疗费 1500 元、误工补贴 2000 元、精神损失和其他费用 4000 元，总计 7500 元。该县工商管理局审查后认为，本案王某和其他几位肇事者的伤害行为与工商管理局无关，属个人行为，故工商管理局对张某的赔偿请求不予受理。张某不服，遂向县人民法院提起诉讼，请求行政赔偿。

县人民法院受理此案后，在该案归于哪一类案件上发生了意见分歧。一种意见认为，本案属于民事赔偿案件，王某和其他执法人员对张某的伤害行为属于个人行为，对他们个人的违法行为，工商管理局不应该承担赔偿责任；而另一种意见则认为，该案属于行政赔偿案件，王某的行为属于执法行为，对行政机关行使职权的行为，行政机关应该负责，而不应该只由王某个人负赔偿责任。该县人民法院最后认定该案属于行政赔偿案件，判决工商管理局向张某赔偿医疗费 1500 元、误工补贴费 2000 元，同时驳回张某的精神赔偿请求。

## 【点评】

本案涉及的问题主要有三个。一是张某不在指定地点销售白菜的行为是否违法？二是王某对该行为是否有处罚权，以及王某的处罚行为是否合法？三是王某及其他市场管理人员对张某的伤害行为是属于个人行为还是公务行为？第一个和第二个问题都比较明显，张某不在指定的地点销售，显然属于违法行为，该事实十分明确。同时，王某作为市场管理人员对该违法行为也显然具有处罚的权力。但是，有处罚权并不等于可以任意行使该处罚权。在该案中，我们可以看到王某的处罚行为明显违反了法定程序，正确的做法应该是，先进行说服教育，若张某拒不执行，再进行依法强制。

第三个问题是本案的关键所在，也是法庭审理中争议最大的地方。要辨明本案到底应该适用民事赔偿还是行政赔偿，关键就是辨明工商管理员王某的行为是属于个人行为还是公务行为。公务员的公务行为是指国家公务员基于行政职务关系，以行政主体的名义实施的行政行为，在这种情况下，该行为所产生的法律后果由公务员所属的行政主体承担，因此而引起的赔偿诉讼属于行政赔偿；而公务员的个人行为则是指与公务无关的个人行为，在这种情况下，法律后果由公务员自身承担,因此而引起的赔偿诉讼属于民事赔偿。

区分公务行为和个人行为的关键是看该公务员和行政主体之间是否存在行政职务关系,该公务员是否在代表该行政主体行使行政职权。凡是国家公务员行使其所任职务上的职权而发生的行为都属于公务行为,而与职权无关的行为则属于个人行为。以此标准观之,本案中,王某的行为属于公务行为,县人民法院以行政赔偿程序审理此案也是正确的。因为:第一,王某属于市场管理人员,和工商管理局之间存在行政职务委托关系;第二,王某对张某的处罚行为显然是行使行政权力的行为,该行为具有单方性和强制力;第三,张某是以工商管理局的名义进行的处罚,并且张某的秤杆和秤砣也被没收到了工商管理局;第四,王某的行为发生在执勤过程当中,伤害和争执也是因为处罚行为而引起,并发生在办公场所。因而,王某的行为属于执行职务的公务行为,工商管理局应对此承担赔偿责任。

公务员的个人行为和公务行为在理论上比较容易区分,但在现实中有时却非常难以分辨。为此,学者们从现实中总结出了一些用来区分的客观因素,一般而言,区分公务行为和个人行为,以下因素值得考虑。

(1) 时间要素。公务员在上班和执行任务期间实施的行为,通常视为公务行为;在下班和非执行任务期间实施的行为,则通常视为个人行为。

(2) 名义要素。公务员的行为是以其所属的行政主体的名义作出的,通常视为公务行为;非以其所属的行政主体的名义作出的,通常视为个人行为。

(3) 公益要素。公务员的行为涉及公共利益的,同公共事务有关的,通常视为公务行为;行为不涉及公共利益,与公共事务无关的,通常视为个人行为。

(4) 职责要素。公务员的行为属于其职责范围的,通常视为公务行为;超出其职责范围的,通常视为个人行为。

(5) 命令要素。公务员按照法律或者行政首长的命令、指示以及委托实施的行为,通常视为公务行为;无命令和法律根据的行为,通常视为个人行为。

(6) 公务标志要素。公务员执行公务时佩带或出示能表明其身份的公务标志,通常视为公务行为;反之则属于个人行为。

上述六个方面的要素或标准应当综合考虑,并不存在绝对的、唯一的标准。有时我们区分一个公务员的行为性质究竟何属,可能要站在公民的角度。对于公民来说,只要一个行为在外观上具有执行公务的形式,就应作为执行公务的行为对待。因为有执行公务的外观,公民就要将其作为公务行为对待,公民不具有从实质上判断公务员的行为究竟何属的权力及能力。

# 案例 35　交通安全协管员的法律地位

## ——庄仪青诉东城交通支队天坛大队交通管理行政处罚案[①]

### 【案情简介】

2014 年 7 月 31 日 7 时 40 分许，庄仪青将车牌号为京 PW2808 的小客车停放在未施划停车泊位的北京市东城区“北极阁头条西段北极阁头条西段西口至北极阁头条西段东口段处”。交通协管员将庄仪青停放上述车辆的情况进行拍照记录后，在该车的车门玻璃处粘贴了《北京市交通协管员道路停车记录告知单》，该告知单记载有车辆类型、车辆牌号、号牌颜色、时间、地点等内容，并告知“该机动车未在道路停车泊位或停车场内停放，根据《北京市实施〈中华人民共和国道路交通安全法〉办法》[②]第七十八条第四款的规定，已对以上事实作了图像记录。此告知单及图像记录，将提供给北京市公安局公安交通管理局东城交通支队东单大队审核”。2014 年 8 月 15 日，庄仪青至天坛大队执法站要求处理京 PW2808 号小客车的违法行为。天坛大队按照简易程序对庄仪青作出《处理机动车违法记录告知书》，告知庄仪青拟对其作出处罚的事实、理由、依据以及其享有的陈述申辩的权利。当日，天坛大队对庄仪青作出并送达《处罚决定》。庄仪青对该《处罚决定》不服，向北京市东城区人民政府提出复议申请。2014 年 11 月 4 日，北京市东城区人民政府作出京政复字(2014)36 号《行政复议决定书》，维持了《处罚决定》。庄仪青不服，提起行政诉讼，请求判决撤销《处罚决定》。其起诉的重要理由之一是：天坛大队以不具备执法主体资格的协管员所取证据认定其行为，属于执法违法行为。

2014 年 12 月 19 日，一审北京市东城区人民法院作出(2014)东行初字第 810 号行政判决，认为：本案中，天坛大队提供的证据，能够证明其作出被诉行政处罚决定系依据庄仪青未将机动车停放于停车场或施划交通标线的道路停车泊位内之事实。天坛大队在依法履行告知、听取陈述和申辩、制作决定书、送达等相关程序后，依据《北京市实施〈中华人民共和国道路交通安全法〉办法》第九十九条第(一)项规定，适用简易程序对庄仪青作出被诉行政处罚决定并无不当。《北京市实施〈中华人民共和国道路交通安全法〉办法》第七十八条第四款规定：“市和区、县人民政府

---

① 北京市第二中级人民法院行政判决书(2015)二中行终字第 408 号。

② 本案依据的是 2004 年 10 月 22 日北京市第十二届人民代表大会常务委员会第十五次会议通过，并已被 2010 年 12 月 23 日北京市第十三届人民代表大会常务委员会第二十二次会议第一次修正的《北京市实施〈中华人民共和国道路交通安全法〉办法》。该办法已被 2018 年 9 月 28 日北京市第十五届人民代表大会常务委员会第七次会议第二次修正。

组建的道路交通安全协管员队伍,协助交通警察维护道路交通秩序,劝阻、告知道路交通安全违法行为。”根据此规定,交通协管员的职权中涵盖协助交通警察维护道路交通秩序,及劝阻、告知道路交通安全违法行为等事项。本案中,交通协管员在庄仪青所有车牌号为京PW2808的小汽车上张贴《北京市交通协管员道路停车记录告知单》,及以拍照方式记录该车辆违法停放情况的行为,系其协助交通警察维护道路交通秩序职责的体现。且在被诉行政处罚作出的过程中,《北京市交通协管员道路停车记录告知单》及交通协管员所拍摄图像均在交通警察审核后使用,并非直接作为被诉行政处罚作出的依据。综上,一审法院依照《最高人民法院关于执行〈中华人民共和国行政诉讼法〉若干问题的解释》[①]第五十六条第(四)项的规定,判决驳回了庄仪青的诉讼请求。

庄仪青不服一审判决提出上诉。二审北京市第二中级人民法院于2015年3月27日作出终审判决,驳回上诉,维持原判。

## 【点评】

公务员是指依法履行公职、纳入国家行政编制、由国家财政负担工资福利的工作人员。显然,交通协管员不属于公务员,不具备执法主体资格。

那么,交通协管员以拍照方式记录车辆违法停放情况,向车辆粘贴《北京市交通协管员道路停车记录告知单》的行为算不算执法行为呢?两审法院均认为,交通协管员的该行为系依法履行交通协管员协助交通警察维护道路交通秩序、告知道路交通安全违法行为的行为,符合《北京市实施〈中华人民共和国道路交通安全法〉办法》第七十八条第四款“市和区、县人民政府组建的道路交通安全协管员队伍,协助交通警察维护道路交通秩序,劝阻、告知道路交通安全违法行为”的规定。交通协管员的该行为不属于行使行政职权的行为。

# 案例36 公务员的责任追究

## ——问责制度的最新进展[②]

## 【案情简介】

我国公务员责任追究制度的发展大致可分为《公务员法》颁布前、《公务员法》

① 本案依据的是法释〔2000〕8号。《最高人民法院关于适用〈中华人民共和国行政诉讼法〉的解释》于2018年2月8日起施行。该解释施行后,《最高人民法院关于执行〈中华人民共和国行政诉讼法〉若干问题的解释》(法释〔2000〕8号)、《最高人民法院关于适用〈中华人民共和国行政诉讼法〉若干问题的解释》(法释〔2015〕9号)同时废止。

② 参考朱福惠:《国家监察法对公职人员纪律处分体制的重构》,http://www.iolaw.org.cn/showNews.aspx?id=67263,访问时间:2018年10月16日。

颁布后、《监察法》颁布后这三个阶段。

第一阶段是《公务员法》颁布前。

1957 年 10 月，国务院出台了《关于国家行政机关工作人员的奖惩暂行规定》，该规定形成我国公务员问责制度的雏形。为处置重大责任事故，国务院于 1989 年发布了《特别重大事故调查程序暂行规定》，其中涉及公务员问责的内容。同年，《行政诉讼法》正式颁布，“民告官”从此有法可依，对于行政权力的制约走向法制化。1993 年 8 月，国家首次出台了覆盖所有公务员群体的综合性法规，即《国家公务员暂行条例》。该条例第三条明确，“本条例适用于各级国家行政机关中除工勤人员以外的工作人员”。该条例指出了其适用主体、追责客体、追责范围、追责程序与具体行政处分等，初步形成了规范该时期国家公务人员违法行使行政权力的责任追究制度。1997 年，《行政监察法》颁行。1999 年《行政复议法》颁行，进一步对行政机关及其工作人员依法行使公共权力作出限制。2004 年，国务院《全面推进依法行政实施纲要》也对问责制的相关内容作了规定。

由于我国特殊的政治制度，中国共产党的党内法规在公务员问责方面也扮演着极其重要的角色。1995 年《党政领导干部选拔任用工作暂行条例》第一次引入了“责令辞职”这种问责形式。1998 年，中共中央、国务院联合发布了《关于实行党风廉政建设责任制的规定》，规定了需追究政治责任的公务员行为。2002 年，原《党政领导干部选拔任用工作暂行条例》被修订后更名为《党政领导干部选拔任用工作条例》，明确了“实行党政领导干部辞职制度”，并对引咎辞职和责令辞职给出了定义。2003 年，中共中央发布《中国共产党纪律处分条例》和《中国共产党党内监督条例（试行）》两部重要的党内法规。2004 年，《党政领导干部辞职暂行规定》出台，对发生严重失误、失职并造成恶劣影响的党员干部应引咎辞职进行了详细规定。

第二阶段是《公务员法》颁布后。

《公务员法》颁布于 2005 年 4 月 27 日，2006 年 1 月 1 日起正式实施。它是新中国成立以来的第一部公职人员人事管理的专门性法律，也是我国现代公务员责任追究制度的正式开端，具有划时代的意义。《公务员法》的颁布与 2003 年席卷我国的“非典”疫情紧密相关。当时，由于未能及时采取有效措施遏制“非典”疫情的传播，卫生部部长、北京市市长以及其他诸多领导干部被追究责任。“非典”疫情中各级政府的反应不及时、决策失误以及存在的渎职失职现象引发了社会各界的广泛关注。自此，公务员责任追究制度迎来了全面建设阶段，有关法律法规亦相继完善。2007 年，国务院发布了《行政机关公务员处分条例》，针对违法违规违纪或存在失职、渎职、滥用权力等行为的公务员，系统性地规定了处分的情形、方法与流程。2010 年，《行政监察法》被修订，对监察机关的职能、监察对象、监察程序作出了修改，进一步推进了我国公务员责任追究法制化。

在党内法规方面，中共中央办公厅和国务院办公厅于2009年联合印发了《关于实行党政领导干部问责的暂行规定》，其第二条规定，“本规定适用于中共中央、国务院的工作部门及其内设机构的领导成员；县级以上地方各级党委、政府及其工作部门的领导成员，上列工作部门内设机构的领导成员”。第二十四条又规定：“对乡（镇、街道）党政领导成员实行问责，适用本规定。对县级以上党委、政府直属事业单位以及国有企业、国有金融企业领导人员实行问责，参照本规定执行。”随着我国国民经济的快速发展与党员管理的制度化、规范化，原有的《中国共产党纪律处分条例》已无法完全适应从严治党新的实践需要，党中央遂对其进行修改调整，于2016年1月1日正式施行。新条例明确指出了党政干部追责的情形、方式、适用以及程序等。同样是在2016年，中共中央还出台了《中国共产党问责条例》，成为对党组织和党的领导干部问责的重要党内法规依据。

第三阶段是《监察法》颁布后。

为全面推进依法治国、实现国家监察的全面覆盖，2018年3月，十三届全国人大一次会议讨论通过了我国新一轮的组织机构改革，尤其是监察体制改革。会议决定成立国家与地方各级监察委员会，并与中国共产党纪律检查委员会合署办公。从此，国家和地方各级监察委员会成为新时期我国公务员责任追究制度的核心主体。监察委员会依法行使监察权，这并不是以往的行政监察、反腐败反渎职等功能的简单相加，而是针对国家财政拨款体制内的所有行使公权力的工作人员进行全面监察。国家监察委员会的设立标志着我国公务员责任追究制度步入了新的发展阶段。

2018年3月20日，十三届全国人大一次会议表决通过了《监察法》，并于公布之日起施行，此前的《行政监察法》被废止。根据《监察法》第十五条规定，新时期公务员责任追究制度的对象包含中国共产党机关、人民代表大会及其常务委员会机关、人民政府、监察委员会、人民法院、人民检察院、中国人民政治协商会议各级委员会机关、民主党派机关和工商业联合会机关的公务员，以及参照《公务员法》管理的人员，法律、法规授权或者受国家机关依法委托管理公共事务的组织中从事公务的人员，国有企业管理人员，公办的教育、科研、文化、医疗卫生、体育等单位中从事管理的人员，基层群众性自治组织中从事管理的人员，其他依法履行公职的人员。

2018年，《公务员法》被第十三届全国人民代表大会常务委员会第七次会议修订，自2019年6月1日起施行。新《公务员法》调整充实了从严管理干部有关规定，将第九章章名“惩戒”调整为“监督与惩戒”，增加了加强公务员监督和公务员应当遵守的纪律等规定，修改完善了回避情形、责令辞职、离职后从业限制等规定，增加了在录用、聘任等工作中违纪违法有关法律责任的规定。

党内法规方面，2018年，《中国共产党纪律处分条例》再次修改。同年，中央纪委、国家监察委印发《公职人员政务处分暂行规定》。《公职人员政务处分暂行规定》施行后,《行政机关公务员处分条例》、《事业单位工作人员处分暂行规定》等规定继续有效,前者并不取代后者。

## 【点评】

我国公务员责任追究制度发展至今已经取得了很大进步,然而仍然存在一些问题。主要包括:立法比较模糊,对于问责的情形缺乏明晰的边界或评判标准,在具体实践中缺乏可操作性;有关公务员责任追究的条款分散于不同类型、不同级别的法律法规之中,有待进一步统一与细化;同体问责多,异体问责少[①];被问责的公务员缺乏司法救济途径等等。

# 案例37　公务员的义务

## ——公务员规范着装起争议[②]

## 【案情简介】

有一段时期,各个地方出台了形形色色的关于公务员着装的规定。有的规定似乎特别宽泛,难以操作,像"要时尚不要性感",而有的规定又特别细致,非常具体。以下是几个例子。

2005年7月29日,北京市海淀区正式启动公务员职业礼仪教育月活动。从8月1日开始,北京市海淀区的公务员穿吊带裙、凉鞋光脚上班的将会受到教育和劝阻。活动规定了相应处罚措施,累计发现两次以上违规的公务员将取消年底评优评奖资格。

2004年7月出台的《中共西安市委办公厅工作人员行为规范》要求工作人员上班期间仪表整洁,不准穿拖鞋、无后帮鞋、短裤、背心、超短裙,不浓妆艳抹,不佩戴与机关环境不相称的装饰品等。其实施细则要求工作人员上班时间统一着装,夏季着短袖工作装,并对男、女着装的细节作出了详细的规定。

2004年浙江省档案局还曾颁布全系统《女公务员办公礼仪规范》,在着装、语言、交往、行为等四方面对女公务员提出了要求。规范把"服饰美"摆在第一条,要求女公务员的"办公服装应合乎身份,庄重得体、朴素大方,忌过于前卫招摇,在一定程度上体现自身修养与素质"。同时规定,在工作中及正式场合,着装不应过于单薄紧身,内衣不应外露,佩戴的饰物以少为好。

① 同体问责指公务员行政系统对失职或违法违纪公务员的问责,本质上是一种组织内部的问责,具有一定的封闭性。异体问责指公务员行政系统外部对违法违纪公务员进行责任追究的形式,包括各级人大、司法机关、监察机关、新闻媒体以及社会公民等对公务员的问责。

② 赵继成:《公务员规范着装应当约定俗成,不能"一禁了之"》,《新京报》2005年8月7日。

《广州开发区公共服务单位文明办公的若干规定》明确规定,公务员上班不能穿九分裤和时尚拖鞋等,违反规定者,每次处罚金额从 50 元到 300 元不等,一年内违规三次以上者,年终考核定为不称职。

## 【点评】

现代公务员的服装大致分两类,一类是统一着装,如警察、税务、工商等执法人员的制服,另一类是非统一着装,就是不直接参与执法人员的便装。目前,我国公务员的着装规范程度处于较低水平。一些地方党政机关规定了不规范着装的惩罚措施,涉及公务员的考核、报酬等,有学者认为这涉嫌侵犯了公务员的权利。对于这个问题,首先要明确的是:公务员到底有没有规范着装的义务?

2019 年 6 月 1 日开始施行的新《公务员法》第十四条规定:"公务员应当履行下列义务:(一)忠于宪法,模范遵守、自觉维护宪法和法律,自觉接受中国共产党领导;(二)忠于国家,维护国家的安全、荣誉和利益;(三)忠于人民,全心全意为人民服务,接受人民监督;(四)忠于职守,勤勉尽责,服从和执行上级依法作出的决定和命令,按照规定的权限和程序履行职责,努力提高工作质量和效率;(五)保守国家秘密和工作秘密;(六)带头践行社会主义核心价值观,坚守法治,遵守纪律,恪守职业道德,模范遵守社会公德、家庭美德;(七)清正廉洁,公道正派;(八)法律规定的其他义务。"其中并无规范着装义务。

对于统一着装的部门,公务员当然有义务严格遵守着装规定。但对于没有统一着装法定义务的公务员,以罚款等手段强制其规范着装,是缺乏法律依据的。

如果地方党政机关的着装禁令侵犯到公务员的权利,该怎么救济?因这种禁令属于内部行政行为,目前内部行政行为只能通过向上一级人事部门申诉,或者向上一级监察部门控告来解决,不能走司法途径。这些救济途径对公务员权利的保护实际上还很不够。此外,我国公务员行业没有成立工会,也是公务员维权困难的重要因素。

# 案例 38　辞职公务员从业限制

### ——《关于规范公务员辞去公职后从业行为的意见》解读[①]

## 【案情简介】

2017 年 5 月,中组部、人社部、国家工商总局、国家公务员局联合印发了《关于

① 《四部分印发〈关于规范公务员辞去公职后从业行为的意见〉》,http://www.gov.cn/xinwen/2017-05/26/content_5197181.htm,访问时间:2018 年 9 月 23 日。

规范公务员辞去公职后从业行为的意见》(以下简称《意见》)。

《意见》规定,各级机关中原系领导班子成员的公务员以及其他担任县处级以上职务的公务员,辞去公职后3年内,不得接受原任职务管辖地区和业务范围内的企业、中介机构或其他营利性组织的聘任,个人不得从事与原任职务管辖业务直接相关的营利性活动;其他公务员辞去公职后2年内,不得接受与原工作业务直接相关的企业、中介机构或其他营利性组织的聘任,个人不得从事与原工作业务直接相关的营利性活动。

《意见》要求,公务员申请辞去公职时应如实报告从业去向,签署承诺书,在从业限制期限内主动报告从业变动情况;公务员原所在单位在批准辞去公职前要与本人谈话,了解其从业意向,提醒严格遵守从业限制规定;公务员主管部门要建立健全公务员辞去公职从业备案和监督检查制度,对各机关落实辞去公职从业规定情况进行指导和监督检查;工商、市场监管部门要对经查实的违规从业人员和接收企业给予相应处罚。

《意见》同时强调,要准确把握和执行政策,正确对待公务员依法辞去公职行为,支持人才的合理流动,充分尊重和保障辞去公职人员合法就业和创业的权益。

### 【点评】

该《意见》是落实全面从严治党、从严管理干部要求,完善公务员监督约束机制的重要举措。从近年的一些贪腐案例来看,一些公职人员辞职后,可能在原管辖范围、主管领域内的企业"二次就业",利用之前权力的影响搞利益输送。这种情况一方面影响了公平竞争的市场环境,另一方面也助长了变相腐败。《意见》的出台有助于建立权力监督的追溯机制,由始至终给权力带上"紧箍咒"。

实际上,早在1995年,由原人事部发布的《国家公务员辞职辞退暂行规定》就要求:"国家公务员辞职后,两年内到与原机关有隶属关系的国有企业或营利性的事业单位工作的,须经原任免机关批准。"此后多个文件也曾对公务员辞职有过规定。不过,相比以往的规定,此次《意见》更具体、更规范,也更严厉。

## 案例39　公务员非职务违法处分

——公务员包养情人将被撤职或开除

### 【案情简介】

2007年4月22日,温家宝总理签署第495号国务院令,公布《行政机关公务员处分条例》(以下简称《条例》),自2007年6月1日起施行。《条例》第二十九条

规定:有下列行为之一的,给予警告、记过或者记大过处分;情节较重的,给予降级或者撤职处分;情节严重的,给予开除处分:

(一)拒不承担赡养、抚养、扶养义务的;

(二)虐待、遗弃家庭成员的;

(三)包养情人的;

(四)严重违反社会公德的行为。

有前款第(三)项行为的,给予撤职或者开除处分。

《条例》规定,行政机关公务员受开除处分的,自处分决定生效之日起,解除其与单位的人事关系,不得再担任公务员职务。行政机关公务员受开除以外的处分,在受处分期间有悔改表现,并且没有再发生违法违纪行为的,处分期满后,应当解除处分。解除处分后,晋升工资档次、级别和职务不再受原处分的影响。但是,解除降级、撤职处分的,不视为恢复原级别、原职务。

## 【点评】

公务员有没有道德义务?答案应该是肯定的。《公务员法》[①]第五十三条规定:"公务员必须遵守纪律,不得有下列行为:……(十三)违反职业道德、社会公德……"

《行政机关公务员处分条例》明确规定,如果行政机关公务员包养情人,将被撤职或者开除。一些评论者认为这是将道德约束纳入法律范畴,是一种道德泛化。甚至还有人反弹琵琶,提出公务员被包养怎么办。

那么,包养情人是一种什么性质的行为,《条例》是否应该规范这种行为?对于普通公民来说,包养情人或许是一种道德上的瑕疵,或者情感上的亏欠;但对公务员来说,包养情人则是一种品行上的不足,是一种操守上的过失。在许多国家的公务员资格考试中,除了专业考试、法律考试之外,还进行品行测验。一旦在品行上不及格,就无缘成为公务员。进入公务员队伍之后,除了必备的工作守则之外,还要反复学习公务员道德守则,时时刻刻提醒自己必须注意日常生活中的一言一行。

长期以来,执政者只要求公务员奉公守法,这其实是降低了公务员的录用标准。公务员除了奉公守法之外,还必须成为社会道德的楷模。如果发现公务员有婚外情,或者包养情人,其必须自动辞职。如果公务员拒绝自动辞职,按照《条例》的规定,则会被撤职或者开除。

---

① 此处指的是2005年4月27日第十届全国人民代表大会常务委员会第十五次会议通过的《公务员法》。该法已被2017年9月1日第十二届全国人民代表大会常务委员会第二十九次会议修正,2018年12月29日第十三届全国人民代表大会常务委员会第七次会议重新修订。现行《公务员法》第五十九条规定:"公务员应当遵纪守法,不得有下列行为:……(十四)违反职业道德、社会公德和家庭美德;……"可见,新法对于公务员的道德义务进行了更全面的规定。

《条例》中规定公务员不得包养情人，无疑是将国家公务员道德守则中的许多内容通过行政法规的方式表达出来，要求公务员必须遵守。这在公务员普遍缺乏道德自律的情况下，是十分必要的。既然公务员不能通过道德守则约束自己的行为，那么，制定行政法规将公务员的一些行为纳入行政法规的调整范畴，不仅是必要的，而且是可行的。

从立法技术来看，包养情人作为一个法律概念确实值得认真斟酌。立法机关或者有权解释机关必须对行政法规中这一概念进行科学解释，防止某些领导干部缩小或者扩大解释，排斥异己，损害他人的政治权利或者人格权利。

# 第 6 章　行政行为概论

## 案例 40　区分行政行为与非行政行为

### ——居美家具公司诉县工商局行政处罚案[①]

【案情简介】

某县工商行政管理局(以下简称县工商局)决定将原有的办公楼修葺一新,并购置一些办公家具,便于 2001 年 6 月与该县居美家具公司签订了一份关于购买办公家具的合同。合同签订后,居美家具公司按照合同规定送货上门。县工商局认为该批家具质量不够好,便以此为由要求降低价格。居美家具公司不肯降价,认为家具完全符合合同的约定,县工商局应履行合同,收货付款。双方争执不下。县工商局即以居美家具公司从事非法经营活动为由,吊销了居美家具公司的营业执照,并处罚款 7000 元。居美家具公司不服,向县人民法院提起行政诉讼:一是请求判令县工商局履行合同,并偿付违约金;二是请求撤销县工商局对其作出的吊销营业执照和罚款的行政处罚决定。县人民法院经审查驳回了居美家具公司的第一项请求,受理了第二项请求。

【点评】

县人民法院为什么不受理居美家具公司的第一项请求?只要是行政主体作出的行为都是行政行为吗?

本案中,县工商局前后有两次作为,一次是与居美家具公司签订购货合同,另一次是对居美家具公司予以行政处罚。这两次作为中,县工商局的法律地位是不是行政法主体、其作为是不是行政行为则是问题的关键。首先,县工商局与居美家具公司签订合同的过程中,县工商局是行政主体,因为它是享有国家行政权力,能以自己的名义从事行政管理活动,并独立承担由此产生的法律责任的组织,但它不是行政法主体,因为它的行为不是行政行为。行政法上的行政行为是指行政主体在实施行政管理职权过程中作出的、能够产生法律效力的行为。其必须具备三个

① 胡锦光:《以案说法・行政法篇》,中国人民大学出版社 1998 年版。

要件:①主体要素,即行政行为是行政主体作出的;②职权要素,即行政行为的目的是实现国家行政管理目标;③法律要素,即行政行为能够产生法律效果。本案中,县工商局签订购买办公家具合同的行为虽然是行政主体的行为,但不具备行政行为第二个要素——职权要素,即不是行使工商行政管理职权的行为,因此该行为不是行政行为,而是民事行为。县工商局与居美家具公司是平等的民事主体,与居美家具公司因签订合同而产生的民事上的债权债务关系,应由民法来调整。所以县人民法院不受理居美家具公司的第一项请求。

县人民法院为什么受理居美家具公司的第二项请求?县工商局的第二次作为符合行政行为的三个要件,属于行政行为。由于居美家具公司不接受县工商局提出的降低家具价格的条件,工商局便利用职权,以其从事非法经营活动为由,吊销居美家具公司营业执照并处以罚款,使其权益受到损害,是违反行政合法性原则的违法行为。对于县工商局滥用职权所作出的行政行为,相对方有权通过法律救济途径来维护其受损的合法权益,县人民法院应当作为行政案件受理。

## 案例41　消防队救灾行为不属于行政行为

### ——张印香诉北京市顺义区公安消防支队不履行火灾扑救法定职责案[①]

### 【案情简介】

原告系来静母亲,来静与刘梁系夫妻关系,刘珈鸣系来静与刘梁之子。2016年3月20日,原告与来守福、来静、刘梁、刘珈鸣所居住的住宅发生火灾。当时屋内有来静、刘梁、刘珈鸣。北京市顺义区公安消防支队8时14分接到警情后出警,8时29分到达现场,9时许将火扑灭,但来静、刘梁、刘珈鸣三人因火灾致死。

来静母亲以北京市顺义区公安消防支队到达现场后未能在第一时间展开有效的施救措施,致使火情恶化,故提起行政诉讼,请求法院确认北京市顺义区公安消防支队没有实施救人的行为违法。

北京市顺义区人民法院认为:本案中被告实施的灭火救援行为是一种带有国家救助性质的军事作战行动,不是因行使行政管理职权而实施的行政行为,故原告的要求不属于人民法院行政诉讼受案范围。依据《最高人民法院关于适用〈中华人民共和国行政诉讼法〉若干问题的解释》[②]第三条第一款第(一)项之规定,裁定驳

① 北京市顺义区人民法院(2016)京0113行初130号行政裁定书。

② 指法释〔2015〕9号。《最高人民法院关于适用〈中华人民共和国行政诉讼法〉的解释》于2018年2月8日起施行。该解释施行后,《最高人民法院关于适用〈中华人民共和国行政诉讼法〉若干问题的解释》(法释〔2015〕9号)同时废止。

回原告的起诉。

裁定书送达后,双方当事人均未上诉。

## 【点评】

关于消防队的火灾扑救行为是否属于行政行为,有两种看法。

一种看法认为,根据《消防法》[①],公安消防机构具有火灾扑救的法定职责,因此,其扑救行为是行政行为。

另一种看法认为,消防机构实施火灾扑救的行为不是行政行为。行政行为是指行政主体以实现国家的行政管理为目的,行使法律赋予的行政职权的行为。从主体来看,消防机构具有双重身份,它既隶属于公安机关,但同时又是作战部队。从职权来看,当消防机构履行对消防工作的监督管理法定职责(如组织火灾预防、消防工程验收等)时,它是在行使行政权力;但当消防机构从事灭火救援应急行为时,这是一种带有国家救助性质的军事作战行动,不是在行使行政权力。法院最终采纳了这一种看法。

目前我国没有法律法规对火灾扑救行动的程序、步骤、方法、救济渠道、裁量标准等作出明确规范,仅凭《消防法》不能以法律的视角评判火灾扑救行为的合法性和适当性。而且,如果把消防机构的灭火救援应急行为视同与医生进行诊断、高校进行学术水平判断相类似的专业行为,那么,法院对此类专业行为是否有裁判权也是一个存在争议的问题。

# 案例 42　对行政不作为的法律救济

——汤晋诉当涂县劳动局不履行保护人身权、财产权法定职责案[②]

## 【案情简介】

原告汤晋写了一份申请,反映其所在的工作单位——当涂县建材公司违反劳动法律、法规,滥用职权,停发及乱扣其经济收入,并要求当涂县劳动局依法调查处

① 本案依据的是 1998 年 4 月 29 日第九届全国人民代表大会常务委员会第二次会议通过,并已被 2008 年 10 月 28 日第十一届全国人民代表大会常务委员会第五次会议修订后的《消防法》。该法已被 2019 年 4 月 23 日第十三届全国人民代表大会常务委员会第十次会议修正。修正后的第四条规定:"国务院应急管理部门对全国的消防工作实施监督管理。县级以上地方人民政府应急管理部门对本行政区域内的消防工作实施监督管理,并由本级人民政府消防救援机构负责实施。"

② 《汤晋诉当涂县劳动局不履行保护人身权、财产权法定职责案》,《最高人民法院公报》1996 年第 4 期。

理。原告于 1996 年 1 月 1 日将申请寄交当涂县劳动局。1 月 4 日，当涂县劳动局局长在此信上批示："将此文转交物资局处理。"事后，既未对申请信中所反映的问题进行监督检查，也未给汤晋本人作出答复。原告汤晋以被告当涂县劳动局不履行保护人身权、财产权的法定职责为由，向当涂县人民法院提起行政诉讼。

当涂县人民法院认为：

《劳动法》[①]第八十八条第二款规定："任何组织和个人对于违反劳动法律、法规的行为有权检举和控告。"原告汤晋认为当涂县建材公司违反劳动法律、法规，侵害了自己的合法权益，写信要求查处，是行使公民的正当权利。

《劳动法》第九条第二款规定："县级以上地方人民政府劳动行政部门主管本行政区域内的劳动工作。"被告当涂县劳动局是当涂县行政区域内劳动工作的主管部门，汤晋就劳动工作方面的问题向其投诉，是适当的。

《劳动法》第八十五条规定："县级以上各级人民政府劳动行政部门依法对用人单位遵守劳动法律、法规的情况进行监督检查，对违反劳动法律、法规的行为有权制止，并责令改正。"第八十六条规定了劳动行政部门有执行监督检查公务的权力，第十二章规定了劳动行政部门对用人单位违反劳动法律、法规的行为进行处理的各种权限。这些规定说明，当涂县劳动局有责任也有权力对用人单位遵守劳动法律、法规的情况进行监督、检查和处理。

《劳动法》第八十七条规定："县级以上各级人民政府有关部门在各自职责范围内，对用人单位遵守劳动法律、法规的情况进行监督。"当涂县物资局是当涂县人民政府的一个部门，对其主管的当涂县建材公司遵守劳动法律、法规的情况有权进行监督，但是无权对违法行为进行处理。当涂县劳动局把要求查处违法行为的来信批转无处理权的当涂县物资局去处理，自己既不履行监督检查的职责，也不向当涂县物资局了解监督的结果如何，并且不给来信人答复，不能认为其已履行了法定职责。如果允许行政机关对自己主管业务范围内收到的公民来信，只要批出后就可了事，就可以认为履行了职责，再不必检查、落实和给来信人作出答复，那么，法律赋予公民的检举、控告权利就会形同虚设。当涂县劳动局自称已经履行法定职责的辩解理由不能成立。

据此，当涂县人民法院依照《行政诉讼法》[②]第五十四条第（三）项的规定，于 1996 年 4 月 23 日判决：责成被告当涂县劳动局依法对当涂县建材公司遵守劳动

---

① 本案依据的是 1994 年 7 月 5 日第八届全国人民代表大会常务委员会第八次会议通过的《劳动法》。该法已被 2009 年 8 月 27 日第十一届全国人民代表大会常务委员会第十次会议第一次修正，2018 年 12 月 29 日第十三届全国人民代表大会常务委员会第七次会议第二次修正。

② 本案依据的是 1989 年 4 月 4 日第七届全国人民代表大会第二次会议通过的《行政诉讼法》。该法已被 2014 年 11 月 1 日第十二届全国人民代表大会常务委员会第十一次会议第一次修正，2017 年 6 月 27 日第十二届全国人民代表大会常务委员会第二十八次会议第二次修正。

法律、法规的情况进行监督检查,并在两个月内对原告汤晋本人作出书面答复。

宣判后,原告、被告均未提出上诉,判决已发生法律效力。

## 【点评】

行政不作为是指行政主体负有积极作为的行政义务,并且具有作为的可能性,却在程序上超过法定期间或合理期间消极不为的行政违法行为。对此,相对人可以采取以下救济方式,维护自己的合法权益。

**1. 行政救济**

(1) 依申请行为的不作为,申请人对不作为行为可依法申请行政复议,提出行政赔偿等。

(2) 依职权行为的不作为,由行政机关的上级机关责令改正,或由监察部门给予行政处分。

**2. 诉讼救济**

(1) 确认违法。具体包括两种情形。一种情形是行政主体不履行法定职责,但判决责令其履行法定职责已无实际意义,只能判决确认行政不作为违法,对造成相对人合法权益损害的,判令行政主体承担赔偿责任。另一种情形是行政主体履行作为义务的时机尚不成熟,但未明确告知相对人,相对人起诉的,人民法院应判决确认行政主体不予答复的行为违法,并责令行政主体告知相对人暂不履行的理由。

(2) 责令履行。行政主体没有履行其作为的义务且该义务还有履行的可能和必要,应判决其在一定期限内履行义务。责令履行判决的目的是使相对人受到侵害的合法权益得到法律补救,只有责令行政主体全面履行其程序上和实体上的义务才能达到这一目的。

(3) 赔偿损失。具体包括两种情形。一种情形是认定行政主体不作为违法并给相对人造成损失,应判决赔偿损失。另一种情形是对于不能责令行政主体履行但确实给相对人造成损失的,也应判决行政主体承担赔偿责任。

# 案例 43 形式履责亦构成行政不作为

## ——王顺升诉寿光市人民政府行政不作为案①

## 【案情简介】

2014 年 2 月 11 日,寿光市人民政府(以下简称市政府)收到了王顺升提交的

① 《最高法发布人民法院关于行政不作为十大案例》,资料来源:中国法院网 http://www.chinacourt.org/article/detail/2015/01/id/1534645.shtml,访问日期:2019 年 8 月 21 日。

请求责令洛城街道褚庄村村民委员会(以下简称褚庄村村委会)公开村务的申请书。市政府在调查核实后于同年 4 月 4 日作出(2014)第 009 号《责令公布村务通知书》,主要内容为:"洛城街道褚庄村村民委员会,本机关于 2014 年 2 月 11 日受理了你村村民王顺升提出的《责令洛城街道褚庄村村委会公布村务申请书》。根据《中华人民共和国村民委员会组织法》[①]第三十一条和《山东省实施〈中华人民共和国村民委员会组织法〉办法》第三十八条规定,现责令你单位依法向王顺升公布有关村务信息。特此通知。"并于同日向褚庄村村委会进行了送达。市政府认为其已履行了法定职责。但至本案庭审时,褚庄村村委会并未就王顺升申请事项向其公开。王顺生遂以市政府为被告向法院提起行政诉讼,请求确认被告不履行责令褚庄村村委会公开村务职责的行为违法,判令被告及时履行责令褚庄村村委会公开村务的职责。

潍坊市中级人民法院一审认为,依据《村民委员会组织法》第三十一条"村民委员会不及时公布应当公布的事项或者公布的事项不真实的,村民有权向乡、民族乡、镇的人民政府或者县级人民政府及其有关主管部门反映,有关人民政府或者主管部门应当负责调查核实,责令依法公布;经查证确有违法行为的,有关人员应当依法承担责任"之规定,被告市政府依法负有依原告王顺升的申请对其反映的事项进行调查核实以及责令褚庄村村委会公布相关村务的法定职责。被告在履行责令职责时,不应仅限于作出并送达责令通知,还应限定公开的合理期限并应跟进监督村委会对责令通知的执行情况,以实现公开的结果。本案中,被告虽已按法律规定向褚庄村村委会作出责令公开村务信息通知,但未限定公开的合理期限,亦未对褚庄村村委会执行通知情况进行核实,被告的所谓履责行为未达到法律规定的"责令"程度,缺乏约束力和执行力,从而导致褚庄村村委会至本案庭审时也未向原告公开相关村务。因此被告并未完全履行法定义务,其应继续履行责令之责。遂判决被告于本判决生效之日起 60 日内责令褚庄村村委会向原告限期公开相关村务信息。

一审宣判后,双方当事人均未上诉。

## 【点评】

2015 年 1 月 15 日,最高人民法院召开新闻通气会,首次通报人民法院关于行政不作为十大案例。本案即属于这十大典型案例之一。

本案的典型意义在于:以裁判方式明确了行政机关不仅应当及时履责,还应当

---

① 本案依据的是 1998 年 11 月 4 日第九届全国人民代表大会常务委员会第五次会议通过,并已被 2010 年 10 月 28 日第十一届全国人民代表大会常务委员会第十七次会议重新修订的《村民委员会组织法》。该法已被 2018 年 12 月 29 日第十三届全国人民代表大会常务委员会第七次会议修正。

全面履责,并要依法实现履责的目的。本案中,市政府从形式上已责令褚庄村村委会公布有关村务信息,似乎已经履行了法定职责;但是,由于该《责令公布村务通知书》既未明确具体内容,更未明确具体期限或者合理期限,实际上构成未全面履行法定职责,造成原告等村民对村务的知情权和监督权迟迟得不到落实。因此,人民法院判决其限期责令褚庄村村委会限期公开村务信息,能够更好地促进村务公开,切实维护广大村民知情的权利。

## 案例44 区分具体行政行为与抽象行政行为

### ——广丰公司和广进中心诉国资委案[①]

### 【案情简介】

2006年1月22日,黑龙江省哈尔滨市广丰汽车维修有限公司(以下简称广丰公司)和广进汽车配件经销中心(以下简称广进中心)向北京市第一中级人民法院提起行政诉讼,要求撤销国务院国有资产监督管理委员会(以下简称国资委)办公厅所作的《关于哈尔滨市广来汽车配件公司和哈尔滨市丰田纯牌零件特约经销中心产权界定意见的函》(以下简称《意见函》)。

这起行政诉讼案件的来由缘自一年前的一起民事财产权争议案。2005年1月17日,哈尔滨市南岗区人民法院对原告哈尔滨市广来汽车配件公司(以下简称广来公司)与哈尔滨市丰田纯牌零件特约经销中心(以下简称丰田中心)、广进中心和广丰公司之间的财产权争议案作出民事判决,认定丰田中心的财产归广来公司所有。同时,认定丰田中心对广进中心、广丰公司两家被告有投资参股,因此广来公司对广进中心、广丰公司享有股权。此后,三家败诉方在上诉及再审中接连败诉。二审法院和再审法院判决的主要依据是国资委办公厅上述《意见函》。两级法院都认为,对国资委的《意见函》有不同意见,当事人应通过行政诉讼程序解决。

2006年2月初,北京市第一中级人民法院电话告知广丰公司和广进中心不予受理。其理由为,根据《企业国有资产监督管理暂行条例》[②]第十二条及第七条第二款规定,国资委只履行出资人的职责,负责监督管理企业国有资产,并不履行政府的社会公共管理职能,故国资委不具备行政主体资格;国资委作出的只是一份答

---

① 《国资委出具〈产权界定意见函〉是不是具体行政行为》,http://www.110.com/falv/xingzhengfa/xingzhenganli/2010/0719/133818.html,访问时间:2012年6月1日。

② 本案依据的是2003年5月27日国务院令第378号公布的《企业国有资产监督管理暂行条例》。现行《企业国有资产监督管理暂行条例》已被2011年1月8日国务院令第588号重新修订,2019年3月2日国务院令第709号修正。

复意见，不具有任何行政效力。因此，该起诉不属于人民法院行政审判权限范围。

## 【点评】

本案要解决以下三个问题。

**1. 国资委出具的《意见函》是否属于具体行政行为？具有什么样的法律效力？**

具体行政行为是指行政主体在国家行政管理活动中行使职权，针对特定的行政相对人，就特定的事项，作出有关该行政相对人权利义务的单方行为。具体行政行为应包括四个要素：①主体要素，其行政主体是能够依法行使行政职权的行政机关和法律法规授权的组织；②目的要素，该行为是一种公共意志或者国家意志的表达；③职权要素，该行为是行政主体基于行政职权，依法代表国家并为实现国家所规定的目的所作的行为；④效力要素，即具体行政行为一旦作出，就具有相应的法律效力，对行政相对人包括行政主体和其他国家机关具有法律约束力。

《企业国有资产监督管理暂行条例》第七条第二款规定："国有资产监督管理机构不行使政府的社会公共管理职能，政府其他机构、部门不履行企业国有资产出资人职责。"其中，"不行使政府的社会公共管理职能"，是指将国资委界定为一类专门职能机关，但它有权且有责任在职能范围内作出产权界定等有关企业国有资产监管的行为并承担相应责任。《意见函》是国务院直属特设机构国资委对争议双方财产权的行政确认行为，是具体行政行为的一种形式。无论是依职权直接作出还是应申请作出的答复，都是国资委代表国家作出的一种意思表示，是对相关当事人的利益的一种处分，具有行政行为的特征、性质。首先，国资委有监督管理企业国有资产的职责。而《意见函》实际履行的就是针对国有资产进行监管的职权，属于其职权范围。其次，《意见函》的具体内容是针对国有资产权属的一种确认，属于行政确认行为。再次，《意见函》在民事诉讼中被哈尔滨两级法院采信，也佐证了该《意见函》的行政效力。

抽象行政行为是指行政主体针对不特定管理对象所作出的具有普遍约束力的行政行为。它包括有关政府组织和机构制定行政法规、行政规章，规定行政措施、作出具有普遍约束力的决定和命令。其法律特征如下。①抽象行政行为具有普遍约束力。它是针对一类人、一类事或一类物，而不是针对特定人、特定事或特定物作出的，因而具有普遍约束力。②抽象行政行为具有间接的法律效果，它不能使行政相对人的权利义务发生直接的变化，而是使有关行政相对人拥有产生权利义务变化的依据。③抽象行政行为具有往后效力。它针对往后的事件作出，并只适用行政规则制定以后的行为和事件。这种往后效力，还表现为在制定行政规则以后的时空里针对同类行为可以反复适用。因此，从《行政诉讼法》到《行政复议法》，都把具体行政行为限定为审查对象。具体行政行为都是由具体的人来操作，且指向特定的人、事或物，对行政相对人的权益产生的影响也是明确的，因而行政相对人因具体行政行为受到侵害,都有权依法向行政复议机关或者向人民法院申请行政复议或者提起行政诉讼,对其权益受到的侵害寻求法律救济途径。而且,《行政复议法》规定的由对具体行政行为申请复议而引起的对抽象行政行为的审查,只是建立一种启动审查机制,并没有把抽象行政行为包括在行政复议受案范围之内。

**2. 什么样的行政行为是可诉的?法院受理行政案件应当审查哪些要件?**

根据《最高人民法院关于执行〈中华人民共和国行政诉讼法〉若干问题的解释》[①](以下简称《若干解释》)的规定,拥有行政管理职权的机关、组织和个人在行使行政管理职权的过程中所实施的,除法律有特别规定和《若干解释》特别排除的以外,都具有可诉性。

可诉性行政行为一般包括三个要素。

(1) 必须是拥有行政职权的机关、组织和个人所实施的行为,以区别立法、司法机关和不具有行政职权的企业等组织。但它并不要求是行政主体,即是否有机关法人资格,是否有独立对外行使职权的能力,是否具有独立的承担法律责任的能力,一概不问。

(2) 可诉性行政行为必须是与行使行政职权有关的行为。至于行为主体是否依法在行政职权范围内行使,则是审判需要查明的。

(3) 行政行为必须是对公民、法人和其他组织权利义务产生影响的行为,只要受到行政行为的影响,就具有可诉性。

受理是审理的前提条件,只要起诉人具有原告资格、有明确的被告、有明确的诉讼请求和事实根据、符合起诉期限,法院就应当受理。

**3. 国资委是否可以作行政诉讼的被告?**

行政行为的主体只要具有行政职权,其实施的与行政职权有关的行为对权利人的权益产生了实际影响,就具有可诉性。国资委不是立法、司法机关,也不是一般的企业、事业单位和社会组织,而是拥有行政职权的国务院特设机构。国资委依据监督管理职责作出产权界定,对相关企业权益有实际影响,符合可诉性要件,是行政诉讼的适格被告,人民法院应当受理。

① 本案依据的是法释〔2000〕8号。《最高人民法院关于适用〈中华人民共和国行政诉讼法〉的解释》于2018年2月8日起施行。该解释施行后,《最高人民法院关于执行〈中华人民共和国行政诉讼法〉若干问题的解释》(法释〔2000〕8号)、《最高人民法院关于适用〈中华人民共和国行政诉讼法〉若干问题的解释》(法释〔2015〕9号)同时废止。

# 案例 45　区分内部行政行为与外部行政行为

## ——王洪杰诉牡丹江医学院开除处分案[①]

### 【案情简介】

2005 年 2 月 6 日，临近毕业的牡丹江医学院女学生王洪杰在实习期间结婚生子。3 月 24 日，牡丹江医学院以“非法同居”为由作出决定将王洪杰开除学籍。

2005 年 9 月 21 日，王洪杰向牡丹江市爱民区人民法院提起行政诉讼，要求撤销学校方面作出的开除决定。12 月 8 日，牡丹江市爱民区人民法院作出判决：撤销牡丹江医学院给予王洪杰开除学籍处分的决定。12 月 23 日，牡丹江医学院向牡丹江市中级人民法院提起上诉。

2006 年 2 月 27 日，王洪杰状告母校一案二审开庭审理。该案被二审法院发回重审后，双方和解，王洪杰撤诉。校方没有行文撤销对王洪杰的开除学籍的处分决定，但表示不把处分决定装入王洪杰档案。王洪杰也表示对校方的宽容“感激不尽”。学校表示将帮助她尽快完成未完成的学业，拿到毕业证书。

### 【点评】

《高等教育法》[②]第五十三条规定：“高等学校的学生应当遵守法律、法规，遵守学生行为规范和学校的各项管理制度，尊敬师长，刻苦学习，增强体质，树立爱国主义、集体主义和社会主义思想，努力学习马克思列宁主义、毛泽东思想、邓小平理论，具有良好的思想品德，掌握较高的科学文化知识和专业技能。高等学校学生的合法权益，受法律保护。”该法对学生良好的思想品德提出了要求，同时确认了对学生合法权益的保护。

1990 年，国家教委出台了《普通高等学校学生管理规定》[③]（以下简称旧《规

① 《牡丹江医学院女生结婚生子被开除，告学校胜诉》，http://www.hnedu.cn/web/0/200602/09090142250.html，访问时间：2012 年 6 月 1 日。

② 本案依据的是 1998 年 8 月 29 日第九届全国人民代表大会常务委员会第四次会议通过的《高等教育法》。该法已被 2015 年 12 月 27 日第十二届全国人民代表大会常务委员会第十八次会议第一次修正，2018 年 12 月 29 日第十三届全国人民代表大会常务委员会第七次会议第二次修正。

③ 本案依据的是 1990 年 1 月 20 日国家教育委员会令第 7 号发布的《普通高等学校学生管理规定》。2005 年 3 月 25 日教育部令第 21 号发布新的《普通高等学校学生管理规定》，旧规定失效。2017 年 2 月 4 日教育部令第 41 号发布修订后的《普通高等学校学生管理规定》，自 2017 年 9 月 1 日起施行。原《普通高等学校学生管理规定》（教育部令第 21 号）同时废止。

定》)。其中第六十八条规定:“各省、自治区、直辖市教育行政部门和各高等学校可根据本规定制定实施细则。”高等学校具有根据行政规章制定实施细则的权力。而在很多大学的学生管理细则中,都将性行为列为“品行恶劣,道德败坏”,可以开除学籍。旧《规定》第三十条还明确规定:“在校学习期间擅自结婚而未办理退学手续的学生,作退学处理。”

2001年,我国新《婚姻法》[①]正式颁布,同年,大学取消了对已婚考生的入学限制,在这样的背景下,2005年,教育部出台了新《普通高等学校学生管理规定》(以下简称新《规定》),取消了关于禁止大学生结婚的条文,使部门规章跟《宪法》[②]、《婚姻法》一致起来。在2005年9月1日新《规定》正式实施前,各地教育行政主管部门都发出通知,要求各高校全面清理、修订和制定本校有关学生管理的规定。修订或制定的新校规,项目要系统,表述要准确,符合法律规范。各高校要积极解决遗留问题,实现新旧《规定》的衔接。凡是2005年9月1日前的学生违纪行为,尚未处理完毕的要按照原有的规定,尽快处理完毕。本案中,王洪杰的行为发生在2005年9月1日前,学校依据旧《规定》和旧的校规进行处理看似合法(其实旧《规定》已与新《婚姻法》相冲突,是不合法的),但却有悖情理。王洪杰已经到了法定结婚年龄,她的行为也符合法律规定。既然如此,高校应当修订学生管理细则,将发生性行为与“品行恶劣,道德败坏”脱钩,保护大学生的婚姻权。

本案中学校的管理行为是否可诉,涉及内部行政行为与外部行政行为的划分。所谓内部行政行为,是指行政主体在内部行政组织管理过程中所作的只对行政组织内部产生法律效力的行政行为。而外部行政行为,是指行政主体在对社会实施行政管理活动过程中针对公民、法人或其他组织所作出的行政行为,如行政许可行为、行政处罚行为等。

划分内部行政行为与外部行政行为的意义在于:第一,内部行政行为适用内部行政规范,而外部行政行为适用外部行政规范;第二,对于内部行政行为的主体资格,法律没有严格要求,而对于外部行政行为的主体资格,法律则有严格的要求;第三,内部行政行为不得适用行政复议程序,也不得提起行政诉讼,而外部行政行为在符合法定条件的情况下,可以适用行政复议程序和行政诉讼程序。

区分内部行政行为与外部行政行为,应从三方面去把握:第一,从主体角度去

① 本案依据的是1980年9月10日第五届全国人民代表大会第三次会议通过,并已被2001年4月28日第九届全国人民代表大会常务委员会第二十一次会议修正的《婚姻法》。

② 我国现行宪法由1982年12月4日第五届全国人民代表大会第五次会议通过,自1982年12月4日起施行。本宪法已被1988年4月12日第七届全国人民代表大会第一次会议第一次修正,1993年3月29日第八届全国人民代表大会第一次会议第二次修正,1999年3月15日第九届全国人民代表大会第二次会议第三次修正,2004年3月14日第十届全国人民代表大会第二次会议第四次修正,2018年3月11日第十三届全国人民代表大会第一次会议第五次修正。现行《宪法》第四十九条规定“禁止破坏婚姻自由”。

把握;第二,从行政行为所针对的事项性质和法律依据角度去把握;第三,从行政行为的内容与法律效果的性质角度去把握。学校开展教学,进行必要的教学管理,属于内部行政行为。学校在对学生进行学籍管理、学位管理时是依据法律授权所为的外部行政行为,因此是可诉的。

## 案例 46　区分羁束行政行为与裁量行政行为

### ——骆淑芬诉天津市公安局对侵犯其人身权利人治安处罚显失公正案[①]

### 【案情简介】

本案原告骆淑芬,被告天津市公安局。第三人董焕芝与范志华系母子关系,范志华与陈宝运系夫妻关系。董焕芝、范志华、陈宝运与原告骆淑芬系同院邻居。双方平素关系不睦。

1990 年 7 月 15 日晨 8 时许,骆淑芬与董焕芝、范志华因琐事发生争执。双方均有污秽下流语言辱骂对方的事实。争执中骆淑芬打了范志华一记耳光。范志华、董焕芝、陈宝运便共同对骆淑芬进行厮打,范志华踢伤了骆淑芬的腹部。被群众拉开后,董焕芝、陈宝运又阻止骆淑芬离开现场,继续揪打,致其当场昏迷。经医院诊断:骆淑芬"脑外伤综合征","双手挫伤,左中、下腹部挫伤",住院治疗 15 天。董焕芝"左手软组织挫伤、右前臂表皮挫伤"。董焕芝、范志华、陈宝运的行为引起了在场围观群众的公愤。

对此,天津市公安局河北分局依据《治安管理处罚条例》[②]第二十二条第(一)、(三)项之规定,分别以"殴打他人"为由,给予董焕芝拘留 15 日处罚,给予陈宝运拘留 10 日处罚;以"公然侮辱妇女"为由,给予范志华拘留 15 日处罚。董焕芝、陈宝运、范志华不服上述处罚决定,向天津市公安局提出申诉。天津市公安局经复议认为:董、骆两家此次纠纷,双方互有责任。依据《治安管理处罚条例》第二十二条第(一)、(三)项之规定,以"殴打他人"为由,对董焕芝改裁罚款 200 元,对陈宝运改裁罚款 100 元;以"侮辱他人"为由,对范志华改裁罚款 200 元。骆淑芬对申诉裁决不

---

① 《骆淑芬诉天津市公安局对侵犯其人身权利人治安处罚显失公正案》,http://china.findlaw.cn/sus-ong/xzss/anli/7083.html,访问时间:2012 年 6 月 1 日。

② 本案依据的是 1986 年 9 月 5 日第六届全国人民代表大会常务委员会第十七次会议通过的《治安管理处罚条例》。该条例已被 1994 年 5 月 12 日第八届全国人民代表大会常务委员会第七次会议修正。2005 年 8 月 28 日,第十届全国人民代表大会常务委员会第十七次会议通过《治安管理处罚法》,自 2006 年 3 月 1 日起施行。《治安管理处罚条例》同时废止。

服,向天津市河北区人民法院提起诉讼。

天津市河北区人民法院审理认为,第三人董焕芝故意滋事,挑起事端,且殴打原告骆淑芬致伤;第三人范志华当众用专指妇女生理特征的极其下流的语言及手势,公然对原告骆淑芬进行侮辱,情节严重。根据第三人董焕芝、范志华的违法事实,被告天津市公安局予以罚款处罚,显失公正。第三人陈宝运殴打他人,情节一般,给予罚款100元处罚,并无不当。故依据《行政诉讼法》[①]第五十四条第(一)、(四)项及《治安管理处罚条例》第二十条第(一)、(三)项之规定判决:变更被告天津市公安局的治安管理处罚申诉裁决,对第三人范志华处行政拘留15日;变更被告天津市公安局治安处罚申诉裁决,对第三人董焕芝处行政拘留15日;维持被告天津市公安局对第三人陈宝运罚款100元的治安处罚申诉裁决。

一审判决后,被告天津市公安局及第三人董焕芝、范志华、陈宝运均不服,分别以法院判决干涉公安机关自由裁量权和认定事实不符为由,向天津市中级人民法院提起上诉。

天津市中级人民法院经审理认为,上诉人董焕芝、范志华、陈宝运的行为虽系因民间纠纷引起的违反治安管理的行为,但被上诉人骆淑芬的做法也有不妥之处。上诉人董焕芝、陈宝运、范志华共同殴打被上诉人骆淑芬致伤,上诉人范志华用专指妇女生理特征的极其下流的语言和手势,当众公然侮辱被上诉人骆淑芬,情节较恶劣,后果较严重,社会影响极坏。原审法院认定事实清楚,证据充分,程序合法,确认上诉人天津市公安局对上诉人董焕芝、范志华的罚款处罚显失公正,并无不当。该院依据《治安管理处罚条例》第二十二条第(一)、(三)项及《行政诉讼法》第六十一条第(一)项之规定,于1991年11月29日作出判决:驳回上诉,维持原判。

## 【点评】

天津市公安局的申诉裁决显失公正,应当依法予以变更。其理由如下。

第一,董焕芝、范志华、陈宝运三人的行为违反了《治安管理处罚条例》的有关规定,其行为有以下特征。①情节恶劣。范志华当众用专指妇女生理特征的语言和手势对骆淑芬进行侮辱、谩骂,内容十分下流污秽;范志华、董焕芝对骆淑芬不仅侮辱、谩骂,还行揪打。属两种违法行为。②后果严重。骆淑芬被董焕芝、范志华、陈宝运三人揪打后,当场昏迷,致使其患“脑外伤综合征”、“双手挫伤,左中、下腹部挫伤”,住院治疗15天。骆淑芬的身心健康受到很大损害。③社会影响很坏。纠纷发生过程中,有数十名群众围观,对董焕芝一家人的蛮横行径愤慨不已,董家的

---

① 本案依据的是1989年4月4日第七届全国人民代表大会第二次会议通过的《行政诉讼法》。该法已被2014年11月1日第十二届全国人民代表大会常务委员会第十一次会议第一次修正,2017年6月27日第十二届全国人民代表大会常务委员会第二十八次会议第二次修正。

言行已造成很坏的社会影响。

根据以上情节，一裁机关对董焕芝、范志华予以拘留处罚是正确的；二裁机关又改为罚款处罚，实属显失公正。

第二，《行政诉讼法》第五十四条第（四）项规定，行政处罚显失公正的，可以判决变更。显失公正与一般的不公正不仅具有程度上的差别，而且具有性质上的变化。显失公正的处罚，畸轻畸重，违背了社会公认的公正原则，它意味着对行政职权的滥用。

行政主体在作出行政处罚决定时，虽依法享有自由裁量权，但自由裁量权并非任意裁量权，也不是不受监督的权力。行政主体应该根据管理相对人违法行为的基本事实、社会环境、社会影响和群众情绪等实际情况，依照公正合理原则和行为与处罚相称原则，在法定的处罚幅度内，作出正确的裁决。如果任意裁量，必然导致显失公正。对此，人民法院依法有权予以变更。

权力具有天然的扩张特性。要驯服权力、遏制其扩张，首先靠健全完善的法律和制度。为保障和促进执法公正，行政机关可以出台具体办法，压缩执法人员的自由裁量空间。

为规范行政处罚裁量权，确保执法公平公正，近年来，从中央到地方，拥有行政执法权的机关纷纷推出裁量基准或裁量标准制度。最新的例子如：2019 年 5 月 31 日，农业农村部公告第 180 号发布《规范农业行政处罚自由裁量权办法》；2019 年 5 月 21 日，生态环境部环执法〔2019〕42 号发布《关于进一步规范适用环境行政处罚自由裁量权的指导意见》；2018 年 6 月 5 日公安部公通字〔2018〕17 号发布《公安机关对部分违反治安管理行为实施处罚的裁量指导意见》。

## 案例 47　行政行为的公定力

——玉楼东酒家诉丰台区工商分局行政处罚案[①]

### 【案情简介】

2008 年 7 月 1 日，玉楼东酒家在门口挂出了“迎奥运创新低九元菜大酬宾”的标语，意图是想为奥运尽点心、出点力，在菜价上作出让利，并以标语的形式告知来往人群。上午 10 时 30 分左右，岳各庄工商所的工作人员来到酒家，要求将标语撤除，因为酒家擅自在自设的广告中使用了奥林匹克运动会的简称“奥运”字样，违反

① 裴晓兰：《餐馆用“迎奥运”标语被罚 3 万，不服处罚告工商要求撤销》，《京华时报》2008 年 10 月 10 日。

了《奥林匹克标志保护条例》[①]中未经许可不得将奥林匹克标志用于广告宣传及其他商业活动的规定。9月3日,酒家收到了丰台区工商分局的书面处罚决定,责令其立即停止侵权,并罚款3万元。玉楼东酒家对此不服,其认为,标语中“迎奥运”描述的只是一个时间段词语,并非将“奥运”这一特有名词用于商业运作,也不能认定是使用奥运标志。酒家挂标语的时间很短,根本没有产生任何营业收入。即便酒家的行为性质认定为违法,工商所也应考虑其行为轻微、及时纠正等情形而不予处罚。

玉楼东酒家在缴纳罚款后,将丰台区工商分局起诉到丰台区人民法院,要求撤销该处罚决定。丰台区工商分局辩称,酒家的目的就是吸引消费者,该标语在促进企业经营收入方面的作用难以准确计算。依据规定,无法计算违法所得的,工商部门最高可处罚5万元。因此,3万元处罚并无不当。

经过审理,丰台区人民法院认定酒家的行为是出于商业目的,构成侵权。同时,认定丰台区工商分局的处罚适用法律正确、程序合法、量罚适当。一审判决后,酒家未提起上诉。

## 【点评】

本案涉及行政行为的公定力、确定力。

行政行为的公定力,是指行政行为在法律上具有公定性,即行政行为一旦成立,除了其成立具有重大且明显的瑕疵,因而被认为绝对无效的情形以外,原则上接受合法、有效推定,在有权行政主体或者人民法院予以撤销、废止或变更之前,无论是行政行为的相对人还是第三人乃至国家机关,都必须将其作为合法、有效的行为加以尊重和服从,都不能以这样或者那样的借口否认该行政行为存在的效力。据此,本案中酒家首先应当尊重工商部门的行政行为。

在我国行政法学上,虽然关于行政行为公定力理论应彻底摈弃的观点渐趋增多,但迄今为止,该理论仍然较为通行,多数教材和论著还采纳之。公定力的存在,有两方面考虑。一个维度是立足于国家的,认为行政行为的公定力源于国家意思的优越效力和国家的权威性,因为行政行为乃国家意思或权威的表明,故应当得到尊重;另一个维度则是立足于社会的,认为行政行为之所以具有公定力,盖因需要保护普通民众对行政行为的信赖,或者需要保护安定的社会关系或法律秩序,否则,社会将陷于纷乱无序之中。依民主主义原理,民主国家的权威并非国家自身固有,而是人民委托相授,相授的目的包括(但不限于)维系社会秩序的安定。由是,对国家权威的尊重,实是对人民集体的委托代理人的尊重,其隐含对人民关于安定

---

① 本案依据的是2002年2月4日国务院令第345号公布的《奥林匹克标志保护条例》。该条例已被2018年6月28日国务院令第699号重新修订。

生活秩序的集体性向往的维护与实现。更进一步，如果我们可以接受这样的假定，即每个个体若都可以直接对抗国家权威会使社会滑向无政府状态，那么，对安定生活秩序的集体性向往也隐含着人人自安而非人人自危的个体主义欲求。因为，集体的安定秩序可以为每个个体所享用。[①]

我国的行政法要处理好保障行政效率与追求社会正义二者之间的平衡，就必须处理好尊重公定力与实现维护正义功能之间的关系。本案中，工商部门仅仅因为酒家打出“迎奥运创新低九元菜大酬宾”的标语就处以 3 万元的罚款，是否符合公平正义，还是有待商榷的。

## 案例 48　行政行为的确定力

### ——焦志刚诉和平公安分局行政纠纷案[②]

### 【案情简介】

2004 年 3 月 30 日 23 时许，原告焦志刚驾驶一辆报废的夏利牌汽车途经天津市卫津路与鞍山道交叉路口时，被正在这里执行查车任务的交通民警王心魁、方成瑞、王学静等人查获。交通民警决定暂扣焦志刚驾驶的汽车，但焦志刚拒绝交出汽车钥匙，交通民警遂调来拖车将暂扣汽车拖走。汽车被拖走后，焦志刚向交通民警索要被滞留的驾驶证，未果，便拨打 110 报警，称交通民警王心魁酒后执法。接报警后，天津市公安局督察处立即赶到现场询问情况，并带王心魁、焦志刚一起到天津市公安局刑事科学技术鉴定部门，当场委托该部门化验王心魁的尿液。经化验鉴定，在王心魁的尿液中未检查出酒精成分。据此，天津市公安局督察处向交通民警王心魁本人及其所在单位发出《公安警务督察正名通知书》，确认焦志刚举报交通民警王心魁酒后执法一事不实，并按管辖分工，将不实举报人焦志刚移交给被告和平公安分局处理。

和平公安分局认为，焦志刚的不实举报阻碍了国家工作人员依法执行职务，属于《治安管理处罚条例》[③]第十九条第（七）项规定的扰乱公共秩序行为，遂根据该条规定，于同年 3 月 31 日作出公（和）决字（2004）第 056 号《行政处罚决定书》（以

① 沈岿：《行政行为公定力与妨害公务》，《中国法学》2006 年第 5 期。

② 《焦志平诉和平公安分局治安管理处罚决定行政纠纷案》，《最高人民法院公报》2006 年第 10 期。

③ 本案依据的是 1986 年 9 月 5 日第六届全国人民代表大会常务委员会第十七次会议通过，并被 1994 年 5 月 12 日第八届全国人民代表大会常务委员会第七次会议修正的《治安管理处罚条例》。2005 年 8 月 28 日，第十届全国人民代表大会常务委员会第十七次会议通过《治安管理处罚法》，自 2006 年 3 月 1 日起施行。《治安管理处罚条例》同时废止。

下简称 056 号处罚决定书),决定给予焦志刚治安罚款 200 元的行政处罚。

在 056 号处罚决定书发生法律效力后,同年 7 月 4 日,和平公安分局告知焦志刚,由于天津市公安局公安交通管理局反映处罚过轻,所以要撤销 056 号处罚决定书,重新查处,重新裁决。7 月 13 日,和平公安分局作出公(和)决字(2004)第 047 号《行政处罚决定书》(以下简称 047 号处罚决定书),决定给予焦志刚治安拘留 10 日的行政处罚。

焦志刚不服,申请复议,天津市公安局以事实不清为由撤销了 047 号处罚决定书,要求和平公安分局重新作出具体行政行为。同年 11 月 19 日,和平公安分局作出公(和)决字(2004)第 870 号《行政处罚决定书》(以下简称 870 号处罚决定书),决定给予焦志刚治安拘留 15 日的行政处罚。焦志刚再次申请复议,天津市公安局维持了 870 号处罚决定书,焦志刚为此提起行政诉讼。

天津市和平区人民法院认为:

《治安管理处罚条例》第三十三条规定:"对违反治安管理行为的处罚,由县、市公安局、公安分局或者相当于县一级的公安机关裁决。"被告和平公安分局是有权作出行政处罚决定的公安机关,行政主体适格。原告焦志刚在交通民警王心魁执行公务时,不仅不配合,反而拨打 110 无中生有地举报王心魁酒后执法。和平公安分局据此认定焦志刚阻碍王心魁执行职务,根据《治安管理处罚条例》第十九条第(七)项规定,决定给予焦志刚罚款 200 元的行政处罚,事实清楚、证据确凿,处罚在法律规定的幅度内,且执法程序合法。天津市公安局公安交通管理局认为和平公安分局对焦志刚所作的处罚过轻,应当在复议期限内依法定程序解决。非经复议机关复议和人民法院审判,任何机关和个人都不得改变已经发生法律效力的处罚决定。和平公安分局在 056 号处罚决定书已经生效的情况下,仅因天津市公安局公安交通管理局认为处罚过轻,即随意地自行变更处罚决定,程序明显违法。特别是焦志刚对和平公安分局的第二次处罚决定不服申请复议后,不但未能得到应有的行政救助,反而受到加重处罚。和平公安分局的做法明显与《行政处罚法》[①]第三十二条第二款"行政机关不得因当事人申辩而加重处罚"的规定不符。

据此,天津市和平区人民法院依照《行政诉讼法》[②]第五十四条第(二)项第 3 目规定,于 2005 年 3 月 30 日判决:撤销被告和平公安分局所作的 870 号处罚决定书。

---

① 本案依据的是 1996 年 3 月 17 日第八届全国人民代表大会第四次会议通过的《行政处罚法》。该法已被 2009 年 8 月 27 日第十一届全国人民代表大会常务委员会第十次会议第一次修正,2017 年 9 月 1 日第十二届全国人民代表大会常务委员会第二十九次会议第二次修正。

② 本案依据的是 1989 年 4 月 4 日第七届全国人民代表大会第二次会议通过的《行政诉讼法》。该法已被 2014 年 11 月 1 日第十二届全国人民代表大会常务委员会第十一次会议第一次修正,2017 年 6 月 27 日第十二届全国人民代表大会常务委员会第二十八次会议第二次修正。

一审宣判后，和平公安分局不服，向天津市第一中级人民法院提起上诉，提出了三点理由。第一，公安部《公安机关内部执法监督工作规定》[①]第十三条规定："在执法监督过程中，发现本级或者下级公安机关已经办结的案件或者执法活动确有错误、不适当的，主管部门报经主管领导批准后，直接作出纠正的决定，或者责成有关部门或者下级公安机关在规定的时限内依法予以纠正。"第十九条第(一)项规定，对错误的处理或者决定予以撤销或者变更。依照上述规定，上诉人在接到上级机关要求重新裁决的指令后，撤销了对被上诉人焦志刚罚款 200 元的 056 号处罚决定书，责令办案单位重新查处，才又作出给予被上诉人治安拘留的行政处罚决定。这个行政处罚决定的作出符合法律规定，程序不违法。第二，《行政处罚法》第三十二条第二款的规定，是指行政机关在行政处罚决定作出前，要允许当事人申辩，不得因当事人申辩而加重处罚，这个规定不适用于行政处罚决定作出后的行政复议程序。第三，《行政复议法》[②]没有规定行政处罚决定被复议机关撤销后，行政机关重新作出的裁决不得加重处罚。上诉人在决定对被上诉人治安拘留 10 日的 047 号处罚决定书被复议机关撤销后，重新作出给予被上诉人治安拘留 15 日的 870 号处罚决定书，符合法律规定。

天津市第一中级人民法院认为，上诉人和平公安分局的上诉理由不能成立，不予支持。一审判决撤销 870 号处罚决定书，并无不当。据此，天津市第一中级人民法院依照《行政诉讼法》第六十一条第(一)项规定，于 2005 年 9 月 6 日判决：驳回上诉，维持原判。

## 【点评】

本案争议焦点有三。一是 056 号处罚决定书生效后，能否被撤销？二是公安机关根据《公安机关内部执法监督工作规定》，以 047 号处罚决定书取代 056 号处罚决定书，其行为是否合法？三是行政处罚决定书被复议机关撤销后，行政机关能否在重新作出的处罚决定中加重对当事人的行政处罚？

第一，行政行为具有确定力。确定力分为形式确定力和实质确定力。形式上的确定力是指行政行为作出后，在法定的救济期间过后即不得再提起复议或诉讼寻求救济，又称为不可争力。实质上的确定力是指行政行为作出后，经过法定救济期间后，其内容非依法定程序不能再变动。就行政机关而言，不能对同一违法行为，依同一事实和同一法律依据再作出另一行政行为；就被当事人来说，也不能就

---

① 本案依据的是 1999 年 6 月 11 日公安部令第 40 号发布的《公安机关内部执法监督工作规定》。该规定已被 2014 年 6 月 29 日公安部令第 132 号修正。

② 本案依据的是 1999 年 4 月 29 日第九届全国人民代表大会常务委员会第九次会议通过的《行政复议法》。该法已被 2009 年 8 月 27 日第十一届全国人民代表大会常务委员会第十次会议第一次修正，2017 年 9 月 1 日第十二届全国人民代表大会常务委员会第二十九次会议第二次修正。

同一事项请求变更,又称为不可变更力。

本案中,056 号处罚决定书决定给予焦志刚治安罚款 200 元的处罚。这个处罚决定事实清楚、证据确凿,处罚在法律规定的幅度内,且执法程序合法,是合法的行政处罚决定,并已发生法律效力。依法作出的行政处罚决定一旦生效,其法律效力不仅及于行政相对人,也及于行政机关,不能随意被撤销。已经生效的行政处罚决定如果随意被撤销,也就意味着行政处罚行为本身带有随意性,不利于社会秩序的恢复和稳定。

第二,和平公安分局称,由于天津市公安局公安交通管理局认为 056 号处罚决定书处罚过轻提出申诉,天津市公安局纪检组指令其重新裁决,这样做的执法根据是《公安机关内部执法监督工作规定》第十三条、第十九条第(一)项规定,因此重新裁决符合法律规定,程序并不违法。

错误的行政处罚决定,只能依照法定程序纠正。《公安机关内部执法监督工作规定》第十三条、第十九条第(一)项,要求公安机关纠正在执法活动过程中形成的错误、不适当的处理或者决定。纠正的目的,该规定第一条已经明示,是为保障公安机关及其人民警察依法正确履行职责,防止和纠正违法和不当的执法行为,保护公民、法人和其他组织的合法权益。这样做的结果,必然有利于树立人民警察公正执法的良好形象。前已述及,056 号处罚决定书依照法定程序作出,事实清楚、证据确凿,处罚在法律规定的幅度内,是合法且已经发生法律效力的处罚决定,不在《公安机关内部执法监督工作规定》所指的"错误、不适当的处理或者决定"之列,不能仅因交警部门认为处罚过轻即随意撤销。这样做,只能是与《公安机关内部执法监督工作规定》的制定目的背道而驰。再者,《公安机关内部执法监督工作规定》是公安部为保障公安机关及其人民警察依法正确履行职责,防止和纠正违法和不当的执法行为,保护公民、法人和其他组织的合法权益而制定的内部规章,只在公安机关内部发挥作用,不能成为制作治安管理行政处罚决定的法律依据。

第三,《行政处罚法》第三十二条第一款规定:"当事人有权进行陈述和申辩。行政机关必须充分听取当事人的意见,对当事人提出的事实、理由和证据,应当进行复核;当事人提出的事实、理由或者证据成立的,行政机关应当采纳。"第二款规定:"行政机关不得因当事人申辩而加重处罚。"行政处罚决定权掌握在行政机关手中。在行政处罚程序中始终贯彻允许当事人陈述和申辩的原则,只会有利于事实的查明和法律的正确适用,不会混淆是非,更不会因此而使违法行为人逃脱应有的惩罚。法律规定不得因当事人申辩而加重处罚,就是对当事人申辩进行鼓励的手段。无论是行政处罚程序还是行政复议程序,都不得因当事人进行申辩而加重对其处罚。认为"不得因当事人申辩而加重处罚"不适用于行政复议程序,是对法律的误解。

和平公安分局作出给予焦志刚治安拘留 10 日的 047 号处罚决定书后,焦志刚以处罚明显过重为由申请复议，这是一种申辩行为。复议机关以事实不清为由撤销了 047 号处罚决定书后，和平公安分局在没有调查取得任何新证据的情况下，在 870 号处罚决定书中决定给予焦志刚治安拘留 15 日的处罚。这个加重的行政处罚明显违反《行政处罚法》第三十二条第二款规定，也背离了《行政复议法》的立法本意。

# 第7章　行政立法

## 案例49　设区的市获得行政立法权

### ——新《立法法》扩大行政立法主体范围[①]

### 【案情简介】

我国现行的《立法法》2000年7月1日起实施，共6章94条。2015年3月15日，第十二届全国人大第三次会议通过关于修改《立法法》的决定。这是15年来首次对该法进行修正，其中亮点之一就是扩大了地方的行政立法权。

修正后的《立法法》第七十二条第二款规定："设区的市的人民代表大会及其常务委员会根据本市的具体情况和实际需要，在不同宪法、法律、行政法规和本省、自治区的地方性法规相抵触的前提下，可以对城乡建设与管理、环境保护、历史文化保护等方面的事项制定地方性法规，法律对设区的市制定地方性法规的事项另有规定的，从其规定。设区的市的地方性法规须报省、自治区的人民代表大会常务委员会批准后施行。……"

相应地，修正后的《立法法》在第八十二条第一款规定："省、自治区、直辖市和设区的市、自治州的人民政府，可以根据法律、行政法规和本省、自治区、直辖市的地方性法规，制定规章。"在第三款规定："设区的市、自治州的人民政府根据本条第一款、第二款制定地方政府规章，限于城乡建设与管理、环境保护、历史文化保护等方面的事项。已经制定的地方政府规章，涉及上述事项范围以外的，继续有效。"

目前全国设区的市有284个。《立法法》修正前，享有地方立法权的有49个，没有地方立法权的235个。此次《立法法》修正使得284个设区的市的人民政府全都成为地方行政立法的主体，授权它们制定地方行政规章以适应地方的实际需要，同时又将其地方行政立法权限定在一定范围内，避免重复立法，维护国家法制统一。

---

① 参考李适时：《全面贯彻实施修改后的立法法——在第二十一次全国地方立法研讨会上的小结（摘要）》，http://www.npc.gov.cn/npc/c221/201509/ddd94851ccde4ea49be0c386f37d4966.shtml，访问时间：2016年3月15日。

## 【点评】

我国实行统一而又分层次的立法体制，行政立法体制也是如此。在中央层面，国务院有权制定行政法规，国务院各部委有权制定部门行政规章。在地方层面，一些地方人民政府有权制定地方行政规章。那么，哪些地方人民政府拥有地方行政立法权呢？

在我国城市系列中，有中央政府直辖市、省会城市、特区城市、设区城市（地级市）和县级市等五个类别。另外，还有国务院特批的经济计划单列城市（副省级城市），其中既有部分省会城市，又有部分非省会城市。而“较大的市”是一个法律概念，是指除直辖市以外有立法权的城市，包括省会城市、特区城市和国务院特批的城市。

修正前的《立法法》对“较大的市”作了明确的规定：①省、自治区的人民政府所在地的市；②经济特区所在地的市；③经国务院批准的较大的城市。这三类城市的人大及其常委会根据本地的具体情况和实际需要，在不同宪法、法律、行政法规和本省、自治区的地方性法规相抵触的前提下可以制定地方性法规，报省、自治区人大常委会批准后施行；相应地，其政府可以根据法律、法规和地方性法规，制定地方行政规章。

按照修正前的《立法法》，我国的“较大的市”有 49 个，其中省会城市 27 个、经济特区城市 4 个、国务院批准的较大的城市 18 个。国务院先后 4 次批准 19 个城市为“较大的市”（其中重庆于 1997 年 3 月升格为直辖市）：1984 年 10 月批准唐山、大同、包头、大连、鞍山、抚顺、吉林、齐齐哈尔、青岛、无锡、淮南、洛阳、重庆市；1988 年 3 月批准宁波市；1992 年 7 月批准淄博、邯郸、本溪市；1993 年 4 月批准苏州、徐州市。较大的市与计划单列市也不是同一概念，非省会的“较大的市”中只有大连、青岛、宁波为副省级计划单列市。“较大的市”也并不单就城市规模而言，温州、佛山、东莞等城市在城市面积、人口、经济总量等方面早就超过了上述许多“较大的市”，但始终未被批准为“较大的市”。

由于“较大的市”享有地方立法权，拥有更灵活的发展空间，所以，多年来，温州、佛山、东莞等经济实力较强的城市不断向中央申请成为“较大的市”。而审批“较大的市”并无详细的量化指标，这给中央与地方关系造成了很多现实的矛盾。2015 年《立法法》修正后，实际上放开了地方立法权，“较大的市”这一概念从法律上也成为历史。

# 案例50　授权行政立法

## ——居民暴力抗强拆背后的法律、法规之争[①]

### 【案情简介】

潘蓉的家是一幢建筑面积480平方米的四层小楼,位于上海市闵行区。潘蓉和丈夫张其龙都出生在这个区的乡镇。20世纪90年代夫妇二人到新西兰留学,之后又取得了新西兰的国籍。2004年夫妇二人回国,把属于张其龙父亲的一所农村住宅翻盖一新,张其龙也开始回到国内工作。然而2008年,潘蓉接到的一纸虹桥机场交通枢纽的拆迁裁决,打破了他们一家平静的生活。上海机场集团要兴建机场的交通枢纽工程,而潘蓉的这栋小楼正好位于这一工程项目的范围之内,因此潘蓉一家必须在期限之内搬离原先的住所,房屋将被拆除。作为房屋被拆迁的补偿,潘蓉获得每平方米761元的房屋重置补贴以及1480元的土地补偿。计算下来潘蓉的拆迁补偿是67.3万元。

潘蓉所在的闵行区是上海市最大的行政区,临近虹桥机场。在住宅市场上,它属于上海市的四类地区,类似的房屋在市场上的交易价格早已经超过每平方米1.5万元。潘蓉的住宅虽然不是商品房,但是这套小楼,仅仅一、二层就能获得每月4000元的租金。潘蓉用常识来衡量,也觉得这个补偿价格显然不符合市场。因此潘蓉一家商量决定:既不认可这个评估,也不在拆迁协议上签字。但最终,2008年6月,潘蓉家的房屋被强行拆除。

拆迁户依据《物权法》[②],认为拆迁方侵犯了他们的物权;而拆迁方依据的是《城市房屋拆迁管理条例》第十七条,该条规定,拆迁人(也就是通常说的拆迁公司)如果已经履行裁决规定的义务,被拆迁人在裁决规定的搬迁期限内拒绝搬迁的,房屋所在地的市、县人民政府可以责成有关部门强制拆迁。双方各认各的法律,各说各的话,无论如何也没法达成一致。

面对强拆,潘蓉和他的先生张其龙开始扔掷自制的汽油瓶。这一做法触犯了治安管理处罚的相关条款。事后,潘蓉的丈夫张其龙被判妨碍公务罪。

---

① 《居民暴力抗强拆背后:物权法与拆迁条例矛盾凸显》,http://www.chinanews.com/gn/news/2009/11-22/1977286.shtml,访问时间:2012年6月1日。

② 本案依据的是2007年3月16日第十届全国人民代表大会第五次会议通过的《物权法》。

## 【点评】

《城市房屋拆迁管理条例》[1]自 2001 年 11 月 1 日起施行，成为我国城市房屋拆迁的法律依据。国务院制定行政法规的行为，应当是依授权的行政立法行为。但 2000 年 7 月 1 日起施行的《立法法》[2]第八条规定："下列事项只能制定法律：……(六)对非国有财产的征收……"对城市民房的拆迁属于对非国有财产的征收，显然不能由国务院以条例的形式立法予以规定。更何况，该行政立法行为也未得到任何法律授权。

2007 年十届全国人大五次会议表决通过《物权法》，于 2007 年 10 月 1 日起施行。《物权法》对政府征收公民个人的房屋和不动产采取了例外允许、严格限制的态度。《物权法》第四十二条第一款规定："为了公共利益的需要，依照法律规定的权限和程序可以征收集体所有的土地和单位、个人的房屋及其他不动产。"根据上述条款的规定，为了公共利益的需要征收城镇国有土地上单位、个人的房屋应当由法律规定。国务院 2001 年公布的《城市房屋拆迁管理条例》显然不是法律。

因《城市房屋拆迁管理条例》和已经颁布实施的《物权法》，以及 2004 年新修正的《宪法》[3]产生矛盾，本着下位的行政条例要服从于上位的国家法律的原则，2011 年 1 月，国务院出台了《国有土地上房屋征收与补偿条例》(以下简称《征收补偿条例》)，《城市房屋拆迁管理条例》同时废止。《征收补偿条例》虽然不是法律，但是，国务院的该项行政立法行为获得了法律的明确授权。这个授权的出处在 2007 年 8 月 30 日十届全国人大常委会第二十九次会议修改的《城市房地产管理法》第六条。该条规定："为了公共利益的需要，国家可以征收国有土地上单位和个人的房屋，并依法给予拆迁补偿，维护被征收人的合法权益；征收个人住宅的，还应当保障被征收人的居住条件。具体办法由国务院规定。"但是，尽管有此授权立法条款，从法理上来讲，仍然与《立法法》第八条的规定不吻合，只能算是暂时的权宜之计。

为防止本案中类似的强拆事件发生，《征收补偿条例》强调了以下方面。

---

① 本案依据的是 2001 年 6 月 13 日国务院令第 305 号发布的《城市房屋拆迁管理条例》。该条例已被 2011 年 1 月 21 日国务院令第 590 号发布的《国有土地上房屋征收与补偿条例》废止。

② 本案依据的是 2000 年 3 月 15 日第九届全国人民代表大会第三次会议通过的《立法法》。该法已被 2015 年 3 月 15 日第十二届全国人民代表大会第三次会议修正。

③ 我国现行宪法由 1982 年 12 月 4 日第五届全国人民代表大会第五次会议通过，自 1982 年 12 月 4 日起施行。本宪法已被 1988 年 4 月 12 日第七届全国人民代表大会第一次会议第一次修正，1993 年 3 月 29 日第八届全国人民代表大会第一次会议第二次修正，1999 年 3 月 15 日第九届全国人民代表大会第二次会议第三次修正，2004 年 3 月 14 日第十届全国人民代表大会第二次会议第四次修正，2018 年 3 月 11 日第十三届全国人民代表大会第一次会议第五次修正。此处指的是第四次修正后的《宪法》，将第十三条修改为："公民的合法的私有财产不受侵犯。国家依照法律规定保护公民的私有财产权和继承权。国家为了公共利益的需要，可以依照法律规定对公民的私有财产实行征收或者征用并给予补偿。"

(1) 公平补偿原则。第二条规定:“为了公共利益的需要,征收国有土地上单位、个人的房屋,应当对被征收房屋所有权人(以下称被征收人)给予公平补偿。”第十九条还对市价补偿作了规定:“对被征收房屋价值的补偿,不得低于房屋征收决定公告之日被征收房屋类似房地产的市场价格。”

(2) 先补偿、后搬迁原则。第二十七条规定:“实施房屋征收应当先补偿、后搬迁。……任何单位和个人不得采取暴力、威胁或者违反规定中断供水、供热、供气、供电和道路通行等非法方式迫使被征收人搬迁。禁止建设单位参与搬迁活动。”

(3) 申请人民法院强执原则。第二十八条规定:“被征收人在法定期限内不申请行政复议或者不提起行政诉讼,在补偿决定规定的期限内又不搬迁的,由作出房屋征收决定的市、县级人民政府依法申请人民法院强制执行。”因此,行政机关和建设单位都不再有强制拆除公民、法人合法房屋的权力。

## 案例51　规范国务院及其部门的行政立法权

### ——国务院修改《行政法规制定程序条例》和《规章制定程序条例》[①]

### 【案情简介】

2018年1月16日,国务院总理李克强签署国务院令,公布《国务院关于修改〈行政法规制定程序条例〉的决定》和《国务院关于修改〈规章制定程序条例〉的决定》,自2018年5月1日起施行。

修改前的《行政法规制定程序条例》和《规章制定程序条例》是作为《立法法》的配套法规,自2002年1月1日开始施行的。为全面贯彻党的十九大精神,适应2015年3月修正后的《立法法》,需要在以下方面对这两个条例进行修改完善:一是贯彻落实《中共中央关于全面推进依法治国若干重大问题的决定》等中央文件的要求,体现党对政府立法工作的领导;二是落实修改后的《立法法》提出的各项新要求;三是体现科学立法、民主立法、依法立法方面的工作经验,解决立法实践中存在的突出问题。

为体现在政府立法工作中坚持党的领导,修改后的两个条例规定了以下具体内容。一是制定行政法规、规章,应当贯彻落实党的路线方针政策和决策部署。二是制定政治方面法律的配套行政法规,应当按照有关规定及时报告党中央;制定经

① 国务院法制办负责人就《国务院关于修改〈行政法规制定程序条例〉的决定》和《国务院关于修改〈规章制定程序条例〉的决定》答记者问,资料来源:http://www.xinhuanet.com/legal/2018-01/16/c_129792389.htm,访问日期:2019年8月21日。

济、文化、社会、生态文明等方面重大体制和重大政策调整的重要行政法规，应当将行政法规草案或者行政法规草案涉及的重大问题按照有关规定及时报告党中央；制定政治方面法律的配套规章，应当按照有关规定及时报告党中央或者同级党委(党组)；制定重大经济社会方面的规章，应当按照有关规定及时报告同级党委(党组)。三是国务院法制机构拟定国务院年度立法工作计划，报党中央、国务院批准后向社会公布。

修改后的两个条例在深入推进科学立法、民主立法、依法立法方面规定了以下具体制度。

一是完善立法项目征集和论证制度。国务院法制机构应当向社会公开征集行政法规制定项目建议，国务院部门，省、自治区、直辖市和设区的市、自治州的人民政府可以向社会公开征集规章制定项目建议，并应当对立项申请和公开征集的项目建议进行评估论证。

二是确立公开征求意见制度。起草时应当将行政法规或者规章的草案及其说明等向社会公布征求意见；审查时可以将送审稿或者修改稿及其说明等向社会公布征求意见；向社会公布征求意见的期限一般不少于30日。

三是规定委托第三方起草制度。起草专业性较强的行政法规、规章，可以吸收相关领域的专家参与起草工作，或者委托有关专家、教学科研单位、社会组织起草。

四是确立重大利益调整论证咨询制度。起草或者审查行政法规、规章，涉及社会公众普遍关注的热点难点问题和经济社会发展遇到的突出矛盾，减损公民、法人和其他组织权利或者增加其义务，对社会公众有重要影响等重大利益调整事项的，应当进行论证咨询。

五是建立立法后评估制度。起草部门、法制机构可以组织对行政法规、规章或者其中的有关规定进行立法后评估，并把评估结果作为修改、废止有关行政法规或者规章的重要参考。

六是重申《立法法》的有关规定，防止违反上位法。没有法律或者国务院的行政法规、决定、命令的依据，部门规章不得设定减损公民、法人和其他组织权利或者增加其义务的规范，不得增加本部门的权力或者减少本部门的法定职责；没有法律、行政法规、地方性法规的依据，地方政府规章不得设定减损公民、法人和其他组织权利或者增加其义务的规范。

## 【点评】

党的十八届四中全会审议通过的《中共中央关于全面推进依法治国若干重大问题的决定》确立了“建设中国特色社会主义法治体系，建设社会主义法治国家”这一总的目标。全面推进四中全会提出的依法治国重大任务，其中一个最中心的环节就是政府，尤其是中央政府。中央政府及其部门拥有行政立法权，依法行使该行政立法权本身就是依法行政的重要内容。只有坚持科学立法、民主立法、依法立法,才能避免行政立法权蜕变为行政机关为自己部门利益赋权的工具。

## 案例52 行政立法听证

——国家质检总局举行《缺陷产品召回管理条例》立法听证会[①]

### 【案情简介】

2008年9月24日下午,国家质检总局法规司、质量司共同举办《缺陷产品召回管理条例》[②](以下简称《条例》)立法听证会,中国消费者协会、中国汽车工业协会等31位来自生产企业、销售企业、行业协会、技术机构、法学专家及消费者代表作为听证陈述人参加了立法听证会。听证会围绕《条例》调整范围问题、缺陷和召回的定义问题、缺陷调查和确认的相关问题、缺陷的风险评估问题、缺陷产品信息系统与公告制度问题进行听证。国务院法制办有关领导参加了立法听证会。人民日报社、新华社、中央电视台、美联社等近40家境内外新闻媒体对立法听证会进行了旁听。

听证会由国家质检总局质量司孙波司长主持,法规司刘兆彬司长对《条例》及立法背景和必要性、起草依据和经验借鉴、起草过程进行了简要介绍,并结合《条例》的适用范围、监管体制、产品伤害监测系统的建设以及企业主动召回与监督抽查中发现产品不符合保障人体健康和人身安全的国家标准、行业标准时的责任区别进行了详细说明。

刘兆彬司长说,建立缺陷产品召回制度是产品安全法律制度的重要补充,它通过对产品的后市场监管,从源头上督导企业对存在缺陷的产品采取主动或强制召回措施,消除缺陷产品对公众人身安全造成的危害,维护公共安全、公众利益和社会经济秩序,同时建立缺陷产品召回制度也是一项国际惯例。我国第一部召回的规定是2004年10月由国家质检总局、国家发展改革委员会、商务部、海关总署联合发布实施的《缺陷汽车产品召回管理规定》[③],首次在我国法律体系中确立了召回的制度。

他还说,建立缺陷产品召回制度是维护公共安全、保护消费者生命安全健康的

① 左娅:《〈缺陷产品召回管理条例〉立法听证会召开,缺陷产品该如何召回》,《人民日报》2008年9月25日。

② 该条例至今仍处于行政立法过程中。

③ 指国家质量监督检验检疫总局、国家发展和改革委员会、商务部、海关总署令(第60号)发布的《缺陷汽车产品召回管理规定》,自2004年10月1日起实施,自2016年1月1日起废止。

客观需要，是维护公众利益和维护社会经济秩序、构建诚信制度的需要，更是完善产品安全法律制度、依法行政的需要。

听证会上各位听证陈述人纷纷表达了对《条例》必要性和紧迫性的态度，并对缺陷产品定义与范围，管理体制，信息系统建设，召回程序，召回效果评估，消费者合法权益，与现有法律、规章、标准的配套衔接，生产者、销售者、经营者的定义，财产安全问题以及产品批次问题等提出了许多意见和建议。对于这些意见和建议，刘兆彬司长表示将对大家的意见建议进行认真研究，能够采纳的尽量采纳。并对《条例》尽快进行修改，上报国务院法制办。

## 【点评】

行政立法听证制度是指行政机关在制定行政法规和规章的过程中，就有关事实问题和法律问题，以听证会或者其他方式，听取有关团体、组织和公民的意见，特别是听取与该法案有利害关系的当事人、专家学者的意见的一项程序性法律制度。经过行政立法听证程序所制定的行政法规和规章是行政立法机关进行立法活动和社会公众广泛参与两个因素综合作用的结果。行政立法听证制度是行政立法的重要步骤和方式，是行政立法民主化、透明化的重要标志。

行政立法听证制度的建立既是改善法制程序的需要，有利于实现人民直接民主，也是现代民主与人权价值的重要体现，有益于公民基本人权的更好保障。它是一种能够更加准确地反映公众意愿和要求的新的法律制度，其以公众的直接参与弥补了行政立法在反映民意方面的不足和缺陷，拓展了民主的广度和深度，进一步提高了人民群众当家做主的地位。正因为如此，现代民主国家均设立法规听证制度，以公共和理性的沟通途径来化解冲突，尤其赋予利害关系人参与表示意见之机会，使人民能直接参与决策机制，实现人民直接民主。

行政立法听证制度在我国的确立，对于激发人民群众参与立法的热情，增强人民群众的参政议政意识，提高行政立法的质量，体现人民当家做主的社会主义民主，促进行政法规的贯彻执行等具有重要意义。但与美国等行政立法听证制度相对完善的国家相比，我国的行政立法听证制度滞后已是不争的事实，不能适应依法治国的需要。我国行政立法听证制度存在的缺陷主要表现为以下几点。首先，现行立法对行政立法听证制度缺乏系统的规定。我国的行政立法实际上包含行政法规和行政规章的制定，从我国立法状况的分析可以看出，目前尚无系统的对行政立法听证制度进行规定的法律。其次，现行立法规定的听证会只是作为听取意见的一种方式而存在，属于一种非强制性规定，对行政机关立法活动的约束力不大。再次，现行立法规定过于原则，对行政立法听证制度的适用范围、具体方式、操作程序和不适用此程序的法律后果均没有硬性的、详细的规定。[①]

## 案例53　行政立法回避

### ——重庆试行立法回避制[②]

### 【案情简介】

重庆市人民政府法制办公室2007年7月12日分别与重庆行政学院、重庆大学等单位签订《重庆市招投标管理条例》、《重庆市政府信用管理办法》等6个立法项目委托起草协议，此举标志着重庆市开始试行立法回避制度。今后，凡是与部门权力和利益结合过于紧密的地方性法规和政府规章，重庆市都将采取委托立法的办法，以避免立法背后的"部门利益扩张"。

过去，地方性法规、规章通常都由相关政府部门主持起草，这种立法惯例有可能为某些行政机关利用行政立法谋取本部门私利提供机会，引发立法腐败问题。为有效解决"部门利益法制化"痼疾，重庆市决定从2007年开始试行政府立法回避制度，并规定与某一立法项目有直接明显利害关系的单位和个人，不参与法规的起草、审查和评审，也不主导立法进程。

重庆市推行的立法回避制度规定，有三种类型的立法项目应当实施立法回避：主管部门有直接明显利害关系的，原则上部门回避；专业性极强，需要借助专家智慧的，原则上相关部门回避；综合性跨部门的立法项目，部门间难以达成共识的，原则上单一部门回避。

重庆市人民政府法制办表示，建立立法回避制度并采取委托立法是为了提高立法的质量和效益，因此，要严格按程序对立法文本做到"四个审查"：一要严格审查草案的合法性，不能与上位法相冲突；二要严格审查草案的合理性，部门职责设置应当科学，权责划分应当合理，群众利益要保护，服务群众要便利；三要严格审查草案的规范性，草案说明及文本必须符合立法技术规范，逻辑清晰，用语准确；四要严格审查草案的操作性，草案要符合重庆实际，体现重庆市的特色，制定的具体措施具有针对性和可操作性，不能纸上谈兵。

### 【点评】

"有利则争，无利则推，不利则阻，他利则拖，分利则顶。"这是对"部门利益法制

① 张宇坤：《行政立法听证制度比较研究》，《理论月刊》2011年第2期。

② 余继军：《避免立法背后"部门利益扩张"，重庆试行立法回避制》，《人民日报》2007年7月16日。

化"的解说。事实上,这种现象早已引起法律界人士的关注。有专家将地方立法中部门利益膨胀的表现分成了六类。

(1) 以地方立法形式增设机构。如增设政府部门内的二级处室,增设下属事业单位等。目的主要是以地方性法规的外衣增强新设机构的稳定性和权威性,也方便在今后政府机构精简改革时保留编制、机构和人员。

(2) 以地方立法向部门所属企业或事业单位授权。一些行政部门,既想多揽权,又不愿履行与这些权力相适应的义务和职责,于是把一些琐碎的、本应由其自身承担的行政事务推给下属单位去办理,并以地方立法形式将这种行为合法化。

(3) 以地方立法设立收费。我国省级及以下地方政府及其所属部门,都不同程度地存在自定政策收费问题。在地方出台的各种名目的收费中,以地方立法形式收费的占据了相当一部分。

(4) 以地方立法设立不当处罚。对违法行为的处罚,偏爱罚款,甚至以罚代管的情况屡见不鲜。

(5) 在地方立法中简化行政责任。一些地方立法,给政府部门规定了很大的行政权力,但对政府部门及其工作人员责任的规定常常高度简化,违背"有权必有责,权责必对等"原则。

(6) 通过立法实行部门或行业的垄断。一些部门在起草法规规章草案时,总是尽可能地将自己的管辖权力伸向相邻的部门,以求扩充部门权力。

部门利益倾向不仅会使法规、规章之间和法规、规章内部相互冲突,还会败坏政风和社会风气,引发寻租,滋生腐败,影响法律秩序的建立。此外,它还会使立法效率低下、行政效率低下,背离便民利民的原则。因此,近年来一些地方政府在行政立法活动中引入了立法回避制度。

但也有学者对此提出质疑。司法回避制度是自然正义和程序公正的基本要求,是为了达到"任何人都不能成为自己案件的法官"的自然正义目标。而立法活动与司法活动有本质的区别。立法的过程都是分配利益和资源的过程。这就要求各种利益进行表达,在立法过程中进行较量,并最终达到平衡。这与自然正义中的以回避求中立理论恰成相反之势。"公共选择理论告诉我们,任何组织、任何部门乃至任何人都有自己的利益,都将为追求其利益最大化而努力。如果我们在有关立法中采取忽略相关地方或者部门利益的态度,只追求形式上的所谓国家、社会公共利益的话,那么,它们只能通过非正式的渠道来实现其自身的利益。"①这样,我们与原先之目标可能相差更远。所以,在行政立法过程中,应尽力避免的仅仅是非法的、不正当的部门利益、地方利益,而对于合法的、正当的部门利益和地方利益,我们必须进行考量。正如杨建顺教授在其文章中写的:"当我们义愤填膺地批驳、

① 杨建顺:《行政立法过程的民主参与和利益表达》,《法商研究》2004 年第 3 期。

谴责地方保护主义、部门保护主义立法之际,应该首先检讨一下,看各种各样的利益是否在相关的立法、决策和执行过程中得到相应的考量。只有依法且科学地制定行政法规、规章和规范性文件,才能为社会提供公正、科学的行为规则,也为有关地方和部门提供正当程序和权力配置的制约规范。"因此,在他看来,回避制度与立法活动的价值本源存在根本的冲突。

# 第8章 行政许可

## 案例54 行政许可的设定
——河北成安农民收玉米需办秸秆放倒证①

### 【案情简介】

长期以来，一些地方的农民一直采用收割完玉米后就地放火焚烧的传统方式处理玉米秸秆，这不但严重污染空气，也不利于土地生态环境的保护。为此，相关部委出台了禁烧秸秆的规定，同时积极提倡和引导农民采用秸秆还田的科学做法。

2007年，河北省成安县对此出台了成安县委〔2007〕18号文件，即《县委县政府关于秋季秸秆还田和禁烧工作的实施意见》，其中要求"确需放倒、撂倒玉米秸秆的农户，需持有成安县秸秆还田和禁烧指挥部统一印制的《秸秆放倒证》，并做到当天放倒，当天清运。否则，按影响农机统一作业论处"。

农民对此很不理解。自古都是先割倒秸秆再掰下玉米，如果不放倒，站在玉米地中掰又扎又热又累，现在突然冒出个放倒证，没有证就打人。部分农民特别委屈地说：我根本不可能烧的，割下的秸秆我还要留着自己喂牛呢，难道县政府还管我们农民是站着掰玉米还是割倒秸秆掰玉米吗？真荒唐。

### 【点评】

我国《行政许可法》②已于2004年生效。该法对于行政许可的设定权有明确规定。第十四条规定："本法第十二条所列事项，法律可以设定行政许可。尚未制定法律的，行政法规可以设定行政许可。必要时，国务院可以采用发布决定的方式设定行政许可。实施后，除临时性行政许可事项外，国务院应当及时提请全国人民代表大会及其常务委员会制定法律，或者自行制定行政法规。"第十五条第一款规定："本法第十二条所列事项，尚未制定法律、行政法规的，地方性法规可以设定行

① 薛子进：《河北成安农民收玉米需办秸秆放倒证》，《法制日报》2007年10月30日。

② 本案依据的是2003年8月27日第十届全国人民代表大会常务委员会第四次会议通过的《行政许可法》。该法已被2019年4月23日第十三届全国人民代表大会常务委员会第十次会议修正。

政许可;尚未制定法律、行政法规和地方性法规的,因行政管理的需要,确需立即实施行政许可的,省、自治区、直辖市人民政府规章可以设定临时性的行政许可。临时性的行政许可实施满一年需要继续实施的,应当提请本级人民代表大会及其常务委员会制定地方性法规。”第十七条规定:“除本法第十四条、第十五条规定的外,其他规范性文件一律不得设定行政许可。”

成安县委县人民政府显然不具有设定行政许可的权力,其创设《秸秆放倒证》的行为是超越职权,违法行政,有悖于依法治国的基本国策。

成安县委〔2007〕18号文件规定:“我县邯大线等7条主要公路沿线两侧各延伸1公里,为我县玉米秸秆还田示范区,必须实行秸秆直接还田。”看来,该违法的行政许可背后还是面子工程在作祟。

## 案例55　违法设定行政许可条件的行政行为应予撤销

——梅永红诉东台市民政局行政许可案[①]

### 【案情简介】

原告梅永荣购置了车辆从事殡葬服务,未能领取殡葬营运证(又称殡葬专用服务车辆许可证)。2014年3月25日,原告向被告东台市民政局提出关于申请公开政府信息申请表。2014年4月4日,被告作出东民复(2014)7号《关于梅永荣申请信息公开的答复》,告知原告申请殡葬营运证时,须提供居民身份证、驾驶证、行驶证、所在镇(区、场)民政办划定殡葬车服务区域意见等。2014年4月22日,被告作出东民信访复字(2014)8号《关于梅永荣申请殡葬车辆服务证一事的通知》,告知原告缺少书面申请书、户籍所在地(头灶镇)出具的已划定服务区域的意见以及原告驾驶该服务车辆的驾驶证,上述材料尽快向被告补充。2014年9月6日,原告向被告邮寄申请报告附头灶镇政府答复意见,要求被告为其办理殡葬营运证。2014年9月24日,被告工作人员口头答复原告,告知原告缺少头灶镇政府的明确意见,其购买的殡葬专用车不符合要求,不能办理殡葬营运证,鉴于原告购车的特殊情况,原告所购车辆可暂作为副车使用。原告不服,于2014年12月24日提起行政诉讼。2015年3月10日,东台市人民法院作出(2015)东行初字第0005号行政判决书,责令被告于判决生效后三十日内对原告的申请作出行政行为,原、被告双方均未提出上诉。

2015年5月4日,被告作出《关于梅永荣申请殡葬车辆服务证一事的答复》,

---

① 江苏省东台市人民法院行政判决书(2015)东行初字第0126号。

要求原告尽快向被告补充所属镇划定的区域服务范围的明确意见。原告不服，遂再次向东台市人民法院提起本案行政诉讼，请求法院判决确认被告于2015年5月4日作出的《关于梅永荣申请殡葬车辆服务证一事的答复》违法，并对被告作出答复所依据的《关于规范全市殡葬车辆营运管理的意见》合法性进行审查。

东台市人民法院认为，国务院《殡葬管理条例》[①]第三条规定，县级以上人民政府民政部门负责本行政区域内的殡葬管理工作。《江苏省殡葬管理办法》[②]第五条规定，殡仪馆是专门从事遗体的运送、防腐、整容、冷藏和火化等殡葬业务的服务单位。其他单位和个人未经县级以上民政部门批准，不得从事上述殡葬服务业务。据此，被告具有作出被诉答复的法定职权。

《行政许可法》[③]第十七条规定，除该法第十四条、第十五条规定的外，其他规范性文件一律不得设定行政许可。据此，《行政许可法》是禁止法律、行政法规、国务院决定、地方性法规和省级人民政府规章以外的规范性文件设定行政许可的。

《民政部门实施行政许可办法》[④]第二条规定，民政部门实施行政许可，应当遵守《行政许可法》及有关法律、法规和本办法的规定。

《殡葬管理条例》第十三条规定，运输遗体必须进行必要的技术处理，确保卫生，防止污染环境。第十六条规定，火化机、运尸车、尸体冷藏柜等殡葬设备，必须符合国家规定的技术标准。禁止制造、销售不符合国家技术标准的殡葬设备。

《江苏省殡葬管理办法》第五条规定，殡仪馆是专门从事遗体的运送、防腐、整容、冷藏和火化等殡葬业务的服务单位。其他单位和个人未经县级以上民政部门批准，不得从事上述殡葬服务业务。根据上述规定，其他单位和个人从事殡葬服务业务须经县级以上民政部门批准，并未要求其从事殡葬专用车业务服务必须提供所属镇划定的区域服务范围的意见。

因此，本案原告申请办理殡葬营运证，被告应当依照《行政许可法》、《民政部门实施行政许可办法》、《殡葬管理条例》和《江苏省殡葬管理办法》等相关规定进行审批，而不得增设其他许可条件。本案中，被告适用《关于规范全市殡葬车辆营运管理的意见》作出了被诉答复，该意见第三条"依据市相关规定，所有殡葬专用车须按所属镇(区、场)划定的区域服务范围并报民政局审定后从事营运"的规定，并无上位法的依据，被告以此要求原告提交所在镇区域范围意见，属于违反上位法规定增设的行政许可条件，被诉答复适用法律、法规错误。

---

① 本案依据的是1997年7月21日国务院令第225号发布，并已被2012年11月9日国务院令第628号修订的《殡葬管理条例》。

② 本案依据的是2000年6月14日由江苏省人民政府令第169号发布的《江苏省殡葬管理办法》。

③ 本案依据的是2003年8月27日第十届全国人民代表大会常务委员会第四次会议通过的《行政许可法》。该法已被2019年4月23日第十三届全国人民代表大会常务委员会第十次会议修正。

④ 本案依据的是2004年6月8日民政部令第25号发布的《民政部门实施行政许可办法》。

综上,被告东台市民政局作出的《关于梅永荣申请殡葬车辆服务证一事的答复》,适用法律、法规错误。依照《行政诉讼法》[①]第七十条第(二)项的规定,法院判决:撤销被告东台市民政局2015年5月4日作出的《关于梅永荣申请殡葬车辆服务证一事的答复》。

### 【点评】

《行政诉讼法》第五十三条规定:"公民、法人或者其他组织认为行政行为所依据的国务院部门和地方人民政府及其部门制定的规范性文件不合法,在对行政行为提起诉讼时,可以一并请求对该规范性文件进行审查。"本案中,法院依原告的申请,对被告作出答复所依据的《关于规范全市殡葬车辆营运管理的意见》合法性进行审查是恰当的。

违法设定行政许可条件的行政行为,人民法院应予撤销。本案涉及的规范性文件《关于规范全市殡葬车辆营运管理的意见》第三条"依据市相关规定,所有殡葬专用车须按所属镇(区、场)划定的区域服务范围并报民政局审定后从事营运"的规定,因缺少上位法的依据,且违反《行政许可法》第十七条"其他规范性文件一律不得设定行政许可"的规定,其合法性应予否定。

## 案例56 行政许可的范围

### ——奥克斯诉信息产业部违反《行政许可法》案[②]

### 【案情简介】

奥克斯集团是宁波一家民营企业。2002年5月,集团成立通信设备有限公司,涉足移动通信产业。但由于没有牌照,一直靠租用牌照生产,但公司已在手机产业投入近10亿元资金。由于一直拿不到手机牌照,该公司2004年10月12日将信息产业部诉至北京市第一中级人民法院。奥克斯诉称,自2004年7月起,公司五次向信息产业部电信服务认证中心提出进网许可申请和手机进网检测申请,但都被拒绝,理由是奥克斯没有手机生产牌照。而无进网许可证与通过入网检测,手机将无法在市场销售。奥克斯在诉状中提出三点请求:判令被告依法受理原告相关移动电话机的电信设备进网许可申请;判令被告对原告送检的相关移动电话

① 本案依据的是1989年4月4日第七届全国人民代表大会第二次会议通过,并已被2014年11月1日第十二届全国人民代表大会常务委员会第十一次会议第一次修正的《行政诉讼法》。该法已被2017年6月27日第十二届全国人民代表大会常务委员会第二十八次会议第二次修正。

② 郭伟龙、黄蓉:《投入巨大却无证,奥克斯愤而起诉信产部》,《东方早报》2004年10月14日。

机依法进行入网检测；判令被告承担本案诉讼费用。

北京市第一中级人民法院在收到起诉的两周后，作出了拒绝立案的决定。随着我国手机牌照发放权转移到国家发改委，奥克斯集团已失去了起诉信息产业部的意义，围绕法院是否应受理该案的争议也失去了必要。奥克斯与信息产业部达成和解，并从相关法院撤回了起诉材料。其送检的手机已通过了发改委的手机生产核准，也通过了信息产业部入网检测，拿到了手机入网许可证。

## 【点评】

国务院办公厅〔1999〕5 号文件转发的信息产业部和国家计委《关于加快移动通信产业发展的若干意见》规定，手机生产须获得信息产业部的生产牌照。想进入该领域的企业，须收购有牌企业或与其合资，才能取得生产、销售手机的合法身份，而更多的企业只能通过向有牌企业支付贴牌费生产、销售手机。当年有业内人士测算，牌照拥有者一年的提留费可达到 15 亿～30 亿元，形成所谓“牌照经济”，是权力寻租的表现形式。中国电子信息产业集团是在原来电子工业部基础上组建的，信息产业部是由原电子工业部和原邮电部合并组建而成，电子工业部撤销后，信息产业部成立该集团并将原电子工业部旗下数个企业统一划归其管理。由此可见该集团与信息产业部之密切关系。中国电子信息产业集团名下共有 4 张手机牌照，包括夏新电子、中原电子集团、合资企业飞利浦桑达通信，以及中电通信。业界称该集团为“专业借牌人”。寻租活动是一场“负和博弈”、一场就社会整体而言损失大于利得的竞赛，它不但造成寻租行为本身的资源非生产性消耗，而且通过引起经济扭曲而导致效率损失。这种效率损失被喻为是“看不见的脚”踩住了“看不见的手”。

2004 年 6 月出台的《国务院对确需保留的行政审批项目设定行政许可的决定》公布涉及“通信、电子投资项目”的立项审批时，明确“不包括移动通信类产品”；在同年 8 月国务院办公厅《关于保留部分非行政许可审批项目的通知》规定需保留的 211 项非行政许可审批项目中，也没有涉及手机生产项目。

2005 年 2 月 19 日，国家发改委在其官方网站上颁布《移动通信系统及终端投资项目核准的若干规定》[①]，对申请生产手机的企业资质作出若干规定，业界期盼已久的手机生产核准制细则终于出台，手机牌照制成为历史。新的核准制细则明确界定了手机厂商准入门槛，即移动通信终端投资项目的申报单位注册资本不低于 2 亿元人民币，移动通信系统投资项目的申报单位注册资本不低于 3 亿元人民币。还要求项目申报单位应建立研发中心，具有完善的开发平台和研究环境，具备完整的整机、单元电路硬件设计能力，基于芯片组和协议栈的软件开发能力，结构

① 国家发展和改革委员会《移动通信系统及终端投资项目核准的若干规定》（发改高技〔2005〕265 号）。已被 2016 年 6 月 13 日国家发展和改革委员会公告（2016 年第 13 号）废止。

外观设计能力。正是在手机生产核准制度下,奥克斯集团终于获得了市场准入资格。

本案最值得关注的是行政许可的范围问题。《行政许可法》[①]第十二条对此有明确规定:

下列事项可以设定行政许可:

(一)直接涉及国家安全、公共安全、经济宏观调控、生态环境保护以及直接关系人身健康、生命财产安全等特定活动,需要按照法定条件予以批准的事项;

(二)有限自然资源开发利用、公共资源配置以及直接关系公共利益的特定行业的市场准入等,需要赋予特定权利的事项;

(三)提供公众服务并且直接关系公共利益的职业、行业,需要确定具备特殊信誉、特殊条件或者特殊技能等资格、资质的事项;

(四)直接关系公共安全、人身健康、生命财产安全的重要设备、设施、产品、物品,需要按照技术标准、技术规范,通过检验、检测、检疫等方式进行审定的事项;

(五)企业或者其他组织的设立等,需要确定主体资格的事项;

(六)法律、行政法规规定可以设定行政许可的其他事项。

而第十三条规定:

本法第十二条所列事项,通过下列方式能够予以规范的,可以不设行政许可:

(一)公民、法人或者其他组织能够自主决定的;

(二)市场竞争机制能够有效调节的;

(三)行业组织或者中介机构能够自律管理的;

(四)行政机关采用事后监督等其他行政管理方式能够解决的。

手机的生产是否需要设立行政许可,应当严格依据该法来进行判断。针对国内已经出现了手机生产投资过热、库存增加、利润率降低的状况,有担忧认为,将出现市场竞争严重、供大于求的现象。但这完全可以靠市场机制来调节,并不能成为设立行政许可的理由。应当相信,企业投资的理性并不亚于政府管理的理性。

## 案例57 行政许可不允许收费

### ——上海“车牌拍卖”引起争议[②]

### 【案情简介】

上海特有的私车牌照拍卖制度施行以来,政策几经更迭,饱受争议:动辄数万

① 本案依据的是2003年8月27日第十届全国人民代表大会常务委员会第四次会议通过的《行政许可法》。该法已被2019年4月23日第十三届全国人民代表大会常务委员会第十次会议修正。

② 谢海涛、于达维:《追问上海车牌拍卖合法性,律师坦言不抱希望》,《新世纪周刊》2011年1月4日。

元的拍卖价，被认为是与民争利；早年与沪产车销售挂钩，被认为是地方保护主义的工具；与房地产捆绑销售，被指为调控市场消费的手段。而最受质疑之处，在于车牌拍卖的法律依据及上百亿元拍卖款收支问题。

从合法性之辩，到存废之争以及拍卖款收支信息公开，争论始终未曾停歇，民间维权时有发生。在缓解大城市车辆拥堵的命题下，如何有效配置公共资源、实现公共利益的最大化，又不损害公民的利益，不影响市场自由公平竞争。为这些问题寻找答案，考验着政府依法行政的智慧。

上海私车牌照拍卖发端于1994年。当时的状况是，社会上对私车有需求，但牌照需计划部门审批。而市政府认为，私车牌照作为一种特殊的公共资源，应通过公开转让实现合理配置，私人可通过竞拍占有这种资源。早期的车牌拍卖，"对机动车总量控制"的功能并未直接见于地方条例。1997年12月1日起施行的《上海市道路交通管理条例》①规定："本市对车辆号牌的发放实行总量调控。机动车号牌额度年发放量和发放办法由市计划委员会会同市公安交通管理部门和其他部门提出，报市人民政府批准后实施。"这被认为是上海私车牌照拍卖的法律依据。

1998年初，上海推出针对沪产桑塔纳车的私牌拍卖，2万元起拍，而要购买非沪产车，则须10万元起价。"总量调控"的车牌，被当作地方保护主义的工具，该政策直到2000年1月才被废止。时至入世前夜，上海宣布"国产车上牌额度无底价竞购"，每月公开拍卖一次，进口车仍是另行拍卖。

1998年，上海又推出"车房组合消费"。如同时购买浦东指定楼盘中商品房一套和桑塔纳轿车或别克轿车一辆者，可获私车牌照一张。车牌又成为上海调控和引导市场消费的重要手段。2001年10月，该措施被叫停。

这以后的2003年3月，上海宣布将国产车和进口车上牌额度合并拍卖，拍卖成为人们获得私车牌照的唯一途径。"总量控制"的功用被强调。

2004年5月1日，《道路交通安全法》②实施，规定申请机动车登记应提交五种证明，并无拍卖牌照的规定。上海私牌拍卖的合法性遭受空前质疑。2004年5月24日，商务部部长助理在央视上表示，上海的私车牌照拍卖违反了《道路交通安全法》。这是上海该项措施诞生以来受到的最为明确的批评，一时令其合法性之争在

① 此处指的是1997年7月10日上海市第十届人民代表大会常务委员会第三十七次会议通过的《上海市道路交通管理条例》。该条例已被1999年7月12日上海市第十一届人民代表大会常务委员会第十一次会议第一次修正，2000年4月10日上海市第十一届人民代表大会常务委员会第十七次会议第二次修正，2001年5月24日上海市第十一届人民代表大会常务委员会第二十八次会议第三次修正。该条例已被2016年12月29日上海市第十四届人民代表大会常务委员会第三十四次会议重新修订。

② 此处指的是2003年10月28日第十届全国人民代表大会常务委员会第五次会议通过的《道路交通安全法》。该法已被2007年12月29日第十届全国人民代表大会常务委员会第三十一次会议第一次修正，2011年4月22日第十一届全国人民代表大会常务委员会第二十次会议第二次修正。

社会各界公开化、沸腾化。上海律师杨小欣曾撰文五万言,历述私牌拍卖的不合法性:增加了机动车登记的条件,剥夺了上海居民依据国家立法规定的条件申领号牌的权利;上海相关地方法规破坏了国家立法应当具有的内在统一性;违反了关于鼓励私人汽车消费的国家政策;违反了有关税费全国统一、设定权由中央统一行使的原则……

2004 年 7 月 7 日举行的上海市人民政府新闻发布会上,上海市人民政府法制办主任表示,经请示全国人大、国务院等,各方都认为上海拍卖私牌的做法没有违法。上海作为国际大都市,在不同发展阶段,对交通采取一定的特殊管理措施完全正当。

2006 年之后,牌照额度价格一再上涨,而上海市人民政府面临的质疑和压力也一直在累积。

2008 年 5 月 1 日,《政府信息公开条例》[①]实施,为人们的质疑提供了新的依据。

2009 年 4 月 20 日,上海大邦律师事务所律师俞智渊向上海市交通运输和港口管理局(以下简称上海交通局)申请公开车牌拍卖款收支信息。5 月 11 日,俞智渊收到答复书,上海市交通局以"不属本机关公开职责权限范围"和委托材料属"商业秘密"为由拒绝公开。5 月 19 日,俞智渊向交通部递交行政复议申请书。交通部建议他向上海市人民政府举报或申请行政复议。2009 年 7 月 4 日,一份"本市新增机动车额度拍卖收支情况(1994—2008 年)"的信息在市政府网站上公开。其中显示,15 年间,上海私牌拍卖收入 155.5 亿元,支出 138.6 亿元。这是上海首次公开相关信息。然而,该表仅九列五行,从时间和内容上都比较粗糙。因此,2010 年 5 月 5 日,俞智渊又向上海市人民政府申请公开,内容包括:2004 年 5 月 1 日至 2009 年 12 月 31 日间上海市车牌(私车额度)拍卖所得拍卖款的每月收入数据;上海市人民政府作出的对拍卖款每一笔支出的批准文件;对拍卖款收支情况的所有审计报告。2010 年 6 月 17 日,他收到了告知书。对于第一项信息,答复为"不属于本机关公开职责权限范围",建议向上海市财政局、发改委、交通局等咨询;对于第二项信息,认为是"国家秘密","属于不予公开的范围";对于第三项信息,建议向市审计局咨询。俞智渊随即提起了行政复议,2010 年 9 月 16 日收到的《行政复议决定书》维持了该告知书。于是他向上海市第二中级人民法院提起诉讼。

2010 年 6 月 24 日,上海大邦律师事务所律师斯伟江申请公开私牌拍卖的法律依据。2010 年 7 月 15 日,他收到政府方面的告知书,称法律依据有《道路交通

① 此处指的是 2007 年 4 月 5 日国务院令第 492 号发布的《政府信息公开条例》。该条例已被 2019 年 4 月 3 日国务院令第 711 号重新修订。

安全法》、《拍卖法》[1]，已在全国人大门户网站公开，建议直接上网查询。斯伟江随后提起行政复议，2010年10月25日收到的《行政复议决定书》维持了告知书内容。斯伟江向上海市第二中级人民法院提起诉讼。在2010年12月29日的法庭上，斯伟江的代理律师俞智渊称，政府的《行政复议决定书》答复敷衍了事，依法应予撤销。告知书中提示的两个法律文件里，并没有上海车牌拍卖法律依据的信息。相反，这两个文件恰恰提供了上海市车牌拍卖违法的依据。其中《道路交通安全法》并未规定机动车登记有额度限制和须进行竞价拍卖。这部法律规定的车牌登记制度和上海市目前正在进行的车牌拍卖制度完全是两回事。另外，根据《拍卖法》的规定，拍卖标的本身应该是拍卖人所有的财产，而车牌这块"铁皮"并不是属于上海市人民政府的财产，而是一种行政许可；如果真要把它当作上海市人民政府的国有资产，也应该由专业评估部门对其进行估价后，方能进行拍卖。

2011年2月23日，上海市第二中级人民法院作出判决。判决书称：《上海市政府信息公开规定》[2]第二十一条规定："公民、法人或者其他组织依照《政府信息公开条例》第十三条规定向行政机关申请公开政府信息的，应当提交载明下列内容的申请书：……（二）明确的政府信息内容，包括能够据以指向特定政府信息的文件名称、文号或者其他特征描述。"本案中，原告要求公开私牌拍卖的法律依据，其申请并未明确要求公开的信息名称、文号等，需要政府部门在对其申请事项进行综合判断后自行确定。原告的上述申请内容实质上属于一种咨询。被告出于便民的原则，告知两部法律的名称及查询路径并无不当，亦未侵犯原告的权益。判决驳回原告的诉讼请求。宣判后，原告未上诉。

斯伟江和俞智渊表示，对打赢本诉讼，从来不抱太大希望。斯伟江承认，上海市车牌的拍卖制度在一定程度对于改善上海市交通状况有贡献，让上海没有出现北京的拥堵状况，但是这一拍卖制度违法也是不争的事实。他希望通过这一诉讼，促进政府的依法行政。此前，他在博客里写道：诉讼主要目的是推进政府依法行政。如果政府觉得车牌拍卖措施有助于缓解大城市车辆拥堵，则可通过建议全国人大立法解决法律依据问题，并规范拍卖资金的用途。

## 【点评】

轿车车牌限额是否合法？2004年5月1日正式实施的《道路交通安全法》没有给地方政府限制机动车登记以任何权力。除了公安部门之外，任何部门都无权

---

① 此处指的是1996年7月5日第八届全国人民代表大会常务委员会第二十次会议通过，并已被2004年8月28日第十届全国人民代表大会常务委员会第十一次会议第一次修正的《拍卖法》。该法已被2015年4月24日第十二届全国人民代表大会常务委员会第十四次会议第二次修正。

② 本案依据的是2008年4月28日上海市人民政府令第2号发布，并已被2010年12月20日上海市人民政府令第52号修正的《上海市政府信息公开规定》。

发放行车牌照。其中规定,申请机动车注册登记,应当交验机动车,并提交以下证明:机动车所有人的身份证明、购车发票等机动车来历证明、机动车整车出厂合格证明或者进口机动车进口凭证等证明和凭证。这就意味着,私车车主只要满足了上述条件,就可以直接按照《道路交通安全法》规定的机动车登记程序,要求相应机关颁发牌照,否则可以根据《道路交通安全法》提起行政诉讼。可见,轿车车牌限额缺乏法律依据,车牌限额实质是为轿车登记设置附加条件。从《道路交通安全法》和《行政许可法》的规定看,车牌登记除工本费外,不允许其他收费。《行政许可法》第五十八条规定:"行政机关实施行政许可和对行政许可事项进行监督检查,不得收取任何费用。但是法律、行政法规另有规定的,依照其规定。"

从情理上来讲,车牌拍卖似乎也违反了比例原则。行政法上的比例原则强调行政手段要和其实现的行政目的成比例。对汽车总量控制,完全可以采取顺序的方式或随机抽取的方式发放牌照,并不需要拍卖。而且,用牌照拍卖手段限制汽车数量,是对公民消费权的干预。驾车通行权是公民自由权的组成部分,公民不论贫富,都平等享有,即使因为公共利益的需要必须加以限制,也要以平等的方式,不应附加金钱标准。①

上海车牌拍卖执行已久,从实施的效果看,车牌拍卖已经影响到汽车市场的公平竞争。拍卖的结果是阻碍了中低档轿车进入普通百姓家庭。中低档车的消费附加成本与车价之比远高于高档车。

由此可见,车牌拍卖制度确实需要调整。如果拍卖损害公民的平等权、影响市场自由公平竞争、造成社会不公,就应该放弃拍卖手段。为此,业内人士建议可以用其他办法来代替车牌拍卖。比如,提高市区停车费,或者限制私车进入市中心,加强市中心外轨道交通建设,让消费者在郊区的地铁轻轨站停车,换乘公共交通工具进入市区。还可以采用征收燃油税的办法等。在诉讼之余,专家们更要思考:怎样才能更好地推动政府依法行政?如果私牌拍卖确实对治堵有效,其配套措施是什么?有无替代方式?比如限制公车的数量和使用范围,加强公共交通设施建设等,都应当是不错的解决途径。

# 案例58 行政许可申请的受理

## ——马海斌与萍乡市水务局水行政许可纠纷上诉案②

### 【案情简介】

马海斌诉萍乡市水务局水行政许可一案,不服安源区人民法院(2007)安行初

① 李永钧:《上海汽车牌照拍卖能否叫停?》,《中国经济时报》2004年8月4日。

② 江西省萍乡市中级人民法院行政判决书(2008)萍行终字第3号。

字第 17 号行政判决，向萍乡市中级人民法院提起上诉。

原审认定，马海斌于 2007 年 7 月 13 日向萍乡市水务局递交关于兴建源头水电站的申请，要求在萍水河的白竺境内兴建源头水电站，请求萍乡市水务局予以许可。萍乡市水务局于 2007 年 7 月 16 日作出萍水许补(2007)03 号补正通知书，认为马海斌虽随申请提交了 3 份附件，但均不符合有关规定，申请材料全部缺项，限期提交需补正的 6 项材料。马海斌收到该通知后，向萍乡市水务局提交关于缓交补正取水许可有关材料的申请，萍乡市水务局于 2007 年 8 月 20 日对上诉人的缓交申请进行了答复，同意将部分材料的补交时间推至 2007 年 9 月 17 日。马海斌于 2007 年 9 月 17 日提交了取水许可申请，萍乡市水务局于 2007 年 10 月 22 日作出萍水许补(2007)01 号水行政许可不予受理决定。马海斌不服，遂提起诉讼，要求撤销萍乡市水务局 2007 年 10 月 22 日作出的萍水许补(2007)01 号水行政许可不予受理决定，并责令萍乡市水务局履行法定职责，拆除萍水麻山河支流白竺境内的源并石坝水电站设施。在审理当中，马海斌自愿撤回第二项诉讼请求，经审查裁定准许其撤回该诉讼请求。

原审法院认为，萍乡市水务局既是萍乡市人民政府的水行政主管部门，也是萍乡市人民政府的河道主管机关，享有对农村水电项目的项目初步设计的审批、审查是否符合防洪要求规划、取水许可、工程建设方案审批等法定职权。原告于 2007 年 7 月 13 日向被告提交关于兴建源头水电站的申请，虽然申请事项是要求兴建源头水电站，但被告根据农村水电站项目必须在水行政主管部门办理相关的许可手续的有关规定而向原告下发水行政许可申请补正通知书，告知原告需补齐 6 项材料，且同意原告延期补交部分材料。但原告仍不能在指定的期限内提交 5 项补正材料，被告作出不予受理决定，程序合法，且认定原告在限期内不予提交其他 5 项补正材料，致使被告无法对其水行政许可申请进行审查的事实证据确凿。依据《行政诉讼法》[①]第五十四条第(一)项之规定，判决：维持被告萍乡市水务局 2007 年 10 月 22 日作出的萍水许补(2007)01 号水行政许可申请不予受理决定。

马海斌不服，上诉至萍乡市中级人民法院。

二审法院认为，根据《行政许可法》[②]第三十一条规定："申请人申请行政许可，应当如实向行政机关提交有关材料和反映真实情况，并对其申请材料实质内容的真实性负责。行政机关不得要求申请人提交与申请的行政许可事项无关的技术资料和其他材料。"本案中，上诉人马海斌向被上诉人萍乡市水务局申请兴建水电站

① 本案依据的是 1989 年 4 月 4 日第七届全国人民代表大会第二次会议通过的《行政诉讼法》。该法已被 2014 年 11 月 1 日第十二届全国人民代表大会常务委员会第十一次会议第一次修正，2017 年 6 月 27 日第十二届全国人民代表大会常务委员会第二十八次会议第二次修正。

② 本案依据的是 2003 年 8 月 27 日第十届全国人民代表大会常务委员会第四次会议通过的《行政许可法》。该法已被 2019 年 4 月 23 日第十三届全国人民代表大会常务委员会第十次会议修正。

的行政许可时,未提交相关材料,被上诉人于2007年7月16日根据《行政许可法》第三十二条第一款第(四)项,《水法》[①]第三十八条、第四十八条,《防洪法》[②]第二十七条,《水土保持法》[③]第十八条、第十九条,《河道管理条例》[④]第十一条,《取水许可和水资源费征收管理条例》[⑤]第十条、第十一条、第十二条,《取水许可申请审批程序规定》[⑥]第十二条第二款规定,要求上诉人在30日和60日内补交6项材料,除第4项“取水与第三者利害关系的相关材料”外,其他5项材料均属水利部《关于加强农村水电建设管理的意见》[⑦]规定的“各种所有制投资建设的农村水电建设项目,必须严格执行水工程规划同意书制度、工程建设方案审批制度、建设项目水资源论证及取水许可制度、水土保持方案审批制度和前期技术文件审查审批制度”之列。上诉人认为被上诉人要求其提交上述材料无法律依据的上诉理由不成立。在上诉人申请缓交材料后,被上诉人同意将30日补交的材料延迟到60日内补交,但上诉人仍未在期限内补交,被上诉人根据《行政许可法》第三十二条第一款第(五)项规定决定不予受理,符合法律规定,原审判决认定事实清楚,适用法律正确,应予维持。根据《行政诉讼法》第六十一条第(一)项之规定,判决如下:驳回上诉,维持原判。

## 【点评】

《行政许可法》第三十二条规定:“行政机关对申请人提出的行政许可申请,应当根据下列情况分别作出处理……(四)申请材料不齐全或者不符合法定形式的,

---

① 本案依据的是1988年1月21日第六届全国人民代表大会常务委员会第二十四次会议通过,已被2002年8月29日第九届全国人民代表大会常务委员会第二十九次会议重新修订的《水法》。现行《水法》已被2009年8月27日第十一届全国人民代表大会常务委员会第十次会议第一次修正,2016年7月2日第十二届全国人民代表大会常务委员会第二十一次会议第二次修正。

② 本案依据的是1997年8月29日第八届全国人民代表大会常务委员会第二十七次会议通过的《防洪法》。该法已被2009年8月27日第十一届全国人民代表大会常务委员会第十次会议第一次修正,2015年4月24日第十二届全国人民代表大会常务委员会第十四次会议第二次修正,2016年7月2日第十二届全国人民代表大会常务委员会第二十一次会议第三次修正。

③ 本案依据的是1991年6月29日第七届全国人民代表大会常务委员会第二十次会议通过的《水土保持法》。该法已被2010年12月25日第十一届全国人民代表大会常务委员会第十八次会议重新修订。

④ 本案依据的是1988年6月10日国务院令第3号发布的《河道管理条例》。该条例已被2011年1月8日国务院令第588号第一次修正,2017年3月1日国务院令第676号第二次修正,2017年10月7日国务院令第687号第三次修正,2018年3月19日国务院令第698号第四次修正。

⑤ 本案依据的是2006年2月21日国务院令第460号发布的《取水许可和水资源费征收管理条例》。该条例已被2017年3月1日国务院令第676号修正。

⑥ 本案依据的《取水许可申请审批程序规定》是1994年6月9日水利部发布的部门规章。该规定已被2008年4月9日水利部令第34号发布的《取水许可管理办法》废止。

⑦ 本案依据的是水利部2006年8月24日水电〔2006〕338号发布的《关于加强农村水电建设管理的意见》。

应当当场或者在五日内一次告知申请人需要补正的全部内容，逾期不告知的，自收到申请材料之日起即为受理……”原告未在限期内补齐申请材料，是导致不被受理的直接原因。

然而，必须注意，该法第三十条第一款还规定：“行政机关应当将法律、法规、规章规定的有关行政许可的事项、依据、条件、数量、程序、期限以及需要提交的全部材料的目录和申请书示范文本等在办公场所公示。”从判决书中可知，本案的行政许可涉及的法律、法规、规章以及部门规范性文件众多，普通群众难以清晰完整地把握。本案中，原告未能交齐相关证明材料，是否与行政机关未将需提交的全部材料的目录进行公示有关？这是一个需要追究的问题。

## 案例 59 行政许可申请材料的审查

——丰都县先进中学与丰都县教委教育行政许可纠纷上诉案[①]

### 【案情简介】

丰都县教委于 2004 年 9 月 7 日，以刘春林 2004 年秋季违法招生举办先进中学为由，作出《行政处罚决定书》，决定撤销先进中学。

2006 年 4 月 12 日、21 日，丰都县三合镇鹿鸣村委会、丰都县三合镇人民政府、丰都县三合镇学校分别同意刘春林申办先进中学。

2006 年 4 月 21 日，刘春林向丰都县教委提出办学申请的材料中，修建的教学场所及设施，无已经职能部门批准和验收的证据；除教师杨金丹具有小学英语教师资格证书外，其余任职教师无教师资格证书。

2007 年 6 月，丰都县教委安排先进中学 2007 年初中毕业升学考试和 2007 年初中结业考试，并向 2007 届毕业生颁发毕业证书。

丰都县教委受理刘春林办学申请后，经审查认为，先进中学于 2004 年 8 月在未经批准的情况下擅自招生办学，对该校作出撤销先进中学的行政处罚决定后，该校自 2004 年秋以来未停止办学，未执行该行政处罚决定。该校在未按《民办教育促进法》[②]第十二条规定申请筹建的情况下，擅自选校址建校舍并已经投入使用，未进行建设工程竣工验收，只是由丰都县康居房屋安全咨询有限公司进行了房屋

① 重庆市第三中级人民法院行政判决书(2008)渝三中法行终字第 28 号。

② 本案依据的是 2002 年 12 月 28 日第九届全国人民代表大会常务委员会第三十一次会议通过的《民办教育促进法》。该法已被 2013 年 6 月 29 日第十二届全国人民代表大会常务委员会第三次会议第一次修正，2016 年 11 月 7 日第十二届全国人民代表大会常务委员会第二十四次会议第二次修正，2018 年 12 月 29 日第十三届全国人民代表大会常务委员会第七次会议第三次修正。

安全性鉴定。先进中学的办学地址不适合举办初级中学。据此，丰都县教委于2007年8月17日作出批复，决定不予批准举办先进中学。

先进中学不服该批复，提起行政诉讼。在一审诉讼过程中，丰都县教委于2008年3月6日作出撤销其于2007年8月17日作出的关于不同意设立先进中学的批复的书面决定，先进中学表示不撤回起诉。

一审法院遂依照《最高人民法院关于执行〈中华人民共和国行政诉讼法〉若干问题的解释》[①]第五十条第三款、第五十六条第（四）项之规定，作出（2007）丰法行初字第41号行政判决，判决：确认被告丰都县教委于2007年8月17日作出的关于不同意设立先进中学的批复违法；驳回原告先进中学要求补发办学许可证的诉讼请求。

先进中学不服一审判决，向重庆市第三中级人民法院提起上诉。

二审法院认为，2006年4月21日，丰都县教委受理刘春林的办学申请后，认为该申办材料不符合法定条件，于2007年8月17日作出不予批准举办先进中学决定的批复。在一审程序中，丰都县教委认为作出该批复前，未依照《行政许可法》第三十四条规定，指派2名以上工作人员对申请材料的实质内容进行核查，程序上违法，于2008年3月6日作出撤销其于2007年8月17日作出的关于不同意设立先进中学的批复的书面决定，先进中学表示不撤回起诉。《最高人民法院关于执行〈中华人民共和国行政诉讼法〉若干问题的解释》第五十条规定："被告在一审期间改变被诉具体行政行为，原告不撤诉，人民法院经审查认为原具体行政行为违法的，应当作出确认其违法的判决；认为原具体行政行为合法的，应当判决驳回原告的诉讼请求。"在一审程序中，丰都县教委自己认为作出该批复前未指派2名以上工作人员对申请材料的实质内容进行核查，程序上违法，本院予以认可；丰都县教委于2006年4月21日受理刘春林的申请后，于2007年8月17日作出关于不同意设立先进中学的批复，违反了《民办教育促进法》第十三条"审批机关应当自受理筹设民办学校的申请之日起三十日内以书面形式作出是否同意的决定"和第十六条"申请正式设立民办学校的，审批机关应当自受理之日起三个月内以书面形式作出是否批准的决定，并送达申请人"规定的法定期限。因此，一审经审查认为丰都县教委原具体行政行为违法，作出确认违法的判决适用法律正确。

行政许可的申请和批准，均属于要式法律行为，必须以书面方式进行。根据《民办教育促进法》第十一条规定："举办实施学历教育、学前教育、自学考试助学及

① 本案依据的是法释〔2000〕8号。《最高人民法院关于适用〈中华人民共和国行政诉讼法〉的解释》于2018年2月8日起施行。该解释施行后，《最高人民法院关于执行〈中华人民共和国行政诉讼法〉若干问题的解释》（法释〔2000〕8号）、《最高人民法院关于适用〈中华人民共和国行政诉讼法〉若干问题的解释》（法释〔2015〕9号）同时废止。

其他文化教育的民办学校,由县级以上人民政府教育行政部门按照国家规定的权限审批……”从本案案件事实看,刘春林申办先进中学至今未获县级以上人民政府教育行政部门批准文件。至于被上诉人给上诉人的学生建立学籍、组织考试、颁发毕业证书的行为,是被上诉人基于上诉人因违法办学造成的社会后果而采取的一种补救措施,并非属于事实上的批准行为。

《民办教育促进法》第十七条规定,“审批机关对批准正式设立的民办学校发给办学许可证”。即取得民办学校办学许可证的对象,是获得审批机关批准正式设立的民办学校。刘春林申办先进中学至今未获县级以上人民政府教育行政部门批准文件,因此,其要求颁发或补发办学许可证无事实和法律依据。

综上所述,上诉人的上诉理由不成立,其上诉请求不予采纳;一审判决认定的基本事实清楚,证据充分,审判程序合法。据此,重庆市第三中级人民法院依照《行政诉讼法》[①]第六十一条第(一)项的规定,判决如下:驳回上诉,维持原判。

## 【点评】

《民办教育促进法》第八条规定,县级以上地方各级人民政府教育行政部门主管本行政区域内的民办教育工作;第十一条规定,举办实施学历教育、学前教育、自学考试助学及其他文化教育的民办学校,由县级以上人民政府教育行政部门按照国家规定的权限审批。因此,被告对于民办学校的设立具有行政审批的管理职权。

《行政许可法》第三十二条第一款第(四)项规定,行政机关对申请人提出的行政许可申请,申请材料不齐全或者不符合法定形式,行政机关应当当场或者在5日内一次告知申请人需要补正的全部内容,逾期不告知的,自收到申请材料之日起即为受理。该法第三十四条规定,行政机关应当对申请人提交的申请材料进行审查;根据法定条件和程序,需要对申请材料的实质内容进行核实的,行政机关应当指派2名以上工作人员进行核查。因此,行政机关对申请人提出行政许可申请的申请材料不齐全或者不符合法定形式有履行告知的义务,行政机关对申请人提交的申请材料的实质内容需要进行核实的则有核查的义务。因被告不能证明对申请人提出行政许可申请时已履行一次告知申请人需要补正的全部内容的义务,亦不能证明对原告提交的申请材料的实质内容已进行核查的事实,则被告径行作出不予行政许可的具体行政行为违反法定程序。

民办教育事业属于公益性事业,是社会主义教育事业的组成部分,国家对民办教育实行积极鼓励、大力支持、正确引导、依法管理的方针。但民办学校的举办,应

① 本案依据的是1989年4月4日第七届全国人民代表大会第二次会议通过的《行政诉讼法》。该法已被2014年11月1日第十二届全国人民代表大会常务委员会第十一次会议第一次修正,2017年6月27日第十二届全国人民代表大会常务委员会第二十八次会议第二次修正。

当依法严格审批,保证办学质量。《民办教育促进法》第十条规定,设立民办学校应当符合当地教育发展的要求,具备教育法和其他有关法律、法规规定的条件;民办学校的设置标准参照同级同类公办学校的设置标准执行。《教育法》[①]第二十六条规定,设立学校及其他教育机构,必须具备下列基本条件:①有组织机构和章程;②有合格的教师;③有符合规定标准的教学场所及设施、设备等;④有必备的办学资金和稳定的经费来源。《教师资格条例》[②]第二条规定,中国公民在各级各类学校和其他教育机构中专门从事教育教学工作,应当依法取得教师资格。从刘春林申办先进中学的材料看,教学场所及设施的修建,未经职能部门批准和验收,且绝大多数教师未取得教师资格。因此,刘春林目前申办先进中学不具备法定的基本条件,其要求颁发或补发办学许可证无事实和法律依据。

## 案例 60　行政许可的听证程序

### ——陈志强诉湖南省环境保护厅环境管理行政许可案[③]

### 【案情简介】

湖南省电力公司电网建设运行分公司系长沙市 2010 年度输变电工程的建设单位,长沙市 2010 年度输变电工程共包括 8 个新建输变电工程,包含 2 个 220 千伏输变电工程和 6 个 110 千伏输变电工程。其中五一 110 千伏输变电工程项目位于长沙市雨花区高桥街道五一村。湖南省电力公司实验研究院是国家环境保护总局(现生态环境部)颁发了《建设项目环境影响评价资质证书》的环评单位,其受建设单位委托,于 2010 年 11 月编制了项目名称为长沙市 2010 年输变电工程的《建设项目环境影响报告表》,认为:从环境的角度来说,长沙市 2010 年输变电工程选址较合理,设计形式充分考虑到周围环境要求,污染物排放基本符合国家相应标准。因此,从环境保护角度来看,长沙市 2010 年输变电工程的建设是合理可行的。建设单位将长沙市 2010 年输变电工程的《建设项目环境影响评价报告表》送长沙市环境保护局预审后,报请湖南省环境保护厅审批。湖南省环境保护厅受理后,委托三位专家对环境影响报告表进行审核。2010 年 12 月 10 日,三位专家出具了《〈长沙市 2010 年输变电工程环境影响评价报告表〉专家函审意见》,认为环境影响

① 本案依据的是 1995 年 3 月 18 日第八届全国人民代表大会第三次会议通过的《教育法》。该法已被 2009 年 8 月 27 日第十一届全国人民代表大会常务委员会第十次会议第一次修正,2015 年 12 月 27 日第十二届全国人民代表大会常务委员会第十八次会议第二次修正。

② 本案依据的是 1995 年 12 月 12 日国务院令第 188 号发布的《教师资格条例》。

③ 湖南省长沙市中级人民法院(2015)长中行终字第 00396 号行政判决书。

评价报告表结论总体可信。2010年12月23日，湖南省环境保护厅作出湘环评表(2010)203号审批意见，同意长沙市2010年输变电工程建设。

原告陈志强不服湖南省环境保护厅作出的湘环评表(2010)203号审批意见，向湖南省人民政府申请行政复议。2014年12月17日，湖南省人民政府作出湘府复决字(2014)74号行政复议决定书，维持湖南省环境保护厅作出的湘环评表(2010)203号审批意见。

陈志强不服行政复议决定，于2015年1月29日向长沙市雨花区人民法院提起行政诉讼。

雨花区人民法院认为，根据《环境影响评价法》①第二十二条“建设项目的环境影响评价文件，由建设单位按照国务院的规定报请有审批权的环境保护行政主管部门审批”的规定和环境保护部第5号令即《建设项目环境影响评价文件分级审批规定》，湖南省环境保护厅具有作出湘环评表(2010)203号行政许可的法定职权。

《环境影响评价法》第十六条规定，建设单位应根据国家对建设项目环境影响评价分类管理的相关规定，组织编制环境影响报告书、环境影响报告表或者填报环境影响登记表。根据环境保护部第2号令即《建设项目环境影响评价分类管理名录》规定，输变电工程500千伏以上或者330千伏以上且涉及环境敏感区的要编制环境影响报告书，其他情形要编制环境影响报告表。本案中，长沙市2010年输变电工程的8个项目均在330千伏以下，只需编制环境影响报告表，湖南省环境保护厅只需对环境影响报告表进行审查即可。陈志强提出湖南省环境保护厅作出的行政许可缺乏环境影响报告书，审批材料不齐全，理由不成立。

根据《行政许可法》②第四十六条、第四十七条，以及《环境保护行政许可听证暂行办法》③第六条、第七条规定，应当听证的情形限于法律、法规、规章规定的情形，或者所涉行政许可事项“重大”的情形。本案中，五一输变电工程属于可能对环境造成轻度影响，仅需编制环境影响报告表的项目，不属于行政许可前必须履行听证程序的项目。陈志强认为湖南省环境保护厅未组织听证会，程序违法的意见，不予采纳。

长沙市雨花区人民法院于2015年4月15日作出(2015)雨行初字第00036号行政判决，驳回原告陈志强的诉讼请求。

---

① 本案依据的是2002年10月28日第九届全国人民代表大会常务委员会第三十次会议通过的《环境影响评价法》。该法已被2016年7月2日第十二届全国人民代表大会常务委员会第二十一次会议第一次修正，2018年12月29日第十三届全国人民代表大会常务委员会第七次会议第二次修正。

② 本案依据的是2003年8月27日第十届全国人民代表大会常务委员会第四次会议通过的《行政许可法》。该法已被2019年4月23日第十三届全国人民代表大会常务委员会第十次会议修正。

③ 本案依据的是2004年6月23日国家环境保护总局令第22号发布的《环境保护行政许可听证暂行办法》。

陈志强不服,提起上诉。二审长沙市中级人民法院于2015年10月19日作出终审判决:维持原判。

## 【点评】

本案争议的焦点是行政机关作出环评审批意见是否应当适用听证程序。

《行政许可法》第四十六条规定:"法律、法规、规章规定实施行政许可应当听证的事项,或者行政机关认为需要听证的其他涉及公共利益的重大行政许可事项,行政机关应当向社会公告,并举行听证。"第四十七条第一款规定:"行政许可直接涉及申请人与他人之间重大利益关系的,行政机关在作出行政许可决定前,应当告知申请人、利害关系人享有要求听证的权利;申请人、利害关系人在被告知听证权利之日起五日内提出听证申请的,行政机关应当在二十日内组织听证。"可见,适用听证程序主要有三种情形:一是法律、法规、规章规定实施行政许可应当听证的事项;二是行政机关认为需要听证的其他涉及公共利益的重大行政许可事项;三是行政许可直接涉及申请人与他人之间重大利益关系,申请人、利害关系人要求听证的。也就是说,除了法律明文规定的听证情形外,是否进行听证取决于行政机关是否认为是涉及公共利益的重大事项,或者是否涉及他人重大利益。两者都强调"重大"二字。

那么,何为"重大"呢?具体到环境管理方面,《环境保护行政许可听证暂行办法》第六条、第七条将三类情形认定为"重大":一是对环境可能造成重大影响、应当编制环境影响报告书的建设项目;二是可能产生油烟、恶臭、噪声或者其他污染,严重影响项目所在地居民生活环境质量的建设项目;三是可能造成不良环境影响并直接涉及公众环境权益的专项规划项目。而且,该办法规定只是"可以"举行听证会,而不是"应当",这就大大放松了环境管理行政许可过程中采用听证程序的约束。

本案中,按照《建设项目环境影响评价分类管理名录》规定,五一输变电工程是仅需编制环境影响报告表而非环境影响报告书的建设项目,因此,不属于行政许可前必须进行听证程序的情形。

# 案例61 行政许可的撤销

### ——大连市环境保护局与王孝林撤销行政许可纠纷案[①]

## 【案情简介】

王孝林承租大连市甘井子区芳泽园18-11号房屋。2005年6月21日,王孝林

① 辽宁省大连市中级人民法院行政判决书(2006)大行终字第79号。

利用承租的房屋经营金玛台球厅，向大连市环境保护局提出行政许可申请。大连市环境保护局以该申请的项目选址位于居民楼下，要求王孝林征求相邻关系居民意见。2005 年 7 月 28 日，王孝林向大连市环境保护局提交行政许可征求利害关系人郭成乾的意见表、报批环境影响评价文件申请书等材料，大连市环境保护局当日受理申请，并到现场核查项目选址等情况。2005 年 7 月 29 日，大连市环境保护局批准原告建设金玛台球厅，允许其从事台球娱乐活动。2005 年 8 月 8 日，第三人郭成乾与妻子卢桂梅向被告投诉，称王孝林伪造其签名骗取环保许可，要求立即撤销金玛台球厅的所有行政许可。大连市环境保护局接到投诉后，于 8 月 9 日向原告展开调查，王孝林承认利害关系人的签字不是第三人郭成乾本人所签，自己提供虚假材料的事实。2005 年 8 月 12 日，大连市环境保护局依据《行政许可法》[①]第六十九条第二款的规定，作出撤销金玛台球厅环保行政许可手续，并建议工商部门吊销营业执照。王孝林以大连市环境保护局作出撤销决定未告知原告享有的听证权利，适用法律不准确，程序违法，请求法院撤销大连市环境保护局作出的撤销行政许可决定。

一审中山区人民法院认为，被告大连市环境保护局是作出环保行政许可决定的行政机关，依据《行政许可法》规定，其有权作出准予、撤销行政许可的决定，被告作出的撤销行政许可决定在法律规定的职权范围内。征求利害关系人意见是申请许可项目的要件之一，原告未征求第三人意见，采取他人代签的方式骗取被告行政许可的行为是一种违法行为。被告接到投诉后，能够核实举报内容，调查事实真相，认定事实比较清楚，证据确凿。撤销权的行使程序未在《行政许可法》中具体规定，但没有规定不能视为没有程序，可以比照其他法律规定或比照《行政许可法》的程序性规定进行。依据《行政许可法》公开、公正、公平原则和公民享有陈述权、申辩权、救济权原则，被告在作出撤销许可决定前，应当听取被许可人的意见，被告未听取原告申辩意见是被告程序上的缺失。被告作出书面撤销决定后，须向原告告知诉权，未告知诉权，程序不完整。被告没有遵循《行政许可法》的基本原则，程序违法，撤销许可决定应予以撤销。据此，中山区人民法院作出(2005)中行初字第 45 号行政判决：撤销被告大连市环境保护局 2005 年 8 月 12 日作出的《环批撤字(2005)第 4 号环境保护行政许可撤销决定书》。

大连市环境保护局不服一审判决，提起上诉。

二审大连市中级人民法院认为，上诉人大连市环境保护局具有作出被诉具体行政行为的法定职权。本案中，被上诉人王孝林以承租的房屋经营台球厅，而冒充相邻关系居民签字，提供虚假材料向大连市环境保护局提出行政许可申请，通过该

① 本案依据的是 2003 年 8 月 27 日第十届全国人民代表大会常务委员会第四次会议通过的《行政许可法》。该法已被 2019 年 4 月 23 日第十三届全国人民代表大会常务委员会第十次会议修正。

欺骗手段取得了行政许可。大连市环境保护局经过调查核实后,确认了上述事实,随即按照《行政许可法》的监督检查规定,撤销了该行政许可行为,该撤销决定事实证据充分,适用法律准确,程序合法,应当予以维持。按照《行政许可法》第六章监督检查的规定,大连市环境保护局具有对以欺骗等不正当手段取得行政许可予以撤销的法定权力,在该撤销权的行使上并无"听证"等程序性规定,根据被上诉人提供的检讨书等卷宗材料的反映,大连市环境保护局在处理本案过程中已经对行政相对人的陈述、申辩权利进行了保护。因此,原审判决不当,予以改判:撤销大连市中山区人民法院(2005)中行初字第45号行政判决;维持大连市环境保护局于2005年8月12日作出的《环批撤字(2005)第4号环境保护行政许可撤销决定书》。

## 【点评】

关于撤销行政许可是否应遵循听证程序,本案一审和二审法院的认定不同。

一审法院认为,尽管《行政许可法》第六十九条第二款对于撤销权的行使在程序上未作具体规定,但没有规定不能视为没有程序,可以比照其他法律规定或比照《行政许可法》的程序性规定进行,以体现公开、公正、公平原则。因此,认定大连市环境保护局没有遵循《行政许可法》的基本原则,属于程序违法。

而二审法院认为,按照《行政许可法》第六十九条第二款规定:"被许可人以欺骗、贿赂等不正当手段取得行政许可的,应当予以撤销。"大连市环境保护局具有对以欺骗等不正当手段取得行政许可予以撤销的法定权力,在该撤销权的行使上并无"听证"等程序性规定。同时,根据被王孝林的检讨书等材料可判断,大连市环境保护局在处理本案过程中已经对行政相对人的陈述、申辩权利进行了保护,足以体现程序公正。最终二审法院判定大连市环境保护局撤销许可证的行为合法有效。

# 案例62 行政许可依法撤销的补偿

——巴××休闲体育有限公司诉重庆市巴南区人民政府行政补偿案[①]

## 【案情简介】

1999年,原告重庆市巴××休闲体育有限公司决定在巴南区鱼洞镇投资修建宾馆、保龄球馆等项目,并依法取得了巴南区计委的立项批复、巴南区建委的选址意见通知书和《建设用地规划许可证》。2000年1月14日,被告重庆市巴南区人

① 重庆市第五中级人民法院行政判决书(2009)渝五中法行初字第73号。

民政府作出《关于重庆市巴××休闲体育有限公司出让土地的批复》,"同意将区建委以划拨方式取得的 3835 平方米国有土地使用权收回后,按有偿有期使用方式,出让给重庆市巴××休闲体育有限公司作为修建巴××休闲体育中心的工程用地"。2000 年 2 月 22 日,重庆市巴南区国土管理分局(以下简称巴南区国土局)与原告签订《国有土地使用权出让合同》。2000 年 9 月 15 日,原告取得 6 块出让土地的《国有土地使用证》。2009 年 3 月 7 日,重庆市巴南区国土分局作出《关于确认重庆市巴××休闲体育有限公司鱼洞公园用地土地用途的函》,确认重庆市巴××休闲体育有限公司该宗用地原规划使用性质为保龄球、餐饮、娱乐用房、客房及配套房等,按重庆市国土房管局渝国土房管发〔2002〕486 号文件第四条规定,该宗地原规划用途为商业用地。2007 年重庆市人民政府批准的《重庆市主城区李家沱—鱼洞组团 O 标准分区控制性详细规划》确定原告受让地块土地规划性质为公共绿地,原告不能再按照原规划用地性质使用该地块。2009 年 7 月 30 日,原告以特快专递向被告邮寄了《行政补偿申请》,被告未作答复。原告不服,于 2009 年 10 月 12 日向法院提起行政诉讼,请求判令被告作出行政补偿决定,履行对原告的补偿职责。

法院认为,根据《城镇国有土地使用权出让和转让暂行条例》[①]第九条之规定,土地使用权的出让,由市、县人民政府负责。被告重庆市巴南区人民政府具有对土地使用权出让的审批职责。本案被告重庆市巴南区人民政府于 2000 年 1 月 14 日作出了巴南府地〔2000〕7 号《关于重庆市巴××休闲体育有限公司出让土地的批复》,批准将重庆市巴南区鱼洞公园内 3835 平方米土地出让给原告作为商业用地。原告依法取得了该受让地块的使用权。其后,由于 2007 年重庆市人民政府批准的《重庆市主城区李家沱—鱼洞组团 O 标准分区控制性详细规划》确定原告受让地块土地规划性质为公共绿地,原告不能再按照土地出让时的原规划用地性质使用该地块。被告就应当按照《重庆市行政许可补偿暂行办法》[②]第三条之规定,收回出让土地,补偿土地受让人。同时,按照该办法第十一条、第十二条之规定,补偿义务机关在收到补偿申请人的补偿申请后,应当及时与补偿申请人就补偿数额、补偿方式等内容进行充分协商,未协商一致的,补偿义务机关应当在收到补偿申请之日起 20 日内作出行政许可补偿决定。有特殊情况的,经补偿义务负责人批准,可以延长办理时限,但最长不超过 10 日。本案原告向被告提交行政补偿申请后,被告至判决时仍未对原告作出行政补偿决定。原告起诉被告不作为理由成立。最终法

① 本案依据的是 1990 年 5 月 19 日国务院令第 55 号发布的《城镇国有土地使用权出让和转让暂行条例》。

② 本案依据的是 2007 年 6 月 6 日重庆市人民政府令第 206 号发布的《重庆市行政许可补偿暂行办法》。

院判决,责令被告重庆市巴南区人民政府在收到判决之日起30日内依法对原告重庆巴××休闲体育有限公司作出行政补偿决定。

【点评】

《行政许可法》[①]第八条规定:“公民、法人或者其他组织依法取得的行政许可受法律保护,行政机关不得擅自改变已经生效的行政许可。行政许可所依据的法律、法规、规章修改或者废止,或者准予行政许可所依据的客观情况发生重大变化的,为了公共利益的需要,行政机关可以依法变更或者撤回已经生效的行政许可。由此给公民、法人或者其他组织造成财产损失的,行政机关应当依法给予补偿。”这是本案原告能够获得补偿的法律依据。

《行政许可法》的这一规定体现了信赖保护原则。信赖保护原则是二战后在许多国家的行政法制实践中得到广泛的认可和运用的,它的兴起是行政伦理及责任政府理念的内在要求。在现代国家,无论是权力(权利)的行使还是义务的履行,都要求不得损害对方的信赖。根据该原则,经合法性和安定性、公共利益和个人利益的权衡,如果存在值得保护的信赖,行政机关不得撤销违法的行政行为,或者只能在给予合理补偿的前提下才能撤销。基于信赖保护原则,《行政许可法》的这一规定将极大地解决我国现存的一些政府机关及其工作人员办事不讲诚信,在其行政行为作出后,无正当理由擅自改变或者废止其行为,无端给相对人造成重大财产损失,或者改变或废止其行为虽有正当理由,但是对由此给相对人造成的损失不予任何补偿,导致相对人不能获得救济的不合理现象。

此外,《城乡规划法》[②]第五十条第一款也有相关规定:“在选址意见书、建设用地规划许可证、建设工程规划许可证或者乡村建设规划许可证发放后,因依法修改城乡规划给被许可人合法权益造成损失的,应当依法给予补偿。”

本案中,特别需要关注《重庆市行政许可补偿暂行办法》。该办法从法律制度上保障公民、法人和其他组织的合法权益,提高政府行政行为的公信力,消除不安定因素,体现了良好的法治意识。更重要的是,建立完善的行政补偿制度,可以促使政府在制定政策,设立、变更行政许可等施政工作上能注意考虑社会经济成本和法治的要求,从而使依法行政更加体现理性、科学、公平、合理,减少决策的随意性和由此带来的震荡。

① 本案依据的是2003年8月27日第十届全国人民代表大会常务委员会第四次会议通过的《行政许可法》。该法已被2019年4月23日第十三届全国人民代表大会常务委员会第十次会议修正。

② 本案依据的是2007年10月28日第十届全国人民代表大会常务委员会第三十次会议通过的《城乡规划法》。该法已被2015年4月24日第十二届全国人民代表大会常务委员会第十四次会议第一次修正,2019年4月23日第十三届全国人民代表大会常务委员会第十次会议第二次修正。

# 第9章 行政处罚

## 案例63 训诫不属于行政处罚

——谭孝华诉汉源县公安局行政处罚案[①]

### 【案情简介】

原告谭孝华系四川省汉源县居民。2015 年 9 月 22 日,谭孝华在北京市中南海周边非正常上访,被北京市公安局西城分局府右街派出所拦获,经训诫后送至北京市马家楼接济服务中心。四川省工作组和雅安市驻京工作组赶往马家楼开展劝返工作,后谭孝华被汉源县相关部门工作人员接回汉源县。2015 年 9 月 24 日,汉源县公安局作出汉公(富泉)行罚决字(2015)415 号《行政处罚决定书》,给予谭孝华拘留 10 日的处罚,期限自 2015 年 9 月 24 日至 10 月 4 日。该行政处罚决定已经执行完毕。

谭孝华不服被告汉源县公安局作出的汉公(富泉)行罚决字(2015)415 号《行政处罚决定书》,于 2015 年 11 月 9 日向汉源县人民法院提起行政诉讼。谭孝华认为在自己已经被训诫的情况下,作出行政拘留的处罚决定违反了一事不再罚原则。同时,原告还提出被告无管辖权的问题。

汉源县人民法院认为,根据《公安机关办理行政案件程序规定》[②]第九条第一款"行政案件由违法行为地的公安机关管辖。由违法行为人居住地公安机关管辖更为适宜的,可以由违法行为人居住地公安机关管辖,但是涉及卖淫、嫖娼、赌博、毒品的案件除外",被告汉源县公安局对该案行使管辖权并无不当。

根据《信访条例》[③]第十八条第一款"信访人采用走访形式提出信访事项的,应当到有关机关设立或者指定的接待场所提出"的规定,信访人行使信访权利须遵循法定的形式和程序,北京市中南海周边不是信访接待场所,不接待信访人员走访,

---

① 四川省雅安市中级人民法院(2016)川 18 行终字第 73 号行政判决书。

② 本案依据的是 2012 年 12 月 19 日公安部令第 125 号发布,并被 2014 年 6 月 29 日公安部令第 132 号第一次修正的《公安机关办理行政案件程序规定》。该规定现已被 2018 年 11 月 25 日公安部令第 149 号第二次修正。

③ 本案依据的是 2005 年 1 月 10 日国务院令第 431 号发布的《信访条例》。

也不允许信访人员滞留或聚集。原告谭孝华在北京市中南海周边非正常上访,其行为已经扰乱了北京市中南海周边的公共秩序。被告依据《治安管理处罚法》[①]第二十三条第一款第(二)项规定,对原告处以行政拘留 10 日的处罚,适用法律正确,处罚适当。

根据《行政处罚法》[②]第二条的规定,行政处罚的设定和实施适用该法。而该法第八条规定的行政处罚种类中没有训诫,故训诫不属于行政处罚,本案不存在对同一行为重复作出处罚的情形。

据此,四川省汉源县人民法院于 2015 年 12 月 25 日作出一审判决(行政判决书(2015)汉行初字第 63 号),驳回原告谭孝华要求撤销汉公(富泉)行罚决字(2015)415 号《行政处罚决定书》的诉讼请求。

谭孝华不服,提起上诉。四川省雅安市中级人民法院于 2016 年作出终审判决,驳回上诉,维持原判。

## 【点评】

《信访条例》第四十七条规定:"违反本条例第十八条、第二十条规定的,有关国家机关工作人员应当对信访人进行劝阻、批评或者教育。经劝阻、批评和教育无效的,由公安机关予以警告、训诫或者制止;违反集会游行示威的法律、行政法规,或者构成违反治安管理行为的,由公安机关依法采取必要的现场处置措施、给予治安管理处罚;构成犯罪的,依法追究刑事责任。"这里的"警告、训诫或者制止",特别是"训诫"是否属于行政处罚,是本案争议的焦点。法院认为这里的"训诫"不属于行政处罚,主要有两个方面的理由。

首先,从行政处罚法定的原则要求来看,《行政处罚法》第八条规定:"行政处罚的种类:(一)警告;(二)罚款;(三)没收违法所得、没收非法财物;(四)责令停产停业;(五)暂扣或者吊销许可证、暂扣或者吊销执照;(六)行政拘留;(七)法律、行政法规规定的其他行政处罚。""训诫"不在法定处罚种类之中。

其次,从《信访条例》第四十七条的规定来看,第二款明确区分了"由公安机关予以警告、训诫或者制止"与"给予治安管理处罚",可见两者属于不同性质。

① 本案依据的是 2005 年 8 月 28 日第十届全国人民代表大会常务委员会第十七次会议通过,并已被 2012 年 10 月 26 日第十一届全国人民代表大会常务委员会第二十九次会议修正的《治安管理处罚法》。

② 本案依据的是 1996 年 3 月 17 日第八届全国人民代表大会第四次会议通过,并已被 2009 年 8 月 27 日第十一届全国人民代表大会常务委员会第十次会议第一次修正的《行政处罚法》。该法已被 2017 年 9 月 1 日第十二届全国人民代表大会常务委员会第二十九次会议第二次修正。

# 案例 64　“黑名单”是否属于行政处罚

## ——国家旅游局制定《关于旅游不文明行为记录管理暂行办法》[①]

## 【案情简介】

2016 年 5 月 26 日，国家旅游局根据 2015 年制定的《关于游客不文明行为记录管理暂行办法》的实施情况，修订形成了新的《关于旅游不文明行为记录管理暂行办法》(旅办发〔2016〕139 号)并自发布之日起实施。

该办法第二条规定如下：

中国游客在境内外旅游过程中发生的因违反境内外法律法规、公序良俗，造成严重社会不良影响的行为，纳入“旅游不文明行为记录”。主要包括：

(一) 扰乱航空器、车船或者其他公共交通工具秩序；

(二) 破坏公共环境卫生、公共设施；

(三) 违反旅游目的地社会风俗、民族生活习惯；

(四) 损毁、破坏旅游目的地文物古迹；

(五) 参与赌博、色情、涉毒活动；

(六) 不顾劝阻、警示从事危及自身以及他人人身财产安全的活动；

(七) 破坏生态环境，违反野生动植物保护规定；

(八) 违反旅游场所规定，严重扰乱旅游秩序；

(九) 国务院旅游主管部门认定的造成严重社会不良影响的其他行为。

因监护人存在重大过错导致被监护人发生旅游不文明行为，将监护人纳入“旅游不文明行为记录”。

该办法第三条规定：

从事旅游经营管理与服务的工作人员(以下简称“旅游从业人员”)在从事旅游经营管理和服务过程中因违反法律法规、工作规范、公序良俗、职业道德，造成严重社会不良影响的行为，纳入“旅游不文明行为记录”。主要包括：

(一) 价格欺诈、强迫交易、欺骗诱导游客消费；

(二) 侮辱、殴打、胁迫游客；

(三) 不尊重旅游目的地或游客的宗教信仰、民族习惯、风俗禁忌；

---

① 资料来源：中国文明网，http://www.wenming.cn/ziliao/wenjian/jigou/qita/201605/t20160531_3396087.shtml，访问日期：2019 年 8 月 23 日。

(四)传播低级趣味、宣传迷信思想;

(五)国务院旅游主管部门认定的其他旅游不文明行为。

## 【点评】

行政机关将公民列入“黑名单”是否属于行政处罚?如果是,其法律依据是什么?在实践中应当注意哪些问题?行政法学专家胡建淼多次撰文,认为应当将“黑名单”纳入法治轨道。[①]

黑名单制度(blacklisting system),是指国家通过法律设定的,将一些特定的违法犯罪人,或者对社会有特别危害可能的人,通过一定的法律程序入册登记,在一定的期限内有关部门依法约束其行为和权利的法律制度。这种黑名单制度为不少国家所采用。胡建淼认为,我国在一定条件下和一定范围内建立和实施黑名单制度,对于严格执法,建立诚信社会,不让违法者获益,特别是对付一些社会“无赖”,具有积极意义。他赞成对违背市场竞争原则和侵害消费者权益的企业建立黑名单制度,让失信者寸步难行,也拥护人民法院将一些拒不执行司法裁判的“老赖”纳入“黑名单”,认为这不仅是应当的,而且也是有法律依据的。但他同时担忧黑名单制度被滥用的可能性。[②]

行政机关将公民列入“黑名单”的情况非常复杂,但只要是以公民违法为前提,并直接导致公民声誉、人身权、财产权等合法权益受到限制或者剥夺的,就是一种行政处罚。行政处罚与其他行政行为不同的是,它具有制裁性(对违法者的制裁)、处分性(处分了相对人的权利与义务)、不利性(对相对人不利)和法定性(必须依法设定和依法实施)。在行政法学理论上,一般把行政处罚分为四类。第一类是人身罚,亦称自由罚,是指行政主体在一定期限内剥夺违法当事人人身自由的行政处罚。行政拘留就是一种典型的人身罚。第二类是资格罚,亦称能力罚,是指行政主体剥夺违法当事人某些特定行为能力和资格的处罚。责令停产停业,吊扣许可证、执照等行政处罚便属此类。第三类是财产罚,是指行政主体剥夺违法当事人某些财产所有权的行政处罚。罚款,没收违法所得、非法财物等便属财产罚。第四类是申诫罚,亦称精神罚或影响声誉罚,是指行政主体向违法当事人发出警诫,申明其有违法行为,通过对其名誉、荣誉、信誉等施加影响,引起其精神上的警惕,使其不再违法的处罚形式。行政机关将公民、法人或者其他组织列入“黑名单”的行为,不仅以相对人存在违法行为为前提,而且具有极强的制裁性。行政处罚所包括的精神罚、财产罚、资格罚和人身罚等处罚功能,“黑名单”行为都兼而有之。将“黑名

---

① 胡建淼:《新形式行政违法亟待纠正》,《法制日报》2019年3月22日。

② 胡建淼:《“黑名单”管理制度——行政机关实施“黑名单”是一种行政处罚》,《人民法治》2017年第5期。

单”上网公布，这是精神罚；上了“黑名单”就被限贷、限购，这是资格罚；上了“黑名单”就被限制出国旅游，这是人身罚（人身行为自由权）。而且，“黑名单”处罚的严厉程度远远超过警告和罚款。从行政处罚的手段形式看，行政机关给相对人上“黑名单”的行为，属于《行政处罚法》第八条第（七）项所规定的“法律、行政法规规定的其他行政处罚”。

《行政处罚法》确立了处罚法定原则，“其他行政处罚”必须由法律和行政法规设定，地方性法规、规章和其他规范性文件都无权设定。然而现在，“其他行政处罚”不断地被“发明”，诸如“罚站”、“罚岗”、“禁坐高铁”、“禁坐飞机”等在没有法律和行政法规依据条件下随意推开。特别是，带有综合制裁性质的“黑名单”已经成为谁都可以随意设立的“大口袋”，将“不文明”、“违法”、“违纪”以及“犯罪”行为统统往里装。胡建淼撰文指出，在全面推进依法治国的时代背景下，应该用法治思维来思考“黑名单”制度。建立和实施“黑名单”制度必须符合科学性和合法性，要注意以下几点。①

第一，建立和实施“黑名单”制度必须有法律依据，坚持法律保留原则。公民、法人或者其他组织一旦被列入“黑名单”，其权利能力即刻受到有关部门的普遍限制。一个人遭受权利被连锁性限制显然比接受一个一般性处罚的后果更严重和不利。所以，上“黑名单”必须比行政处罚受到更严格的限制。在国外，没有法律授权，任何机构无权设立“黑名单”制度。在我国，“黑名单”制度同样必须由国家通过法律来建立，必须有法律依据并实行“法律保留”。否则，任何部门都不得设定和实施“黑名单”制度。目前，《民事诉讼法》第二百五十五条设定了对拒不执行司法裁判的“老赖”上“黑名单”的制裁措施，《旅游法》第一百零八条设定了对违反《旅游法》规定的旅游经营者及其从业人员记入“黑名单”并向社会公布的制度。这两部法律很好地坚持和体现了对“黑名单”制度实施“法律保留”原则。

第二，并非什么人、什么行为都可以上“黑名单”。被列入“黑名单”的人员，其权利受到一定程度的剥夺和限制，有的被禁止高档消费，有的被禁止贷款，有的被禁止出国，等等。这是列入“黑名单”的法律效果，否则就没有法律意义。纯粹的“记录”而无“法律后果”者，就不属于“黑名单”制度，只属于“登记”制度而已。也正是因为上“黑名单”是对当事人声誉、行为权能和经济利益的综合而连锁性的制裁，“黑名单”的范围必须严格限制。首先，并非所有违法犯罪行为都可上“黑名单”。对于任何违法犯罪行为的处理，国家机关必须建档登记，内部信息共享，有关机关可以依法查询，但不得作为“黑名单”上网公布。否则，会构成社会歧视。其次，不文明行为不宜上“黑名单”。社会行为就其对社会的危害性而言，由小到大排列为不文明行为—违法行为—犯罪行为。不文明行为是对社会危害性不大，无须法律

① 胡建淼：《对现实中三种管理事例的法治思考》，《行政管理改革》2015年第12期。

制裁,仅靠道德舆论规制的行为。在并非所有违法行为人和犯罪行为人都列入“黑名单”向全社会公布的背景下,将不文明行为人列入“黑名单”向全社会公布,显然是“失衡”的。胡建淼以为,可以列入“黑名单”的行为,必须严格限定于违法或者犯罪行为,并且现有的制裁不足以达到制裁目的,或者不公开可能会继续危害社会的,如制作伪劣食品、药品等。

第三,并非所有“黑名单”必须一律向社会公布。以为只要列入“黑名单”就必须向社会公开,这是对“黑名单”的误读。“黑名单”是否向社会公布,通常要衡量国家安全的需要与商业秘密、个人隐私权保护之间的平衡。如果不向社会公布会导致其对社会危害的继续和扩大,就应当公开。否则就不应当公开,仅供有关机关内部查询。

第四,建立和实施“黑名单”制度必须符合正当程序。即使建立和实施该“黑名单”制度具有法律依据,也还必须符合正当程序。具体有以下要求。一是事先告知,听取申辩。有权机关在对当事人作出“不利决定”之前,必须向当事人告知拟作的决定及其依据,允许其申辩。必要时,应当提供听证会。听取当事人的意见,再作决定,这是正当程序的基本要求。我国《行政处罚法》、《行政许可法》和《行政强制法》都体现了这一精神。如果有关机关不经过这一程序,而是将当事人列入“黑名单”之后,再允许提出“异议”,且“异议不停止执行”,完全是背离正当程序的。二是正式通知。除非出于国家安全的需要,如反恐等,国家机关将当事人列入“黑名单”的决定正式确定以后,必须通过正式而直接的途径通知当事人,让其享有权利的救济机会。要防止发生当事人还未获正式通知,他的名字已经被公布在“黑名单”上的现象。“黑名单”不能被“黑上”。三是事后权利救济。任何当事人,对被列入“黑名单”的决定不服的,应当有救济的途径。没有救济的权利不是真正的权利。国家行政机关将当事人列入“黑名单”,是对当事人作出了一个综合性的“不利决定”,这是一个可诉的行政行为。当事人对该行政行为不服的,有权申请行政复议和提起行政诉讼。

第五,“黑名单”必须有期限,不得终身制。除法律有特别规定,原则上“黑名单”必须有期限。坚持“期限法定”,“黑名单”保留的期限必须由法律、法规确定。超过法定的“黑名单”保留期限的,当事人应当被恢复为原始的状态。另外,即使在“黑名单”保留期限内,如果当事人被列入“黑名单”的事由消除了,如拒不执行司法裁判的当事人已履行司法裁判,有权机关也必须及时恢复当事人的原始状态,解除对其权利的限制。

# 案例65　行政处罚的管辖

## ——福建省水电勘测设计研究院不服省地矿厅行政处罚案[1]

### 【案情简介】

原告福建省水利水电勘测设计研究院(以下简称设计院)不服被告福建省地质矿产厅(以下简称地矿厅)对其作出的行政处罚,向福建省福州市中级人民法院提起诉讼。因本案与福建省福州市城乡建设委员会(以下简称城建委)有行政法律上的权利义务关系,福州市中级人民法院通知其以第三人身份参加诉讼。

原告设计院拥有用于开采地下热水的地热井2口。1994年5月4日,被告地矿厅在向知情人进行调查,掌握了基本证据后,对设计院发出了017号《关于开采地热必须依法办理采矿许可证的通知》,要求设计院携带有关资料到该厅办理有关地热井的采矿登记手续。7月18日,地矿厅又以无证开采地热为由向设计院发出081号《限期办理采矿许可证通知书》,限其于接到通知之日起3日内,向地矿厅申请办理采矿登记手续,并告知其逾期将依法进行处理。设计院对上述通知均未履行。地矿厅于1994年7月27日向设计院发出第03号《违反矿产资源法规行政处罚决定书》,以设计院"无采矿许可证开采地热","在限定期限内未办理采矿登记、领取采矿许可证",违反了《全民所有制矿山企业采矿登记管理暂行办法》[2]第二条的规定为由,依照其第二十七条第(一)项的规定,决定对设计院处以5000元的罚款。该处罚决定通过邮寄送达。

另查明,福州市中心地区地下热水可开采利用的范围约5平方公里,平均取水温度为72℃,可开采量9800立方米/日。

福州市中级人民法院认为,本案当事人争议的问题归纳起来如下:温度为72℃的地下热水是地热还是地下水?它属于矿产资源还是水资源?它应当由《矿

① 《福建省水电勘测设计研究院不服省地矿厅行政处罚案》,《最高人民法院公报》1998年第1期。

② 本案依据的是1987年4月29日国务院发布的《全民所有制矿山企业采矿登记管理暂行办法》。该办法已被1998年2月12日国务院令第241号发布的《矿产资源开采登记管理办法》自1998年2月12日起废止。

产资源法》[①]调整还是由《水法》[②]调整？它应当由哪一个行政管理部门主管？应当由哪一级行政管理机关管辖？

1994 年 3 月 26 日起施行的《矿产资源法实施细则》[③]第二条规定："矿产资源是指由地质作用形成的，具有利用价值的，呈固态、液态、气态的自然资源。矿产资源的矿种和分类见本细则所附《矿产资源分类细目》……"所附的细目(一)能源矿产中，列有地热；细目(四)水气矿产中，列有地下水。由此可见，地热与地下水是两个不同的概念。1990 年 6 月 1 日起实施的 GB11615—1989 号国家标准《地热资源地质勘查规范》中规定，地热资源是指在我国当前技术经济条件下，地壳内可供开发利用的地热能、地热流体及其有用组分。该标准将地热资源按温度分为高温地热资源、中温地热资源和低温地热资源三类，其中低温地热资源又细分为热水、温热水、温水三项。本案涉及的地下热水平均温度为 72 ℃，依据该标准，是地热，不是地下水。

《矿产资源法》第三条规定："矿产资源属于国家所有……开采矿产资源，必须依法申请取得采矿权。"第九条第二款规定："省、自治区、直辖市人民政府地质矿产主管部门主管本行政区域内矿产资源勘查、开采的监督管理工作……"法律已经明确，地热作为矿产资源，必须依法取得采矿权后才能开采。勘查、开采地热的监督管理工作，在省一级行政区域内，是由省地质矿产行政部门主管的。《矿产资源法》第三十九条规定："违反本法规定，未取得采矿许可证擅自采矿的……责令停止开采、赔偿损失，没收采出的矿产品和违法所得，可以并处罚款……"1987 年 4 月 29 日国务院根据《矿产资源法》发布的《全民所有制矿山企业采矿登记管理暂行办法》第二十七条第(一)、(二)项规定，对于"开办矿山企业，未办理采矿登记手续擅自开工的"，"正在建设或者正在生产的矿山企业，从本办法发布之日起满一年无正当理由不申请办理采矿登记手续的"，可以给予警告、罚款、通知银行停止拨款等处罚。本案原告设计院作为全民所有制的事业单位，没有依法取得采矿权而开采地热，是违法的，应当依法进行处罚。

---

① 本案依据的是 1986 年 3 月 19 日第六届全国人民代表大会常务委员会第十五次会议通过的《矿产资源法》。该法已被 1996 年 8 月 29 日第八届全国人民代表大会常务委员会第二十一次会议第一次修正，2009 年 8 月 27 日第十一届全国人民代表大会常务委员会第十次会议第二次修正。

② 本案依据的是 1988 年 1 月 21 日第六届全国人民代表大会常务委员会第二十四次会议通过的《水法》。该法已被 2002 年 8 月 29 日第九届全国人民代表大会常务委员会第二十九次会议重新修订。现行《水法》已被 2009 年 8 月 27 日第十一届全国人民代表大会常务委员会第十次会议第一次修正，2016 年 7 月 2 日第十二届全国人民代表大会常务委员会第二十一次会议第二次修正。

③ 本案依据的是 1994 年 3 月 26 日国务院令第 152 号发布的《矿产资源法实施细则》。

1991 年 7 月 19 日起施行的《福州市地下热水(温泉)管理办法》①,是福建省的地方性法规。第五条规定:“市水行政主管部门是地下水资源的主管部门,负责对温泉的统一规划和协调,对温泉的保护工作进行指导。福州市城市建设行政主管部门是温泉开发利用的主管部门(以下简称市温泉主管部门),负责温泉的保护和开发利用的统一管理工作。”第二十七条规定:“本办法规定的行政处罚,由市温泉主管部门决定。”这个规定没有根据国家标准把温泉按照温度的不同区分出地热和地下水,以致将部分地热归入地下水中,与法律、行政法规的规定不符。本案第三人城建委据此地方性法规认为自己对这部分地热有行政管理权,是不适当的。

地矿厅的上述具体行政行为认定事实清楚,适用法律法规正确,处罚适当,程序合法,应当维持。据此,福州市中级人民法院于 1997 年 4 月 30 日判决:维持被告福建省地质矿产厅第 03 号《违反矿产资源法规行政处罚决定书》。

宣判后,原告、被告及第三人均未提出上诉,判决已发生法律效力。

## 【点评】

明确规定行政处罚主体对行政违法案件的管辖权,有利于防止处罚主体越权处罚或者重复处罚,同时可以对那些虽有管辖权却怠于履行职责的处罚主体进行约束,使行政机关和其他被委托或者被授权的组织能够尽职尽责,使行政违法行为能够得到及时、有效的处理,从而提高行政机关的工作效率,保护公民、法人或者其他组织的合法权益。同时,行政处罚的管辖是进行行政处罚的先决条件,没有管辖权而实施行政处罚,将导致具体行政行为因超越职权而被撤销。行政处罚的管辖主要包括职权管辖、地域管辖、级别管辖、指定管辖、移送管辖等。

职权管辖是指同一行政区划内不同的行政机关依据各自的法定职权实施行政处罚所作的分工。作为行政处罚管辖最重要的部分,职权管辖的明确和合理化,有利于解决行政处罚管辖权的冲突。职权管辖是以行政机关组织法为基础的。行政机关组织法是有关行政机关主体资格、职责权限、运作程序的基本法律规范,是实现政府管理职能的基本保障。它不仅明确行政机关的身份和职责权限,避免行政机关之间互相扯皮、推诿责任和越权,而且还严明组织机构,使行政机关的设置符合行政管理的客观规律。具体来说,职权管辖以行政组织法为基础,包括三层含义;第一,行政机关主体身份明确,行政机关分类合理,这是确立职权管辖的前提;第二;划分职权管辖的标准是行政机关组织法所规定的各机关的职责权限,只有职权清楚,职权管辖才能明确;第三,职权管辖是否科学、合理,有赖于行政组织机构

① 本案依据的是 1991 年 6 月 18 日福州市第九届人民代表大会常务委员会第二十四次会议通过,1991 年 6 月 28 日福建省第七届人民代表大会常务委员会第二十二次会议批准的《福州市地下热水(温泉)管理办法》。

的设置和管理领域的划分是否符合行政管理的内在规律，有赖于行政组织法对这一规律的反映程度。在我国目前的情况下，由于行政机关的设置缺少规范，机构的任务、职权不明确，以及党政不分、政企不分体制的存在，行政组织法极不完备，难以保证职权管辖的科学性。

地域管辖是指同种职能的行政机关之间在实施行政处罚方面的地域分工。《行政处罚法》[①]第二十条规定："行政处罚由违法行为发生地的县级以上地方人民政府具有行政处罚权的行政机关管辖。法律、行政法规另有规定的除外。"这是地域管辖的一般原则。需要注意的是，地域管辖只发生在同级行政主体之间(如两个县级工商局之间)，不同级行政主体之间(如市工商局与所属的县级工商局之间)则适用级别管辖的规定。违法行为发生地的认定，应该从广义上理解，包括违法行为着手地、实施地、经过地、结果地等，即包括了实施违法行为的各个阶段所经过的空间。在各个阶段，发现违法行为的有权行政机关都有管辖权，但一般应由最先立案的行政机关管辖。

级别管辖是上下级行政机关之间在实施行政处罚方面的分工。根据行政违法案件的性质、情节、社会影响及应给予的行政处罚等，行政机关依级别的高低分别行使行政处罚的管辖权，即级别管辖，主要解决哪些行政违法行为可以由低一个层级的行政机关处罚，哪些行政违法行为只能由高一个层级的行政机关处罚的问题。关于级别管辖，不同的行政执法部门规定不一，但一般都划定了三个级别，即国家部(委、局)，省级机关和市、县级机关。对违法行为的要求，一般也是本着是不是本辖区发生的重大、复杂的案件的原则。如国家工商行政管理总局颁布的《工商行政管理机关行政处罚程序规定》第六条规定："县(区)、市(地、州)工商行政管理机关依职权管辖本辖区内发生的案件。省、自治区、直辖市工商行政管理机关依职权管辖本辖区内发生的重大、复杂案件。国家工商行政管理总局依职权管辖应当由自己实施行政处罚的案件及全国范围内发生的重大、复杂案件。"该项规定即是工商机关对级别管辖的要求。

指定管辖是指两个或者两个以上的行政机关对同一违法行为的处罚管辖权问题发生争议时，由有权机关指定某个行政机关对该违法行为进行管辖。《行政处罚法》第二十一条规定："对管辖发生争议的，报请共同的上一级行政机关指定管辖。"这里的"共同的上一级行政机关"就是指有权进行指定的机关，不能简单地理解为上一级行政机关。因为指定管辖实质上是行政机关依行政领导权所作出的一种决定。两个涉及管辖争议的行政机关的上一级领导机关是同一个行政机关时，可以

① 本案依据的是1996年3月17日第八届全国人民代表大会第四次会议通过的《行政处罚法》。该法已被2009年8月27日第十一届全国人民代表大会常务委员会第十次会议第一次修正，2017年9月1日第十二届全国人民代表大会常务委员会第二十九次会议第二次修正。

由该行政机关依职权作出指定。但当两个行政机关的上一级领导机关不是同一个行政机关时，两个上一级行政机关显然均无权对此作出决定。这就必须由对两个行政机关都有行政领导权的行政机关作出决定，这也就是共同的上一级行政机关。

移送管辖是指行政机关发现所查处的案件已构成犯罪或不属于自己管辖时，应当移送有管辖权的机关。

## 案例 66　行政处罚中的一事不再罚原则

### ——冉勇诉酉阳县公安局治安行政处罚案[①]

### 【案情简介】

2008 年 7 月 2 日上午 7 时许，原告冉勇与其妻李琼到冉桂英家收取拖欠多年的水泥款，由于冉桂英家无钱偿还，李琼与冉桂英话不投机，发生口角。李琼去抱冉桂英家的电视机，冉桂英用开水泼向李琼将其烫伤(人体轻伤)。李琼放下电视机后与冉桂英发生厮打，冉桂英之父冉隆银一瓢开水泼去，误伤了冉桂英。冉勇见妻子被冉桂英烫伤后，跑去将冉桂英按在公路上进行殴打，致冉桂英多处软组织伤。冉桂英之父冉隆银见自己的女儿被冉勇殴打，便用开水泼向冉勇，致冉勇人体重伤。经他人劝阻，事态一度平息。与此同时，冉桂英的弟弟冉卫、外甥何江赶到现场，与冉隆银一起手持钢筋追打冉勇未果，即返回到李星平家对李琼进行殴打，冉勇在冉隆银、冉卫、何江与李琼抓扯过程中又返回冉桂英家，将冉桂英家的灶台、铁锅损坏。2008 年 8 月 8 日，被告酉阳县公安局以渝公(酉阳)决字(2008)第 447 号和渝公(酉阳)决字(2008)第 448 号行政处罚决定书分别给予冉勇行政拘留 5 日并处罚款 200 元(罚款已缴清)和行政拘留 5 日的处罚，对其他同案关系人也作了相应的处罚。2008 年 9 月 24 日对何江以渝公(酉阳)决字(2008)第 640 号行政处罚决定书给予行政拘留 3 日的处罚。冉勇认为自己同一个违法行为受到了两次行政处罚，公安机关的行为违反了一事不再罚原则，遂提起行政诉讼。

本案争执的焦点有三。一是冉勇的行为是否是同一违法行为，被告是否存在违反一事不多罚的原则？二是被告对本案的相关人员何江未作处理是否构成显失公平？三是冉勇在本案中殴打冉桂英的行为是否是正当防卫行为？

法院认为，冉勇的行为是两个违法行为，一是殴打他人的行为，二是损坏他人

---

① 重庆市酉阳土家族苗族自治县人民法院行政判决书(2008)酉法行初字第 24 号。

财物的行为。被告依据《治安管理处罚法》[①]第十六条之规定,分别决定,合并执行,符合法律的规定;在两份法律文书中将两个违法事实一并叙述,给当事人带来误解,存在瑕疵;在分别处罚中,适用法律正确,处罚得当,不存在一事多罚的问题。

关于被告的具体行政行为是否显失公平的问题。被告在接到报案后,迅速出警,对案件进行了全面的调查了解,对相关人员进行了相应的处理。原告认为何江的违法行为未得到处理,其实被告已经同时立案,只是何江住所地在彭水县,其履行前置程序困难,正在积极作为。并于 2008 年 9 月 24 日给予何江 3 日行政拘留的处罚,不存在显失公平的问题。

关于原告的行为是否是正当防卫行为的问题。原告的行为不符合正当防卫的条件。首先,防卫人应明显处于被迫防卫的地位,其防卫是正当的、合法的,而冉勇在其妻李琼与冉桂英因纠纷抓扯中,不是劝解、疏导,而主动出面帮忙,并打了冉桂英几拳,有侵害对方的故意。其次,斗殴行为,双方都有侵害对方的故意,双方的行为都是不法侵害行为,不属于正当防卫的范畴。故被告的具体行政行为合法,且认定事实清楚,程序公正,适用法律正确,未超越职权和滥用职权。为维护和监督行政机关依法行使职权,保护当事人的合法权益,依照《行政诉讼法》[②]第五十四条第(一)项的规定,判决如下:维持酉阳土家族苗族自治县公安局 2008 年 8 月 8 日作出的第 447 号、第 448 号公安行政处罚决定的具体行政行为;驳回原告冉勇的诉讼请求。

## 【点评】

一事不再罚原则是法理学上的概念,是指对违法行为人的同一个违法行为,不得以同一事实和同一依据,给予两次或者两次以上的处罚。一事不再罚作为行政处罚的原则,目的在于防止重复处罚,体现过罚相当的法律原则,以保护行政相对人的合法权益。

《行政处罚法》[③]第二十四条规定:“对当事人的同一个违法行为,不得给予两次以上罚款的行政处罚。”按此规定,一事不再罚可界定为:行政主体对当事人的同一个违法行为,不得给予两次以上同类(罚款)的行政处罚。由此可见,《行政处罚法》规定一事不再罚的范围是有限的,仅仅限制的是两次以上罚款的行政处罚,而

---

① 本案依据的是 2005 年 8 月 28 日第十届全国人民代表大会常务委员会第十七次会议通过的《治安管理处罚法》。该法已被 2012 年 10 月 26 日第十一届全国人民代表大会常务委员会第二十九次会议修正。

② 本案依据的是 1989 年 4 月 4 日第七届全国人民代表大会第二次会议通过的《行政诉讼法》。该法已被 2014 年 11 月 1 日第十二届全国人民代表大会常务委员会第十一次会议第一次修正,2017 年 6 月 27 日第十二届全国人民代表大会常务委员会第二十八次会议第二次修正。

③ 本案依据的是 1996 年 3 月 17 日第八届全国人民代表大会第四次会议通过的《行政处罚法》。该法已被 2009 年 8 月 27 日第十一届全国人民代表大会常务委员会第十次会议第一次修正,2017 年 9 月 1 日第十二届全国人民代表大会常务委员会第二十九次会议第二次修正。

不限制其他行政处罚种类的第二次或多次适用，在我国目前法律、法规规定的行政处罚种类繁多、职权交叉重叠的情况下，仍不足以解决多头处罚、重复处罚的问题。

“一事”指行为人的一个违法行为或同一违法行为。准确地界定“一事”是正确适用一事不再罚原则的基础和前提。要把握以下几个方面。①在违法构成上界定。“一事”在构成要件上，只符合一个违法行为的特征，如果符合两个及以上违法行为的构成，则不属“一事”。②对违法既遂、未遂的界定。违法既遂指行为人实施的行为已经具备某种违法行为构成的全部要件。如违法占地建房，从准备材料到施工直至建成。对既遂行为，应将整个过程视为“一事”，不能再分而实施数个行政处罚。违法未遂指已着手实施违法行为，但由于行为人意志以外的原因而没有完成违法行为。如违法建房，已着手清理现场开始施工被发现制止。由于行为人已开始实施行为，构成违法，也应定“一事”处罚。③对连续违法行为的界定。连续违法行为指出于同一违法故意，连续实施数个独立的、符合数个违法构成的同一性质的、触犯同一法律规范规定的违法行为。如出租车司机连续违章载客。对连续行为以行政机关发现并处罚为界限来界定是否属“一事”。行政机关发现违法行为连同以前数次连续行为，界定在“一事”范围内。如行为人受处罚后再实施连续违法行为，则按上述原则界定为新的“一事”。④对继续行为的界定。继续行为指某种违法行为从开始到终止前，在时间上一直处于继续状态。如某饭店一年内一直无照经营。对继续行为，不分时间长短，都界定为“一事”。⑤对牵连行为的界定。牵连行为指出于一个违法目的，而违法方式或结果又牵连地构成其他违法，对牵连行为也宜界定为“一事”作出处罚。

“不再罚”指对行为人的同一违法行为进行处罚后，不得给予第二次及以上的处罚。界定不再罚，应把握以下几点。①对行为人同一违法行为进行处罚后，没有法律规定，不得再对行为人作出第二次及以上的处罚。②对行为人同一违法行为处罚时，如没有法律规定和特殊情况，应在法律相应规定的诸处罚种类中选择一种处罚形式进行处罚，不得给予两种及以上的处罚。③不得给予行为人两次及以上的罚款，不包括在一次处罚中给予行为人两种以上的处罚。

## 案例 67　行政处罚应坚持裁执分离原则

### ——公路“治超”不能以罚代管[1]

### 【案情简介】

据中央电视台《经济半小时》报道，2013 年 11 月 14 日，在河南永城，一辆大货

---

① 《河南永城公路乱开巨额罚款 车主不堪重负自杀》，http://news.china.com.cn/2013-12/01/content_30756206_4.htm，访问日期：2013 年 12 月 1 日。

车被运政、路政部门相继罚款。司机称在出示了月票(每月给路政3000元)和年票(每年给运政3000元)后,路政部门仍要罚款,女车主求情未果,当场服剧毒农药自杀。这里所说的“路政”是交通系统的一支执法队伍,执行的是《公路法》[①]以及《公路安全保护条例》[②],依法保护公路设施和维护公路路权。而“运政”则对道路运输业的发展、经济关系及运输企业经营活动进行规划、组织、指导、协调和监督,依据《道路运输条例》[③]向从事旅客运输、货物运输的单位和个人核发《道路运输证》。

公路车辆在运输货物的过程中,普遍存在超载现象,且超载车辆比例相当高。超载车辆会对道路造成严重破坏,同时超限超载还导致大量交通安全事故发生,造成国家经济损失,严重威胁老百姓的生命安全。

对于治理车辆超载现象,除了交警部门,交通运输部门下属的路政、运政部门都有权执法。《道路交通安全法》[④]第九十二条规定:货运机动车超过核定载质量的,处200元以上500元以下罚款;超过核定载质量30%或者违反规定载客的,处500元以上2000元以下罚款。《超限运输车辆行驶公路管理规定》[⑤]对超载重量在1吨以下的实行教育放行,对超载重量在1吨以上的车辆,每超过1吨罚款500元,最高罚款额不超过30000元。但这些规定的弹性造成了以罚养人的弊端,也正是因此,我们才看到了层出不穷的以罚代管的公路“三乱”现象。

公路是经济的血脉。对于超载罚款的目的本来是震慑司机,减少道路安全事故,弥补受损道路维修费用,但实践中很多执法部门却是以罚代管,罚款后即可上路。一些地方甚至懒于每次收罚款,干脆用罚款包干的方式分阶段性集中收取,这就是所谓的“超载月票”。这种公路罚款收费乱象导致物流成本增加,而车主为了交各种罚款又不得不进一步超载,从而形成“越超越罚、越罚越超”的恶性循环。而相关部门为了罚款而养了一大批治超人员,除了以罚款供养这些人员之外,更为了

---

① 这里指的是1997年7月3日第八届全国人民代表大会常务委员会第二十六次会议通过,并已被1999年10月31日第九届全国人民代表大会常务委员会第十二次会议第一次修正,2004年8月28日第十届全国人民代表大会常务委员会第十一次会议第二次修正,2009年8月27日第十一届全国人民代表大会常务委员会第十次会议第三次修正的《公路法》。该法已被2016年11月7日第十二届全国人民代表大会常务委员会第二十四次会议第四次修正,2017年11月4日第十二届全国人民代表大会常务委员会第三十次会议第五次修正。

② 这里指的是2011年2月16日国务院令第593号发布的《公路安全保护条例》。

③ 这里指的是2004年4月30日国务院令第406号发布,并已被2012年11月9日国务院令第628号第一次修订的《道路运输条例》。该条例已被2016年2月6日国务院令第666号第二次修正,2019年3月2日国务院令第709号第三次修正。

④ 这里指的是2003年10月28日第十届全国人民代表大会常务委员会第五次会议通过,并已被2007年12月29日第十届全国人民代表大会常务委员会第三十一次会议第一次修正,2011年4月22日第十一届全国人民代表大会常务委员会第二十次会议第二次修正的《道路交通安全法》。

⑤ 这里指的是2016年8月19日交通运输部令2016年第62号发布的《超限运输车辆行驶公路管理规定》。

部门利益“小金库”服务，将罚款视作创收的渠道，成为“执法经济”。

为整顿公路“治超”中的以罚代管乱象，2017 年 11 月 9 日，交通运输部会同公安部联合印发了《关于治理车辆超限超载联合执法常态化制度化工作的实施意见(试行)》(交公路发〔2017〕173 号)，明确将 GB1589 规定的最大允许总质量限值，作为各部门治超的统一标准，各地不许制定地方标准。该意见还对路政、交警和运政提出了明确的联合执法“十不准”纪律要求：

(1) 不准制定和执行与全国统一超限超载认定标准不一致的地方标准。

(2) 不准无执法资格人员实施行政处罚、行政强制措施等执法行为。

(3) 不准超出法律法规规章规定的范围实施行政检查和行政处罚。

(4) 不准制定和执行罚款收缴合并的制度。

(5) 不准利用职务便利，以各种形式收受当事人及其委托人财物。

(6) 不准对同一违法行为进行重复罚款。

(7) 不准对违法超限超载车辆只罚款不卸载。

(8) 不准违规收取超限检测费、停车保管费、通行费等费用。

(9) 不准超期扣留违法超限超载车辆不作处理。

(10) 不准在公路超限检测站(点)以外现场处罚车辆超限超载违法行为，原则上所有对货车超限超载违法行为的现场检查处罚一律引导至公路超限检测站(点)进行。

## 【点评】

《国务院办公厅关于进一步推进物流降本增效促进实体经济发展的意见》(国办发〔2017〕73 号)要求，严格规范治超检查和处罚行为，进一步优化营商环境。公路“治超”必须以服务交通运输发展、维护社会公共安全和人民群众合法权益为目标，杜绝多头执法和重复罚款。《关于治理车辆超限超载联合执法常态化制度化工作的实施意见(试行)》重点强调了联合执法工作机制，要求各地交通运输、公安部门要在普通公路、高速公路、货运源头等区域全面实施联合执法，实行联动管理和失信联合惩戒。

要避免执法谋利，最重要的就是严格按照《行政处罚法》[①]的规定，执行裁执分离原则。《行政处罚法》第四十六条规定：“作出罚款决定的行政机关应当与收缴罚款的机构分离。除依照本法第四十七条、第四十八条的规定当场收缴的罚款外，作出行政处罚决定的行政机关及其执法人员不得自行收缴罚款。当事人应当自收到

① 这里指的是 1996 年 3 月 17 日第八届全国人民代表大会第四次会议通过，并已被 2009 年 8 月 27 日第十一届全国人民代表大会常务委员会第十次会议第一次修正，2017 年 9 月 1 日第十二届全国人民代表大会常务委员会第二十九次会议第二次修正的《行政处罚法》。

行政处罚决定书之日起十五日内,到指定的银行缴纳罚款。银行应当收受罚款,并将罚款直接上缴国库。"第五十三条第二款规定:"罚款、没收违法所得或者没收非法财物拍卖的款项,必须全部上缴国库,任何行政机关或者个人不得以任何形式截留、私分或者变相私分;财政部门不得以任何形式向作出行政处罚决定的行政机关返还罚款、没收的违法所得或者返还没收非法财物的拍卖款项。"在实践中只有严格执行这些规定,才能斩断行政处罚中的利益链条,根治以罚代管的乱象。

## 案例 68 行政处罚应保障相对人的陈述申辩权利

——袁某和刘某诉双牌县公安局行政处罚案[①]

### 【案情简介】

2006 年 7 月 8 日,双牌县公安局受理泷泊镇双新村四组组长唐某与同组村民郑某、袁某、刘某因分配田地款项一事发生斗殴的治安行政案件。8 月 16 日,双牌县公安局将写有行政处罚的事实、理由和依据以及所享有权利的《行政处罚告知书》和拘留 10 日、罚款 500 元的《行政处罚决定书》在同一天分别送达给了袁某和刘某。8 月 17 日,双牌县公安局将袁某和刘某拘留。袁某和刘某不服,向永州市公安局提起行政复议。10 月 11 日,永州市公安局作出维持的复议决定。11 月 7 日,袁某和刘某向双牌县人民法院提起行政诉讼。

2007 年 2 月 6 日,双牌县人民法院一审判决撤销双牌县公安局作出的行政处罚决定。法院经审理认为,双牌县公安局对袁某和刘某在送达处罚告知书的当天同时送达处罚决定书,应视为没有给当事人陈述申辩的时间,系程序违法。

### 【点评】

《行政处罚法》[②]第三十一条规定:"行政机关在作出行政处罚决定之前,应当告知当事人作出行政处罚决定的事实、理由及依据,并告知当事人依法享有的权利。"第三十二条规定:"当事人有权进行陈述和申辩。行政机关必须充分听取当事人的意见,对当事人提出的事实、理由和证据,应当进行复核;当事人提出的事实、理由或者证据成立的,行政机关应当采纳。行政机关不得因当事人申辩而加重处

① 邓江跃等:《处罚告知书与决定书同一天送达,双牌县公安局败诉》,《湖南日报》2007 年 4 月 10 日。

② 本案依据的是 1996 年 3 月 17 日第八届全国人民代表大会第四次会议通过的《行政处罚法》。该法已被 2009 年 8 月 27 日第十一届全国人民代表大会常务委员会第十次会议第一次修正,2017 年 9 月 1 日第十二届全国人民代表大会常务委员会第二十九次会议第二次修正。

罚。”可见，告知与处罚不应该同一天进行，否则，就不符合办案程序。根据《行政处罚法》“保护公民、法人或者其他组织的合法权益”的立法宗旨，行政机关及办案人员应在告知后再给当事人留出 3 天的异议期，如果在此期限内当事人未再提出申辩理由，或者其申辩理由不成立的，才能送达决定书。如果告知与处罚在同一天进行，就会剥夺当事人的陈述申辩权。这是因为，如果当事人签收了告知书，即使 3 天内又找到了能够从轻、减轻甚至免予处罚的理由和证据，也无法再进行陈述和申辩，只能接受处罚，因为此时行政机关已作出行政处罚且办案人员也送达了决定书，当事人陈述申辩的机会已不存在。办案人员将告知与处罚在同一天进行，显然有损当事人的合法权益，有违立法宗旨和办案程序。

另外还需特别注意的是，《行政处罚法》第四十二条规定：“行政机关作出责令停产停业、吊销许可证或者执照、较大数额罚款等行政处罚决定之前，应当告知当事人有要求听证的权利；当事人要求听证的，行政机关应当组织听证。”当存在上述情况时，必须先送达行政处罚听证告知书。

## 案例 69　行政处罚畸重的处理

——方林富炒货店诉杭州市西湖区市场监督管理局等行政处罚案[①]

### 【案情简介】

方林富和庞清连系夫妻。2014 年 10 月 28 日，庞清连取得《个体工商户营业执照》，经营范围包括预包装食品、兼散装食品的零售等。原告方林富炒货店系该《个体工商户营业执照》登记的字号。

2015 年 11 月 5 日，西湖区市场监督管理局接到消费者投诉举报后至原告位于杭州市西湖区西溪路 78 号的店铺进行现场检查，发现：原告店铺西侧墙上印有两块“方林富炒货店杭州最优秀的炒货特色店铺”、“方林富杭州最优秀的炒货店”内容的广告；店铺西侧柱子上印有一块“杭州最优炒货店”字样的广告牌；店铺展示柜内放置有两块手写的商品介绍板，上面分别写了“中国最好最优品质荔枝干”和“2015 年新鲜出炉的中国最好最香最优品质燕山栗子”的内容，展示柜外侧的下部分贴有一块广告，上面写了“本店的栗子，不仅是中国最好吃的，也是世界上最高端的栗子”；对外销售栗子所使用的包装袋上印有“杭州最好吃的栗子”和“杭州最特色炒货店铺”的内容。西湖区市场监督管理局对上述广告内容进行拍照取证并制作了现场检查笔录，于当日立案。2016 年 1 月 8 日，西湖区市场监督管理局向原

---

① 杭州市西湖区人民法院行政判决书(2016)浙 0106 行初 240 号。

告送达《行政处罚听证告知书》,告知拟作出行政处罚的内容、事实、理由和依据,及其享有的陈述、申辩、听证的权利。1月12日,原告提出听证申请。西湖区市场监督管理局2月1日组织听证后,于3月22日经集体讨论后作出534号处罚决定并送达原告。原告不服,于3月29日向杭州市市场监督管理局申请行政复议,杭州市市场监督管理局于4月5日受理行政复议申请,同日向西湖区市场监督管理局发送《行政复议答复通知书》。4月18日,西湖区市场监督管理局提交《行政复议答复书》及作出处罚决定的证据及依据。5月6日,原告查阅了西湖区市场监督管理局提交的答复、证据及依据。5月25日,杭州市市场监督管理局以所涉相关法律适用问题需向上级主管部门进行请示为由中止案件审理并通知当事人,后于7月11日恢复审理。7月13日,杭州市市场监督管理局经负责人批准决定延长审理期限至2016年8月10日,并通知双方当事人。8月10日,杭州市市场监督管理局作出139号复议决定,维持534号处罚决定,并送达原告。原告不服,向杭州市西湖区人民法院提起行政诉讼。

西湖区人民法院认为,根据《广告法》[①]第六条第二款规定,被告西湖区市场监督管理局作为行使工商行政管理职能的部门,具有对本行政区域内的广告进行监督管理的法定职权。

《广告法》第九条规定,"广告不得有下列情形:……(三)使用'国家级'、'最高级'、'最佳'等用语"。该项规定禁止使用的广告用语,不仅包括已列举的"国家级"、"最高级"、"最佳",还包括与这些用语表达含义相当的绝对化用语。本案中,被告西湖区市场监督管理局提交的案涉现场及包装袋照片、询问笔录等证据可以证明原告发布的广告内容违反了《广告法》第九条第(三)项的规定,原告的违法事实成立。

根据《广告法》第五十七条第(一)项规定,发布有《广告法》第九条规定的禁止情形的广告的,由工商行政管理部门责令停止发布广告,对广告主处20万元以上100万元以下的罚款,情节严重的,并可以吊销营业执照。故被诉处罚决定责令原告停止发布使用绝对化用语的广告,有相应的事实和法律依据。

关于罚款数额,法院认为,罚款是行政处罚的种类之一,对广告违法行为处以罚款,除了应适用《广告法》的规定,还应遵循《行政处罚法》[②]的规定。《行政处罚法》第四条第二款规定了过罚相当原则,即"设定和实施行政处罚必须以事实为依

① 本案依据的是1994年10月27日第八届全国人民代表大会常务委员会第十次会议通过,并已被2015年4月24日第十二届全国人民代表大会常务委员会第十四次会议重新修订的《广告法》。该法已被2018年10月26日第十三届全国人民代表大会常务委员会第六次会议修正。

② 本案依据的是1996年3月17日第八届全国人民代表大会第四次会议通过,并已被2009年8月27日第十一届全国人民代表大会常务委员会第十次会议第一次修正的《行政处罚法》。该法已被2017年9月1日第十二届全国人民代表大会常务委员会第二十九次会议第二次修正。

据,与违法行为的事实、性质、情节以及社会危害程度相当”;第五条规定了处罚与教育相结合原则,即“实施行政处罚,纠正违法行为,应当坚持处罚与教育相结合,教育公民、法人或者其他组织自觉守法”。同时,《行政处罚法》第二十七条第一款规定了从轻、减轻的情形:“当事人有下列情形之一的,应当依法从轻或者减轻行政处罚:(一)主动消除或者减轻违法行为危害后果的;(二)受他人胁迫有违法行为的;(三)配合行政机关查处违法行为有立功表现的;(四)其他依法从轻或者减轻行政处罚的。”第二款规定了不予处罚的情形:“违法行为轻微并及时纠正,没有造成危害后果的,不予行政处罚。”其中,“从轻处罚”是指在最低限以上适用较低限的处罚,“减轻处罚”是指在最低限以下处罚。具体到本案,被告西湖区市场监督管理局适用了从轻处罚,将罚款数额裁量确定为《广告法》规定的最低限,即 20 万元。法院作为司法机关,对行政机关的裁量,一般予以认可,但是,根据《行政诉讼法》第七十七条第一款规定,行政处罚明显不当的,人民法院可以判决变更。本案 20 万元罚款是否明显不当,应结合《广告法》禁止使用绝对化用语所需要保护的法益,以及案件的具体违法情形予以综合认定。

《广告法》是一部规范广告活动、保护消费者合法权益、促进广告业健康发展、维护社会经济秩序的法律。该法明确禁止使用“国家级”、“最高级”、“最佳”等绝对化用语。在广告中使用绝对化用语,不仅误导消费者,不当刺激消费心理,造成广告乱象,而且贬低同行,属于不正当的商业手段,扰乱市场秩序。原告的广告违法行为既要予以惩戒,同时也应过罚相当,以起到教育作用为度。

法院主张根据案涉违法行为的具体情况来考量违法情节及危害后果。首先,原告系个体工商户,在自己店铺和包装袋上发布了相关违法广告,广告影响力和影响范围较小,客观上对市场秩序的扰乱程度较轻微,对同行业商品的贬低危害较小。其次,广告针对的是大众比较熟悉的日常炒货,栗子等炒货的口感、功效为大众所熟悉,相较于不熟悉的商品,广告宣传虽会刺激消费心理,但不会对消费者产生太大误导,商品是否真如商家所宣称“最好”,消费者自有判断。综合以上因素,法院认为原告的案涉违法行为情节较为轻微,社会危害性较小,对此处以 20 万元罚款,在处罚数额的裁量上存在明显不当。根据本案前述具体情况,法院将罚款数额变更为 10 万元。

综上,依照《行政诉讼法》[①]第七十七条、第七十九条之规定,一审法院作出如下判决:变更杭州市西湖区市场监督管理局于 2016 年 3 月 22 日作出的(杭西)市管罚处字〔2015〕534 号行政处罚决定中“处以罚款 20 万元”为“处以罚款 10 万

① 本案依据的是 1989 年 4 月 4 日第七届全国人民代表大会第二次会议通过,并已被 2014 年 11 月 1 日第十二届全国人民代表大会常务委员会第十一次会议第一次修正的《行政诉讼法》。该法已被 2017 年 6 月 27 日第十二届全国人民代表大会常务委员会第二十八次会议第二次修正。

元";撤销杭州市市场监督管理局于2016年8月10日作出的(杭)市管复决字〔2016〕139号行政复议决定。案件受理费50元,由被告杭州市西湖区市场监督管理局和杭州市市场监督管理局各负担25元。

原告不服,提起上诉。二审杭州市中级人民法院于2018年9月14日作出终审判决:驳回上诉,维持原判。

## 【点评】

本案行政处罚决定针对违法广告行为,因此《广告法》作为具体管理领域的法律,应当加以适用。特别是,在要件事实的认定方面,《广告法》作出了详细规定,必须加以适用。但是在法律后果的选择方面,尽管《广告法》第五十七条作出了处罚种类和幅度的规定,但是《行政处罚法》上关于处罚效果选择的规则和原则,也具有可适用性。

本案中西湖区市场监督管理局在进行事实认定之后,对罚款选择了从轻处罚,即在处罚幅度内选择较轻的处罚。事实上,该局已经根据裁量基准选择了处罚幅度内的最轻处罚。该局也强调这是立法的规定,不可能突破处罚幅度的下限作出罚款决定。其实,这是西湖区市场监督管理局割裂法律体系、机械适用法律规范的一种表现。行政机关在作出行政行为时,除了适用具体管理领域的行政法律规范以外,还必须适用规范特定类型行政行为的行政法律规范。在本案中,既要适用《广告法》,也要适用《行政处罚法》。《广告法》中没有规定减轻处罚、不予处罚的情形,也没有规定过罚相当的原则,但是《行政处罚法》有相应的规定。因此,在适用法律的时候,在《广告法》规定的违法行为处罚规定的种类和幅度范围内作出相应处罚,只是第一步,还需要根据《行政处罚法》的规定,对案件事实进行综合认定,决定是否需要减轻处罚,乃至不予处罚,最终实现过罚相当,在个案中实现公平正义。

本案处罚决定适用的《广告法》的执行时间是2015年9月1日,本案案发时间是2015年11月5日,新法实施时间仅两月余,方林富炒货店当然有守法的义务,但是在对新法的具体规定不知情的情况下违法,与知法违法相比,其行为性质相对轻微。另外,方林富炒货店所作的广告系在其实体经营场所内张贴广告牌,与利用广播、电视、网络等媒体发布广告相比,其情节相对轻微。其印制广告用语的包装袋更是在消费者已经购买之后才加以使用,欺骗和误导消费者的可能性相对较低。综合来看,其违法行为情节较为轻微。而且,在西湖区市场监督管理局到店检查并指出违法行为后,方林富炒货店也以涂抹等方式进行了及时纠正,根据《行政处罚法》第二十七条第一款第一项的规定,依法可以减轻或从轻处罚。

## 案例 70　行政处罚的追究时效期限

### ——王祺国诉上海市公安局杨浦分局不服治安行政处罚上诉案[①]

### 【案情简介】

1999 年 10 月 18 日晚 11 时许，王祺国、舒静波、史拉拉在上海市启明星饭店对张毅、陈顺婷、胡德志进行殴打，致张毅、陈顺婷、胡德志均有轻微伤害。杨浦公安分局以殴打他人造成轻微伤害对王祺国、舒静波、史拉拉作出治安拘留 15 日的处罚。舒静波不服，向上海市公安局申请复议。经复议，上海市公安局于 2000 年 2 月 15 日以认定事实不清、证据不足为由撤销了该行政处罚决定，并责令杨浦公安分局在 2 个月内重新作出具体行政行为。杨浦公安分局撤销对王祺国、舒静波和史拉拉的原治安拘留决定后，于同年 5 月 17 日以寻衅滋事为由对王祺国、舒静波作出治安拘留 15 日的处罚。王祺国、舒静波不服，提出行政复议。8 月 24 日，上海市公安局作出维持杨浦公安分局所作行政处罚决定的复议决定。舒静波不服，于 2000 年 9 月 5 日向上海市杨浦区人民法院提起行政诉讼，该院于同年 11 月 16 日作出维持判决。舒静波不服上诉至上海市第二中级人民法院，上海市第二中级人民法院于 2001 年 4 月 4 日以认定事实不清、适用法律不当为由作出撤销原审判决和杨浦公安分局作出的行政处罚决定的终审判决。此后，杨浦公安分局撤销了 2000 年 5 月 17 日对王祺国作出的治安行政处罚决定。

2004 年 7 月 6 日，杨浦公安分局对王祺国作出沪公杨行第 2—20040242 号行政处罚，认定王祺国殴打他人造成轻微伤害，决定对其治安拘留 5 日。王祺国不服，向上海市公安局申请复议。经复议，上海市公安局于 2004 年 10 月 19 日作出维持的复议决定。王祺国遂向杨浦区人民法院提起行政诉讼，请求撤销杨浦公安分局作出的沪公杨行第 2—20040242 号行政处罚。杨浦区人民法院判决：维持上海市公安局杨浦分局 2004 年 7 月 6 日作出的沪公杨行第 2—20040242 号行政处罚的具体行政行为。判决后，王祺国不服，上诉至上海市第二中级人民法院。

上诉人王祺国诉称，被上诉人已对上诉人进行过处罚，被终审判决撤销了，时隔 5 年，被上诉人又以同一事实再作出本案行政行为属重复处理。请求撤销原审判决及被诉具体行政行为。

上海市第二中级人民法院判决：驳回上诉，维持原判。

---

① 上海市第二中级人民法院行政判决书(2005)沪二中行终字第 86 号。

【点评】

本案上诉人提出重复处罚的问题是不存在的。行政处罚中的一事不再罚原则,是指对违法行为人的同一违法行为,不得以同一事实和同一依据,给予两次及以上的行政处罚。本案被诉具体行政行为作出前涉及同一事实的处罚决定已被撤销,故不存在两次处罚的事实。

关于作出治安处罚的期限问题。《行政处罚法》[1]第二十九条规定:"违法行为在二年内未被发现的,不再给予行政处罚。法律另有规定的除外。前款规定的期限,从违法行为发生之日起计算;违法行为有连续或者继续状态的,从行为终了之日起计算。"对该条应当这样理解。

(1)该条的"发现时间"是指行政机关的立案时间,不是行政机关作出行政处罚的时间。

(2)行政处罚追究时效的期限自违法行为发生之日起计算。"违法行为发生之日"是指违法行为完成或者停止日。如运输违禁物品,在途中用了10天时间,应当从最后一天将违禁物品转交他人起开始计算。对于连续或者继续状态的,从违法行为终了之日起算。如某公民自从接通电源时就开始偷电,该案的行政处罚追究时效应当从该公民停止偷电之日起计算。又如某人违法占地建住宅,其行为的行政处罚追究时效应当从某人拆除住宅、退出土地之日起计算。

(3)行政机关在行政处罚追究时效期限内发现违法行为,但最后作出行政处罚决定时超过行政处罚追究期限的,对这种情况法院不以超出行政处罚追究时效处理。

上诉人违法行为在1999年已被发现,基于法律对已被发现的违法行为的行政处罚未规定免予处罚期间,故上诉人的违法行为虽发生在1999年,被上诉人于2004年对其作出处罚并无不当。

## 案例71 行为人主观差异对行政处罚的影响

——《药品管理法实施条例》的但书条款[2]

【案情简介】

2005年,某药店销售的洛赛克、斯皮仁诺等药品被人以买药为名拿出柜台用

---

① 本案依据的是1996年3月17日第八届全国人民代表大会第四次会议通过的《行政处罚法》。该法已被2009年8月27日第十一届全国人民代表大会常务委员会第十次会议第一次修正,2017年9月1日第十二届全国人民代表大会常务委员会第二十九次会议第二次修正。

② 杨利敏:《"销售假药"需要主观过错吗?》,《中国医药报》2005年7月16日。

假药调换，而该药店辩称自己不知情。在这种情况下，药品监管部门对药店的这种行为应如何处理，基层执法人员有不同意见。

一种意见认为，药店的行为应适用《药品管理法》[①]第七十四条进行处罚，该条规定："生产、销售假药的，没收违法生产、销售的药品和违法所得，并处违法生产、销售药品货值金额二倍以上五倍以下的罚款；有药品批准证明文件的予以撤销，并责令停产、停业整顿；情节严重的，吊销《药品生产许可证》、《药品经营许可证》或者《医疗机构制剂许可证》；构成犯罪的，依法追究刑事责任。"

另一种意见认为药店可以免责。《药品管理法实施条例》[②]第八十一条规定："药品经营企业、医疗机构未违反《药品管理法》和本条例的有关规定，并有充分证据证明其不知道所销售或者使用的药品是假药、劣药的，应当没收其销售或者使用的假药、劣药和违法所得；但是，可以免除其他行政处罚。"可见，《药品管理法》原则上规定禁止销售假药，销售假药的行为应承担相应责任，而《药品管理法实施条例》第八十一条可以视为是《药品管理法》上述规定的"但书"条款。药店如果能证明自己不知情，就可以免除其他行政处罚。

## 【点评】

违法者主观状态对承担责任的影响不同。在刑事处罚中，行为人的主观是故意还是过失对其所承担的刑事责任影响很大，是判断罪与非罪、此罪与彼罪的重要因素。但在行政处罚过程中，通常认为，行为人主观上的故意和过失就显得不那么重要，只要主观上有过错，客观上实施了行政违法行为，就可以认为是已构成了行政违法，就可以对其实施行政处罚，不必过细地研究这一违法行为是故意还是过失。

行政违法是否需要追究主观过错？有观点提出，行政违法是客观违法，主要考察的是违法的客观方面是否构成。诚然，在行政执法中，对违法行为主观因素的衡量远不及刑事法领域重要，行为的客观因素在对"违法"性质的认定中占有较大比重，但这并不等于在行政法之中，对行为主观方面的衡量或者行为的主观因素完全无须考虑。"销售假药"这一违法行为的构成是需要主观过错的。在此，尤其需要引起注意的是，《药品管理法实施条例》第八十一条虽然规定了对涉案药品的"没

---

① 本案依据的是1984年9月20日第六届全国人民代表大会常务委员会第七次会议通过，并已被2001年2月28日第九届全国人民代表大会常务委员会第二十次会议第一次修订的《药品管理法》。该法已被2013年12月28日第十二届全国人民代表大会常务委员会第六次会议第一次修正，2015年4月24日第十二届全国人民代表大会常务委员会第十四次会议第二次修正。现行《药品管理法》已被2019年8月26日第十三届全国人民代表大会常务委员会第十二次会议第二次修订，自2019年12月1日起施行。

② 本案依据的是2002年8月4日国务院令第360号发布的《药品管理法实施条例》。该条例已被2016年2月6日国务院令第666号第一次修正，2019年3月2日国务院令第709号第二次修正。

收”,但该种处理类同于对假药采取避免其流入市场的强制措施,其与基于当事人行为“可科责性”而给予的罚款等处罚在性质上是有显著区别的。该条用但书强调“可以免除其他行政处罚”,即是强调了此时行为人行为不具有“可科责性”。

## 案例72　行政处罚的听证程序

### ——物资回收公司诉江苏省某市环保局行政处罚案[①]

### 【案情简介】

2005年5月,某市环保局在执法检查中发现,该市一物资回收公司现有的《危险废物收集经营许可证》中,核准其经营的危险废物类别为“医院临床废物”,而该公司却超出其经营许可的范围,大量收集废机油、柴油这种“废矿物油”类的危险废物,获取非法收入13.2万元。环保局认为,该公司未按经营许可证核准其经营的范围从事危险废物的收集,违反了《固体废物污染环境防治法》[②]第五十七条第二款的规定,遂于2005年6月2日依照该法第七十七条的规定,对该公司作出了行政处罚决定,责令限期改正,没收违法所得13.2万元。物资回收公司不服,认为环保局作出的处罚决定未告知其有要求举行听证的权利,程序违法,遂诉至法院,要求撤销。

本案在审理过程中,对没收违法所得是否应当听证有两种意见。

第一种意见认为,《行政处罚法》[③]第四十二条规定:“行政机关作出责令停产停业、吊销许可证或者执照、较大数额罚款等行政处罚决定之前,应当告知当事人有要求举行听证的权利;当事人要求听证的,行政机关应当组织听证……”该条规定了行政处罚听证的范围,但未包括“没收违法所得”,因此,根据处罚法定的原则,没收违法所得不适用听证程序的规定,环保局作出的处罚决定程序合法。

第二种意见认为,《行政处罚法》第四十二条对听证范围的规定中有个“等”

① 胡广明:《本案没收违法所得是否应当听证》,http://www.chinacourt.org/html/article/200511/04/184074.shtml,访问时间:2012年6月1日。

② 本案依据的是1995年10月30日第八届全国人民代表大会常务委员会第十六次会议通过,并已被2004年12月29日第十届全国人民代表大会常务委员会第十三次会议重新修订的《固体废物污染环境防治法》。该法已被2013年6月29日第十二届全国人民代表大会常务委员会第三次会议第一次修正,2015年4月24日第十二届全国人民代表大会常务委员会第十四次会议第二次修正,2016年11月7日第十二届全国人民代表大会常务委员会第二十四次会议第三次修正。

③ 本案依据的是1996年3月17日第八届全国人民代表大会第四次会议通过的《行政处罚法》。该法已被2009年8月27日第十一届全国人民代表大会常务委员会第十次会议第一次修正,2017年9月1日第十二届全国人民代表大会常务委员会第二十九次会议第二次修正。

字，这是一种不完全的列举，应结合《行政处罚法》的立法本意去理解规定中的“等”字。本案中，没收违法所得达到了《江苏省行政处罚听证程序规则（试行）》[①]中规定的较大数额，因此，应同较大数额罚款一样，适用听证程序。环保局作出没收违法所得的处罚决定前未告知物资回收公司有要求举行听证的权利，属程序违法，应予撤销。

## 【点评】

**1. 行政处罚的轻重应与处罚程序的繁简相对应**

“没收违法所得”与“罚款”都属行政处罚中的财产罚，都是使违法者经济利益受到损失来惩罚违法者的违法行为。“较大数额罚款”是一种比较重的行政处罚，其后果将造成违法者经济利益的重大损失，因此，《行政处罚法》从充分保护相对人合法财产权益的角度考虑，对“较大数额罚款”作出了不同于简易及一般行政处罚程序的听证程序的规定。“较大数额的没收违法所得”也是使违法者经济利益受到重大损失的一种较重的行政处罚，与“较大数额罚款”相比，两者只是适用的范围和条件不同，从相对人经济利益都会受到重大损失这一点而言，两者没有本质的区别。因此，对“较大数额的没收违法所得”这种比较重的行政处罚，也应有与之相对应的处罚程序，应同“较大数额罚款”一样，适用听证程序。

**2. 应从《行政处罚法》的立法本意理解第四十二条对听证的要求**

《行政处罚法》第四十二条对应适用听证程序的处罚种类进行了列举，在列举了责令停产停业、吊销许可证或者执照、较大数额罚款之后，加了一个“等”字，该“等”字如何理解，究竟是“等内”还是“等外”？编者认为，应从《行政处罚法》的立法本意去理解。第四十二条虽然没有明确规定没收违法所得也应举行听证，但这并不意味着《行政处罚法》的立法本意是行政机关可以不举行听证。根据现代法治的要求，行政机关不仅应该严格依法律的明文规定行政，而且应该依法律的目的、原则、精神行政。

如前所述，“较大数额的没收违法所得”与“较大数额罚款”只是适用的范围和条件不同，本质并无差异。行政机关对作出“较大数额罚款”的行政处罚决定应告知当事人有要求听证的权利，那么行政机关对作出同样性质的“较大数额的没收违法所得”的行政处罚决定当然也就应该告知当事人有要求听证的权利。将《行政处罚法》第一条的立法目的与“较大数额的没收违法所得”、“较大数额罚款”均关系到相对人重大经济利益联系起来整体考察，就不难理解该“等”字，对其就会作扩大性解释，应是“等外”而不是“等内”。究竟哪些行政处罚需要听证，因社会生活中的情

---

① 本案依据的是 1996 年 11 月 30 日江苏省人民代表大会常务委员会通过的《江苏省行政处罚听证程序规则（试行）》，自 1997 年 3 月 1 日起实施。

况复杂多样,立法者难以一一列举,所以用了一个"等"字,作一种概括性的不完全列举,这也是立法中常用的方法和技巧,正如法律条文的兜底条款一样。因此,对"较大数额的没收违法所得"适用听证程序,符合《行政处罚法》听证程序充分保护相对人重大利益的立法本意。故环保局作出"较大数额的没收违法所得"处罚决定前未告知物资回收公司有要求举行听证的权利,属程序违法,应予撤销。

## 案例73 行政处罚的简易程序
### ——廖宗荣诉重庆市公安局交通管理局第二支队道路交通管理行政处罚决定案[①]

### 【案情简介】

2005年7月26日8时30分,原告廖宗荣驾驶小轿车,沿滨江路向上清寺方向行驶。在大溪沟滨江路口,被告交警二支队的执勤交通警察陶祖坤示意原告靠边停车。陶祖坤向廖宗荣敬礼后,请廖宗荣出示驾驶执照,指出廖宗荣在大溪沟嘉陵江滨江路加油(气)站的道路隔离带缺口处,无视禁止左转弯交通标志违规左转弯。廖宗荣申辩自己未左转弯,警察未看清楚。陶祖坤认为廖宗荣违反禁令标志行车的事实是清楚的,其行为已违反《道路交通安全法》[②]的规定,依法应受处罚,遂向廖宗荣出具516号《处罚决定书》。廖宗荣拒不承认违法事实,拒绝在《处罚决定书》上签字。对此,陶祖坤均在516号《处罚决定书》上注明,并将该《处罚决定书》的当事人联交给廖宗荣。廖宗荣不服516号《处罚决定书》,向重庆市公安局申请行政复议。9月13日,重庆市公安局作出行政复议决定,维持了516号《处罚决定书》。廖宗荣仍不服,遂向重庆市渝中区人民法院提起行政诉讼。

本案争议焦点有二。一是交通警察一人执法时的证据效力如何认定?二是交通警察一人执法时当场给予行政管理相对人罚款200元的行政处罚,是否合法?

重庆市渝中区人民法院认为:

《道路交通安全法》第五条规定:"县级以上地方各级人民政府公安机关交通管理部门负责本行政区域内的道路交通安全管理工作。"第八十七条规定:"公安机关交通管理部门及其交通警察对道路交通安全违法行为,应当及时纠正。"根据上述

---

① 《廖宗荣诉重庆市公安局交通管理局第二支队道路交通管理行政处罚决定案》,《最高人民法院公报》2007年第1期。

② 本案依据的是2003年10月28日第十届全国人民代表大会常务委员会第五次会议通过的《道路交通安全法》。该法已被2007年12月29日第十届全国人民代表大会常务委员会第三十一次会议第一次修正,2011年4月22日第十一届全国人民代表大会常务委员会第二十次会议第二次修正。

规定，对辖区内的道路交通安全进行管理，是被告交警二支队的法定职责。陶祖坤作为交警二支队派遣执行勤务的交通警察，对在辖区内发生的道路安全违法行为，有权力及时纠正。经查，大溪沟嘉陵江滨江路加油（气）站道路隔离带确实有一缺口，此处确实树立着禁止左转弯的交通标志，而且2005年7月26日8时许廖宗荣确实驾车途经此处。对廖宗荣是否在此处违反禁令左转弯，虽然只有陶祖坤一人的陈述证实，但只要陶祖坤是依法执行公务的人员，其陈述的客观真实性得到证实，且没有证据证明陶祖坤与廖宗荣之间存在利害关系，陶祖坤一人的陈述就是证明廖宗荣有违反禁令左转弯行为的优势证据，应当作为认定事实的根据。

《行政处罚法》[①]确实有当场对公民作出的罚款只能在50元以下，行政机关调查或者检查时执法人员不得少于2人的规定。但《行政处罚法》制定于1996年，此后的2003年10月28日，十届全国人大常委会第五次会议通过了《道路交通安全法》。《道路交通安全法》第一条规定："为了维护道路交通秩序，预防和减少交通事故，保护人身安全，保护公民、法人和其他组织的财产安全及其他合法权益，提高通行效率，制定本法。"说明该法是处理道路交通安全问题的专门法律。为了落实《道路交通安全法》，国务院于2004年4月30日颁布了《道路交通安全法实施条例》[②]，公安部也于2004年4月30日发布了《道路交通安全违法行为处理程序规定》[③]。一切因道路交通安全管理产生的社会关系，都应当纳入上述法律、行政法规和规章的调整范畴。

道路交通安全管理具有其特殊性。道路上的交通违法行为一般都是瞬间发生，对这些突发的交通违法行为如果不及时纠正，就会埋下交通安全隐患，甚至当即引发交通安全事故，破坏道路交通安全秩序。但要及时纠正这些突发的交通违法行为，则会面临取证难题。交通警察发现交通违法行为后应当及时纠正，如果必须先取证再纠正违法，则可能既无法取得足够的证据，也无法及时纠正违法行为，甚至还可能在现场影响车辆、行人的通行。考虑到上述因素，为了遵循《道路交通安全法》第三条确立的"依法管理、方便群众的原则，保障道路交通有序、安全、畅通"，《道路交通安全法》第七十九条规定："公安机关交通管理部门及其交通警察实施道路交通安全管理，应当依据法定的职权和程序，简化办事手续，做到公正、严

---

① 本案依据的是1996年3月17日第八届全国人民代表大会第四次会议通过的《行政处罚法》。该法已被2009年8月27日第十一届全国人民代表大会常务委员会第十次会议第一次修正，2017年9月1日第十二届全国人民代表大会常务委员会第二十九次会议第二次修正。

② 本案依据的是2004年4月30日国务院令第405号发布的《道路交通安全法实施条例》。该条例已被2017年10月7日国务院令第687号修正。

③ 本案依据的是2004年4月30日公安部令第69号发布的《道路交通安全违法行为处理程序规定》。2008年12月20日公安部令第105号发布新的《道路交通安全违法行为处理程序规定》，自2009年4月1日起施行。旧的《道路交通安全违法行为处理程序规定》同日废止。

格、文明、高效。”第一百零七条规定:“对道路交通违法行为人予以警告、二百元以下的罚款,交通警察可以当场作出行政处罚决定,并出具行政处罚决定书。”《道路交通安全违法行为处理程序规定》第八条规定:“公安机关交通管理部门按照简易程序作出处罚决定的,可以由一名交通警察实施。”因此,交通警察一人执法时,当场给予行政管理相对人罚款200元的行政处罚,是合法的具体行政行为。

综上所述,原告廖宗荣违反禁令行车的事实可以认定。被告交警二支队的执勤交通警察当场作出516号《处罚决定书》,决定对廖宗荣的违法行为给予罚款200元的行政处罚,适用法律正确,符合法定程序,依法应予维持。廖宗荣的诉讼请求不能成立,不予支持。据此,重庆市渝中区人民法院依照《行政诉讼法》第五十四条第(一)项规定,于2006年8月22日判决:维持被告交警二支队作出的516号《处罚决定书》。

## 【点评】

本案涉及《行政处罚法》和《道路交通安全法》的效力问题,在刘家海诉南宁市公安局交警二大队交通行政处罚违法案中已有讨论。

本案涉及的另一个问题也非常关键,即当场行政处罚的证明标准。本案涉及交通警察一人执法时的行政处罚证据效力问题。根据《行政处罚法》第四条的规定,行政处罚的设定与实施,必须以事实为依据,与违法行为的事实、性质、情节以及社会危害程度相当。《行政处罚法》第三十条规定:“公民、法人或者其他组织违反行政管理秩序的行为,依法应当给予行政处罚的,行政机关必须查明事实;违法事实不清的,不得给予行政处罚。”《行政处罚法》第三十三条规定,当场作出行政处罚决定应以“违法事实确凿并有法定依据”为前提。《道路交通安全法》第八十七条规定:“公安机关交通管理部门及其交通警察应当依据事实和本法的有关规定对道路交通安全违法行为予以处罚。”因此根据《行政处罚法》和《道路交通安全法》的规定,当场行政处罚决定以事实为根据,以“违法事实确凿”并有法定依据为前提。

我国目前对行政诉讼证明标准的研究普遍认为,行政诉讼证明标准并不是统一适用一个标准,而是根据行政活动的类型、行政案件的性质及对当事人权益影响的大小等因素,具体确定案件的证明标准。目前相对讨论较多的是排除合理怀疑标准、明显优势证据标准和优势证据标准。[①]

**1. 排除合理怀疑标准**

排除合理怀疑标准本为英美法系刑事证明标准的经典表述,有少数学者认为应将排除合理怀疑标准作为行政诉讼的一般证明标准,认为这可以保障对事实真

① 宋华琳:《当场行政处罚中的证明标准及法律适用》,载《交大法学》(第一卷),上海交通大学出版社2010年版。

相的探求在最大限度上接近真实。但更多学者认为应将排除合理怀疑标准作为行政诉讼的特殊证明标准。如曾任最高人民法院行政庭副庭长的孔祥俊法官在其著作中认为:“拘留、劳动教养、责令停产停业和吊销执照等行政案件,因对行政相对人人身、财产权益有重大影响,对行政机关应当有更高的证明要求,因而应适用排除合理怀疑标准。”这构成了更为主流的学说,其中隐含的推理是行政活动不仅对相对人的人身权、财产权产生影响,而且是产生重大影响时,才适用排除合理怀疑的证明标准。排除合理怀疑标准要求案件主要事实均能为证据所证明,还要求证据之间没有矛盾,证据和案件事实之间没有矛盾。

从这样的推理出发,就《行政处罚法》第八条中设定的行政处罚种类而言,其中对于作为能力罚的责令停产停业、暂扣或吊销许可证或执照,对于作为人身罚的行政拘留,对于作为财产罚的没收以及较大数额的罚款,或可适用排除合理怀疑的证明标准。而根据《行政处罚法》第三十三条、《道路交通安全法》第一百零七条的规定,针对个人作出的当场行政处罚决定,限于警告和小额罚款。本案对原告处以200元的罚款,属较小数额的罚款,不宜适用排除合理怀疑的证明标准。

**2. 明显优势证据标准**

通常认为明显优势证据标准接近于“清楚而有说服力”的证明标准。明显优势证据标准要求一方当事人证据的证明效力明显较另一方具有较大的优势,要求该优势足以使法官确信其主张的事实真实存在,或者更具有真实存在的可能性。

**3. 优势证据标准**

优势证据标准,是指当证据表明待证事实存在的可能性明显大于不存在的可能性,或此种事实存在的可能性明显大于彼种事实存在的可能性,按照可能性占优势的证据来认定事实的证明标准。

《最高人民法院关于民事诉讼证据的若干规定》[①]第七十三条规定:“双方当事人对同一事实分别举出相反的证据,但都没有足够的依据否定对方的证据,人民法院应当结合案件情况,判断一方提供证据的证明力是否明显大于另一方提供的证明力,并对证明力较大的证据予以确认。因证据的证明力无法判断导致争议事实难以认定的,人民法院应当依据举证责任分配的规则作出裁判。”学界普遍认为这确立了民事诉讼中的优势证据规则。

对于适用简易行政程序实施的行政执法决定,适用优势证据规则,或许不失为较好的选择。简易行政程序一般涉及案情较为简单,事实较为清楚,对相对人权益也不会造成太大的侵害。行政机关工作人员看到或感知到案件事实,应以事实为

① 此处指的是2001年12月21日法释〔2001〕33号公布,并自2002年4月1日起施行的《最高人民法院关于民事诉讼证据的若干规定》。该司法解释已根据2008年12月16日发布的《最高人民法院关于调整司法解释等文件中引用〈中华人民共和国民事诉讼法〉条文序号的决定》调整。

根据作出行政处罚,采用客观真实标准。但这种案件往往很难有"数个种类不同、内容一致"的证据来加以相互印证,例如执法警察听到司机违规鸣号,看到驾驶员在驾驶汽车过程中使用移动电话,包括本案中,当执法人员陶祖坤看到原告廖宗荣违规左转弯,进行相应行政处罚时,很可能只有一个关键证据。对于此类案件,要求适用排除合理怀疑标准或明显优势证据标准,其要求不仅过高,也可能无法实现行政执法的目的,会影响行政管理的效率。

为此多位学者主张,对于行政机关依据简易程序实施的行为,只要不存在反证证明这个行政证据是可怀疑的,例如无证据证明执法人员和被处罚人之间存在利害关系,也无证据表明执法人员滥用职权时,就应赋予行政执法人员所提供证据更强的证明力。因此,对于依据简易程序处罚的本案而言,适用优势证据标准是恰当的。

# 第10章 行政强制

## 案例74 地方法规设立行政强制措施的权限

——潘洪斌诉杭州市拱墅交警大队道路行政强制及行政赔偿案①

### 【案情简介】

2009年3月20日，杭州市公安局交通警察局作出《关于实施外地电动自行车限行措施的通告》，决定将对外地电动自行车实施限制通行的措施。外地电动自行车指持杭州市区牌证以外的车辆，自2009年4月1日零时起，某些道路（从略）禁止外地电动自行车通行。对驶入限行区域的外地电动自行车，公安机关交通管理部门将按照有关规定进行处理。2015年10月10日，在环城北路莫干山路口处拱墅交警大队发现潘洪斌驾驶车牌为南浔××电动车，向潘洪斌开具《公安机关交通管理行政强制措施凭证》，认定潘洪斌驾驶营运人力三轮车和公安机关交通管理部门规定的其他非机动车在禁止通行的道路上行驶的违法行为，根据《杭州市道路交通安全管理条例》②第四十八条，扣留非机动车。潘洪斌在凭证上签字。潘洪斌不服拱墅交警大队作出的上述行政强制措施，向法院提起行政诉讼。

原告提出的异议主要有两点：其一，交警在作出扣车行为时程序违法，包括未出示执法证件、在作出扣车行为时只有一名交警在场执法；其二，交警适用《杭州市道路交通安全管理条例》第四十八条而不适用《行政强制法》③第十一条的规定是适用法律错误。

---

① 浙江省杭州市中级人民法院(2016)浙01行终45号行政判决书，浙江省高级人民法院(2016)浙行申384号行政裁定书。

② 本案依据的是2007年10月31日杭州市第十一届人民代表大会常务委员会第四次会议通过的《杭州市道路交通安全管理条例》。该条例已被2015年12月25日杭州市第十二届人民代表大会常务委员会第三十三次会议重新修订，2017年6月28日杭州市第十三届人民代表大会常务委员会第三次会议修正。

③ 本案依据的是2011年6月30日第十一届全国人民代表大会常务委员会第二十一次会议通过的《行政强制法》。

关于第一点,一审法院认为,《道路交通安全法》[①]第八十条规定:"交通警察执行职务时,应当按照规定着装,佩戴人民警察标志,持有人民警察证件,保持警容庄严,举止端庄,指挥规范。"被告民警在执行职务时,未向原告出示证件,在表明执法主体方面存在瑕疵,但不属于严重程序违法,本院予以指正即可。从执法现场监控录像来看,本案行政强制措施系交警通过录入专有的警号和密码使用"警务通"操作,两名交警均在执法现场,并且在该行政强制措施凭证上签字确认,原告主张一名交警执法违反程序,本院不予支持。

关于第二点,一审法院认为,《行政强制法》第十条规定:"行政强制措施由法律设定。尚未制定法律,且属于国务院行政管理职权事项的,行政法规可以设定除本法第九条第一项、第四项和应当由法律规定的行政强制措施以外的其他行政强制措施。尚未制定法律、行政法规,且属于地方性事务的,地方性法规可以设定本法第九条第二项、第三项的行政强制措施。"《杭州市道路交通安全管理条例》第二十三条第一款规定:"本市的上城区、下城区、西湖区、拱墅区、江干区和滨江区道路禁止燃油助动车、正三轮摩托车、营运人力三轮车和市公安机关交通管理部门规定的其他车辆通行。"第四十八条规定:"违反本条例第二十三条规定,驾驶燃油助动车、正三轮摩托车、营运人力三轮车和市公安机关交通管理部门规定的其他车辆在禁止通行的道路上行驶的,公安机关交通管理部门除可以扣留车辆,依照后款规定处理外,对驾驶人处二十元以上五十元以下罚款。"根据前述规定,《杭州市道路交通安全管理条例》设定扣留车辆的行政强制措施并未违反上位法规定。而杭州市公安局交通警察局发布的《关于实施外地电动自行车限行措施的通告》明确禁止2009年4月1日起外地电动自行车驶入限行的区域。原告驾驶南浔××电动车进入限行区域,被告采取扣留车辆的行政强制措施,事实清楚,依据合法。

2015年12月21日,一审浙江省杭州市拱墅区人民法院作出(2015)杭拱行初字第94号行政判决书,驳回原告潘洪斌的诉讼请求。

潘洪斌不服,提起上诉,并在二审期间提出对《关于实施外地电动自行车限行措施的通告》一并进行规范性文件审查的书面申请。

二审法院认为,根据《最高人民法院关于适用〈中华人民共和国行政诉讼法〉若干问题的解释》[②]第二十条的规定,请求人民法院一并审查规范性文件的,应当在第一审开庭审理前提出;有正当理由的,也可以在法庭调查中提出。据此,上诉人

① 本案依据的是2003年10月28日第十届全国人民代表大会常务委员会第五次会议通过,并已被2007年12月29日第十届全国人民代表大会常务委员会第三十一次会议第一次修正,2011年4月22日第十一届全国人民代表大会常务委员会第二十次会议第二次修正的《道路交通安全法》。

② 本案依据的是《最高人民法院关于适用〈中华人民共和国行政诉讼法〉若干问题的解释》(法释〔2015〕9号)。《最高人民法院关于适用〈中华人民共和国行政诉讼法〉的解释》于2018年2月8日起施行,《最高人民法院关于适用〈中华人民共和国行政诉讼法〉若干问题的解释》(法释〔2015〕9号)同时废止。

在二审期间提出规范性文件审查的申请，已经超出法定期限。关于上诉人提出其在一审法庭调查中已提出上述申请但原审法院未予审查的主张，因被上诉人在一审答辩状中已明确载明案涉通告的名称和内容，但上诉人无正当理由在一审法庭调查中才提出规范性文件审查申请，亦超出法定期限，故原审法院未予审查，并无不当。

二审法院同意一审法院的看法，认定《杭州市道路交通安全管理条例》系现行有效的地方性法规，交警依据该法规对潘洪斌作出扣留车辆的行政强制措施，并无适用法律错误。

二审法院认为，被上诉人交警在实施行政强制措施时未出示执法证件，但根据执法现场监控视频显示，现场的执勤交警均按规定着装、佩戴人民警察标志，故可认定被上诉人交警实施行政强制措施时能够显示其执法人员的身份。另据执法现场监控视频显示，直接对上诉人实施行政强制措施的交警确系一人，但另一名在行政强制措施凭证上签字的交警亦在该交通违法处理点现场。从法律关于"两人执法"的立法本意看，旨在确立一种相互监督的机制，被上诉人采取的上述执法方式能够实现监督效果，亦符合现行警力配备和执法现状的实际情况。

2016 年 3 月 15 日，浙江省杭州市中级人民法院作出(2016)浙 01 行终 45 号行政判决书：驳回上诉，维持原判。

潘洪斌不服，向浙江省高级人民法院提出申诉，申请再审。

再审中，潘洪斌坚持认为交警适用法律错误。他提出，根据《行政强制法》第十条规定，在国家已经制定《道路交通安全法》，国务院已经制定相关行政法规，且法律、行政法规都没有规定非机动车在违法道路通行的规定下可以扣留的情况下，作为地方性法规无权私自设立此类行政强制措施。同时，根据该法第十一条规定，法律对行政强制措施的对象、条件、种类作了规定的，行政法规、地方法规不得作出扩大规定。根据《立法法》[①]的规定，上位法优于下位法，地方法规不得与法律相抵触，其适用《杭州市道路交通安全管理条例》第四十八条，而不适用《行政强制法》第十条和第十一条的规定是法律适用错误。《道路交通安全法》第三十九条明确交通管理部门只能依据道路和交通流量的具体情况，才能对非机动车采取禁止通行的措施。杭州市区道路具备让电动车通行的条件，也未拥堵到需要禁止外地电动车的地步。电动车有路上行驶的权利，以规范性法律文件的形式永久性剥夺外地牌照的电动车在公共道路上行驶的权利是于法无据的，是侵犯公民财产权的。道路是用于公众通行的，不是一个地区市民特有的，全国车辆都可以在道路本身以及交通流量允许的情况下通行。

---

① 本案依据的是 2000 年 3 月 15 日第九届全国人民代表大会第三次会议通过，并已被 2015 年 3 月 15 日第十二届全国人民代表大会第三次会议修正的《立法法》。

浙江省高级人民法院认可了一审、二审法院的主张，于2016年9月23日以行政裁定书(2016)浙行申384号驳回再审申请人潘洪斌的再审申请。

尽管输了官司，潘洪斌并没有放弃对《杭州市交通安全管理条例》的质疑，并于2016年4月致信全国人大常委会提出审查建议。潘洪斌认为，该条例在《道路交通安全法》第八十九条规定“行人、乘车人、非机动车驾驶人违反道路交通安全法律、法规关于道路通行规定的，处警告或者五元以上五十元以下罚款；非机动车驾驶人拒绝接受罚款处罚的，可以扣留其非机动车”的情形下，直接规定扣留非机动车并托运回原籍的行政强制手段，涉嫌违反上位法。潘洪斌写给全国人大常委会的这封信，让全国人大常委会启动了针对《杭州市道路交通安全管理条例》的备案审查程序。之后，全国人大常委会法工委就法规抵触问题与杭州市人大常委会进行沟通，要求制定机关进行研究，对条例规定进行修改。2017年6月28日，杭州市人大常委会审议通过了一项决定，对已经施行九年多的《杭州市道路交通安全管理条例》予以修改，将第七十条第二款删除，将第一款修改为：“违反本条例第三十二条规定，驾驶燃油助力车、正三轮摩托车、营运人力三轮车以及市和区、县(市)人民政府规定的其他车辆在禁止其通行的道路上行驶的，由公安机关交通管理部门对非机动车驾驶人处二十元以上五十元以下罚款，对机动车驾驶人处五十元以上二百元以下罚款。非机动车驾驶人拒绝接受罚款处罚的，可以扣留其非机动车。”修改后，该规定与《道路交通安全法》第八十九条一致。

## 【点评】

日常生活中，电动车被扣押的事并不少见。一般车主都是按规定处理后取回车辆。而潘洪斌凭借学到的法律知识和工作中积累的经验，敏锐地意识到：交警部门对轻微违法行为采取的扣车并托运回原籍的行为，超出了《道路交通安全法》的限度。他向当地法院起诉，一审二审都败诉了，再审请求也被驳回，于是，就有了后来一封信推动地方法规修改的故事。

《行政强制法》第十一条第一款规定：“法律对行政强制措施的对象、条件、种类作了规定的，行政法规、地方性法规不得作出扩大规定。”本案中，原《杭州市道路交通安全管理条例》第七十条第二款的规定超越了《道路交通安全法》第八十九条的规定，因此违反了《行政强制法》对于地方法规设定行政强制措施的限制，应当纠正。

# 案例 75　没收不是行政强制措施

## ——再胜源公司诉上海市卫生局行政强制决定案[①]

## 【案情简介】

上海市卫生局(以下简称卫生局)于 2004 年 1 月 16 日作出第 381 号卫生行政强制决定,认定上海再胜源干细胞工程有限公司(以下简称再胜源公司)实施了未经许可擅自采集血液的行为,违反了卫生部《血站管理办法(暂行)》[②](以下简称《管理办法》)第二十一条的规定。根据《管理办法》第四十八条之规定,对再胜源公司作出取缔、没收 YSD-35-125 液氮生物容器 3 只、YSD-35-200 液氮生物容器 1 只的卫生行政强制决定。再胜源公司不服,向上海市黄浦区人民法院提起行政诉讼。

原告诉称,根据医学理论及卫生部文件的有关规定,脐带血不是《管理办法》所规定的全血或者成分血;我公司从事的是脐带血造血干细胞储存和相关产品的研究、开发,并非开设血站。卫生局适用《管理办法》作出行政强制决定依据不足,程序违法,适用法律错误,应予撤销。

被告答辩称,被告的目的是采集脐带血、提取干细胞,并用于治疗。在医学上,脐带血即是血液,原告采集的脐带血是《管理办法》中的"用于临床的血液"。请求维持该行政强制决定。

上海市黄浦区人民法院认为:

根据《献血法》[③]和《管理办法》的规定,卫生行政管理机关是对采供血进行监督、管理的行政主管机关。再胜源公司委托医院采集脐带血,目的是分离干细胞后进行储存,以备用于储存人临床治疗血液性疾病。《献血法》和《管理办法》虽未对血液中全血的组成、成分血的种类予以详细列明,但从医学及法律规范的角度分析,脐带血应属于血液中全血的范畴,故再胜源公司采集血液的事实成立。同时,上述法律和规章均明确规定,采集血液须以取得卫生行政许可为前提,再胜源公司

---

① 《再胜源公司诉上海市卫生局行政强制决定案》,《最高人民法院公报》2005 年第 1 期。

② 本案依据的是 1998 年 9 月 21 日卫生部令第 2 号发布的《血站管理办法(暂行)》。该暂行办法已被 2005 年 11 月 17 日卫生部令第 44 号发布的《血站管理办法》自 2006 年 3 月 1 日起废止。现行《血站管理办法》已被 2009 年 3 月 27 日卫医政发〔2009〕28 号第一次修正,2016 年 1 月 19 日国家卫生和计划生育委员会令第 8 号第二次修正,2017 年 12 月 26 日国家卫生和计划生育委员会令第 18 号第三次修正。

③ 本案依据的是 1997 年 12 月 29 日第八届全国人民代表大会常务委员会第二十九次会议通过的《献血法》。

未得到卫生行政部门批准擅自采集脐带血,卫生局据此适用《献血法》和《管理办法》的规定,对其作出取缔的行政强制决定,适用法律正确。卫生局在作出被诉具体行政行为之前,进行了调查取证,之后亦制作了强制决定书,并送达给再胜源公司,行政程序合法。但卫生局在取缔再胜源公司违法行为的同时,决定对再胜源公司液氮生物容器予以没收。而没收是法律规定的行政处罚措施,卫生局作出没收决定时,必须适用《行政处罚法》[①]规定的处罚程序。卫生局在决定没收再胜源公司液氮生物容器时,没有依法适用处罚程序,虽然该处罚尚未执行,但亦构成程序违法。

据此,上海市黄浦区人民法院依照《献血法》第十八条第(一)项,《行政处罚法》第四十一条,《最高人民法院关于执行〈中华人民共和国行政诉讼法〉若干问题的解释》[②]第五十七条第一款、第二款第(三)项之规定,于2004年7月8日判决:确认上海市卫生局2004年1月16日第381号行政强制决定中对再胜源公司非法采集血液行为予以取缔的具体行政行为合法;确认上海市卫生局2004年1月16日第381号行政强制决定中没收再胜源公司YSD-35-125液氮生物容器3只、YSD-35-200液氮生物容器1只的具体行政行为无效。

宣判后,再胜源公司不服,向上海市第二中级人民法院提起上诉。

上海市第二中级人民法院依照《行政诉讼法》[③]第六十一条第(一)项的规定,于2004年12月6日判决:驳回上诉,维持原判。

## 【点评】

本案发生时,《行政强制法》尚未出台。2012年1月1日起,《行政强制法》正式施行。该法所规定的行政强制措施,是指行政机关在行政管理过程中,为制止违法行为、防止证据损毁、避免危害发生、控制危险扩大等情形,依法对公民的人身自由实施暂时性限制,或者对公民、法人或者其他组织的财物实施暂时性控制的行为。

在实际执法中,最常涉及的行政强制措施主要有以下几种。

---

① 本案依据的是1996年3月17日第八届全国人民代表大会第四次会议通过的《行政处罚法》。该法已被2009年8月27日第十一届全国人民代表大会常务委员会第十次会议第一次修正,2017年9月1日第十二届全国人民代表大会常务委员会第二十九次会议第二次修正。

② 本案依据的是法释〔2000〕8号。《最高人民法院关于适用〈中华人民共和国行政诉讼法〉的解释》于2018年2月8日起施行。该解释施行后,《最高人民法院关于执行〈中华人民共和国行政诉讼法〉若干问题的解释》(法释〔2000〕8号)、《最高人民法院关于适用〈中华人民共和国行政诉讼法〉若干问题的解释》(法释〔2015〕9号)同时废止。

③ 本案依据的是1989年4月4日第七届全国人民代表大会第二次会议通过的《行政诉讼法》。该法已被2014年11月1日第十二届全国人民代表大会常务委员会第十一次会议第一次修正,2017年6月27日第十二届全国人民代表大会常务委员会第二十八次会议第二次修正。

**1. 针对财物或者场所的行政强制措施**

(1) 查封(或封存)。查封是指有权的执法机关用封条将当事人的财物进行封存,非经查封单位同意,任何人不得转移和处理。涉及房产、汽车等还要向有关登记机关办理查封备案登记。需要被查封的财物,行政机关可以指定当事人负责保管。保管不善,造成损失的,要承担责任。如《无照经营查处取缔办法》规定,县级以上工商行政管理部门可以查封涉嫌从事无照经营的场所。

(2) 扣押。扣押是指有权的执法机关将当事人涉案的财物转移至另外场所。扣押和查封不同,查封主要是就地进行,加贴封条;扣押主要是易地进行,一般由实施机关直接控制被扣押的物品。如《商标法》规定,县级以上工商行政管理部门对有证据证明是侵犯他人注册商标专用权的物品,可以查封或者扣押。

**2. 针对银行存款的行政强制措施**

(1) 冻结。冻结是指有权的执法机关为了保证行政案件的顺利查处,根据案情需要,在一定时期内禁止存款所有人(单位或个人)提取其存款账户内的全部或部分存款的措施。

(2) 划拨。划拨是指有权机关将当事人存款账户内的全部或部分存款资金转移至指定账户的行为。

执法机关认为需要冻结或划拨当事人的存款时,应以执法机关的名义发出《协助冻结存款通知书》或《协助划拨(提取)存款通知书》,由有关的金融机构执行。根据《商业银行法》[①]的有关规定,冻结银行存款或者账户必须根据法律的规定。行政法规对此没有权力设定。

**3. 限制人身自由的行政强制措施**

此项权力主要由公安机关行使。如强制传唤与讯问,即公安机关对无正当理由不接受传唤或逃避传唤的,可以强制传唤其到一定场所,并进行讯问(《治安管理处罚法》[②]第八十二条第二款)。又如强行约束,如公安机关对那些对本人有危险或对他人有威胁的醉酒人,强行约束到酒醒。再如强行带离现场,如公安机关将违反规定进入体育场馆的人员强行带离现场(《治安管理处罚法》第二十四条第二款)。其他限制人身自由的行政强制措施还包括医疗、卫生、保健机构对患有严重传染性疾病的人予以隔离治疗等。

行政强制措施和行政处罚的区别主要表现在以下三方面。

(1) 行政处罚是对行政相对人权利的最终处分,如没收财产之所以是行政处

① 此处指的是1995年5月10日第八届全国人民代表大会常务委员会第十三次会议通过,并已被2003年12月27日第十届全国人民代表大会常务委员会第六次会议第一次修正,2015年8月29日第十二届全国人民代表大会常务委员会第十六次会议第二次修正的《商业银行法》。

② 此处指的是2005年8月28日第十届全国人民代表大会常务委员会第十七次会议通过,并已被2012年10月26日第十一届全国人民代表大会常务委员会第二十九次会议修正的《治安管理处罚法》。

罚,因为它是对行政相对人财产所有权的最终剥夺即处分。而行政强制措施是对行政相对人权利(特别是财产使用权和处分权)的一种临时限制,如查封财物之所以是行政强制措施,因为它不是对该财物所有权的最终处分,而仅是在短期内对该财物使用权和处分权的临时限制。

(2) 行政处罚是一种行政制裁行为,因而必然以行政相对人的行为违法为前提。而行政强制措施不是一种行政制裁行为,因而与行政相对人的行为是否违法没有必然联系。它可以针对相对人的违法行为,也可针对相对人的合法行为。

(3) 行政处罚是一种最终行政行为。它的作出,表明该行政违法案件已被处理完毕。如没收财物,它表达了行政主体对该财物的最终处理。而行政强制措施是一种中间行为,它是为保证最终行政行为的作出所采取的一种临时性措施,它没有到达对事件最终处理完毕的状态。如扣押财物,扣押本身不是最终的目的,它是为保证此后行政处理决定的最终作出和执行所采取的临时措施。

本案中上海市卫生局在行政强制决定中没收再胜源公司液氮生物容器等财物的行政行为是不恰当的。

## 案例 76 行政强制措施必须程序合法

——刘云务诉太原市晋源交警一大队道路交通管理行政强制案[①]

### 【案情简介】

2001 年 7 月,刘云务通过分期付款的方式在山西省威廉汽车租赁有限公司购买了一辆东风 EQ1208G1 型运输汽车,刘云务依约付清车款后,车辆仍登记挂靠在该公司名下。2006 年 12 月 12 日,刘云务雇佣的司机任治荣驾驶该车辆行驶至太原市和平路西峪乡路口时,晋源交警一大队的执勤民警以该车未经年审为由将该车扣留并于当日存入存车场。2006 年 12 月 14 日,刘云务携带该车审验日期为 2006 年 12 月 13 日的行驶证去处理该起违法行为。晋源交警一大队执勤民警在核实过程中发现该车的发动机号码和车架号码看不到,遂以该车涉嫌套牌及发动机号码和车架号码无法查对为由对该车继续扣留,并口头告知刘云务提供其他合法有效手续。刘云务虽多次托人交涉并提供相关材料,但晋源交警一大队一直以其不能提供车辆合法来历证明为由扣留该车。刘云务不服,提起行政诉讼,请求法院撤销晋源交警一大队的扣留行为并返还该车。

一审山西省太原市中级人民法院(2010)并行初字第 3 号行政判决驳回刘云务

---

① 《最高人民法院公报》2017 年第 2 期。

的诉讼请求。刘云务不服,提起上诉。

山西省高级人民法院二审认为:刘云务对晋源交警一大队于2006年12月12日因涉案车辆未经审验而予扣留并无争议,争议在于刘云务是否提供了该车的合法来历证明,晋源交警一大队是否应及时返还车辆。二审法院认为刘云务一直没有提供相应的合法手续,依据当时有效的《道路交通安全违法行为处理程序规定》[①],晋源交警一大队扣留该车于法有据。同时,依据《道路交通安全违法行为处理程序规定》第十五条之规定,晋源交警一大队作为行政执法机关,对认为来历不明的车辆可以自行调查,但晋源交警一大队一直没有调查,也未及时作出处理,行为不当。据此,二审法院作出(2010)晋行终字第75号行政判决:撤销山西省太原市中级人民法院(2010)并行初字第3号行政判决;晋源交警一大队在判决生效后三十日内对扣留涉案车辆依法作出处理并答复刘云务;驳回刘云务的其他诉讼请求。

刘云务不服,向最高人民法院提出再审申请。

最高人民法院认为,本案的争议焦点在于,晋源交警一大队扣留涉案车辆的行政强制措施是否合法。具体涉及以下问题。

第一,决定扣留涉案车辆的程序是否合法。晋源交警一大队决定扣留应遵循《道路交通安全法》[②]第一百一十二条第一款和《道路交通安全违法行为处理程序规定》第十一条第一款规定的告知当事人违法行为的基本事实,拟作出行政强制措施的种类、依据及其依法享有的权利,听取当事人的陈述和申辩,制作行政强制措施凭证并送达当事人等行政程序。晋源交警一大队违反上述行政程序,始终未出具任何形式的书面扣留决定,违反法定程序。在刘云务提供合法年审手续后,晋源交警一大队初始以未经年审为由扣留车辆的行为应已结束,其关于以车辆涉嫌套牌为由继续扣留无需另行制作扣留决定的主张,依法不能成立,本院不予支持。

第二,既不调查核实又长期扣留涉案车辆是否构成滥用职权。扣留车辆属于暂时性的行政强制措施,不能将扣留行为作为代替实体处理的手段。晋源交警一大队扣留车辆后,应依照《道路交通安全法》第九十六条第二款和《道路交通安全违法行为处理程序规定》第十五条的规定,分别作出相应处理:如认为刘云务已经提供相应的合法证明,则应及时返还机动车;如对刘云务所提供的机动车来历证明仍有疑问,则应尽快调查核实;如认为刘云务需要补办相应手续,也应依法明确告知

---

① 本案依据的是2004年4月30日公安部令第69号发布的《道路交通安全违法行为处理程序规定》。该规定已被2008年11月17日公安部令第105号自2009年4月1日起废止,现行《道路交通安全违法行为处理程序规定》同时施行。

② 本案依据的是2003年10月28日第十届全国人民代表大会常务委员会第五次会议通过的《道路交通安全法》。该法已被2007年12月29日第十届全国人民代表大会常务委员会第三十一次会议第一次修正,2011年4月22日第十一届全国人民代表大会常务委员会第二十次会议第二次修正。

补办手续的具体方式方法并依法提供必要的协助。刘云务先后提供的车辆行驶证和相关年审手续、购车手续、山西省威廉汽车租赁有限公司出具的说明、山西吕梁东风汽车技术服务站出具的三份证明,已经能够证明涉案车辆在生产厂家指定的维修站更换发动机缸体及用钢板铆钉加固车架的事实。在此情况下,晋源交警一大队既不返还机动车,又不及时主动调查核实车辆相关来历证明,而是反复要求刘云务提供客观上已无法提供的其他合法来历证明,滥用了法律法规赋予的职权。

2016 年 4 月 29 日,最高人民法院作出(2016)最高法行再 5 号行政判决书,判决:撤销山西省高级人民法院(2010)晋行终字第 75 号行政判决和山西省太原市中级人民法院(2010)并行初字第 3 号行政判决;确认再审被申请人山西省太原市公安局交通警察支队晋源一大队扣留晋 A2××××号车辆的行为违法;再审被申请人山西省太原市公安局交通警察支队晋源一大队在本判决生效后三十日内将晋 A2××××号车辆返还再审申请人刘云务。

## 【点评】

行政机关进行社会管理的过程,也是服务社会公众和保护公民权利的过程。建设服务型政府,要求行政机关既要严格执法以维护社会管理秩序,也要兼顾相对人实际情况,对虽有过错但已作出合理说明的相对人可以采用多种方式实现行政目的时,在足以实现行政目的的前提下,应尽量减少对相对人权益的损害。实施行政管理不能仅考虑行政机关单方管理需要,而应以既有利于查明事实,又不额外加重相对人负担为原则。实施扣留等暂时性控制措施,应以制止违法行为、防止证据损毁、便于查清事实等为限,不能长期扣留而不处理,给当事人造成不必要的损失。因此,晋源交警一大队扣留涉案车辆后,既不积极调查核实车辆相关来历证明,又长期扣留涉案车辆不予处理,构成滥用职权。

晋源交警一大队在决定扣留涉案车辆时未遵循法定程序,是其败诉的另一原因。

2012 年 1 月 1 日起,《行政强制法》[①]施行。《行政强制法》正式生效前,曾经历 12 年"五审"。学者认为,这是一部给行政机关"立规矩"、"念紧箍咒"的法,是一部"控权法"。这部法律的实施,对行政机关及其工作人员是一个告诫:公权力行使应当有边界。该法的一大亮点就是对行政强制措施的实施程序予以了严格规范。其中第十八条规定:"行政机关实施行政强制措施应当遵守下列规定:(一)实施前须向行政机关负责人报告并经批准;(二)由两名以上行政执法人员实施;(三)出示执法身份证件;(四)通知当事人到场;(五)当场告知当事人采取行政强制措施的理

① 本案依据的是 2011 年 6 月 30 日第十一届全国人民代表大会常务委员会第二十一次会议通过的《行政强制法》。

由、依据以及当事人依法享有的权利、救济途径；(六)听取当事人的陈述和申辩；(七)制作现场笔录；(八)现场笔录由当事人和行政执法人员签名或者盖章，当事人拒绝的，在笔录中予以注明；(九)当事人不到场的，邀请见证人到场，由见证人和行政执法人员在现场笔录上签名或者盖章；(十)法律、法规规定的其他程序。”

本案涉及的《道路交通安全法》第一百一十二条第一款和《道路交通安全违法行为处理程序规定》第十一条第一款对于公安部门扣留涉案车辆的行政强制措施有明确的程序规定，而晋源交警一大队未遵守该规定。

“正义不仅应当被实现，还应当以看得见的方式被实现。”只有通过“看得见”的方式，将正义的实现过程置于阳光之下，杜绝暗箱操作，公开让人们监督，正义的实现才有保障，实现了的正义才有公信力。《行政强制法》对行政强制措施实施程序的严格要求，体现了对程序正义的追求。

## 案例77　依据“准予执行裁定”实施的强拆行为不可诉

——温振强诉辽宁省凌源市人民政府强制拆除案[①]

### 【案情简介】

2014年5月6日，凌源市人民政府作出《关于公布凌源市大河南鑫盛花园小区征收补偿实施方案的通告》，并予以公开发布。温振强的房屋、大棚及附属物在征收范围内。温振强与凌源市房屋征收管理部门未达成征收补偿协议。2014年6月23日，凌源市国土资源局作出凌国土资交字(2014)93号《关于温振强限期交付土地的决定》，责令温振强腾空并交付土地，逾期不履行将依法申请人民法院强制执行，并告知申请行政复议及提起行政诉讼的权利和期限。温振强在法定期限内既没有申请行政复议或提起行政诉讼，也没有履行搬迁义务，凌源市国土资源局向凌源市人民法院申请强制执行。凌源市人民法院作出(2015)凌行审字第29号行政裁定，准予强制执行，由凌源市政府组织实施。2015年4月23日，凌源市人民政府对温振强的房屋、大棚及附属设施予以强制拆除。温振强不服，向朝阳市中级人民法院提起诉讼，请求确认凌源市人民政府强制拆除行为违法。

朝阳市中级人民法院(2015)朝行初字第28号行政裁定认为，温振强的房屋、大棚及其附属物被强制拆除，是基于人民法院的司法行为，不是凌源市人民政府的强制拆除行为。因此，温振强的诉讼不属于行政诉讼的受案范围。依照《最高人民

① 最高人民法院(2016)最高法行申729号行政裁定书。

法院关于适用〈中华人民共和国行政诉讼法〉若干问题的解释》[①]第三条第一款第(一)项、第二款的规定，裁定驳回温振强的起诉。温振强不服，提起上诉。

辽宁省高级人民法院(2015)辽行终字第270号行政裁定：驳回上诉，维持原裁定。

温振强不服，向最高人民法院申请再审。最高人民法院裁定：驳回温振强的再审申请。

## 【点评】

《行政诉讼法》[②]第二条第一款规定，公民、法人或者其他组织认为行政机关和行政机关工作人员的行政行为侵犯其合法权益，有权依照本法向人民法院提起诉讼。也就是说，可以提起行政诉讼的行为应当是行政机关或行政机关的工作人员所作出的行政行为，司法行为不属于行政诉讼的受案范围。

《最高人民法院关于行政机关根据法院的协助执行通知书实施的行政行为是否属于人民法院行政诉讼受案范围的批复》[③]规定，行政机关根据人民法院的协助执行通知书实施的行为，是行政机关必须履行的法定协助义务，不属于人民法院行政诉讼受案范围。

本案涉及我国的行政强制执行制度。行政强制执行，是指行政机关或者行政机关申请人民法院，对不履行行政决定的公民、法人或者其他组织，依法强制履行义务的行为。在我国，行政强制执行采取以下体制。

(1) 以申请人民法院强制执行为原则。行政强制执行权原则上属于法院，行政机关在公民、法人或其他组织不履行行政机关依法作出的行政处理决定中规定的义务时，如其未经法律授权，则需申请人民法院强制执行。该申请不需要经过诉讼程序，比诉讼效率高。但申请也需要经法院的审查，裁定准予强制执行后，原行政强制决定才能成为司法强制决定，法院才可以运用其司法强制执行权，强迫当事人履行义务。因此，行政机关提出申请以后，法院必须对具体行政行为进行合法性审查。经审查合法，交由法院实施司法强制；经审查不合法，则不予受理或予以驳回。

---

① 本案依据的是《最高人民法院关于适用〈中华人民共和国行政诉讼法〉若干问题的解释》(法释〔2015〕9号)。《最高人民法院关于适用〈中华人民共和国行政诉讼法〉的解释》于2018年2月8日起施行，《最高人民法院关于适用〈中华人民共和国行政诉讼法〉若干问题的解释》(法释〔2015〕9号)同时废止。

② 本案依据的是1989年4月4日第七届全国人民代表大会第二次会议通过，并已被2014年11月1日第十二届全国人民代表大会常务委员会第十一次会议第一次修正的《行政诉讼法》。该法已被2017年6月27日第十二届全国人民代表大会常务委员会第二十八次会议第二次修正。

③ 法释〔2004〕6号。该批复已被2019年7月8日法释〔2019〕11号《最高人民法院关于废止部分司法解释(第十三批)的决定》废止。

(2) 以行政机关自行强制执行为例外。例外的根据就是法律，由法律明确规定由哪一级政府或行政机关享有哪一种行政强制执行权，不能超越。没有法律明确规定的，行政机关就不享有行政强制执行权。从现有立法的情况看，只有那些属于专业性、技术性较强的强制执行事项，法律才授予行政机关。而对带有普遍性的强制执行权，如强制划拨、强制拍卖财产等，控制极严，法律只授权个别行政机关。

2012年1月1日开始施行的《行政强制法》[①]对此执行体制予以了确认：

第十三条　行政强制执行由法律设定。

法律没有规定行政机关强制执行的，作出行政决定的行政机关应当申请人民法院强制执行。

第五十三条　当事人在法定期限内不申请行政复议或者提起行政诉讼，又不履行行政决定的，没有行政强制执行权的行政机关可以自期限届满之日起三个月内，依照本章规定申请人民法院强制执行。

第五十四条　行政机关申请人民法院强制执行前，应当催告当事人履行义务。催告书送达十日后当事人仍未履行义务的，行政机关可以向所在地有管辖权的人民法院申请强制执行；执行对象是不动产的，向不动产所在地有管辖权的人民法院申请强制执行。

可见，本案中，温振强所诉的强制拆除行为，是凌源市人民政府按照凌源市人民法院的准予执行裁定实施的司法行为，并非行政行为，故不属于行政诉讼的受案范围。一、二审裁定驳回起诉，并无不当。

## 案例78　行政强制执行的主体及程序

### ——无锡市鑫业再生物资利用有限公司诉无锡市惠山区堰桥街道办事处、无锡市惠山区城市管理行政执法局行政强制案[②]

### 【案情简介】

2014年9月26日，堰桥街道下属部门堰桥街道违法建设整治工作领导小组办公室向惠山区堰桥街道新圩公司(鑫业再生)卞红祥下达了编号为1300572的《自行拆除通知书》，内容为："你(单位)于2014年9月26日，在新圩公司，进行违章搭建923 ㎡的行为，现要求你(单位)自接到本通知之日起，立即停止上述行为并

① 本案依据的是2011年6月30日第十一届全国人民代表大会常务委员会第二十一次会议通过的《行政强制法》。

② 江苏省无锡市惠山区人民法院行政判决书(2014)惠行初字第00033号。

在叁日内自行拆除。逾期未自行拆除,我单位将依法处理。”到期后,鑫业公司没有自行拆除。2014 年 10 月 12 日,鑫业公司位于无锡市堰桥街道西漳牌楼社区新圩路西的房屋被强制拆除。鑫业公司以堰桥街道办事处、惠山区城管局为被告提起行政诉讼。

本案的争议焦点是:一是惠山区城管局是否是本案适格被告;二是强制拆除涉案房屋的行政行为是否合法。

关于惠山区城管局是否是本案适格被告的问题。法院认为,鑫业公司提交的视频证据中显示,涉案房屋强拆现场有数辆印有“行政执法”字样的执法车辆和数十名身穿标有“城市管理”、“无锡惠山”字样制服的人员,从执法车辆、制服等方面可以表明惠山区城管局参与实施了强制拆除行为。惠山区城管局主张现场拆迁人员隶属街道,自己并未参与拆除行为,但未能提出充分证据予以证明。据此,法院认定,惠山区城管局实施了被诉具体行政行为,具有行政主体资格,是本案适格被告。

关于强制拆除涉案房屋的行政行为是否合法的问题。《城乡规划法》①第六十五条规定,在乡、村庄规划区内未依法取得乡村建设规划许可证或者未按照乡村建设规划许可证的规定进行建设的,由乡、镇人民政府责令停止建设、限期改正;逾期不改正的,可以拆除。本案中,首先,依据该条对违反乡村规划的违法建筑有权责令停止建设、限期改正的是乡、镇人民政府,堰桥街道违法建设整治工作领导小组办公室下发《自行拆除通知书》无法律依据、超越职权。其次,该条授予乡、镇人民政府对违法建筑的直接强制拆除权限定在乡、村庄规划区内。堰桥街道未能提供证据证明涉案房屋建造时间,亦未能证明涉案房屋属于乡、村庄规划区内,在上述事实没有查清的情况下,适用《城乡规划法》第六十五条规定对涉案房屋进行强制拆除,属适用法律错误。

另外,根据《行政强制法》②第三十五条、第三十六条、第三十七条、第三十八条、第四十四条规定,若鑫业公司不履行自行拆除义务,涉案房屋确属违法建筑、需要强制拆除,应当由有权行政机关先书面催告当事人履行义务,当事人收到催告书后有权进行陈述和申辩;经催告,当事人逾期仍不履行,且无正当理由的,有权行政机关可以作出强制执行决定,行政强制执行决定书送达当事人后,行政机关应予以公告,限期自行拆除;当事人在法定期限内不申请行政复议或者提起行政诉讼,又不拆除的,行政机关可以依法强制拆除。堰桥街道未履行上述强制执行程序,直接

① 本案依据的是 2007 年 10 月 28 日第十届全国人民代表大会常务委员会第三十次会议通过的《城乡规划法》。该法已被 2015 年 4 月 24 日第十二届全国人民代表大会常务委员会第十四次会议第一次修正,2019 年 4 月 23 日第十三届全国人民代表大会常务委员会第十次会议第二次修正。

② 本案依据的是 2011 年 6 月 30 日第十一届全国人民代表大会常务委员会第二十一次会议通过的《行政强制法》。

拆除涉案房屋的行为系程序违法。

据此，法院认为，堰桥街道的强制拆除行为超越职权、适用法律错误、程序违法。

另外，惠山区城管局共同参与了本案强制拆除，根据《最高人民法院关于行政诉讼证据若干问题的规定》[①]第一条之规定，被告对作出的具体行政行为负有举证责任，应当在收到起诉状副本之日起十日内，提供据以作出被诉具体行政行为的全部证据和所依据的规范性文件。被告不提供或者无正当理由逾期提供证据的，视为被诉具体行政行为没有相应的证据。惠山区城管局主张未实施被诉行政行为，始终未提供作出被诉行政行为的证据，应当认定惠山区城管局实施强制拆除涉案房屋的行为没有证据，不具有合法性。

综上，堰桥街道、惠山区城管局强制拆除涉案房屋的行为均属行政违法，鑫业公司的诉讼请求，本院予以支持。因强制拆除行为已经实施，客观上不具有可撤销性。据此，依照《最高人民法院关于执行〈中华人民共和国行政诉讼法〉若干问题的解释》[②]第五十七条第二款第（二）项之规定，2015 年 1 月 21 日江苏省无锡市惠山区人民法院作出行政判决如下：确认被告无锡市惠山区堰桥街道办事处、无锡市惠山区城市管理行政执法局于 2014 年 10 月 12 日对位于无锡市堰桥街道西漳牌楼社区新圩路西的房屋实施强制拆除的行为违法。

## 【点评】

《城乡规划法》第六十五条规定："在乡、村庄规划区内未依法取得乡村建设规划许可证或者未按照乡村建设规划许可证的规定进行建设的，由乡、镇人民政府责令停止建设、限期改正；逾期不改正的，可以拆除。"这是授予乡、镇人民政府对于非法建设的强制执行权。本案中堰桥街道违法建设整治工作领导小组办公室无权作为强制执行的主体。

《行政强制法》第三十五条、第三十六条、第三十七条、第三十八条、第四十四条对强制执行程序有明确规定。堰桥街道未履行这些程序，属程序违法。

本案另一个发人深思的现象是惠山区城管局始终辩称其未参与拆除行为，但不提供任何证据。其辩称，参与强拆的是堰桥街道的人员，执法车辆也已划拨给街道。但法院认为，制服和执法车辆是普通公民辨别执法主体的重要依据，普通公民不负有辨别执法主体内部行政管理体系或序列差异的义务，行政机关内部的分工

---

① 法释〔2002〕21 号，自 2002 年 10 月 1 日起施行。

② 本案依据的是法释〔2000〕8 号。《最高人民法院关于适用〈中华人民共和国行政诉讼法〉的解释》于 2018 年 2 月 8 日起施行。该解释施行后，《最高人民法院关于执行〈中华人民共和国行政诉讼法〉若干问题的解释》（法释〔2000〕8 号）、《最高人民法院关于适用〈中华人民共和国行政诉讼法〉若干问题的解释》（法释〔2015〕9 号）同时废止。

不是它们之间推诿责任的借口。最终,因惠山区城管局未能提供任何书面证据,法院认定其参与了拆除行为,是本案的适格被告。

## 案例79　劳动教养是行政强制措施还是行政处罚

### ——雷华灯等诉上海市劳动教养管理委员会劳教决定案[①]

### 【案情简介】

重庆开县3名农民工在上海蒙冤被处劳教,后经重庆市第二中级人民法院终审撤销上海市劳动教养管理委员会的劳动教养决定。重庆开县人民法院2008年10月就3名民工提起国家赔偿一案一审判决,由上海市劳动教养管理委员会赔偿3名民工赔偿金5.4万元,赔偿金已经兑现。

2007年9月13日,上海市浦东新区北蔡派出所民警胡某在调查一起治安案件时,对在场民工雷华灯进行询问,因雷华灯不配合,民警胡某随即对雷华灯宣布口头传唤。被拒后,胡某遂对雷华灯实施强制传唤,因雷华灯抗拒,双方发生拉扯、扭打。民工肖家品、肖鹏飞认为民警执法不当,与增援民警金某发生争执并导致双方发生推搡、厮打。后经上海市公安局浦东分局验伤,民警胡某、金某被致轻微伤。10月8日,上海市劳动教养管理委员会作出决定,以雷华灯、肖家品、肖鹏飞犯有妨碍执行公务行为为由对其分别收容劳动教养1年。

雷华灯、肖家品、肖鹏飞因不服该决定,向开县人民法院提起行政诉讼。一审法院判决撤销了上海市劳动教养管理委员会对雷华灯等3人的劳动教养决定。上海市劳动教养管理委员会不服,提出上诉。

重庆市第二中级人民法院审理认为,民警传唤雷华灯的行为是执行职务的公务行为,雷华灯有服从的义务。雷华灯、肖家品、肖鹏飞抗拒执法,并与执法人员发生抓扯、厮打,构成妨碍公务的违法行为。但雷华灯等人与执法人员因执法不当发生抓打,虽行为过激,却并非蓄意抗拒,系妨碍公务行为的一般表现。该行为除造成民警轻微伤害外,未带来其他严重后果,特别是违法行为的发生具临时性和突然性,事后雷华灯等人能认识到行为的违法性,其再次危害社会的可能性较小。因此,在无证据表明雷华灯等人妨碍公务行为的违法情形比《治安管理处罚法》[②]规

① 朱薇:《重庆开县三民工上海被不当劳教　获国家赔偿5.4万元》,http://news.xinhuanet.com/legal/2008-10/15/content_10198713.htm,访问时间:2012年6月1日。

② 本案依据的是2005年8月28日第十届全国人民代表大会常务委员会第十七次会议通过的《治安管理处罚法》。该法已被2012年10月26日第十一届全国人民代表大会常务委员会第二十九次会议修正。

定的从重情形更为严重且有从轻情形的情况下，适用《治安管理处罚法》的规定对雷华灯等人作出处理，不仅能达到制裁违法行为的目的，且符合普遍的公正观念。据此，二审法院认为雷华灯、肖家品、肖鹏飞不符合劳动教养的对象和条件，故终审维持原判。

终审判决生效时，雷华灯、肖家品和肖鹏飞才被释放，其分别已被劳教 180 天、180 天和 202 天。为此，3 人诉请重庆开县人民法院要求上海市劳动教养管理委员会给予国家赔偿。

重庆开县人民法院审理认为，3 名原告的行为虽然违法，但未达到对其进行劳教的条件，被告对 3 名原告作出的劳教决定依法被撤销，但是 3 名原告已被被告限制人身自由，造成了相应的损失。因此，被告违法行使职权侵犯了公民的人身自由，理应承担赔偿责任，故判决被告支付雷华灯、肖家品赔偿金各 1.7 万余元，支付肖鹏飞赔偿金 2 万元。

## 【点评】

劳动教养究竟是行政强制措施还是行政处罚？一种观点认为，劳动教养是限制人身自由的行政强制措施。这种观点的主要依据如下。

1957 年国务院公布的《关于劳动教养问题的决定》[①]第二条明确了劳动教养是“对于被劳动教养的人实行强制教育改造的一种措施，也是对他们安置就业的一种办法”。

1982 年国务院转发公安部的《劳动教养试行办法》[②]（以下简称《办法》）第二条规定，劳动教养是“对被劳动教养的人实行强制性教育改造的行政措施，是处理人民内部矛盾的一种方法”。

1980 年国务院《关于将强制劳动和收容审查两项措施统一于劳动教养的通知》中规定，“从目前执行情况来看，强制劳动的对象和收容审查的对象同劳动教养的对象基本相同，没有实质性的区别。现在规定，将强制劳动和收容审查两项措施统一于劳动教养”。

另一种观点则认为，劳动教养是一种行政处罚，是对于实施了较严重的违法行为，但尚不够刑罚的处罚中最为严厉的一种。这种观点的主要依据如下。

1982 年《劳动教养试行办法》对劳动教养的对象作了扩大，在劳动教养条件中出现了“不够刑事处分”的提法。《办法》还取消了原送请劳动教养的单位、家长、监

---

① 此处指的是 1957 年 8 月 1 日全国人民代表大会常务委员会第七十八次会议批准、1957 年 8 月 3 日国务院公布的《关于劳动教养问题的决定》。该决定已被 2013 年 12 月 28 日第十二届全国人民代表大会常务委员会第六次会议通过的《关于废止有关劳动教养法律规定的决定》废止。

② 此处指的是 1982 年 1 月 21 日国务院国发〔1982〕17 号转发、公安部发布的《劳动教养试行办法》。该办法已被 2018 年 3 月 19 日国务院令第 698 号废止。

护人请求领回自行负责管教的,劳动教养机关也可以酌情批准,以及表现良好有就业条件的,经劳动教养机关批准,可以另行就业的有关规定,取而代之由人民武装警察担任监护,将原来作为强制教育、安置就业的场所向监狱性质靠拢,给劳动教养罩上了惩戒色彩。

1987 年 1 月 1 日起施行的《治安管理处罚条例》[①]中规定,对卖淫、嫖宿暗娼以及介绍或者容留卖淫、嫖宿暗娼的,赌博或者为赌博提供条件的,制作、复制、出售、出租或者传播淫书、淫画、淫秽录像或者其他淫秽物品的,都规定可以“依照规定实行劳动教养”;构成犯罪的,依法追究刑事责任。

公安部公复字(1992)3 号认为应将《治安管理处罚条例》中第三十、三十二条“依照规定实行劳动教养”理解为:对于赌博或者提供条件的,以及制作、复制、出售、出租或者传播淫秽物品的行为,除了应予治安处罚外,情节严重又不够刑罚的,可以实行劳动教养。因此,劳动教养完全从行政强制措施中脱离出来,而成为介于行政拘留与刑事处罚之间的人身罚。此后,大量的法律法规或者司法解释都把相当一部分较严重的违法行为规定由劳动教养机关实行教养。

长期以来,劳动教养制度遭到专家学者的质疑,认为劳动教养制度存在以下问题。

**1. 合法性不足**

劳动教养制度的主要依据是国务院 1957 年制定的《关于劳动教养问题的决定》和 1979 年制定的《关于劳动教养的补充规定》,以及 1982 年公安部制定的《劳动教养试行办法》。前两种属于国务院行政法规,后一种属于行政规章。这些依据与我国法律法规存在着很多相互矛盾的地方。

**2. 合理性可疑**

劳动教养作为一种强制性教育改造的行政措施,或作为一种治安行政处罚,其适用的对象主要是“有轻微违法犯罪行为,不够刑事处罚”的人。但这种处罚比适用犯罪人的管制和拘役这两种刑罚还要严厉,甚至严厉得多。

**3. 审批权缺乏监督**

劳动教养工作的法定领导和管理机构是各省、自治区、直辖市和大中城市的劳动教养管理委员会,由民政、公安和劳动部门的负责人兼职组成,并未设置专职的负责人。委员会主要的法定权限有两项:一是审查批准收容劳动教养人员;二是批准提前解除劳动教养和延长或减少劳动教养期限。实践中,这两项职权分别由公

---

① 此处指的是 1986 年 9 月 5 日第六届全国人民代表大会常务委员会第十七次会议通过的《治安管理处罚条例》。该条例已被 1994 年 5 月 12 日第八届全国人民代表大会常务委员会第七次会议修正。2005 年 8 月 28 日,第十届全国人民代表大会常务委员会第十七次会议通过《治安管理处罚法》,自 2006 年 3 月 1 日起施行。《治安管理处罚条例》同时废止。

安部门和司法行政部门以劳动教养管理委员会的名义行使，可以不经检察院审查批准和人民法院开庭审理，缺乏公正合理的法定程序，缺乏互相监督、互相制约的机制。司法行政部门的劳动教养机关不仅对劳动教养人员提前解除劳动教养、延长或减少劳动教养期限拥有审批权，而且还授权劳动教养场所可以劳动教养管理委员会的名义行使对劳动教养人员减延 3 个月期限内的审批权。

可见，法律依据不充分，法律规范缺乏统一性，与我国其他法律制度存在较大矛盾，与我国参加的国际人权公约相冲突，以及执法的随意性，都使得对劳动教养制度的改革迫在眉睫。在保障人权、尊重法治的价值取向下，废止劳动教养早已成为社会各界共识。2013 年 11 月 12 日，中国共产党第十八届中央委员会第三次全体会议通过《中共中央关于全面深化改革若干重大问题的决定》。决定提出，废止劳动教养制度，完善对违法犯罪行为的惩治和矫正法律，健全社区矫正制度。2013 年 12 月 28 日，第十二届全国人民代表大会常务委员会第六次会议通过了《关于废止有关劳动教养法律规定的决定》，从此，在我国存在 56 年的劳动教养制度退出了历史舞台。

## 案例 80　收容遣送制度的终结
### ——孙志刚被非法收容致死案[①]

### 【案情简介】

孙志刚，2001 年在武汉科技学院艺术设计专业结业，2003 年 2 月 24 日受聘于广州达奇服装有限公司。2003 年 3 月 17 日晚 10 时许，孙志刚因未携带任何证件，在天河区黄村大街被执行统一清查任务的区公安分局黄村街派出所民警带回询问，随后被错误作为“三无”人员送至天河区公安分局收容待遣所转送广州市收容遣送中转站。18 日晚，孙志刚称有病被送往广州市卫生部门负责的收容人员救治站诊治。20 日凌晨 1 时 13 分至 30 分期间，孙志刚遭同病房的 8 名被收治人员两度轮番殴打，当日上午 10 时 20 分，因大面积软组织损伤致创伤性休克死亡。

孙志刚被故意伤害致死案，于 6 月 5—6 日经广州市中级人民法院公开审理作出判决。被告人乔燕琴策划、纠集、组织同案人将孙志刚调换房间，指使李海婴等人殴打孙志刚，是起最主要作用的主犯。被告人李海婴积极组织实施，指挥、伙同被告人钟辽国、周利伟、张明君殴打被害人，手段凶残；被告人吕二鹏参与密谋、调室并授意同案人殴打孙志刚，在孙向其反映情况时还用塑胶棒加害，均系主犯。被

① 俞江：《为“孙志刚事件”，我们曾经上书全国人大》，《检察日报》2008 年 8 月 28 日。

告人李龙生、韦延良、何家红、李文星、乔志军、胡金艳为从犯。上述被告人的行为均已构成故意伤害罪。本案涉及的原广州市公安局天河区分局黄村街派出所民警李耀辉,原广州市脑科医院江村住院部副主任张耀辉,原广州市收容人员救治站负责人彭红军,医生任浩强,护士邹丽萍、曾伟林等6人,身为国家机关工作人员或在受国家机关委托代表国家机关行使职权的组织中从事公务的人员,不认真履行职责,致使孙志刚被错误收容并在救治站遭受伤害致死,其行为已构成玩忽职守罪。孙志刚被故意伤害致死案迅速查清,此案涉及的其他违反党纪政纪的有关责任人员,经广州市委、市政府同意,已由广州市纪委、市监察局和有关单位给予党纪、政纪严肃处分,包括广州市公安局副局长、广州市卫生局副局长、广州市民政局副局长。

2003年5月14日,俞江、滕彪、许志永三位法学博士以传真形式向全国人大常委会提出《关于审查〈城市流浪乞讨人员收容遣送办法〉的建议书》,认为1982年由国务院颁布的《城市流浪乞讨人员收容遣送办法》①与我国现行宪法和有关法律相抵触,应予以改变或撤销。

6月19日,《北京青年报》以两个版的篇幅,揭露湖南省涟源市收容遣送站"滴血的收容",前收容站书记披露收容黑幕:该站从1996年开始通过给回扣等方式与当地派出所勾结,收容外来人员,并向每个被收容人员收取500～800元"遣送费";当本地区"货源"不足时,甚至到外省"购买"被收容人员。从1996年到2002年11月,该站利用扣人索钱的手段,已从1万多农民身上获取现金320万元。

国务院总理温家宝2003年6月20日签署国务院第381号令,公布施行《城市生活无着的流浪乞讨人员救助管理办法》,自2003年8月1日起施行。《城市流浪乞讨人员收容遣送办法》同时废止。《城市生活无着的流浪乞讨人员救助管理办法》共18条,包括对在城市生活无着的流浪乞讨人员救助的原则、救助站设立和管理、为求助人员提供的救助内容、救助站工作人员的行为,以及违反者责任追究等,标志着我国对在城市流浪乞讨人员的救助工作机制进一步完善。

## 【点评】

《立法法》②第八十八条第(二)项规定,全国人大常委会有权撤销同宪法和法律相抵触的行政法规。第九十条第二款规定,公民认为行政法规同宪法或法律相抵触的,可以向全国人大常委会书面提出进行审查的建议。孙志刚案中,学者正是

---

① 此处指的是1982年5月12日国发〔1982〕79号发布的《城市流浪乞讨人员收容遣送办法》。该办法已被2003年6月20日国务院令第381号发布的《城市生活无着的流浪乞讨人员救助管理办法》自2003年8月1日起废止。

② 此处指的是2000年3月15日第九届全国人民代表大会第三次会议通过的《立法法》。该法已被2015年3月15日第十二届全国人民代表大会第三次会议修正。

基于此而提出了违宪审查的建议。

1982 年 5 月 12 日，国务院发布了《城市流浪乞讨人员收容遣送办法》。此办法规定，对于家居农村流入城市乞讨的、城市居民中流浪街头乞讨的、其他露宿街头生活无着的人员予以收容、遣送。此办法要求将被收容人员遣送到原户口所在地。1982 年 10 月 15 日，民政部、公安部印发了《城市流浪乞讨人员收容遣送办法实施细则(试行)》[①]。《城市流浪乞讨人员收容遣送办法》第六条规定，被收容人员“必须”服从收容、遣送，遵守收容遣送站的规章制度。这是授权民政部门和公安部门可以对被收容遣送对象实施行政强制措施，实际上赋予了行政部门具有剥夺或限制公民人身自由的权力。该办法的实施细则第十三条规定：“收容遣送站要及时组织遣送。被收容人员留站待遣时间：省内的一般不超过十五天；外省的一般不超过一个月。”这说明，有关行政部门可以把那些没有违法的人关押在收容所里，限制他们的人身自由长达半个月或者一个月，甚至更长时间。

《宪法》[②]第三十七条规定：“中华人民共和国公民的人身自由不受侵犯。任何公民，非经人民检察院批准或者决定或者人民法院决定，并由公安机关执行，不受逮捕。禁止非法拘禁和以其他方法非法剥夺或者限制公民的人身自由，禁止非法搜查公民的身体。”《立法法》第八条和第九条规定，对公民政治权利的剥夺、限制人身自由的强制措施和处罚，只能制定法律；《行政处罚法》第九条也规定，限制人身自由的行政处罚，只能由法律设定。

根据以上法律规定，国务院没有权力制定以限制公民人身自由为内容的行政法规。《宪法》以及《立法法》颁布之后，《城市流浪乞讨人员收容遣送办法》作为国务院制定的行政法规中有关限制人身自由的内容与我国现行宪法以及有关法律相抵触，属于《立法法》第八十七条第一款规定的“超越权限的”和第二款规定的“下位法违反上位法规定的”行政法规，应该予以改变或撤销。

孙志刚案直接导致了《城市流浪乞讨人员收容遣送办法》这一恶法的废止。《广州年鉴》2004 年刊还将孙志刚案作为大事收入。孙志刚以自己年轻的生命为代价，促进了中国法治的进步。

2012 年 1 月 1 日开始实施的《行政强制法》第八条和第九条将限制人身自由

---

① 此处指的是 1982 年 10 月 15 日民政部、公安部民〔1982〕城 80 号发布的《城市流浪乞讨人员收容遣送办法实施细则(试行)》。该细则已被 2003 年 6 月 20 日国务院令第 381 号发布的《城市生活无着的流浪乞讨人员救助管理办法》自 2003 年 8 月 1 日起废止。

② 我国现行宪法由 1982 年 12 月 4 日第五届全国人民代表大会第五次会议通过，自 1982 年 12 月 4 日起施行。本宪法已被 1988 年 4 月 12 日第七届全国人民代表大会第一次会议第一次修正，1993 年 3 月 29 日第八届全国人民代表大会第一次会议第二次修正，1999 年 3 月 15 日第九届全国人民代表大会第二次会议第三次修正，2004 年 3 月 14 日第十届全国人民代表大会第二次会议第四次修正，2018 年 3 月 11 日第十三届全国人民代表大会第一次会议第五次修正。此处指的是第三次修正后的《宪法》。

的行政强制措施的设定权严格地限制在法律之内,包括行政法规在内的任何其他法律文件都不得设定限制人身自由的行政强制措施。随着我国法治的进步,孙志刚的悲剧相信不会重演了。

## 案例 81 强制引产引发的法律思考

### ——陕西安康强制引产案①

### 【案情简介】

2012 年 6 月 4 日凌晨 3 时许,镇坪县曾家镇渔坪村三组村妇冯建梅在镇政府干部的强制要求下,被迫引产了已经七个月的女婴。随着病床上婴儿尸体的血腥照片曝光,全国舆论哗然。

同年 6 月 26 日,陕西省安康市通报了对事件的调查结果和处理决定。安康市政府认为,镇坪县曾家镇政府对冯建梅政策外怀孕实施大月份引产,违反了国家及陕西省人口计生部门关于禁止大月份引产的规定,要求冯建梅及其家属交纳 4 万元保证金无法律法规依据。曾家镇政府有关工作人员,在动员冯建梅终止妊娠过程中,违背当事人意愿,工作方法简单粗暴,造成了大月份引产的责任事件。这起事件,充分暴露了一些基层干部依法行政观念不强,以人为本、执政为民的意识淡薄,执行政策水平低,影响恶劣,教训深刻。相关部门决定对镇坪县政府分管计生工作的副县长于延媚给予行政记大过处分;撤销江能海镇坪县人口计生局局长职务;撤销主持曾家镇全面工作的镇党委副书记、镇长陈抨印副书记及镇长职务;对曾家镇人大主席袁昌勤给予党内严重警告处分;对曾家镇党委副书记、纪委书记龙春来给予党内严重警告处分;对曾家镇干部张学松给予行政记大过处分;对镇坪县医院院长潘益山给予行政记大过处分。责成镇坪县政府按照相关政策规定对冯建梅给予生活补助,帮助其解决家庭困难。安康市政府同时责令镇坪县政府作出深刻检查,对镇坪县政府进行通报批评,要求镇坪县政府对曾家镇政府干部队伍作风进行整顿,责成镇坪县医院进行整改,全面加强内部管理。

### 【点评】

此案引出了一个长期存在但又不受关注的问题——计划生育工作中的强制引产问题。强制引产措施是指计划生育行政部门针对违反计划生育政策怀有政策外

① 陈钢、刘彤:《陕西孕妇遭强制引产事件副县长等 7 人被处分》,新华网 2012 年 6 月 26 日电,https://news.qq.com/a/20120626/001726.htm,访问时间:2019 年 2 月 1 日。

二胎或二胎以上的孕妇采用强制终止妊娠的手术措施，通常在说服孕妇自行终止妊娠未果之后采用。从 20 世纪 80 年代我国确立计划生育这一基本国策以来，强制引产成为计划生育工作人员常用的一种行政措施，其主要目的在于用更直接的方式抑制人口出生率，制止违反计划生育政策的结果出现。计划生育作为一项基本国策，它的执行受到各级官员的高度重视。对于基层行政官员，计划生育是一项重要的政绩考核指标，甚至是"一票否决"指标。在巨大的计划生育指标压力之下，基层官员在计划生育工作中无所不用其极。在此次陕西安康镇平县的强制引产事件中，上级政府"计划生育工作的黄牌警示"成为驱策镇政府官员粗暴执法的外部动力。

强制引产措施具有强制性和惩罚性。由于强制引产措施通常是针对不愿意配合计划生育工作、非自愿进行终止妊娠手术的妇女，所以在实施终止妊娠手术之前和终止妊娠手术过程中，必然会剥夺怀孕妇女的人身自由。与此同时，强制终止妊娠虽能有效地达到终止妊娠的效果，但对妇女的身体健康也会造成一定危害，从而有效地威慑那些执意违反计划生育政策的"超生"妇女，因此强制引产措施具有惩罚性。

由于强制引产措施既具有强制性又具有惩罚性，法学界关于它究竟是行政强制措施还是行政处罚存在争议。行政处罚是指行政主体依法对违法但尚未构成犯罪的相对人给予人身的、财产的、名誉的及其他形式的法律制裁的行政行为。行政强制措施，根据《行政强制法》[①]第二条第二款之规定，是指行政机关在行政管理过程中，为制止违法行为、防止证据损毁、避免危害发生、控制危险扩大等情形，依法对公民的人身自由实施暂时性限制，或者对公民、法人或者其他组织的财物实施暂时性控制的行为。可见，行政强制措施和行政处罚措施都具有强制性和权利剥夺双重特征。强制引产措施针对的相对人是违反了国家计划生育法律法规以及相关政策的孕妇，其目的在于节制生育人口数量，防止计划外生育。可见，强制引产措施目前在我国是一种缺乏法律依据的、具有强制性和惩罚性的行政措施。

强制引产措施的问题在于，它是严重侵犯公民人身权利的行政措施，却处于法律的灰色地带。基层行政人员采取强制引产措施的依据大多存在于人口与计划生育部门内部文件规定之中，这使得强制引产措施陷入了一系列宪法和法律层面上的困境。

① 此处指的是 2011 年 6 月 30 日第十一届全国人民代表大会常务委员会第二十一次会议通过的《行政强制法》。

**1. 宪法困境**[①]

首先,强制引产侵犯了宪法保护的公民人身自由权和生命健康权。我国《宪法》[②]第三十七条规定:"中华人民共和国公民的人身自由不受侵犯。……禁止非法拘禁和以其他方法非法剥夺或者限制公民的人身自由,禁止非法搜查公民的身体。"然而,要采取强制引产措施,必然需要先将违反计划生育政策的孕妇控制起来,这就侵犯了公民的人身自由。而引产的结果又有可能侵犯公民的健康权利。医学临床实践表明,人工流产措施可能会导致多种综合征、并发症,最严重甚至可能导致孕妇终身不育。

其次,强制引产侵犯了宪法保护的妇女权利,尤其是妇女的生育权。国家虽规定了计划生育政策,但我国也有若干法条规定了妇女的生育权利。我国《宪法》第二十五条明确规定:"国家推行计划生育,使人口的增长同经济和社会发展计划相适应。"《妇女权益保障法》[③]第五十一条规定:"妇女有按照国家有关规定生育子女的权利,也有不生育的自由。"《人口与计划生育法》[④]第十七条规定:"公民有生育的权利,也有依法实行计划生育的义务,夫妻双方在实行计划生育中负有共同责任。"我国政府发表的《中国人权事业的进展》也指出:"国家尊重妇女的生育权,保护妇女的生育健康。"因此,计划生育虽是"国策",可是必须在保护妇女生育权的前提下推进。

最后,强制引产措施无法律授权。现代法治理论主张,政府的一切权力来自法律的明确授权。根据《立法法》[⑤]第八条的规定,对公民政治权利的剥夺、限制人身自由的强制措施和处罚,只能制定法律。强制引产严重限制并侵犯公民人身权利,理应由法律规定。作为我国规范计划生育工作的最高法律,《人口与计划生育法》中并没有对计划生育行政部门强制引产的授权,而只是规定:"鼓励公民晚婚晚育,提倡一对夫妻生育一个子女"。"鼓励"、"提倡"并不是要求公民必须为某行为。不仅如此,连地方性法规中都没有对强制引产措施的授权。所以,强制引产行为超出

① 刘滔滔:《强制引产措施的法律分析——以陕西安康强制流产案为切入点》,《才智》2012年第26期。

② 我国现行宪法由1982年12月4日第五届全国人民代表大会第五次会议通过,自1982年12月4日起施行。本宪法已被1988年4月12日第七届全国人民代表大会第一次会议第一次修正,1993年3月29日第八届全国人民代表大会第一次会议第二次修正,1999年3月15日第九届全国人民代表大会第二次会议第三次修正,2004年3月14日第十届全国人民代表大会第二次会议第四次修正,2018年3月11日第十三届全国人民代表大会第一次会议第五次修正。此处指的是第四次修正后的《宪法》。

③ 此处指的是1992年4月3日第七届全国人民代表大会第五次会议通过,并已被2005年8月28日第十届全国人民代表大会常务委员会第十七次会议第一次修正的《妇女权益保护法》。该法已被2018年10月26日第十三届全国人民代表大会常务委员会第六次会议第二次修正。

④ 此处指的是2001年12月29日第九届全国人民代表大会常务委员会第二十五次会议通过的《人口与计划生育法》。该法已被2015年12月27日第十二届全国人民代表大会常务委员会第十八次会议修正。

⑤ 此处指的是2000年3月15日第九届全国人民代表大会第三次会议通过的《立法法》。该法已被2015年3月15日第十二届全国人民代表大会第三次会议修正。

法律赋予的权力，缺乏法律依据，侵犯了宪法赋予公民的基本权利。

**2. 刑法困境**[①]

强制引产措施的另外一个法律困境在于该行为有触犯刑法的嫌疑。如安康的强制引产事件中，镇政府干部对冯建梅所采用的强制引产措施就有可能构成故意伤害罪。

有学者认为，强制引产行为是一种剥夺胎儿生命的行为，属于刑法意义上的故意杀人罪。不过，我国法学界的主流观点认为，自然人的生命始于出生后的开始独立呼吸之时，胚胎并非生命权主体，胎儿属于孕妇身体的一部分，如果行为人的行为导致孕妇流产，就侵犯了孕妇的身体健康。

我国《刑法》[②]第二百三十四条规定，故意伤害他人身体的行为构成故意伤害罪。1990 年发布的《人体重伤鉴定标准》第七十八条将孕妇损伤引起早产、死胎、胎盘早期剥离、流产并发失血性休克或者严重感染的情形认定为重伤。镇政府干部强行为冯建梅做引产手术，造成婴儿流产，严重损害了冯建梅的人身健康权利，应当认定为构成故意伤害罪。计划生育执法的职务行为，违反了《刑法》，却得不到追究，这形成了强制引产的刑法困境。

**3. 行政法困境**

“比例原则”是现代行政法的基本原则，即对行政相对人采取的行政强制措施必须与所需达到的目标相对应。计划生育行政管理必须严格地遵循比例原则。在实践中，基层计生工作人员用严重侵犯公民人身自由权利和健康权利的行政措施来达到防止计划外生育的目标，违背了比例原则。

另外，“有权利必有救济”也是现代法治的基本原则。强制引产措施可能严重危及公民权利，却缺乏相应的行政救济措施。安康强制引产案中，最终对于计划生育行政官员的惩处并非由司法机关或者行政复议机关作出，而是由陕西省计划生育委员会和中共安康市委以内部会议的形式作出党纪政纪处分，权利受到侵害的当事人冯建梅被完全排除在决策过程之外。

除了上述宪法和法律上的困境，强制引产还引起其他方面的严重问题。

---

① 何玥：《论生育权、胎儿生命权与计划生育政策的冲突——从“陕西安康对妇女强制引产事件”分析》，《法制与社会》2014 年第 1 期。

② 此处指的是 1979 年 7 月 1 日第五届全国人民代表大会第二次会议通过，并已被 1997 年 3 月 14 日第八届全国人民代表大会第五次会议重新修订，且被 1998 年 12 月 29 日《全国人民代表大会常务委员会关于惩治骗购外汇、逃汇和非法买卖外汇犯罪的决定》、1999 年 12 月 25 日《刑法修正案》、2001 年 8 月 31 日《刑法修正案（二）》、2001 年 12 月 29 日《刑法修正案（三）》、2002 年 12 月 28 日《刑法修正案（四）》、2005 年 2 月 28 日《刑法修正案（五）》、2006 年 6 月 29 日《刑法修正案（六）》、2009 年 2 月 28 日《刑法修正案（七）》、2009 年 8 月 27 日《全国人民代表大会常务委员会关于修改部分法律的决定》、2011 年 2 月 25 日《刑法修正案（八）》修正的《刑法》。该法已被 2015 年 8 月 29 日《刑法修正案（九）》、2017 年 11 月 4 日《刑法修正案（十）》修正。

强制引产可能助长性别选择。现有医疗技术使孕妇可以在妊娠一定时间之后通过超声技术和其他技术手段获悉胎儿的性别,这就在技术上为性别选择提供了手段。目前,我国人口出生婴儿性别比例失衡,而且还有进一步扩大的趋势。数据显示,我国的婴儿出生性别比在 1982 年时为 108.5,1990 年为 111.4,2000 年为 116.9,2006 年达到 119.3。我国《计划生育法》严格禁止性别选择,规定:"严禁利用超声技术和其他技术手段进行非医学需要的胎儿性别鉴定;严禁非医学需要的选择性别的人工终止妊娠。"由于重男轻女的思想在我国还在相当范围内存在,孕妇获悉腹中胎儿为女性后,可能通过放任计划生育行政人员对其采取强制人流措施,从而规避《计划生育法》的禁止性规定。这势必会加剧我国的性别失衡状况,造成严重的社会问题。

强制引产以及限制生育的政策也不利于我国人口发展趋势的优化。进入 21 世纪以来,中国人口出生率下降,老龄化趋势明显。中国已经到了人口政策调整的关口,需要重新评估计划生育政策。在学者们的大力呼吁和全社会的推动下,2015 年 12 月 27 日,全国人大常委会会议表决通过了《人口与计划生育法》修正案。修改后,将原第十八条第一款分为两款,作为第一款、第二款,修改为:"国家提倡一对夫妻生育两个子女。""符合法律、法规规定条件的,可以要求安排再生育子女。具体办法由省、自治区、直辖市人民代表大会或者其常务委员会规定。"增加一款,作为第四款:"夫妻双方户籍所在地的省、自治区、直辖市之间关于再生育子女的规定不一致的,按照有利于当事人的原则适用。"从此,我国一胎化生育政策成为历史。

# 第11章　其他具体行政行为

## 案例82　行政征收

### ——程元福诉鹰潭市月湖区工商行政管理局行政处罚案[①]

#### 【案情简介】

2006年4月29日，鹰潭市月湖区工商行政管理局以程元福拒绝缴纳个体工商管理费达9个月(2005年7月至2006年3月)合计1350元，行为已违反了国务院发布的《城乡个体工商户管理暂行条例》[②]第十三条的规定为由，对程元福作出行政处罚：责令原告立即停止拒不缴纳个体工商管理费的行为；及时补缴拖欠2005年7月至2006年3月的个体工商管理费，共计1350元；处以所拖欠个体工商管理费一倍的罚款，计1300元。

7月18日，程元福一纸诉状将鹰潭市月湖区工商行政管理局告上法庭，请求鹰潭市月湖区人民法院依法撤销被告鹰潭市月湖区工商行政管理局于2006年4月29日对原告作出的行政处罚决定，并认定被告的行政处罚行为违反法定程序，适用法律法规错误。此案是1987年国务院《城乡个体工商户管理暂行条例》颁布后，首例个体工商户针对个体工商户管理收费制度提出的诉讼。

国家工商行政管理局、财政部1983年6月25日《关于个体工商户管理费暂行规定》以及国家物价局、财政部1992年8月11日《关于发布工商行政管理系统行政事业性收费项目及标准的通知》规定，个体工商户管理费的收取主要用于个体劳动者协会的经费以及个体工商户的教育培训。这两份部门文件与1987年8月国务院发布的《城乡个体工商户管理暂行条例》成为我国各地工商行政管理局征收个体工商户管理费的依据。国务院《城乡个体工商户管理暂行条例》第十三条规定，个体工商户管理费的收费标准及管理办法由国家工商行政管理局和财政部共同

---

① 吕娟：《个体工商管理费年收200亿　个体户状告工商局》，《法律与生活》2006年第19期。

② 本案依据的是1987年8月5日国务院发布的《城乡个体工商户管理暂行条例》，自1987年9月1日起施行。该条例已被2011年4月16日国务院令第596号发布的《个体工商户条例》自2011年11月1日起废止。

制定。

但《关于个体工商户管理费暂行规定》已于 1998 年 12 月 3 日由国家工商行政管理局 87 号文明令废止。我国 2004 年颁行的《行政许可法》[①]第五十八条规定:“行政机关实施行政许可和对行政许可事项进行监督检查,不得收取任何费用。但是,法律、行政法规另有规定的,依照其规定。”2005 年《国务院减轻企业负担部际联席会议关于治理向个体私营等非公有制企业乱收费、乱罚款和各种摊派等问题的通知》第三条的规定已明确,对非公有制企业与公有制企业实行统一政策,取消专门针对个体工商户、私营企业等非公有制企业行政事业性收费、政府性基金、政府集资、罚款项目和各种摊派等歧视性收费规定的规定。个体工商户管理费是在其他市场主体不收管理费的情况下所保留的具有破坏市场公平竞争、带有严重歧视性的收费项目,根据国务院发布的该项规定,个体工商户管理费的收取显然不合法。

经过调查发现,程元福所状告的鹰潭市月湖区工商行政管理局在对当地个体工商户收取个体工商户管理费的同时,又以个体劳动者协会的名义向个体工商户收取了会员费。这是重复收费,因为根据我国有关社团组织的相关法律规定,社团组织的经费主要是会员费。

2006 年 8 月 23 日,程元福诉鹰潭市月湖区工商行政管理局一案在鹰潭市月湖区人民法院开庭审理。面对原告的诉求,被告月湖区工商行政管理局答辩称,该局行政处罚的依据是 1983 年国务院《城乡个体工商户管理暂行条例》,该条例现在没有被明确废止,就应当继续适用,如果该局不征收个体工商户管理费,则是行政不作为。本案一审判决原告程元福败诉。其不服,提起上诉,二审仍被判败诉。

2007 年,程元福进京维权。他在一份名为“关于对工商行政机关违法收取个体工商户管理费进行监督审查的请求”的致全国人大常委会书中称,工商部门对个体工商户收取管理费的行为违反了我国《宪法》[②]、《立法法》[③]和《行政许可法》相关条款。

## 【点评】

国家工商行政管理局是国家的行政管理机关,它所收取的费用应该用于行政

---

① 本案依据的是 2003 年 8 月 27 日第十届全国人民代表大会常务委员会第四次会议通过的《行政许可法》。该法已被 2019 年 4 月 23 日第十三届全国人民代表大会常务委员会第十次会议修正。

② 我国现行宪法由 1982 年 12 月 4 日第五届全国人民代表大会第五次会议通过,自 1982 年 12 月 4 日起施行。本宪法已被 1988 年 4 月 12 日第七届全国人民代表大会第一次会议第一次修正,1993 年 3 月 29 日第八届全国人民代表大会第一次会议第二次修正,1999 年 3 月 15 日第九届全国人民代表大会第二次会议第三次修正,2004 年 3 月 14 日第十届全国人民代表大会第二次会议第四次修正,2018 年 3 月 11 日第十三届全国人民代表大会第一次会议第五次修正。此处所指的是第四次修正后的《宪法》。

③ 此处指的是 2000 年 3 月 15 日第九届全国人民代表大会第三次会议通过的《立法法》。该法已被 2015 年 3 月 15 日第十二届全国人民代表大会第三次会议修正。

事务的支出，而《关于个体工商户管理费暂行规定》明确了个体工商户管理费的主要用途是作为个体劳动者协会的经费，这等于是国家工商行政管理局用国家所赋予的行政权力为一个社会团体以行政收费的方式强行向个体工商户收取经费。该行为显然超越了工商行政机关的行政职权。

收取个体工商户管理费既不合法又不合理，为何却能长期大行其道？这背后有着巨大的利益诱惑。1998 年国务院工商行政管理体制改革后，工商行政管理体制由原来的分级管理改为省以下垂直管理，省级以上工商行政管理部门经费由国家财政拨出，而省级以下由地方财政支出。但大多数省份的财政部门，没有完全按照“收支两条线”的要求来保障基层工商行政管理机关的正常经费，其原因之一就是认定基层工商行政管理机关有个体工商户管理费这块收入，个体工商户管理费因此被纳入了财政部门对工商行政管理机关的收入预算盘子里，充作了应当由财政拨付的经费。这样一来，实际上就是将工商机关监管所有经营者的成本让个体工商户来摊付，在税收之外作额外的贡献。

而对个体劳动者协会来说，收取个体工商户管理费是其支付工作人员工资、福利以及办公费用的主要来源，行业协会组建初期都是以服务性为主，但只要依附在一定的行政机关身上，就会慢慢变质，不断试图扩展自己的可得利益领地。

2006 年十届全国人大四次会议召开期间，华中师范大学教育学院周洪宇教授等人大代表提出了《关于修改或废止有关征收个体工商户管理费的法规、文件，取消个体工商户管理费的建议》议案。该议案指出，个体工商户管理费设立收取的理由、依据在时效上滞后，在鼓励非公有制经济发展的今天早已不具备存在的基础；用途不透明，政府部门有占用之嫌；征收过程名不正、言不顺，与工商行政管理机关职能相悖；加剧了个体经营者的负担，有违各个市场主体公平竞争的原则。因此，应尽快取消该项收费制度。在公众的广泛关注下，2008 年 9 月 1 日开始，全国统一停止征收个体工商户管理费和市场管理费。

## 案例 83　行政登记

### ——代朝菊诉江阴市民政局婚姻登记案[①]

### 【案情简介】

原告代朝菊与第三人代朝碧系姐妹。1994 年 12 月 30 日，第三人代朝碧冒用原告代朝菊的身份信息，与第三人黄法兴到原云亭镇政府申请办理结婚登记。经

① 江苏省江阴市人民法院行政判决书(2016)苏 0281 行初 48 号。

审查，婚姻登记机关认为双方符合结婚条件，提交的材料也符合法律规定，于当日向第三人颁发了云政字第427号结婚证。之后，代朝碧与黄法兴以夫妻名义共同生活。2015年8月，原告代朝菊认为其于2015年才知道姐姐代朝碧用其身份信息办理结婚登记，向江苏省江阴市人民法院提起行政诉讼，请求撤销该婚姻登记。因原告提起行政诉讼从1994年12月30日结婚证发证时起计算已经超过五年最长起诉期限，江苏省江阴市人民法院于2015年12月16日裁定，驳回原告起诉。

2016年1月7日，原告代朝菊向被告江阴市民政局提出申请，要求婚姻登记机关依职权撤销代朝菊与黄法兴的婚姻登记。被告江阴市民政局于同年1月29日作出《关于不予撤销代朝菊与黄法兴结婚登记的答复》，认为：2003年10月1日起施行的《婚姻登记条例》①第九条第一款规定，“因胁迫结婚的，受胁迫的当事人依据婚姻法第十一条的规定向婚姻登记机关请求撤销其婚姻”。民政部《婚姻登记工作暂行规范》②第四十六条规定，“除受胁迫结婚之外，以任何理由请求宣告婚姻无效或者撤销婚姻的，婚姻登记机关不予受理”。因此，原告申请江阴市民政局撤销代朝菊与黄法兴于1994年12月30日办理的结婚登记于法无据，建议代朝菊通过其他途径解决。代朝菊不服该答复，再次向江苏省江阴市人民法院提起行政诉讼。

本案的争议焦点在于，第三人代朝碧冒用原告代朝菊姓名申请婚姻登记，原云亭镇政府作出的云政字第427号结婚登记行政行为是否合法有效。

江苏省江阴市人民法院认为，根据《婚姻登记管理条例》③第九条第一款的规定，当事人申请结婚登记时，应当持下列证件和证明：户口证明；居民身份证；所在单位、村民委员会或者居民委员会出具的婚姻状况证明。《婚姻登记管理条例》第十一条规定，婚姻登记管理机关对当事人的结婚申请进行审查，符合结婚条件的，应当即时予以登记，发给结婚证。当事人从取得结婚证起，确立夫妻关系。本案中，被告江阴市民政局提供的第三人申请材料中，除结婚登记申请书外，仅有婚姻状况证明，且黄法兴婚姻状况证明落款时间晚于颁证时间，据此可认为原云亭镇政府在办理涉案婚姻登记过程中，第三人黄法兴尚未提供婚姻状况证明。因此，原云亭镇政府在申请人材料不符合《婚姻登记管理条例》相关规定的情形下，即为第三人颁发结婚证，其婚姻登记行为存在明显违法情形。

综上，被诉婚姻登记行为并非原告代朝菊与第三人黄法兴真实意愿，亦非代朝

---

① 本案依据的是2003年8月8日国务院令第387号发布的《婚姻登记条例》。

② 本案依据的是2003年9月24日民发〔2003〕127号发布的《婚姻登记工作暂行规范》。该规范已被民发〔2015〕230号《婚姻登记工作规范》重新修订，自2016年2月1日起实施。

③ 本案依据的是1994年1月12日国务院批准、1994年2月1日民政部令第1号发布的《婚姻管理登记条例》。该条例已被2003年8月8日国务院令387号重新修订，自2003年10月1日起施行，1994年《婚姻管理登记条例》同时废止。

菊本人申请，且系行政机关在申请材料不符合法律规定的情形下作出，应当认为该行政行为存在重大且明显违法情形。原告代朝菊申请确认该婚姻登记行为无效的，法院应当依法判决确认无效，涉案结婚证予以收回。第三人代朝碧采用欺骗手段是造成涉案婚姻登记行为无效的直接原因，应当承担本案的诉讼费用。据此，依照《行政诉讼法》[①]第七十五条之规定，判决如下：确认原江阴市云亭镇人民政府于 1994 年 12 月 30 日作出的代朝菊与黄法兴结婚登记行为（云政字第 427 号）无效；案件受理费 50 元，由第三人代朝碧负担。

## 【点评】

本案中，第三人代朝碧冒用原告代朝菊的名义，与第三人黄法兴于 1994 年办理了婚姻登记。在此婚姻登记确属有误的情况下，代朝菊应当通过何种途径救济权利？

一种观点认为，当事人应当选择民事诉讼途径宣告婚姻无效。但根据《婚姻法》[②]第十条规定的婚姻无效只有四种情形：①重婚的；②有禁止结婚的亲属关系的；③婚前患有医学上认为不应当结婚的疾病，婚后尚未治愈的；④未到法定婚龄的。本案不属于其中任何一种。

另一种观点认为，被侵权的当事人应当向行政机关投诉，请求行政机关自行撤销该错误的婚姻登记。但根据 2003 年 10 月 1 日施行的《婚姻登记条例》第九条第一款规定，“因胁迫结婚的，受胁迫的当事人依据婚姻法第十一条的规定向婚姻登记机关请求撤销其婚姻”。只有胁迫结婚的情形才可以请求撤销，本案也不属于此种情形。

第三种观点认为，当事人应当以登记行为证据不足、明显不当为由，通过行政诉讼请求撤销婚姻登记行为。但《行政诉讼法》第四十六条第二款规定，“因不动产提起诉讼的案件自行政行为作出之日起超过二十年，其他案件自行政行为作出之日起超过五年提起诉讼的，人民法院不予受理”。本案被诉行政行为系原云亭镇政府于 1994 年 12 月 30 日作出的婚姻登记行为，无论原告代朝菊是否知道涉案婚姻登记行政行为内容，其提起行政诉讼的时间从 1994 年 12 月 30 日起算不得超过五年，且“五年最长起诉期限”为不变期间，因此，原告提起行政诉讼已明显超过起诉期限。

在三条道路都走不通的情况下，被侵权的当事人应当如何维权？本案江苏省

---

① 本案依据的是 1989 年 4 月 4 日第七届全国人民代表大会第二次会议通过，并已被 2014 年 11 月 1 日第十二届全国人民代表大会常务委员会第十一次会议第一次修正的《行政诉讼法》。该法已被 2017 年 6 月 27 日第十二届全国人民代表大会常务委员会第二十八次会议第二次修正。

② 本案依据的是 1980 年 9 月 10 日第五届全国人民代表大会第三次会议通过，并已被 2001 年 4 月 28 日第九届全国人民代表大会常务委员会第二十一次会议修正的《婚姻法》。

江阴市人民法院认为,原登记机关未尽到合理审慎的审核义务,作出了明显有悖事实的登记,该行为符合《行政诉讼法》第七十五条所规定的行政行为无效的情形,而无效行为自始无效,不受起诉期限的限制。经法院释明,原告将诉讼请求变更为要求确认婚姻登记无效。最终法院也作出了确认婚姻登记无效的判决,使得原告的合法权利得到救济。

# 案例84　行政裁决

## ——宋莉莉诉宿迁市建设局房屋拆迁补偿安置裁决案[①]

### 【案情简介】

2002年4月9日,拆迁人万兴公司的中贸百货商场建设项目由宿迁市发展计划委员会批准立项。9月28日,万兴公司取得了《建设用地规划许可证》,10月25日,万兴公司取得了《国有土地批准书》。2003年3月24日,万兴公司取得了《房屋拆迁许可证》,获得拆迁资格。3月24日,宿迁市建设局发布《拆迁公告》,并在公告中载明了拆迁范围、搬迁期限、拆迁评估机构。原告宋莉莉的房屋建筑面积为637.07平方米,位于宿迁市幸福中路,在拆迁范围内。方元公司根据万兴公司的委托,对宋莉莉的拆迁房屋进行了估价,由于宋莉莉对被拆房屋补偿价有异议,且要求产权调换,双方未能达成协议。5月28日,万兴公司申请宿迁市建设局对拆迁纠纷进行裁决。6月5日,宿迁市建设局作出宿建裁字(2003)26号房屋拆迁纠纷裁决,主要内容是:被拆迁人宋莉莉应在裁决书生效之日起15日内拆迁完毕;房屋安置补偿费(包括房屋补偿费、搬家费、附属设施及装饰装潢费、临时安置补助费及停业损失费)共计为685651.88元;万兴公司在中贸百货商城项目完工后提供一处位于该商城项目的房屋(面积与被拆房屋面积相当),拆迁人调换房屋价格以市场评估价为准;万兴公司安排过渡房一套供被拆迁人临时居住。宋莉莉对该裁决不服,提起行政诉讼,于9月4日向宿迁市宿城区人民法院提起诉讼,请求撤销该裁决。

宿迁市宿城区人民法院认为:

国务院《城市房屋拆迁管理条例》[②]第十六条规定:"拆迁人与被拆迁人或者拆迁人、被拆迁人与房屋承租人达不成拆迁补偿安置协议的,经当事人申请,由房屋

① 《宋莉莉诉宿迁市建设局房屋拆迁补偿安置裁决案》,《最高人民法院公报》2004年第8期。

② 本案依据的是2001年6月13日国务院令第305号发布的《城市房屋拆迁管理条例》。该条例已被2011年1月21日国务院令第590号发布的《国有土地上房屋征收与补偿条例》废止。

拆迁管理部门裁决。”第十七条规定：“被拆迁人或者房屋承租人在裁决规定的搬迁期限内未搬迁的，由房屋所在地的市、县人民政府责成有关部门强制拆迁，或者由房屋拆迁管理部门依法申请人民法院强制拆迁。”

《江苏省城市房屋拆迁管理条例》[①]第十九条规定：“对被拆迁房屋进行房地产市场价评估的机构由拆迁人和被拆迁人共同选定；拆迁人和被拆迁人不能达成一致的，由房屋拆迁管理部门在符合条件的评估机构中抽签确定，房屋拆迁管理部门应当在抽签前三日在拆迁地点公告抽签的时间和地点。”

本案中，被告宿迁市建设局根据第三人万兴公司的申请，有权依照国务院《城市房屋拆迁管理条例》的规定，对原告宋莉莉与万兴公司之间的拆迁纠纷作出行政裁决。尽管国务院《城市房屋拆迁管理条例》和《江苏省城市房屋拆迁管理条例》对行政拆迁程序没有明确的规定，但行政机关在裁决时应充分保障当事人的合法权利，允许双方当事人对争议问题进行申辩和陈述。可是宿迁市建设局在裁决宋莉莉与万兴公司的拆迁纠纷时，未允许宋莉莉对争议问题予以陈述和申辩，有失公正，仅根据万兴公司的申请及万兴公司单方委托的评估公司的评估结果作为行政裁决的依据，违反了《江苏省城市房屋拆迁管理条例》的规定。此外，该裁决虽然确定了以产权调换的方式对宋莉莉需要拆迁的房产予以补偿，但却未将调换给宋莉莉房屋的具体位置、楼层、房屋价格等内容予以明确表述，致使拆迁补偿的裁决内容无法执行。综上，该行政裁决程序上违反法律规定，内容上不具有执行效力，应重新予以裁决。鉴于宋莉莉的房屋现已被拆迁，故对裁决内容中的第(一)项予以维持，其余各项予以撤销。

据此，宿迁市宿城区人民法院依照《行政诉讼法》[②]第五十四条第(二)项第 1、3 目的规定，于 2003 年 9 月 28 日作出判决：维持宿迁市建设局宿建裁字(2003)26 号裁决中的第一项，撤销裁决书中的第二、三、四项；宿迁市建设局于本判决生效之日起 60 日内，对宋莉莉与万兴公司房屋拆迁纠纷依法重新裁决。

宣判后，宿迁市建设局不服一审判决，向宿迁市中级人民法院提起上诉。宿迁市中级人民法院依照《行政诉讼法》第六十一条第(一)项之规定，于 2003 年 12 月 9 日判决：驳回上诉，维持原判。

## 【点评】

本案涉及行政裁决的效力以及对行政裁决不服的法律救济问题。

---

① 本案依据的是 2002 年 10 月 23 日江苏省第九届人民代表大会常务委员会第三十二次会议通过的《江苏省城市房屋拆迁管理条例》。

② 本案依据的是 1989 年 4 月 4 日第七届全国人民代表大会第二次会议通过的《行政诉讼法》。该法已被 2014 年 11 月 1 日第十二届全国人民代表大会常务委员会第十一次会议第一次修正，2017 年 6 月 27 日第十二届全国人民代表大会常务委员会第二十八次会议第二次修正。

行政裁决一经作出即发生法律效力,当事人应当按裁决执行;当事人对裁决不服的,可以自裁决书送达之日起3个月内向人民法院起诉。对于逾期既不起诉,也不执行裁决的,有关当事人可以依法向有管辖权的人民法院申请强制执行。房屋拆迁行政裁决是提起房屋拆迁行政诉讼的前置程序,未经拆迁行政裁决,不能直接提起行政诉讼。

《行政诉讼法》第六十六条规定:“公民、法人或者其他组织对具体行政行为在法定期限内不提起诉讼又不履行的,行政机关可以申请人民法院强制执行,或者依法强制执行。”这是《行政诉讼法》赋予行政机关的一项强制执行权利。但在行政机关不主张和行使该权利时,具体行政行为所约束的权利义务人又应当如何救济和保障自己的权益呢?

《最高人民法院关于执行〈中华人民共和国行政诉讼法〉若干问题的解释》①第九十条规定:“行政机关根据法律的授权对平等主体之间民事争议作出裁决后,当事人在法定期限内不起诉又不履行,作出裁决的行政机关在申请执行的期限内未申请人民法院强制执行的,生效具体行政行为确定的权利人或者其继承人、权利承受人在90日内可以申请人民法院强制执行。”根据该规定,在相关的民事争议未能得到解决的情况下,行政行为的相对人可以向人民法院申请执行行政行为,这在行政法上被称为非诉行政案件。

特别需要指出的是,本案中适用的国务院《城市房屋拆迁管理条例》已于2011年1月废止,代之以《国有土地上房屋征收与补偿条例》②。《国有土地上房屋征收与补偿条例》不再认可行政机关的强拆权。其二十八条规定:“被征收人在法定期限内不申请行政复议或者不提起行政诉讼,在补偿决定规定的期限内又不搬迁的,由作出房屋征收决定的市、县级人民政府依法申请人民法院强制执行。”新的规定有利于更好地保护被拆迁方的利益,促使行政机关依法行政。

同时,《国有土地上房屋征收与补偿条例》还明确了拆迁中政府的角色,拆迁不再是作为建设方的拆迁人与被拆迁人之间的关系。第四条明确规定:“市、县级人民政府负责本行政区域的房屋征收与补偿工作。”第五条规定:“房屋征收部门可以委托房屋征收实施单位,承担房屋征收与补偿的具体工作。房屋征收实施单位不得以营利为目的。房屋征收部门对房屋征收实施单位在委托范围内实施的房屋征收与补偿行为负责监督,并对其行为后果承担法律责任。”

---

① 本案依据的是法释〔2000〕8号。《最高人民法院关于适用〈中华人民共和国行政诉讼法〉的解释》于2018年2月8日起施行。该解释施行后,《最高人民法院关于执行〈中华人民共和国行政诉讼法〉若干问题的解释》(法释〔2000〕8号)、《最高人民法院关于适用〈中华人民共和国行政诉讼法〉若干问题的解释》(法释〔2015〕9号)同时废止。

② 此处指的是2011年1月19日国务院令第590号发布的《国有土地上房屋征收与补偿条例》。

# 案例85　行政奖励

## ——鲁瑞庚诉东港市公安局悬赏广告纠纷案[①]

### 【案情简介】

原告鲁瑞庚,要求辽宁省东港市公安局给付50万元悬赏奖励并赔偿精神损失费,向丹东市中级人民法院提起民事诉讼。

1999年12月12日,东港市大东管理区永安街发生了一起特大持枪杀人案。为尽快破案,东港市公安局在被害人家属同意后,于12月13日通过东港市电视台发布了悬赏通告,其主要内容是:凡是提供线索直接破案的,被害人家属奖励50万元;凡是提供线索公安机关通过侦察破获此案的,公安机关给予重奖;凡是提供有关枪支线索侦破此案的,公安机关给予重奖;凡是能提供线索破案的,即使与犯罪团伙有牵连也可以从轻或免予刑事责任;对提供线索者,公安机关一律严格保密。

原告鲁瑞庚看到电视台播出的悬赏通告后,想到案发当晚,其租住房的房主汪世平曾领来两人到东侧的杂物房藏匿,形迹十分可疑,认为这两个人可能就是杀人凶手,遂向公安机关举报。公安机关根据鲁瑞庚提供的线索,排查了大量的犯罪嫌疑人,并经过大量的调查取证,于12月25日得出结论,认定该线索确与"12·12"特大持枪杀人案有关,并决定按照悬赏通告的第二条奖励鲁瑞庚10万元。鲁瑞庚在领取奖励时出具了收条。收条中写明:"收到市公安局用于奖励我提供'12·12'枪杀案线索预付现金10万元,如果我提供的线索与此案无关,则全部返还公安机关。"此后,公安机关经过一系列的侦察工作,先后将所有犯罪嫌疑人抓捕归案。

另查,被害人家属已于1999年12月13日将用于奖励线索举报人的50万元交给了东港市公安局。

丹东市中级人民法院认为:

被告东港市公安局在为破获"12·12"特大持枪杀人案发布的悬赏通告中明确表示,要对提供有关线索和协助公安机关破案的人,给予一定数额的报酬。悬赏通告中的第一条和第二条是区别破案线索的不同情况,对提供线索人给予不同数额报酬的声明,两者不能兼得。原告鲁瑞庚确实向东港市公安局提供了该案的重要线索,公安机关根据其提供的线索,经过侦察破获了此案。鲁瑞庚所提供的线索,符合悬赏中第二条的情形,故鲁瑞庚应按悬赏通告的第二条取得悬赏报酬。公安

① 《鲁瑞庚诉东港市公安局悬赏广告纠纷案》,《最高人民法院公报》2003年第1期。

机关实施抓捕行动前已经给付鲁瑞庚10万元作为奖励。双方当时并未表明如果公安机关根据鲁瑞庚提供线索破案,还应再给付其被害人亲属奖励的50万元。因此,东港市公安局已按悬赏通告履行了自己的义务,鲁瑞庚再要求公安机关按照悬赏通告的第一条另兑现50万元奖励不能成立。鲁瑞庚提出的有关赔偿精神损失费的要求,因无法律依据,不予支持。

据此,丹东市中级人民法院于2001年8月16日作出判决:驳回原告鲁瑞庚的诉讼请求。

宣判后,鲁瑞庚不服,向辽宁省高级人民法院提出上诉。

辽宁省高级人民法院经审理进一步查明:

据当时的东港市公安局局长证实,鲁瑞庚所提供的破案线索,是公安机关获得的唯一重要的线索,根据该线索,公安机关迅速破获了此案。被害人家属在电视台播出悬赏通告的当天,即将用于奖励提供破案线索的50万元奖金交给了东港市公安局。据被害人家属及亲属证实,被害人家属同意东港市公安局向社会发布通知:愿拿出50万元奖励给任何提供有关案件线索的人,使公安机关能够尽快将案件侦破。被害人家属表示,关于50万元能否用于悬赏通告第一条以外的情况,他们与东港市公安局并没有任何的约定。但明确表示,这50万元不是奖励给公安局的,也不是给公安局办案用的。被害人家属现在仍表示同意将这50万元奖励给提供破案线索的举报人。

辽宁省高级人民法院认为,《民法通则》[①]第一百零六条第一款规定:"公民、法人违反合同或者不履行其他义务的,应当承认民事责任。"发布悬赏广告是一种民事法律行为,即广告人以广告的方式发布声明,承诺对任何按照声明的条件完成指定事项的人给予约定的报酬。任何人按照广告公布的条件,完成了广告所指定的行为,即对广告人享有报酬请求权。发出悬赏广告的人,则应该按照发布的广告的约定,向完成广告指定行为的人支付承诺的报酬。本案中东港市公安局通过东港市电视台发布通告中的部分内容,属于悬赏广告。通告虽然是以东港市公安局的名义发布的,但由于悬赏给付的报酬是由被害人家属提供的,通告中的悬赏行为实际上是受被害人家属委托的行为。被害人家属的本意是以50万元直接奖励能够提供破案线索的举报人,希望能够有助于公安机关迅速破案。被害人家属并没有表示区别举报人提供线索的不同情形,给予举报人不同数额的奖励,也没有表示可以将该报酬用于办案或奖励办案人员。东港市公安局在悬赏通告中规定了其他悬赏情形,并没有得到被害人家属的授权或者委托。鲁瑞庚按悬赏通告的要求,向东港市公安局提供了其知道的重要线索,致使公安机关根据线索

① 本案依据的是1986年4月12日第六届全国人民代表大会第四次会议通过的《民法通则》。该通则已被2009年8月27日第十一届全国人民代表大会常务委员会第十次会议修正。

及时破获了“12·12”特大持枪杀人案,即完成了悬赏通告所指定的行为。据此,鲁瑞庚就获得了取得被害人家属支付悬赏报酬的权利。被害人家属对鲁瑞庚按悬赏通告要求所完成提供线索的行为未提出异议,并且已将用于奖励的50万元交给东港市公安局,且在案件破获后亦同意将该款项奖励给提供线索的举报人,东港市公安局应该按照被害人家属的委托和以其名义向社会发布的悬赏通告,及时履行义务,向鲁瑞庚全额给付50万元的报酬。侦破刑事案件是公安机关的法定职责。公安机关侦破刑事案件的过程中,应当保护和提倡公民举报和揭露犯罪的行为,积极鼓励公民见义勇为、同违法行为作斗争的精神。东港市公安局以鲁瑞庚所提供的线索不符合悬赏通告所规定的条件为由,拒绝将被害人家属用于奖励的50万元全部给付鲁瑞庚,并将其予以占有,超出了被害人家属的委托权限,也不符合其在悬赏通告中的承诺,没有任何的法律依据。鲁瑞庚对其主张权利,应予以支持。

关于鲁瑞庚主张悬赏通告中前两条规定的奖励款可兼得,东港市公安局应再向其给付50万元报酬的问题,因悬赏广告是按照举报的具体效果,规定以不同的方式给予数额不同的奖励的,并未表示同一举报可以同时兼得其他奖励,鲁瑞庚主张重复奖励的要求不予支持。东港市公安局已预付鲁瑞庚奖励款10万元,其余40万元应及时按照悬赏通告及被害人家属的委托给付鲁瑞庚本人。

综上,一审判决认定事实不清,证据不足,适用法律不当,应予改判。依照《民事诉讼法》[①]第一百五十三条第一款第(三)项的规定,辽宁省高级人民法院于2002年4月12日作出判决:撤销丹东市中级人民法院(2001)丹民初字第15号民事判决;东港市公安局于本判决生效之日起10日内将被害人家属交付的40万元给付鲁瑞庚;驳回鲁瑞庚的其他诉讼请求。本判决为终审判决。

## 【点评】

本案的关键是要明确东港市公安局发布悬赏通告的行为性质。该通告前三项涉及奖励,但却分属两类不同性质的行为。

通告的第一项属于受委托发布悬赏广告的民事行为。对此,二审法院已予以确认,并认为东港市公安局应该按照被害人家属的委托和以其名义向社会发布的悬赏通告,及时履行义务,向鲁瑞庚全额给付50万元报酬。

通告的第二项和第三项属于行政奖励行为。行政奖励是指行政机关为了实现

① 本案依据的是1991年4月9日第七届全国人民代表大会第四次会议通过的《民事诉讼法》。该法已被2007年10月28日第十届全国人民代表大会常务委员会第三十次会议第一次修正,2012年8月31日第十一届全国人民代表大会常务委员会第二十八次会议第二次修正,2017年6月27日第十二届全国人民代表大会常务委员会第二十八次会议第三次修正。

行政管理的目标,依照法律、法规的规定,给予严格遵守法律、法规或者作出重大贡献的个人或组织的具有法律效力的精神鼓励和物质奖赏的行为。行政奖励行为是为了实现行政管理目的而实施的,对行政相对人没有法律上的强制力,但对行政机关具有法律上的约束力。行政奖励行为一经作出,行政机关必须遵守。行政相对人认为行政机关的行政奖励行为侵犯其合法权益,根据《行政诉讼法》[①]第十一条第(八)项"认为行政机关侵犯其他人身权、财产权的"规定,可以提起行政诉讼,人民法院应当作为行政案件受理。

本案中,二审法院没有区分行政奖励行为与民事悬赏行为在性质上的不同,仅仅依据举报效果,认定同一举报不可重复奖励,是欠妥的。东港市公安局仍需履行其行政奖励的承诺,否则行政相对人可提起行政诉讼。

## 案例 86 行政允诺

### ——黄银友等诉大冶市人民政府、保安镇人民政府行政允诺案[②]

### 【案情简介】

2000 年 9 月 18 日,大冶市委、大冶市人民政府颁发了冶发〔2000〕38 号《大冶市关于鼓励外商投资的优惠办法》。该办法规定:凡从市外引进合作、合资、独资项目者,引进额在 1000 万元人民币以上的,经验资确认后按实际到位资金的千分之八由受益单位给予一次性奖励,上述中介奖,如无我方收益单位,由大冶市财政支付。2003 年 7 月上旬,黄银友、张希明得知浙江尖峰集团准备向外投资建水泥厂的信息后,便与保安镇政府联系招商。同月 31 日,保安镇政府向黄银友出具承诺书约定,若黄银友从市外引进资金项目在保安镇落户,引进资金在 1000 万元以上的,经验资后将按实际到位资金的千分之八给予奖励。具体奖励罚款方式按项目工程实际进度,对方实际投入资金同步比例付款。

2003 年 8 月初,在黄银友、张希明的中介之下,浙江尖峰集团考察人员到大冶市保安镇等地考察。8 月上旬,黄银友与大冶商务局副局长李某、保安镇副镇长王某等一行到浙江尖峰集团联系投资兴建水泥厂项目。经沟通,双方签订了《投资意向书》。同年 10 月 15 日,浙江省尖峰集团股份有限公司为黄银友出具了引进项目

---

① 此处指的是 1989 年 4 月 4 日第七届全国人民代表大会第二次会议通过的《行政诉讼法》。该法已被 2014 年 11 月 1 日第十二届全国人民代表大会常务委员会第十一次会议第一次修正,2017 年 6 月 27 日第十二届全国人民代表大会常务委员会第二十八次会议第二次修正。

② 最高人民法院行政审判庭编:《中国行政审判指导案例》(第 1 卷),第 22 号案例,中国法制出版社 2010 年版。

过程中做了大量有效工作,才使此项工程中介成功的证明。10 月 16 日,浙江尖峰集团下设的浙江尖峰水泥有限公司决定在大冶市保安镇设立大冶尖峰水泥有限公司,双方签订协议时,黄银友被邀请参加。《黄石日报》登载了相关新闻,并称黄银友参与招商功不可没。

2004 年 8 月 3 日,黄银友向大冶市人民政府递交了要求给予中介奖的请示。虽经多名相关领导签批,但奖励一直未能落实。2008 年 10 月 6 日,黄银友、张希明提起行政诉讼。黄银友、张希明向法院起诉请求:依法确认其引资行为与大冶市政府、保安镇政府形成行政允诺法律关系;判令大冶市人民政府、保安镇政府给付其引进大冶市尖峰水泥有限公司第一期工程项目奖励款 336 万元及逾期付款的利息损失。

黄石市中级人民法院审理认为,大冶市人民政府、保安镇人民政府与黄银友、张希明形成了合法有效的行政允诺关系,且黄银友、张希明在浙江尖锋集团 500 万吨水泥项目落户大冶市保安镇的过程中实施了招商引资中介行为。但该项目成功引进大冶市保安镇,绝非仅仅只是其两人的因素。确定两人在招商过程中所起的作用及金额是行政机关的职责,大冶市人民政府及保安镇人民政府应有权根据其制定的《大冶市关于鼓励外商投资的优惠办法》的规定对黄银友、张希明给予兑现奖励。故判决:确认黄银友、张希明与被告大冶市人民政府、大冶市保安镇人民政府之间的行政允诺关系成立;大冶市人民政府、大冶市保安镇人民政府根据《大冶市关于鼓励外商投资的优惠办法》以及黄银友、张希明在招商引资中的作用在 90 日内给予原告黄银友、张希明奖励;驳回黄银友、张希明其他诉讼请求。

黄银友、张希明不服,向湖北省高级人民法院提出上诉,湖北省高级人民法院判决维持原判,驳回上诉。理由与一审判决基本相同。

## 【点评】

本案争议的焦点问题是:如何判断本案中行政机关行政行为的性质;本案如属于行政允诺纠纷,人民法院能否直接判决被告给付原告具体的奖励款。

从本案的判决结果来看,法院认定,行政机关为促进辖区经济社会发展而制定的奖励文件,如所含允诺性内容与法律法规不相违背,应视为合法有效;当引资人按照文件规定,通过发挥中介作用客观上促成本地招商引资时,行政允诺关系成立。法院认为,引资人依法要求兑现相关奖励的权利受法律保护,但法院要结合双方当事人行政允诺法律关系的特点,在判决中通常不直接确定具体数额,而是在确认行政允诺关系成立的同时,要求行政机关根据引资人中介作用的大小,在一定期限内履行允诺义务。

本案涉及行政允诺这一新型行政行为。行政允诺是政府或其职能部门作出的单方承诺。就其行为性质而言,目前存在两种不同观点。一种观点认为,行政允诺是行政主体的单方行政行为。它不同于一般意义上的行政合同。行政合同是行政主体与相对人经过协商后的双方行为。另一种观点认为,行政允诺具有准合同的特征,类似于合同中的"要约行为"。本案两审法院皆持第一种观点,将行政允诺认定为单方行政行为。

行政允诺行为在实践中常见的表现方式有允诺引资奖励、允诺举报奖励等。但行政允诺不同于行政奖励。行政奖励通常是依职权的行为,是由行政机关经过考察对符合条件的人主动给予奖励,且既有物质奖励,也有精神奖励;行政允诺多是依申请的行政行为,虽有奖励内容,但多是以物质回报为主,内容上表现为履行先前设定的承诺。

行政允诺行为具有如下特点:①行为主体的行政属性;②行为目的的行政性或公益性;③行为的单方性;④行为的奖励性;⑤行为效力的非强制性;⑥行为内容和程序上的自由裁量性;⑦行为发生的临时性或应急性;⑧行政相对人的不特定性;⑨行政相对人实施特定行为的非法定义务性。

2004年1月14日,《最高人民法院关于规范行政案件案由的通知》[①],将行政允诺视为模式化具体行政行为之一,作为独立案由单列,与行政合同的案由并列。在司法实践中,作为新类型案件,行政允诺容易与行政合同、行政奖励等混淆,需要认真加以甄别。

## 案例87 行政确认

### ——李治芳不服交通事故责任重新认定决定案[②]

### 【案情简介】

2000年7月26日,第三人邱家流、刘莲华之子邱森彬无证驾驶车牌号为闽FH2042二轮摩托车,后载第三人邱丽君、周丽华、李霞等三人,由文亨方向往连城城区行驶。原告李治芳驾驶闽F60590号金杯牌小客车,由连城城区往文亨方向行驶。双方行至建文线175千米+920米处交会时发生碰撞,造成邱森彬受伤后送医院经抢救无效死亡,邱丽君当场死亡,李霞、周丽华受伤,两车损坏的重大交通事故。8月25日,连城交警队作出的第20001033号《道路交通事故责任认定书》认定:邱森彬无证驾车、超载三人、占道行驶,应负事故的主要责任;李治芳车速过

① 本案依据的是2004年1月14日法发〔2004〕2号发布的《最高人民法院关于规范行政案件案由的通知》。

② 《李治芳不服交通事故责任重新认定决定案》,《最高人民法院公报》2001年第5期。

快、疏忽大意、临危采取措施不当,应负事故的次要责任。第三人邱家流不服连城交警队的责任认定,向被告龙岩交警队申请复议。10 月 12 日,龙岩交警队以(2000)第 343 号《道路交通事故责任重新认定决定书》,撤销了连城交警队第 20001033 号《道路交通事故责任认定书》,重新认定邱森彬无证驾车、违章载人妨碍驾驶、占道行驶,是造成交通事故的原因之一,应负本次事故的同等责任;李治芳驾驶车辆占道行驶,是造成事故的原因之一,应负本次事故的同等责任。李治芳不服该重新认定,提起行政诉讼。

福建省连城县人民法院认为,证据证明,两车碰撞时,李治芳驾驶的金杯牌小客车在自己一侧的车道内,而邱森彬驾驶的二轮摩托车处在占道位置。被告龙岩交警队认定李治芳驾驶的金杯牌小客车占道行驶,无事实根据,认定有误;认定邱森彬无证驾驶、违章载人妨碍驾驶、占道行驶,事实清楚,证据充分,应予确认。据此,该院于 2000 年 12 月 19 日判决:撤销被告龙岩交警队所作的(2000)第 343 号《道路交通事故责任重新认定决定书》中关于责任认定的部分,龙岩交警队应从判决生效之日起 30 日内对本事故重新作出责任认定。

一审宣判后,龙岩交警队不服提起上诉。

龙岩市中级人民法院认为:

1991 年 9 月 22 日国务院以第 89 号令发布的《道路交通事故处理办法》[①]第十七条第二款规定:“当事人有违章行为,其违章行为与交通事故有因果关系的,应当负交通事故责任。当事人没有违章行为或者虽有违章行为,但违章行为与交通事故无因果关系的,不负交通事故责任。”第十九条第二款规定:“两方当事人的违章行为共同造成交通事故的,违章行为在交通事故中作用大的一方负主要责任,另一方负次要责任;违章行为在交通事故中作用基本相当的,两方负同等责任。”在本次事故中,邱森彬的无证驾车、违章载人和占道行驶等违章行为,显然是导致事故发生的主要原因。而李治芳的占道行驶违章行为,却与事故的发生不存在因果关系,不应因此对交通事故的发生承担责任。龙岩交警队以李治芳占道行驶为由,认定李治芳与邱森彬在本次事故中均负同等责任,显然不当。一审判决撤销龙岩交警队作出的《道路交通事故责任重新认定书》,并判决龙岩交警队对此次交通事故的责任重新作出认定,是正确的。龙岩交警队的上诉理由不能成立,应予驳回。据此,龙岩市中级人民法院依照《行政诉讼法》[②]第六十一条第(一)项的规定,于 2001 年 4 月 4 日判决:驳回上诉,维持原判。

---

① 本案依据的是 1991 年 9 月 22 日国务院令第 89 号发布的《道路交通事故处理办法》。该办法已被 2004 年 4 月 30 日国务院令第 405 号发布的《道路交通安全法实施条例》自 2004 年 5 月 1 日起废止。

② 本案依据的是 1989 年 4 月 4 日第七届全国人民代表大会第二次会议通过的《行政诉讼法》。该法已被 2014 年 11 月 1 日第十二届全国人民代表大会常务委员会第十一次会议第一次修正,2017 年 6 月 27 日第十二届全国人民代表大会常务委员会第二十八次会议第二次修正。

## 【点评】

关于本案交通事故责任重新认定的可诉性问题,存在不同的意见。

第一种意见认为,人民法院不能受理。一方面,最高人民法院、公安部1992年12月1日联合颁布的〔1992〕39号批复[①]明确规定,当事人仅就公安机关作出的道路交通事故责任认定不服提起诉讼的,人民法院不予受理。另一方面,公安部于1992年8月10日发布的《道路交通事故处理程序规定》[②]第三十五条第二款规定,交通事故责任的重新认定决定为最终决定。

第二种意见认为,人民法院应当受理。公安交警部门对交通事故责任的认定是一种确权行为,这种行为会导致一定的法律后果,对当事人的权利义务影响很大,行政机关不应该具有最终的决定权。《行政诉讼法》规定,原则上凡是侵犯公民、法人人身权、财产权的行政行为都有可诉性。《最高人民法院关于执行〈中华人民共和国行政诉讼法〉若干问题的解释》[③]第一条规定:"公民、法人或者其他组织对具有国家行政职权的机关和组织及其工作人员的行为不服,依法提起诉讼的,属于人民法院行政诉讼的受案范围。"

《最高人民法院关于执行〈中华人民共和国行政诉讼法〉若干问题的解释》第九十八条又规定:本解释自发布之日起施行,《最高人民法院关于贯彻执行〈中华人民共和国行政诉讼法〉若干问题的意见(试行)》同时废止;最高人民法院以前所作的司法解释以及与有关机关联合发布的规范性文件,凡与本解释不一致的,按本解释执行。因此,1992年最高人民法院与公安部联合下发的〔1992〕39号批复应该废止。公安部的《道路交通事故处理程序规定》仅属于部门规章,根据《行政诉讼法》第十二条第(四)项规定,其无权规定交通事故责任的重新认定决定为最终决定。

本案以及2002年10月21日《最高人民法院公报》第5期的"罗伦富不服交通事故责任认定案"两个判例均确定了作为行政确认的交通事故责任认定具有《行政

① 此处指的是法发〔1992〕39号《最高人民法院、公安部关于处理道路交通事故案件有关问题的通知》。该通知已被法释〔2013〕2号《最高人民法院关于废止1980年1月1日至1997年6月30日期间发布的部分司法解释和司法解释性质文件(第九批)的决定》自2013年1月18日起废止。

② 此处指的是1992年8月10日公安部令第10号发布的《道路交通事故处理程序规定》。2004年4月30日公安部令第70号发布《交通事故处理程序规定》并自2004年5月1日起施行,公安部令第10号发布的《道路交通事故处理程序规定》同时废止。2008年8月17日公安部令第104号发布新的《道路交通事故处理程序规定》并自2009年1月1日起施行,公安部令第70号发布的《交通事故处理程序规定》同时废止。该规定已被2017年7月22日公安部令第146号修订并自2018年5月1日起施行。

③ 本案依据的是法释〔2000〕8号。《最高人民法院关于适用〈中华人民共和国行政诉讼法〉的解释》于2018年2月8日起施行。该解释施行后,《最高人民法院关于执行〈中华人民共和国行政诉讼法〉若干问题的解释》(法释〔2000〕8号)、《最高人民法院关于适用〈中华人民共和国行政诉讼法〉若干问题的解释》(法释〔2015〕9号)同时废止。

诉讼法》规定的可诉性。然而，在司法实践中仍然存在争议，引发争议的一个重要原因是 2005 年《全国人大法工委关于交通事故责任认定行为是否属于具体行政行为，可否纳入行政诉讼受案范围的意见》中认为："根据道路交通安全法第七十三条的规定，公安机关交通管理部门制作的交通事故认定书，作为处理交通事故案件的证据使用。因此，交通事故责任认定行为不属于具体行政行为，不能向人民法院提起行政诉讼。如果当事人对交通事故认定书牵连的民事赔偿不服的，可以向人民法院提起民事诉讼。"尽管如此，法学界普遍认为，交通事故责任认定确认了当事人的法律责任，会对公民的权利义务产生直接的法律影响。因此，交通事故责任认定属于行政确认行为，理应纳入行政诉讼的受案范围。

行政确认是指行政主体依法对相对方的法律地位、法律关系和法律事实进行甄别，给予确定、认可、证明并予以宣告的具体行政行为。根据法律规范和行政活动的实际情况，行政确认的形式主要有：①确定，如颁发《房屋所有权证》、《土地使用权证》、《宅基地使用证》、《专利证书》、《商标专用权证》等；②认可，如对产品质量的认证等；③证明，如学历证明、学位证明、居民身份证明、亲属关系证明、货物原产地证明等；④登记，如产权登记、户籍登记、婚姻登记等。

行政确认的内容主要有：①对法律上主体资格、身份及法律地位的确认，如通过企业、公司登记对企业、公司经营主体资格的确认；②对权属的确认，如对土地所有权或使用权的确认、对房屋所有权的确认；③对法律关系的确认，如婚姻登记就是对合法有效的婚姻关系的确认；④对法律事实的确认，如出租车出城登记就是对出租车驾驶出城这一法律事实的确认；⑤对法律责任的确认，如医疗事故鉴定、交通事故的认定便是对法律责任的确认；⑥对能力的确认，如技术鉴定即是对个人是否具有从事某种行为的能力的确认。

## 案例 88　行政监督检查

### ——彭学纯诉上海市工商局不履行法定职责纠纷案[①]

### 【案情简介】

2000 年 8 月 16 日晚 8 点，上海有线电视台戏剧频道《闪亮时分》栏目播放了专题节目《共和国之歌——献给人民功臣》，该节目内容主要是介绍上海 411 医院院长章某等五位上海市新长征突击手的事迹。原告彭学纯于 2000 年 12 月向上海

① 《彭学纯诉上海市工商局不履行法定职责纠纷案》，http://law. chinalawinfo. com/newlaw2002/SLC/SLC. asp? Db＝cas&Gid＝33621742，访问时间：2012 年 6 月 1 日。

市工商行政管理局(以下简称市工商局)投诉称,因为看了该节目,他妻子于2000年8月21日住进了411医院进行治疗,29天后死亡。彭学纯认为该节目系违法医疗广告,故要求市工商局进行查处。对此,市工商局口头答复该节目不属于广告,不同意立案查处。故彭学纯起诉要求市工商局履行法定职责,查处电视台播出该医院违法广告的行为。

本案的争议焦点为:应该如何认定医疗广告以及上海有线电视台播出的有关411医院的节目是否应被认定为医疗广告。

上海市徐汇区人民法院认为:

被告市工商局作为上海市的广告监督管理机关,对违反法律规定的广告活动,有权依照法律的规定进行行政处罚。国家工商行政管理局、卫生部1993年9月27日发布的《医疗广告管理办法》[①]明确规定,医疗广告是指医疗机构通过一定的媒介或者形式,向社会或者公众宣传其运用科学技术诊疗疾病的活动。国家工商行政管理局2001年3月1日在工商广字〔2001〕第57号答复中进一步明确,大众传播媒介利用新闻报道形式介绍医疗机构及其服务,如出现医疗机构的地址、电话号码或其他联系方式等内容的,在发表有关医疗机构报道的同时,在同一媒体同一时间(时段)发布该医疗机构广告的,即使发布者声称未收取费用,也应认定为利用新闻报道形式发布医疗广告。从彭学纯提供的电视节目内容可以看出,该专题报道从形式上具备了上述规定认定医疗广告的基本特征,市工商局对彭学纯的投诉应予以调查处理,并将处理结果告知其本人。

综上所述,彭学纯要求市工商局履行法定职责的诉讼请求应予支持。依照《行政诉讼法》[②]第五十四条第(三)项之规定,于2002年12月9日判决如下:被告上海市工商行政管理局应于本判决生效之日起3个月内,履行对上海有线电视台戏剧频道2000年8月16日20时播出的专题报道节目是否构成违法医疗广告进行调查处理的法定职责,并将结果告知原告彭学纯。

一审宣判后,上海市工商行政管理局向上海市第一中级人民法院提出上诉。

上海市第一中级人民法院认为:

《广告法》[③]第六条规定,县级以上人民政府工商行政管理部门是广告监督管

---

① 本案依据的是1993年9月27日卫生部令第16号发布的《医疗广告管理办法》。该办法已被2006年11月10日国家工商行政管理总局、卫生部令第26号发布的《医疗广告管理办法》废止。

② 本案依据的是1989年4月4日第七届全国人民代表大会第二次会议通过的《行政诉讼法》。该法已被2014年11月1日第十二届全国人民代表大会常务委员会第十一次会议第一次修正,2017年6月27日第十二届全国人民代表大会常务委员会第二十八次会议第二次修正。

③ 本案依据的是1994年10月27日第八届全国人民代表大会常务委员会第十次会议通过的《广告法》。该法已被2015年4月24日第十二届全国人民代表大会常务委员会第十四次会议重新修订。现行《广告法》已被2018年10月26日第十三届全国人民代表大会常务委员会第六次会议修正。

理机关。根据《广告法》的规定，广告的管理和监督是工商行政管理部门的职责之一，因此，认定有关节目是否构成广告、是否构成违法广告，以及如何依法进行行政处罚，均属于工商行政管理部门的职责范围。彭学纯认为上海市有线电视台播出节目属于违法广告，侵犯其合法权益，并向市工商局申请对该广告予以行政查处，符合《行政诉讼法》的有关规定。

1993 年《医疗广告管理办法》第二条第二款规定，医疗广告是指医疗机构通过一定的媒介或者形式，向社会或者公众宣传其运用科学技术诊疗疾病的活动。公众所理解的广告，就是以一定的方式通过媒体对商品或者服务以及提供商品或者服务单位的宣传和介绍。从庭审播放的上海市有线电视台专题节目《共和国之歌——献给人民功臣》来看，尽管录制的光盘声音不清晰，但画面反映出节目中不仅有对 411 医院院长章某的事迹介绍，还有相当一部分内容是介绍其诊疗方法和疗效，画面上还三次出现 411 医院名称的特写镜头。该节目反映的信息既有医务人员工作事迹的介绍，又有医务人员医术和医疗专长的介绍，其宣传医院和医院服务的用意十分明显，彭学纯有理由得出该节目属于医疗广告的结论。因此，原审认定该专题报道从形式上具备了认定为医疗广告的基本特征，并无不当，符合《医疗广告管理办法》的有关规定，市工商局以该节目不构成广告而不予查处的理由不成立。市工商局虽然将不予立案查处的理由告诉了彭学纯本人，但由于市工商局没有依法履行其法定的行政职责，未能够依法保护申请人的人身权和财产权，故原审判决认定市工商局应对该节目进行查处，亦无不当，可予维持。

据此，上海市第一中级人民法院依照《行政诉讼法》第六十一条第(一)项之规定，于 2003 年 4 月 21 日判决：驳回上诉，维持原判。

## 【点评】

近年来，随着生活节奏逐步加快，加之市场竞争进入白热化阶段，人们获取信息的渴望度越来越高，进而促进了广告业的发展。医疗机构为了争抢市场，也相继打出五花八门的医疗广告来拉拢患者、招揽生意，刊播载体日趋多样化，除了在电视、广播、报刊等传统媒体发布广告之外，派发、邮寄、移动广告车、医疗机构门头广告和张贴户外广告也成为有效的宣传手段。但同时非法医疗广告也日趋增多，不仅侵害了消费者的合法权益，甚至对人民群众的生命健康造成严重威胁。对此，相关行政部门应当行使行政监督检查的职责。行政监督检查是指行政机关依法定职权，对相对人遵守法律、法规、规章的情况进行检查、了解、监督、检查的行政行为。

本案依据的《医疗广告管理办法》已失效，代之以新的《医疗广告管理办法》，自 2007 年 1 月 1 日起施行。根据新的规定，医疗广告是指利用各种媒介或者形式直接或间接介绍医疗机构或医疗服务的广告。医疗机构发布医疗广告，应当在发布前申请医疗广告审查。未取得《医疗广告审查证明》，不得发布医疗广告。工商行政管理机关负责医疗广告的监督管理。卫生行政部门、中医药管理部门负责医疗广告的审查,并对医疗机构进行监督管理。可见,三个部门都负有管理医疗广告的职责。卫生部门负责审查,工商部门负责监督管理。医疗机构发布医疗广告,应当向其所在地省级卫生行政部门申请,省级卫生行政部门、中医药管理部门应在核发《医疗广告审查证明》之日起 5 个工作日内,将《医疗广告审查证明》抄送本地同级工商行政管理机关。

医疗广告内容仅限于以下项目:①医疗机构第一名称;②医疗机构地址;③所有制形式;④医疗机构类别;⑤诊疗科目;⑥床位数;⑦接诊时间;⑧联系电话。新的《医疗广告管理办法》对非法医疗广告是这样规定的:“医疗广告的表现形式不得含有以下情形:(一)涉及医疗技术、诊疗方法、疾病名称、药物的;(二)保证治愈或者隐含保证治愈的;(三)宣传治愈率、有效率等诊疗效果的;(四)淫秽、迷信、荒诞的;(五)贬低他人的;(六)利用患者、卫生技术人员、医学教育科研机构及人员以及其他社会社团、组织的名义、形象作证明的;(七)使用解放军和武警部队名义的;(八)法律、行政法规规定禁止的其他情形。”直接宣传疗效、卫生技术人员的广告都被认为是非法医疗广告,也禁止利用新闻形式、医疗资讯服务类专题节(栏)目发布或变相发布医疗广告。

# 案例 89 行政救助

## ——建瓯市民政局、高淳县民政局为无名受害者起诉交通肇事案[①]

### 【案情简介】

2008 年 2 月 5 日,建瓯市地界徐墩叶坊路段发生一起交通事故,一辆小型客车将一名无名流浪汉撞死。为维护流浪汉的合法权益,根据国务院《城市生活无着的流浪乞讨人员救助管理办法》[②]有关规定,建瓯市民政局以社会救助机构及流浪汉监护人身份,代死者亲属为无名受害者主张权利,提起刑事附带民事诉讼。建瓯市中级人民法院作出一审判决,肇事方被判赔偿 22 万元。建瓯市民政局将所获得的赔款设立专户保管,如 5 年之内无法查明死者身份,该款将转为社会救助资金使用。

---

① 郑良:《福建流浪汉车祸身亡　民政局提起诉讼获赔 22 万元》,http://news.xinhuanet.com/newscenter/2008-10/07/content_10161113.htm,访问时间:2012 年 6 月 1 日。帅勇:《江苏高淳民政局为流浪汉维权被驳回》,《南京日报》2006 年 12 月 19 日。

② 本案依据的是 2003 年 6 月 20 日国务院令第 381 号发布的《城市生活无着的流浪乞讨人员救助管理办法》。

2004 年 12 月 4 日、2005 年 4 月 2 日，高淳境内先后有 2 名流浪汉因车祸身亡，经刊登认尸启事无人认领后，依照规定进行了火化，骨灰由殡仪馆保管。2006 年 3 月，高淳县民政局以肇事方、保险公司为被告诉至人民法院，要求被告赔偿 2 名流浪汉死亡赔偿金、丧葬费 30 余万元。原告提出，民政部发布的《城市生活无着的流浪乞讨人员救助管理办法实施细则》①规定，地方各级民政部门承担对无名流浪乞讨人员的救助职责，这为原告起诉提供了法律依据。被告答辩称，原告在本案中不具有诉讼主体资格，本案是基于人身损害而产生的纠纷，原告仅是国家行政机关，与本案受害人不存在亲属关系。被告同时提出原告对该实施细则存在着理解上的错误，该实施细则第七条指出这种救助是指提供食物、住宿条件，并不包括民政局可以原告身份作为诉讼主体要求赔偿的权利。高淳县人民法院认为，高淳县民政局与无名流浪汉之间存在的是行政法律关系而非民事法律关系，就该起交通事故所造成的损害，高淳县民政局不享有民事赔偿请求权，因而不是适格的民事诉讼原告。据此，裁定驳回高淳县民政局的起诉。

## 【点评】

行政救助是行政机关以国家的名义对社会成员提供的抚恤和救助。行政救助制度是与国家的社会保障体系密不可分的。这种制度一旦依法建立，符合条件的公民获得的救助就不再是一种国家对其困难或不幸的怜悯和施舍，而是一种法律赋予的正当的权利。行政救助制度的建立是国家职能在现代社会分化的直接体现。从国家行政的目的或功能看，现代国家行政的目的可以概括为控制、管理和服务。控制的目的是保障社会的稳定，即创造让社会成员普遍关心和需要的最起码的安全感；管理是为了维持社会经济运行的基本秩序，造就持续、稳定、高速的经济、社会发展态势；服务的功能则是为全体社会成员及社会本身提供长久的、可靠的发展机会和可能。现代国家行政的共同发展趋势是，国家行政的重点日益向服务功能倾斜，控制、管理功能越来越多地为服务功能所取代或掩盖。而行政救助制度就是现代意义的服务行政的最佳典范。

2003 年 8 月 1 日起正式施行的《城市生活无着的流浪乞讨人员救助管理办法》(以下简称《救助办法》)确立了一项以自愿受助、无偿救助为原则的新型社会救助制度。这是个充满人文关爱理念的公共政策，是专门为陷入困境的公民提供临时性的、最基本生活保障的一项制度安排，是要维护遭遇身无分文、举目无亲、走投无路之难的公民的生存权利和人格尊严，使其免于饥寒交迫、流落街头。这一项制度的实施将有效解决城市生活无着的人员的流浪乞讨问题，使大批流落他乡一时

① 本案依据的是 2003 年 7 月 21 日民政部令第 24 号发布的《城市生活无着的流浪乞讨人员救助管理办法实施细则》。

遇到困难的人得到了帮助,也得到了广大人民群众的一致拥护。

《救助办法》规定,县级以上人民政府民政部门负责流浪乞讨人员的救助工作,这为民政部门替流浪人员"维权"提供了法律依据。但两个案例中人民法院对民政部门作为民事诉讼原告的主体资格的不同认定,值得从理论和实际工作等多方面深入研究。

《救助办法》实行以来,国家投入了大量的人力物力进行救助站建设。全国各大城市街头的乞丐非但没有减少,反而大量增加,他们宁愿露宿街头,也不愿意进入救助站接受无偿救助。街头乞丐死缠烂打、强讨硬要现象突出,影响城市秩序,滋扰市民正常生活。城市乞丐问题困扰地方政府文明城市建设,群众也非常不满意。人们不得不重新审视这一项制度的实际作用。目前而言,这项制度的最大受益者是救助管理部门和"跑站者"(概指利用救助制度进行免费旅游的人)。为了更大限度地发挥这项制度的功效,各地充分展现这项制度的好处,积极探索,"八仙过海,各显神通"。有的地方通过立法限制乞丐的乞讨方式。可是,乞丐有自愿选择生活方式的权利,可以流落街头不受救助;市民也可以自愿选择施舍与否,谁都无权强迫和干扰。

乞丐问题的存在有其深层次的原因,现阶段任何单个城市都无力从根本上解决流浪乞讨问题。为了城市形象,不少地方都通过制定实施细则,对乞丐乞讨地段、时段设限,如设立"禁讨区"。这在一定程度上杜绝了乞丐在城市里强讨硬要的行乞现象,但同时也损害了乞丐作为公民的合法自由和权利。

解决城市乞讨人员问题可以从以下几个方面着手。

一要加大宣传力度。政府管理部门要用多种方式宣传政府的救助政策,通报救助情况,报道虚假乞讨现象的内幕,呼吁善良的人们理智付出同情和爱心,不要直接向街头流浪乞讨人员施舍金钱。

二要加大救助力度。在车站、码头以及繁华闹市区设立醒目标志,标明救助站地址、救助热线、救助范围等内容,让市民和求助人员一目了然。发放宣传资料,大张旗鼓进行宣传,方便群众告知、引导乞丐前往救助站自愿受助。

三要加大对乞讨团伙的打击力度。

四要鼓励社会组织和个人参与救助。防止行政权力过多干预救助工作,坚决杜绝公安、城管等行政执法部门出于社会治安和城市管理的需要,采取"措施",在违背乞丐意愿的前提下,强行清理街头的流浪乞讨人员。要取信于民,树立服务观念,将社会救助工作准确定位,使救助环节尽可能远离行政执法公权力。要创造条件,安排救助机构和社会慈善组织上街,和群众一起做劝告、引导、护送、救助工作,使群众和社会组织在向乞丐施予爱心的同时,找到正确的方法,使得救助政策得到公众的认同和支持。

# 案例 90　行政通知

## ——全国首例因身份证重号引发诉讼案[①]

### 【案情简介】

项女士的身份证号码被改，却未被告知。2007 年 6 月，项女士向杭州市上城区人民政府申请行政复议。6 月 20 日，上城区法制办复议认为，公安机关未与项女士进行协商，就更改身份证号码的行为无效。但 7 月 2 日，上城区公安分局南星派出所仍发出《居民身份证纠错通知单》，要求她到派出所办理换证改号手续。坚持要求保留原号的项女士于 7 月 23 日起诉上城区公安分局，请求人民法院判定撤销该纠错通知单。

公安机关出庭代表认为，下发纠错通知单就是对项女士进行正式告知，让其到派出所核对处理，而且身份证号属于公共资源，不为公民自有。“由于历史原因(以往居民身份证号码使用手工编码)，身份证重号错号现象一直客观存在。”上城区公安分局出庭代表说，与项女士重号的另一方办理原证在项女士之前，根据有关规定，项女士应办理换证手续。虽然身份证纠错给个人工作生活带来诸多不便，但为了公共利益，公民应该多从大局考虑，对此作出合理让步。本案未当庭宣判。

### 【点评】

按照《居民身份证法》[②]的规定，公民身份号码是每个公民唯一的、终身不变的身份代码。可见，身份证号码具有唯一性和排他性，一组号码只能用于特定的人的身份代码，而不能为他人所用，而且是伴随终身的。

在 20 世纪 80 年代我国实行身份证制度初期，公安机关为办证群众编制了 15 位的居民身份证编号。由于当时技术手段落后，编号工作完全采用手工操作，由此产生了一些重号、错号。尤其在身份证号码从 15 位升至 18 位过程中，手工管理造成很多重号问题。问题出现后，如果两人不在同一领域办理以身份证号码为识别标志的手续(如护照、驾照等)，一般无法发现。目前接连发现重号问题，是因为第二代身份证实行全国联网，一旦有重号，输入计算机系统就会发现。

据不完全统计，全国大约有 150 万人的身份证重号。在换发二代证的前期准

① 丁仕松：《全国首例因身份证重号引发诉讼案开审》，《东方早报》2007 年 9 月 5 日。

② 此处指的是 2003 年 6 月 28 日第十届全国人民代表大会常务委员会第三次会议通过的《居民身份证法》。该法已被 2011 年 10 月 29 日第十一届全国人民代表大会常务委员会第二十三次会议修正。

备过程中,仅黔、宁、粤3省区就分别纠正身份证重号16.8万余个、7万余个和14.8万个。

目前,公安机关解决重号问题的基本方案是利用第二代身份证更换的机会,采用“先换者保有”的政策,即首先更换第二代身份证的人员享有继续享有使用该身份证号码的权利,而后更换的人则必须更改自己的原有号码,公安机关免费更换第二代身份证,并出具证明,协调相关用证部门做好重错号的更正工作。

为解决身份证重号问题,公安部门采取了一些灵活机动措施,尽量体现人性化服务,将公民的损失降至最低。如果通过协调,其中一方愿意放弃原号码,将被重新赋予新号码,免费更换证件。如果协调不成,则遵循以下原则:制证库中有记录者,其号码优先保留,无制证记录的人重新编号;迁移人员回原籍较难,优先保留原号,未迁移人员重新编号,重号两人都属迁移人员的,迁移距离较远者优先保留原号;身份证签发日期最近者,优先保留原号;证件使用频率高、使用面广者保留原号。

本案中,上城区公安分局在公民不知情的情况下,“先斩后奏”地擅自更改公民身份证号码,然后才发出纠错通知单,在程序上不合理。其这样做的理由——“身份证号属于公共资源,不为公民自有”也是站不住脚的。所谓公共资源,应该具备两个特征:一是资源的稀缺性,二是使用上的非排他性。然而,身份证号码只是一串数字组合,是公安机关管理人口的一种方式,并非什么稀缺资源。更关键的是,身份证号码具有鲜明的排他性,一旦被赋予某个人,其他人便不能拥有。比照公共资源的两个特征,身份证号码显然不属于公共资源。当公民获得某个身份证号码,该号码就是该公民的私有资源。即使为了纠正重号,发证机关也无权擅自剥夺已经属于公民个人所有的号码资源,而必须先征求持有人的意见并诚挚道歉,还应赔偿公民因此遭受的实际损失。[①]

## 案例91 行政规划

### ——黄金成等25人诉成都市武侯区房管局划分物业管理区域行政纠纷案[②]

**【案情简介】**

原告黄金成等25人不服被告成都市武侯区房地产管理局(以下简称武侯区房

① 舒圣祥:《公民身份证号码到底姓“公”还是姓“私”?》,《合肥晚报》2007年9月6日。

② 《黄金成等25人诉成都市武侯区房管局划分物业管理区域行政纠纷案》,《最高人民法院公报》2005年第6期。

管局)将中央花园清水河片区划分为5个物业管理区域的行政行为,向成都市武侯区人民法院提起行政诉讼。

自1998年起,金雁房产有限责任公司以"中央花园"项目名称,在成都市武侯区晋阳街道办事处辖区内的草金公路以北、清水河以南,开发建设了"中央花园清水河片区"商品房楼群,现共有楼房207幢5726套(户)。按开发先后顺序和规格,该片区可分为一期、二期、三期、精装版一区、精装版二区、沿河别墅、临河别墅等楼群。其中一期楼群属沙堰社区居委会管辖,其他楼群属金雁社区居委会管辖。不同楼群之间,由围墙、道路等分割为相对独立的院落;院落之间,有一些市政公共通道。该小区由于建设年代较早,公共配套设施有其自身特点。其中,部分供电设备为小区自管,不属市政公共供电配套设施;该小区内其他一些共用设施、设备及物业管理用房,尚未作出权属界定。1999年6月,中央花园清水河片区成立了第一届业主委员会。2002年7月,该业主委员会任期届满,未换届选举。2003年10月28日,被告武侯区房管局与晋阳街道办事处共同向武侯区人民政府办公室提交了《关于划分中央花园清水河小区物业管理区域的情况报告》,内容是中央花园清水河小区物业管理区域的现状和存在的问题,拟将该小区划分为A、B、C、D、E共5个物业管理区域的设想,以及对划分物业管理区域的利弊权衡。11月14日,武侯区房管局将划分物业管理区域的方案在相关区域公示,征求业主意见。11月24日,武侯区房管局向中央花园清水河片区的业主发出通知,将中央花园清水河片区划分为5个物业管理区域。

上述通知张贴后,原告黄金成等25名中央花园清水河片区的业主认为被告武侯区房管局的这一行政行为违法,遂于2003年12月29日向成都市武侯区人民政府申请行政复议。成都市武侯区人民政府于2004年2月25日作出成武府复决字(2004)第1号《行政复议决定书》,维持了武侯区房管局将中央花园清水河片区划分为5个物业管理区域的决定。该复议决定书于同月27日送达黄金成等25人,并在中央花园清水河片区内张贴。

成都市武侯区人民法院认为:

国务院以第379号令于2003年6月8日颁布,并于2003年9月1日施行的《物业管理条例》[①]第五条第二款规定:"县级以上地方人民政府房地产行政主管部门负责本行政区域内物业管理活动的监督管理工作。"被告武侯区房管局是符合上述规定的行政管理部门。武侯区房管局作出的划分物业管理区域的通知,是武侯区房管局对物业管理活动行使行政管理职权的行为,具有可诉性。原告黄金成等

① 本案依据的是2003年6月8日国务院令第379号发布的《物业管理条例》。该条例已被2007年8月26日国务院令第504号第一次修正,2016年1月13日国务院令第666号第二次修正,2018年3月19日国务院令第698号第三次修正。

25人作为武侯区房管局所划分物业管理区域内的业主,受划分物业管理区域行为的约束、管理,符合《行政诉讼法》[①]规定的主体资格。黄金成等25人因划分物业管理区域而与武侯区房管局发生争议,有权提起行政诉讼。

作为行政机关,应当遵循依法行政的行为准则,依照法律、法规行使维护社会经济文化秩序、管理社会事务、促进社会文明进步的职责和权力。被告武侯区房管局作为物业管理活动的行政管理部门,应当依职权或根据当事人的申请,对所辖区域内包括划分物业管理区域在内的物业管理活动,依法实施管理和监督。

《物业管理条例》第九条第二款明确了物业管理区域划分的主要原则,同时授权省、自治区、直辖市根据本行政区域的实际情况,制定具体的划分办法。《物业管理条例》颁布施行后,四川省尚未出台相关的具体划分办法,但此前有已发布实施并且未被废止的相关规定。根据《立法法》[②]规定的法律效力及法律适用规则,这些未被废止的相关规定只要不与法律、法规相冲突,应当继续有效。被告武侯区房管局在《物业管理条例》颁布实施后,四川省尚未出台具体办法的情况下,为履行行政管理职责,直接适用上位法《物业管理条例》,并将与上位法不存在冲突的地方规范性文件作为其实施行政行为的依据,并无不当。

被告武侯区房管局实施被诉行政行为时,依据中央花园清水河片区建筑物规模较大、分属两个社区、不同时间建设的物业区域相对独立等事实,考虑了业主自主管理的不同愿望、物业区域的配套设施、社区居委会的管理活动等因素。上述事实证明,武侯区房管局实施被诉行政行为的动机,符合法律授予其行政权力的宗旨。被诉行政行为建立在正当考虑的基础上,行为的内容合乎情理,且具有可行性,符合行政行为合理性原则。

被诉行政行为是对物业管理区域的划分,是对公共配套设施、设备所在区域的界定,而不是对公共配套设施、设备权属的认定。中央花园清水河片区内如因公共配套设施、设备发生所有权、使用权、相关费用分摊等争议,可以通过市政公共设施的改造、完善,或者业主们相互协商、民事诉讼等途径解决,被告武侯区房管局不能限制。作为物业管理活动的行政管理部门,武侯区房管局应当对所辖区域内的物业活动实施管理和监督,依法维护业主的合法权益。

综上所述,被告武侯区房管局将中央花园清水河片区划分为5个物业管理区域的行政行为,依据的事实确实存在,内容符合《物业管理条例》的立法精神和原则规定,符合行政行为的合理性原则,该行政行为作出时没有违反法律、法规的程序

① 本案依据的是1989年4月4日第七届全国人民代表大会第二次会议通过的《行政诉讼法》。该法已被2014年11月1日第十二届全国人民代表大会常务委员会第十一次会议第一次修正,2017年6月27日第十二届全国人民代表大会常务委员会第二十八次会议第二次修正。

② 本案依据的是2000年3月15日第九届全国人民代表大会第三次会议通过的《立法法》。该法已被2015年3月15日第十二届全国人民代表大会第三次会议修正。

性规定，应当是合法有效的。原告黄金成等 25 人的诉讼主张和相关证据，不足以证明武侯区房管局的行政行为违法，其要求撤销武侯区房管局行政行为的诉讼请求，不予支持。

据此，成都市武侯区人民法院依照《行政诉讼法》第五十四条、《最高人民法院关于执行〈中华人民共和国行政诉讼法〉若干问题的解释》[①]第五十六条第（四）项的规定，于 2004 年 8 月 27 日判决：驳回原告黄金成等 25 人的诉讼请求。

一审宣判后，黄金成等 25 人不服，向成都市中级人民法院提出上诉。

成都市中级人民法院认为：根据国务院《物业管理条例》、《成都市住宅小区与高层楼宇物业管理暂行规定》[②]的规定，被上诉人武侯区房管局是武侯区内物业管理活动的行政监督管理部门，具有在辖区内进行物业管理区域划分的行政职权。

《物业管理条例》第九条第二款规定："物业管理区域的划分应当考虑物业的共用设施设备、建筑物规模、社区建设等因素。具体办法由省、自治区、直辖市制定。"在本案诉讼中，武侯区房管局没有证据证明其在对中央花园清水河片区进行物业管理区域的划分时，考虑了除物业管理用房以外的其他共用设施设备等因素。物业管理区域内共用设施的调整和分割，属于重大事项，应由业主大会讨论决定。由于区域的划分不可避免地涉及共用设施的调整和分割，因此物业管理区域的划分必须通过业主大会的讨论才能决定。在划分物业管理区域时如不考虑共用设施设备的权属、使用与维护等因素，就可能会对物业业主的合法权益造成损害。故武侯区房管局作出的划分中央花园清水河片区物业管理区域的通知，不符合《物业管理条例》第九条第二款的规定。

综上，一审认定被上诉人武侯区房管局有划分物业管理区域的职权，是正确的；但在行政机关没有提交相应证据的情况下，认定武侯区房管局在划分物业管理区域时，考虑了物业区域的配套设施，是错误的；以被诉行政行为不是对公共配套设施、设备权属的认定，因公共配套设施、设备权属发生争议可以通过其他途径解决为由，判决维持被诉行政行为不当。据此，成都市中级人民法院依照《行政诉讼法》第五十四条第（二）项第 1 目、第六十一条第（二）项的规定，于 2004 年 12 月 3 日判决：撤销一审判决；撤销被上诉人武侯区房管局于 2003 年 11 月 24 日对"中央花园清水河片区"业主发出的通知；责令被上诉人武侯区房管局依照法定程序重新

① 本案依据的是法释〔2000〕8 号。《最高人民法院关于适用〈中华人民共和国行政诉讼法〉的解释》于 2018 年 2 月 8 日起施行。该解释施行后，《最高人民法院关于执行〈中华人民共和国行政诉讼法〉若干问题的解释》（法释〔2000〕8 号）、《最高人民法院关于适用〈中华人民共和国行政诉讼法〉若干问题的解释》（法释〔2015〕9 号）同时废止。

② 本案依据的是 1998 年 5 月 15 日成都市人民政府 1998 年第 165 号文件发布的《成都市住宅小区与高层楼宇物业管理暂行规定》。该规定已被 2007 年 11 月 16 日《成都市人民政府关于废止和宣布失效部分规章的决定》废止。

划分中央花园清水河片区的物业管理区域。

## 【点评】

本案争议焦点有二。一是在中央花园清水河片区原有业主委员会和物业管理公司进行管理的情况下,武侯区房管局有无对此地进行物业管理区域划分的行政职权?二是武侯区房管局提交的证据,能否证明其对中央花园清水河片区所作的物业管理区域划分的行政行为合法?

人民法院对中央花园清水河片区是否应当进行物业管理区域的划分、是否应当划分为5个区域、每个区域的大小是否恰当、哪些楼宇应当划分在同一区域等问题所下的结论,其实是对行政机关所作出的被诉物业管理区域划分决定的合理性而不是合法性进行评判;而行政诉讼除某些特殊类型的案件外,人民法院针对行政机关行政行为的合理性作出判决一般被视为是司法权对行政权的干涉,因此在认定被诉物业管理区域划分决定是否合法这一问题时采用的是责令重新划分而非直接作出划分的办法。

本案涉及一个具体的问题:业主自己有没有划分本小区物业区域的权利?①

一种观点是,业主对物业管理区域划分是业主自治精神的体现,因为共用设施属全体业主享有,对其划分的权利也理应归业主大会所有。虽然可能会出现一些不稳定因素,但是两害相权取其轻。必须把自治范围内的权利归还给业主。况且交给业主自己来做,本身就是在他们相互间的一种博弈,最终的结果并非是不理智和不健全的。而且可以通过备案的方式予以规范。在法理讨论的层面上,应该认同其是自治范围内的事项。

另一种观点是,当前《物业管理条例》对物业管理区域划分的规定非常笼统,具体办法由省、自治区、直辖市制定。而在当前的多个地方性法规中,没有任何一个赋予业主大会划分物业管理区域的权利。如北京市规定,物业所在地区、县国土房管局会同街道办事处负责协调物业管理区域划分工作。划分住宅物业管理区域应当考虑建筑规模、自然形成、设施设备共用程度及社区建设等因素。上海市规定,尚未划分或者需要调整物业管理区域的,区(县)房地产管理部门应当会同街道办事处(乡镇人民政府),结合当地居民委员会的布局划分物业管理区域,并在地籍图和房地产登记册上注记。特别值得推崇的是,上海市已经在其地方性法规中规定,建设单位在申请办理《住宅建设工程规划许可证》的同时,应当向区(县)房地产管理部门提出划分物业管理区域的要求,区(县)房地产管理部门应当按照相关规定划分物业管理区域,并在地籍图和房地产登记册上注记。对于已经划分完毕的物

① 代广颖等:《"黄金成等25人诉成都市武侯区房管局"案讨论报告》,http://www.doc88.com/p-000904126737.html,访问时间:2012年6月1日。

业区域业主团体同样没有再次划分的权利，就如同一个业主团体无权请两个物业公司一样，这已经不是小区自治的范围。

在这个案件背后还有一个更加突出的问题是利益纠纷，包括新老业委会的合法性和住房专项维修资金的权属问题。

# 第12章　行政调解、行政合同及行政指导

## 案例92　行政调解
### ——罗边槽村一社不服重庆市人民政府林权争议复议决定行政纠纷上诉案[①]

**【案情简介】**

1997年2月20日，重庆市丰都县林业局（以下简称丰都县林业局）收到丰都县人民政府转来的罗边槽村一、四社请求确定林地林木所有权的申请书。6月29日，在丰都县林业局、高家镇人民政府、高家镇林业站、罗边槽村村民委员会的主持下，罗边槽村一、四社达成了《林地林木权属争议调解协议》（以下简称《调解协议》），但该协议书没有加盖林权争议处理机构印章。7月9日，丰都县林业局以丰都林发〔1997〕46号文向丰都县人民政府呈报《关于高家镇罗边槽村一、四社林地林木权属争议的调解情况的报告》，该报告加盖了丰都县林业局印章，并附有调解协议书。1998年12月3日，丰都县人民政府又以丰都府发〔1998〕157号作出《关于高家镇罗边槽村一、四社林权争议的处理决定》（以下简称《处理决定》）。罗边槽村四社不服，向重庆市人民政府申请复议。1999年4月12日，重庆市人民政府作出渝府复（1999）2号行政复议决定，认为高家镇罗边槽村一、四社达成的《调解协议》具有法律效力。为此，撤销《处理决定》。

罗边槽村一社不服重庆市人民政府渝府复（1999）2号行政复议决定，以重庆市人民政府为被告向重庆市高级人民法院提起行政诉讼。

一审法院经审理认为，《调解协议》系双方当事人真实意思的表示，且符合《林木林地权属争议处理办法》第十八条的规定，具有法律效力。丰都县人民政府明知罗边槽村一、四社双方达成的《调解协议》具有法律效力，其又对同一争议地作出处理决定，系重复处置行为，无法律依据。判决维持重庆市人民政府1999年4月12日作出的渝府复（1999）2号行政复议决定。

罗边槽村一社不服一审判决，提起上诉。

---

① 《罗边槽村一社不服重庆市人民政府林权争议复议决定行政纠纷上诉案》，《最高人民法院公报》2000年第6期。

二审法院认为,《调解协议》虽然未加盖林权争议处理机构的印章,与《林木林地权属争议处理办法》[①]第十八条关于“林权争议经林权争议处理机构调解达成协议的,当事人应当在协议上签名或者盖章,并由调解人员署名,加盖林权争议处理机构印章,报同级人民政府或者林业行政主管部门备案”的规定不尽一致,但丰都县林业局以丰都林发〔1997〕46 号文向丰都县人民政府呈报的《关于高家镇罗边槽村一、四社林地林木权属争议的调解情况的报告》中盖有林业局的印章,附有调解协议书,可视为林业局对该调解协议书的认可。依照《森林法》[②]第十七条关于“单位之间发生的林木、林地所有权和使用权争议,由县级以上人民政府依法处理”的规定,丰都县人民政府有权处理丰都县高家镇罗边槽村一、四社之间的林地林木权属争议。但是,在罗边槽村一、四社已经达成《调解协议》并具有法律效力的情况下,丰都县人民政府又作出丰都府发〔1998〕157 号《处理决定》,否定该《调解协议》具有法律效力,属于超越职权。重庆市人民政府渝府复(1999)2 号行政复议决定书认定《调解协议》具有法律效力,撤销《处理决定》是正确的。一审判决认定事实基本清楚,适用法律、法规正确,审理程序合法。二审判决:驳回上诉,维持原判。

## 【点评】

行政调解是指在国家行政机关的主持下,以当事人双方自愿为基础,以国家法律、法规及政策为依据,通过对争议双方的说服与劝导,促使双方当事人互让互谅、平等协商,以解决有关争议而达成和解协议的活动。《中共中央关于构建社会主义和谐社会若干重大问题的决定》中指出要“完善矛盾纠纷排查调处工作制度,建立党和政府主导的维护群众权益机制,实现人民调解、行政调解、司法调解有机结合……把矛盾化解在基层、解决在萌芽状态”。

行政调解协议虽然不具有强制执行的法律效力,但它的性质是合同,应当按照法律对合同的规定来处理相关问题,并按照法律对合同的有关规定对合同当事人进行进一步的保护。行政裁决与行政调解都是行政机关解决民事纠纷的方法或手段。但行政裁决是行政主体依职权或依当事人的申请在其职权范围内所实施的具体行政行为,因而无论争议双方当事人是否同意裁决的结果,都不影响行政主体独立作出裁决行为及其结论,并具有法律上的强制效力;而在行政调解中,行政机关只是作为中间人对争议双方进行劝解说服工作,当事人是否接受劝说和能否达成协议,完全取决于当事人的意志,行政机关不得单方强制性调解,即使调解成功也是靠当事人自觉履行,即不具有法律上的强制执行力。

---

① 本案依据的是 1996 年 10 月 14 日林业部令第 10 号发布的《林木林地权属争议处理办法》。

② 本案依据的是 1984 年 9 月 20 日第六届全国人民代表大会常务委员会第七次会议通过,并已被 1998 年 4 月 29 日第九届全国人民代表大会常务委员会第二次会议第一次修正的《森林法》。该法已被 2009 年 8 月 27 日第十一届全国人民代表大会常务委员会第十次会议第二次修正。现行《森林法》已被 2019 年 12 月 28 日第十三届全国人民代表大会常务委员会第十五次会议重新修订,自 2020 年 7 月 1 日起施行。

# 案例93　以调解方式履职

## ——刘尊焱诉国家邮政局行政复议案[①]

### 【案情简介】

因与快递公司存在快递件丢失赔偿纠纷且协商未果,刘尊焱于2015年8月16日向国家邮政局邮寄《申诉信》。其申诉请求为:要求天天快递赔偿8300元,同时表示若调解成功,则不要求书面答复申诉结果,若未调解成功,请求邮政部门出具相应的书面手续邮寄给刘尊焱,以便刘尊焱通过民事诉讼向天天快递主张权利。后刘尊焱认为国家邮政局在接到其申诉后30日内未对其《申诉信》进行处理,故于2015年11月4日向国家邮政局邮寄《复议申请书》,其行政复议请求为:确认国家邮政局在收到申诉信30日内未作出处理答复之行为违法;责令国家邮政局立即对刘尊焱的《申诉信》作出处理答复。

2015年11月6日,国家邮政局收到上述申请。同月11日,国家邮政局作出国邮行复决〔2015〕103号《不予受理行政复议申请决定书》(以下简称决定书),主要内容为:邮政管理部门对用户申诉的处理属于行政机关对寄递企业服务质量异议作出的调解行为,不属于《行政复议法》[②]第六条规定的行政复议受案范围。根据该法第十七条的规定,决定不予受理。刘尊焱不服,向北京市第一中级人民法院(以下简称一审法院)提起行政诉讼,请求一审法院撤销被诉决定书,判令国家邮政局重新作出复议决定。

一审法院认为,虽然《邮政业消费者申诉处理办法》[③]第二条、第四条规定,消费者按照《邮政法》[④]第六十五条的规定对邮政企业和快递企业服务质量提出申诉,以及邮政业消费者申诉中心(以下简称消费者申诉中心)对申诉进行处理,适用

---

① 北京市高级人民法院行政判决书(2016)京行终4433号。

② 本案依据的是1999年4月29日第九届全国人民代表大会常务委员会第九次会议通过,并已被2009年8月27日第十一届全国人民代表大会常务委员会第十次会议第一次修正的《行政复议法》。该法已被2017年9月1日第十二届全国人民代表大会常务委员会第二十九次会议第二次修正。

③ 本案依据的是2014年8月27日国邮发〔2014〕160号发布的修订后的《邮政业消费者申诉处理办法》。

④ 本案依据的是1986年12月2日第六届全国人民代表大会常务委员会第十八次会议通过,并已被2009年4月24日第十一届全国人民代表大会常务委员会第八次会议修订,2012年10月26日第十一届全国人民代表大会常务委员会第二十九次会议第一次修正,2015年4月24日第十二届全国人民代表大会常务委员会第十四次会议第二次修正的《邮政法》。

本办法。消费者申诉中心对消费者的申诉实行调解制度。但该办法规定的对申诉的处理方式并未改变邮政管理部门应当履行的对前述申诉进行处理并答复的行政职责的性质。本案中,刘尊焱认为国家邮政局未履行对其申诉进行处理的法定职责,向国家邮政局申请行政复议,刘尊焱申请复议的事项属于《行政复议法》第六条第九项规定的行政复议范围。因此,国家邮政局作出被诉决定书,认为刘尊焱的行政复议申请不属于行政复议受案范围错误,应予撤销。综上,一审法院判决:撤销被诉决定书;责令国家邮政局于判决生效后的法定期限内对刘尊焱的行政复议申请重新作出处理。

国家邮政局不服一审判决,提起上诉。二审驳回上诉,维持一审判决。

## 【点评】

刘尊焱提出的行政复议申请是否属于行政复议的受案范围,系本案主要的争议焦点。

本案中,国家邮政局认为本案刘尊焱要求复议的对象是调解行为,故不属于行政复议的受案范围。对此法院认为,就行政机关的角度而言,因对民事纠纷作出的调解并非行政机关作出的行政行为,而系争议当事人达成的一致意思表示,在当事人对调解存在异议的情况下,行政机关对调解原则上并没有强制执行力,行政机关的调解行为也不对当事人的权利义务产生实际影响,故不应纳入行政复议范围,而应由争议当事人通过诉讼或仲裁等方式依法解决。但是,本案中,国家邮政局并没有实际组织争议双方当事人进行调解,亦未达成调解结果。消费者申诉中心应当依照有关规定履行处理、答复等法定职责而实际未履职。有职责的行政主体是否履行了法定职责,属于受理行政复议申请后实体审查的内容。因此,国家邮政局不受理刘尊焱的行政复议申请是错误的。

# 案例 94 行政合同

——武汉市国土资源管理局与兴松房地产公司行政纠纷上诉案[①]

## 【案情简介】

1993 年 11 月 17 日,武汉兴松房地产开发有限公司(以下简称兴松公司)与武汉市国土资源管理局(原武汉市土地管理局,以下简称武汉市土地局)签订了 WP-93-204 号《国有土地使用权批租合同》(以下简称《批租合同》)。该合同约定,甲方

① 最高人民法院行政判决书(2002)行终字第 7 号。

武汉市土地局将位于武昌和平大道中山路口的12000平方米土地出让给乙方兴松公司开发,双方就价款、履行期限等问题作出约定。其中第四条约定:乙方承担的拆迁户还建安置,从发出拆迁线之日起,必须在两年内完成。第六条约定:本合同项下的批租地块,其用途为写字楼、商住楼、还建住宅。乙方同意自1993年11月17日起,四年内完成规划确定的项目建设;四年内未完成又无正当理由的,甲方有权要求乙方按甲方确定的标准补交该地块的市值地价差价,直至收回该土地的土地使用权。合同签订后,兴松公司领取了拆迁许可证,开始实施旧房拆迁,但由于在与拆迁户协商补偿安置方面难度大,拖延了拆迁时间。1994年11月,兴松公司与武汉华锋置业发展有限公司(以下简称华锋公司)签订《联合开发协议书》,约定由华锋公司以注入资金的形式建设规划商住楼部分。之后,因各种问题不落实,工程几度停工,致使还建楼到期不能交付,导致拆迁户居民多次集体上访,堵塞交通。1996年12月,兴松公司又与华锋公司签订《联合开发补充协议书》,将该项目的全部未完工程(还建楼、商住楼)全权委托华锋公司兴建,以兴松公司的名义经营,但该协议因未得到武汉市土地局的认可没有实施。

武汉市土地局于1997年1月作出《关于责令"兴松园小区"项目拆迁还建房限期复工的通知》,限期兴松公司务必复工,尽快按协议还建安置,否则将采取措施依法对该项目进行处理。由于兴松公司在还建楼、商住楼均建至框架三层后一直未能复工,武汉市土地局在举行了兴松公司、华锋公司参加的听证会后,于1997年4月16日作出武土行决字〔1997〕第002号《行政处罚决定书》。认定:市规划局于1993年11月25日发出拆迁线,到立案调查时已过三年零三个月,还建工程建到框架三层长期停摆,多次督促仍未复工,致使该片拆迁户共发生七次堵塞和平大道交通事件,给社会安定带来严重影响,根据《城镇国有土地使用权出让和转让暂行条例》[①](以下简称《暂行条例》)第十七条的规定,决定无偿收回该合同中批租地块的土地使用权。兴松公司接到处罚决定后向湖北省土地管理局申请复议。该局复议后,作出鄂土行复决字〔1997〕第01号《行政复议决定书》,维持了武汉市土地局的处罚决定。

另查明,武汉市土地局在作出处罚决定后,即批准武昌物业公司接手"兴松园小区"项目,该公司现已完成项目的建设。

兴松公司不服武汉市土地局的处罚决定,以武汉市土地局为被告,向湖北省高级人民法院提起行政诉讼。

湖北省高级人民法院经审理认为,兴松公司与武汉市土地局双方经共同协商所签订的《批租合同》合法有效。兴松公司在履行合同过程中,未在拆迁线发出后

① 本案依据的是1990年5月19日国务院令第55号发布的《城镇国有土地使用权出让和转让暂行条例》。

两年内完成拆迁户的还建安置，违反了合同第四条的规定。但是，由于合同第六条约定，乙方未在四年内完成规划项目建设且无正当理由时，甲方才可以收回土地使用权。该条是双方对收回土地使用权的特别约定，这一约定并未违反法律法规的强制性规定。因此，兴松公司未在合同约定的四年期限内完成规划项目建设，是武汉市土地局对其实施处罚的前提条件。而在武汉市土地局作出处罚决定时，距拆迁线发出的时间为三年零三个月，尚未超过合同约定的期限。武汉市土地局在兴松公司未违反合同第六条约定的期限、不具备对其实施处罚的前提条件时，作出处罚决定收回兴松公司已取得的固有土地使用权，认定事实不清，主要证据不足。兴松公司与武汉市土地局之间签订的《批租合同》系武汉市土地局提供的格式合同，根据《合同法》[①]第四十一条的规定，"对格式条款的理解发生争议的，应当按照通常理解予以解释。对格式条款有两种以上解释的，应当作出不利于提供格式条款一方的解释"。本案中，武汉市土地局认为合同第四条规定的两年还建期限同时也是合同规定的条件，而兴松公司认为该条只是双方对合同履行期限的约定，因此应按照兴松公司的理解作为依据。兴松公司在与武汉市土地局签订《批租合同》后，未严格按照合同规定在两年内完成还建安置，导致拆迁户堵塞交通，影响社会稳定，应承担相应的过错责任。第三人华锋公司虽然不是本案行政处罚的对象，但由于该公司在"兴松园小区"项目上实际投入资金进行建设，与本案的处理结果有法律上的利害关系，其因武汉市土地局实施处罚所造成的损失，亦应在本案处理时一并予以解决。

鉴于本案被诉的处罚决定是武汉市土地局在拆迁户闹事已经影响到社会安定的情况下作出的，且已经实际执行，为维护社会公共利益，对兴松公司提出的撤销该处罚决定的诉讼请求，不予支持。判决如下：确认武汉市土地局1997年4月16日作出的武土行决字〔1997〕第002号行政处罚决定违法；武汉市土地局自本判决生效之日起两个月内向兴松公司赔偿6905638.3元（其中含华锋公司1043490.8元）；武汉市土地局自本判决生效之日起两个月内向兴松公司赔偿80%的利息损失。

武汉市土地局不服一审判决，向最高人民法院提起上诉称：被上诉人兴松公司违反《批租合同》第四条的约定，根据《暂行条例》第十七条的规定对其予以处罚是正确的，一审判决确认被告的行政行为违法，没有任何事实和法律依据；国有土地使用权出让合同属典型的行政合同，不适用《合同法》的有关规定，一审判决适用《合同法》的规定属适用法律错误；华锋公司的投入，系违法转让土地所致，一审判决径行认定赔偿华锋公司104万余元，是不合法的；华锋公司与兴松公司属平等主体之间的关系，本案不应予以审理。

① 本案依据的是1999年3月15日第九届全国人民代表大会第二次会议通过的《合同法》。

最高人民法院基本认同了湖北省高级人民法院的判决,但指出:《批租合同》第四条的内容不存在两种以上的理解,一审判决适用《合同法》第四十一条规定确认格式合同的解释不当,应予纠正;华锋公司与兴松公司联合开发建房属于平等主体之间的民事法律关系,华锋公司在“兴松园小区”项目的投资应包括在兴松公司应获得赔偿的数额内,但其投资的损失以通过民事诉讼或其他途径解决为宜。

最高人民法院判决:维持湖北省高级人民法院(2001)鄂行初字第1号行政判决第一、三项;维持湖北省高级人民法院(2001)鄂行初字第1号行政判决第二项中“武汉市土地局自本判决生效之日起两个月内向兴松公司赔偿6905638.3元”的内容,撤销该项中“其中含华锋公司1043490.8元”的内容。

## 【点评】

行政合同是指行政机关为了实现行政管理目的,与公民、法人或者其他组织,或者与其他行政机关,经过协商意思表示一致所达成的书面协议,又称为行政契约、公法合同、公法契约。作为一类合同,行政合同与民事合同的区别表现在以下方面。

(1) 行政合同的一方主体必须是行政机关。

(2) 行政合同的目的是实现行政管理任务。

(3) 行政权关在行政合同的履行中享有特权。作为一方当事人的行政机关有权指挥作为对方当事人的公民、法人或者其他组织,有权对行政合同的履行进行监督检查,有权处罚履行合同中的违法行为,甚至采取强制执行措施。

(4) 行政合同争议应通过行政程序和行政诉讼解决。首先,行政机关作为一方当事人有权通过行政程序自行解决行政合同争议。行政机关有权调查处理妨害行政合同履行的违法行为,对方当事人不服的,可以申请行政复议。其次,行政合同的当事人都可以向人民法院提起行政诉讼。

本案中的《批租合同》就是典型的行政合同。既然行政合同具有双方意思表示一致的特性,因此,当存在对合同的理解不一致时,应当按《合同法》的相关规定来处理。

作为一种管理方式,行政合同与其他行政行为相比有以下属性。

(1) 可替代性。行政合同可以用来代替行政许可等行政行为。

(2) 混合性。行政合同可以适用行政法和民法两方面的规则,具有行政法与民法混合的性质。

(3) 非权力行政性。与其他行政行为是单方行为相比,行政合同是双方行为,行政机关与对方当事人意思表示一致才能成立,各方当事人都有选择对方的自由,这一点与其他行政行为迥异。行政合同的强制性要比其他行政行为小得多。

行政合同的意义体现在两个方面。

(1) 它是行政管理现代化、民主化的体现。在行政合同中，公民、法人或者其他组织有权选择行政机关，与行政机关进行平等协商对话，其意思表示对行政法律关系产生重大影响。他们不再是单纯的、被动的被管理者，而是主动的、积极的行政管理参与者，与行政机关展开合作，共同完成国家行政管理任务。

(2) 它是行政管理方式多元化的体现。行政许可、行政检查、行政处罚、行政强制执行等传统的行政管理方式，权力色彩浓厚，是权力行政。在行政职能日益膨胀的现代社会里，权力行政方式已并非万能。在诸如环境保护、资源开发、困难救助等行政事务方面，权力行政方式已经不合时宜，没有公民、法人或者其他组织的参与、配合，行政机关就不能实现管理目标，作为非权力行政方式之一的行政合同因此受到世界各国的推崇。

值得一提的是，不但行政机关可与公民、法人或其他组织缔结行政合同，而且行政机关之间、行政机关与其所属下级机构或公务员之间也可能缔结行政合同。认识到这一点对于我国尤其具有现实意义。行政机关内部通过层层签订责任书方式落实工作目标，就是行政合同的一种形式。行政法研究应将其纳入视野。当然，内部行政合同与外部行政合同有很大的不同，如救济途径等。[①]

## 案例 95　行政合同还是民事合同

——天源公司、天瑞公司诉和田市人民政府等合同纠纷案[②]

### 【案情简介】

2004 年 4 月 14 日，和田市人民政府与兴源公司签订了《和田市天然气利用项目合同》，约定项目投产正式经营始由兴源公司自主经营 20 年后，兴源公司将在和田建造的天然气项目工程所有权全部交与和田市人民政府。2005 年 5 月 12 日，和田市人民政府与兴源公司就双方前述合同签订补充合同。兴源公司为该业务在和田成立了天瑞公司，并于 2004 年底开始供气。后因资金、燃气供应、燃气费等问题，该公司与相关单位发生纠纷。2008 年 9 月 12 日，和田市人民政府向兴源公司、天瑞公司出具《合同解除通知函》，决定解除《和田市天然气利用项目合同》。同日，和田市人民政府同意和田市建设局接管兴源公司及其子公司天瑞公司在和田

① 余凌云：《行政法上的假契约现象——以警察法上的各类责任书为考察对象》，《法学研究》2001 年第 5 期。

② 最高人民法院(2014)民二终字第 12 号民事裁定书；新疆维吾尔自治区高级人民法院(2015)新行终字第 29 号行政判决书。

市城市燃气供应运营业务。2008年9月23日召开了听证会,同日,和田市建设局向两公司送达了《关于全面接管天瑞公司在和田市天然气供应经营权业务的决定书》,决定对两公司在和田市经营的天然气业务实行全面强制接管。

2008年12月22日,和田市人民政府将兴源公司诉至和田市人民法院,要求解除双方签订的《和田市天然气利用项目合同》及补充条款。

2009年1月21日,兴源公司、天瑞公司将和田市人民政府诉至新疆维吾尔自治区高级人民法院,要求确认和田市人民政府解除合同的行为无效,判令继续履行合同,同时返还强行接管的财产及经营权。

经新疆维吾尔自治区高级人民法院立案庭协调,最终由新疆维吾尔自治区高级人民法院将两个案件合并审理。

一审新疆维吾尔自治区高级人民法院对双方合同的性质进行了认定,认为:和田市人民政府就本案纠纷所采取的措施表明,其并未将本案合同作为行政合同对待,本案亦不存在行政法意义上的撤销特许经营权的行为。现双方当事人亦均就本案纠纷提起民事诉讼,本案作为民商事案件审理并无不妥。故依照《合同法》[①]第八条、第九十六条第一款之规定,作出(2009)新民二初字第1号民事判决:和田市人民政府单方解除其与兴源公司签订的《和田市天然气利用项目合同》的行为无效,兴源公司、天瑞公司与和田市人民政府继续履行《和田市天然气利用项目合同》及《补充合同》,和田市人民政府向兴源公司、天瑞公司交还由其下属和田市建设局强行接管的兴源公司与天瑞公司在和田市经营的天然气供用气及运行业务的经营权和财产;驳回兴源公司、天瑞公司的其他诉讼请求;驳回和田市人民政府的反诉请求。

和田市人民政府不服一审法院的民事判决,向最高人民法院提起上诉。

最高人民法院经审理认为,本案所涉《和田市天然气利用项目合同》及其《补充合同》系和田市人民政府作为一方当事人根据其行政机关公权力所签订,体现了其依据有关市政公用事业管理法规对天然气的利用实施特许经营、行使行政职权的行为。本案所涉特许经营权的授予虽属于行政许可行为,但在《市政公用事业特许经营管理办法》[②]已明确市政公用事业市场化方向、允许并鼓励通过签订合同的形式推进基础设施的建设以及提供服务的情况下,亦不宜因行政许可系因合同方式取得而否定其行政性质。兴源公司和天瑞公司针对和田市人民政府解除合同、强行接管其相关财产及经营权而提起诉讼,应当属于行政诉讼法。综上所述,最高人民法院认为,本案所涉合同以及当事人之间讼争的法律关系虽然存在一定民事因

① 本案依据的是1999年3月15日第九届全国人民代表大会第二次会议通过的《合同法》。

② 本案依据的是2004年3月19日建设部令第126号发布的《市政公用事业特许经营管理办法》。该办法已被2015年5月4日住房和城乡建设部令第24号修正。

素，但双方并非平等主体之间所形成的民事法律关系，因此本案不属于人民法院民事案件受理范围，当事人可依据相关行政法规定另行提起行政诉讼。原审法院将此作为民事纠纷予以受理并作出实体判决不当，应予纠正。据此，和田市人民政府请求解除合同以及要求兴源公司和天瑞公司返还垫款的反诉请求，亦不属于民事案件的受理范围，本案亦不予处理。

2014 年 7 月 7 日，最高人民法院作出（2014）民二终字第 12 号民事裁定书：撤销新疆维吾尔自治区高级人民法院（2009）新民二初字第 1 号民事判决；驳回兴源公司、天瑞公司的起诉以及和田市人民政府的反诉。

兴源公司、天瑞公司接到裁定书后，向和田市中级人民法院提起行政诉讼，新疆维吾尔自治区高级人民法院将案件指定昌吉州中级人民法院管辖。

昌吉州中级人民法院认为，《和田市天然气利用项目合同》属于行政合同，《合同解除通知函》作出前未告知行政相对人解除合同的事实、理由及依据，未听取陈述申辩，程序违法。而且，和田市人民政府作出《合同解除通知函》的行为无事实和法律依据。

同时，昌吉州中级人民法院又认为，接管后，和田市人民政府成立了接管领导小组，负责和田市天然气供应经营业务已近七年，供气基础设施及经营状况已发生变化。若撤销其具体行政行为，将特许经营权及财产返还原告经营，将对公共利益造成重大损失。故原告继续履行合同的请求不具有可行性。遂依据《行政诉讼法》①第七十四条第一款第一项的规定，判决：被告和田市人民政府解除合同的行政行为违法；和田市建设局作出《关于全面接管天瑞公司在和田市天然气供应经营权业务的决定书》的行政行为违法；驳回原告要求撤销和田市人民政府《关于同意接管兴源公司及其子公司天瑞公司在和田市城市燃气供应运营业务的批复》的诉讼请求；驳回原告要求返还强行接管的经营财产和经营权，及强行接管期间的账册和资料，并继续履行合同的诉讼请求。

原被告双方均对一审行政判决不服，上诉至新疆维吾尔自治区高级人民法院。二审新疆维吾尔自治区高级人民法院作出（2015）新行终字第 29 号行政判决：驳回上诉，维持原判。

## 【点评】

本案案情相当复杂，始于民事诉讼，后经最高人民法院二审裁定认为不属于民事案件受案范围。

---

① 本案依据的是 1989 年 4 月 4 日第七届全国人民代表大会第二次会议通过，并已被 2014 年 11 月 1 日第十二届全国人民代表大会常务委员会第十一次会议第一次修正的《行政诉讼法》。该法已被 2017 年 6 月 27 日第十二届全国人民代表大会常务委员会第二十八次会议第二次修正。

本案作为行政案件作出一审判决时,修正后的《行政诉讼法》刚开始实施。2014年11月1日修正并于2015年5月1日实施的《行政诉讼法》第十二条第一款第十一项规定,认为行政机关不依法履行、未按照约定履行或者违法变更、解除政府特许经营协议的,作为行政诉讼案件对待。该法首次明确了行政合同纠纷应当通过行政诉讼方式处理。2015年4月,《最高人民法院关于适用〈中华人民共和国行政诉讼法〉若干问题的解释》[①]颁布,其中第十一条规定,行政机关为实现公共利益或者行政管理目标,在法定职责范围内,与公民、法人或者其他组织协商订立的具有行政法上权利义务内容的协议,属于行政诉讼法第十二条第一款第十一项规定的行政协议。本案论争发生在《行政诉讼法》变迁之时,经历了多年的民事诉讼后最终通过行政诉讼得到解决。

本案另一个值得关注的要点是对确认违法的行政行为并未作撤销处理。2014年修正后的《行政诉讼法》第七十四条规定,"行政行为有下列情形之一的,人民法院判决确认违法,但不撤销行政行为:(一)行政行为依法应当撤销,但撤销会给国家利益、社会公共利益造成重大损害的"。法律的规定是为了平衡公共利益与行政相对人的利益,这是正确的。不过编者认为,为体现利益平衡的原则,法院在判决确认行政行为违法但不撤销的同时,应当告知原告有要求国家赔偿的权利。

## 案例96 政府采购合同

### ——尖锋电脑诉某市财政局采购行为案[②]

### 【案情简介】

2005年9月3日,原告某市尖锋电脑销售公司参加了某市信达招标公司(以下简称招标公司)代理的"某市师范大学教学设备购置项目"公开招标活动。投标结束后,被投诉人招标公司在当地政府采购网站上公布了预中标供应商的名单,原告与投诉人某市办公自动化设备公司、第三人某市汉阳计算机销售公司分别排列为第一、第二和第三的名次。9月11日,原告收到中标通知书的当天就与采购人签订了"某市师范大学教学设备购置项目"的政府采购合同。

该合同履行过程中,被告某市财政局接到投诉人的投诉,称招标公司在本次公

① 此处指的是法释〔2015〕9号。《最高人民法院关于适用〈中华人民共和国行政诉讼法〉的解释》于2018年2月8日起施行。该解释施行后,《最高人民法院关于执行〈中华人民共和国行政诉讼法〉若干问题的解释》(法释〔2000〕8号)、《最高人民法院关于适用〈中华人民共和国行政诉讼法〉若干问题的解释》(法释〔2015〕9号)同时废止。

② 谷辽海:《谁为采购主体的违法行为"埋单"?》,《中国经济时报》2006年1月20日。

开招标过程中存在受贿行为，投诉人曾向负责本次政府采购代理事务的招标公司副总经理赠送了一台笔记本电脑，但却未能够获得本次政府采购合同。财政局经过调查后证明投诉人的投诉情况属实。为此，财政局撤销了原告与采购人签订的“某市师范大学教学设备购置项目”政府采购合同，责令招标公司将受赠的电脑退还给投诉人，与此同时，另行确定排列在第三名的预中标供应商也就是本案的第三人作为本次政府采购项目的中标供应商，与采购人重新签订了政府采购合同。

原告认为，收受贿赂的是招标公司负责人，行贿的是投诉人，原告并没有向任何人行贿，在投标过程中他们公司不存在任何的违法行为，然而原告与采购人所签订的政府采购合同却撤销了。被告某市财政局的投诉处理结果显然侵害了他们公司获得政府采购合同的机会。2005 年 10 月 8 日，原告向四川省某市人民法院提起行政诉讼，要求撤销被告某市财政局的具体行政行为。12 月 15 日，四川省某市人民法院作出行政判决，维持某市财政局的投诉处理决定。

## 【点评】

政府采购合同在大多数国家和地区都是属于行政合同，代表着公共利益，合同的当事人如果是通过贿赂手段签订的，显然是严重的违法行为，合同必然无效。

《政府采购法》①自 2003 年 1 月 1 日起施行。该法对于政府采购中采购人、代理机构的违法行为有如下规定：

第七十二条　采购人、采购代理机构及其工作人员有下列情形之一，构成犯罪的，依法追究刑事责任；尚不构成犯罪的，处以罚款，有违法所得的，并处没收违法所得，属于国家机关工作人员的，依法给予行政处分：

（一）与供应商或者采购代理机构恶意串通的；

（二）在采购过程中接受贿赂或者获取其他不正当利益的；

（三）在有关部门依法实施的监督检查中提供虚假情况的；

（四）开标前泄露标底的。

第七十三条　有前两条违法行为之一影响中标、成交结果或者可能影响中标、成交结果的，按下列情况分别处理：

（一）未确定中标、成交供应商的，终止采购活动；

（二）中标、成交供应商已经确定但采购合同尚未履行的，撤销合同，从合格的中标、成交候选人中另行确定中标、成交供应商；

（三）采购合同已经履行的，给采购人、供应商造成损失的，由责任人承担赔偿责任。

---

① 本案依据的是 2002 年 6 月 29 日第九届全国人民代表大会常务委员会第二十八次会议通过的《政府采购法》。该法已被 2014 年 8 月 31 日第十二届全国人民代表大会常务委员会第十次会议修正。

本案中原告感觉自己很冤枉,因为行贿的并不是自己,却被剥夺了中标的权利。然而投诉人的行为的确有可能影响到成交结果,按上述法律规定,财政局的决定似亦合法。但从公平角度出发,更好的处理方式应当是重新招标,给原告以公平竞争的机会。

在政府采购活动中,采购人、采购代理机构(以下简称采购主体)虽然与供应商的权利义务在客观方面存在着许多悬殊,采购主体往往享有许多供应商不曾有过的权利,如选择采购方式的权利、审查供应商资格的权利、选择评标专家的权利、选择定标方法的权利等,但是,从理论上来说,法律赋予双方当事人的地位应该是平等的。

## 案例97 行政指导

### ——岳继文诉远安县司法局行政处理案[①]

### 【案情简介】

原告岳继文在远安县求是法律服务所以法律工作者身份执业时,2011年、2012年、2013年分别与杨某、黄某、苏某签订委托代理合同,为三名当事人提供法律服务,分别收取法律服务费2000元、3700元(部分费用未出具收据)和2000元。原告为三当事人提供法律服务,其当事人相关诉求均未获支持。2014年9月,三名当事人先后向被告远安县司法局投诉,认为原告服务质量低导致败诉且收费不开收据等,现要求原告退还法律服务费并赔偿损失。远安县司法局2014年9月28日与原告核实相关情况后,即要求求是法律服务所对当事人的投诉进行处理,对该退的代理费必须退、取消该所当年申报先进。2014年10月29日,求是法律服务所召开所务会,对原告所涉投诉进行讨论,确定了要求原告退费的处理意见,原告也予以配合并已退费。2014年11月10日,求是法律服务所书面报告被告,认定原告在执业中对当事人虚假承诺、私自受案、收费,执业能力不高,不再适合法律服务工作。

2014年11月19日,原告向被告递交《关于司法局领导强令我退代理费是何规定请求答复的申请》,认为自己与当事人的委托合同应通过民事诉讼解决,被告要求自己退费的决定侵犯了自己人身和财产权,要求说明其处理意见的法律依据并书面予以答复。2014年11月24日,被告对原告2014年11月19日的书面申请作出远司信函(2014)2号《关于岳继文信访问题的答复意见》,认为原告涉及投诉

① 湖北省宜昌市中级人民法院行政裁定书(2015)鄂宜昌中行终字第00048号。

的事由包括虚假承诺、私自受案、私自收费、收费打白条和不给任何凭证，上述行为违反了《基层法律服务工作者管理办法》[①]第四十八条第一款、第九款、第十三款的规定[②]，司法行政机关可作出相应处罚。原告岳继文认为远安县司法局行政行为违法，给自己的名誉造成严重伤害，诉至法院。

湖北省远安县人民法院认为，被告作为县级司法行政机关，依照相关法律规定，对基层法律服务所及其基层法律工作者的执业负有监督、管理和指导的职责。本案中，因原告执业时对当事人的法律服务未合勤勉，遭当事人连连投诉、被告屡屡接访。针对当事人对原告服务质量及执业操守的投诉，被告因自身职责，要求原告所在的法律服务机构对其进行处理、建议对投诉当事人的法律服务费用当退则退等意见并无不当。被告的职权行为，具有良性的倡导性质，其建议亦不直接产生强制性和执行性等行政法律效力，具体的退费原告也为自主，故原告所诉被告的司法行政处理行为显属行政指导行为并不可诉，其所诉被告行政赔偿的理由亦不成立。据此，湖北省远安县人民法院作出(2014)鄂远安行初字第 00036 号行政裁定书，裁定驳回原告的起诉。

原告岳继文不服，提起上诉。二审湖北省宜昌市中级人民法院于 2015 年 5 月 2 日作出终审裁定：驳回上诉，维持原裁定。

## 【点评】

双方当事人的争议焦点主要有两个：一是岳继文是否是本案的适格主体；二是县司法局所作司法处理行为是否属于行政指导行为。

关于岳继文是否是本案的适格主体的争议焦点。《基层法律服务工作者管理办法》第四条规定，司法行政机关依照本办法对基层法律服务工作者进行管理和指导。第五十九条规定，司法行政机关受理当事人和其他公民对基层法律服务工作者违纪行为的投诉，并且应当将查处结果告知投诉人。

本案中，岳继文系基层法律工作者，在执业中受被上诉人的管理、指导及监督。2014 年 9 月，县司法局在接到三名当事人对岳继文的投诉后，进行了相关的调查核实，但为了降低对远安县求是法律服务所的负面影响，未对岳继文进行立案查处，也未作出任何行政处罚决定，而是要求远安县求是法律服务所对岳继文的被投诉事宜进行内部处理和整改，建议对投诉当事人的代理费当退则退。10 月 29 日，远安县求是法律服务所召开全体人员参加的所务会，对岳继文所涉投诉情况进行

① 本案依据的是 2000 年 3 月 30 日司法部令第 60 号发布的《基层法律服务工作者管理办法》。该办法已被 2017 年 12 月 25 日司法部令第 138 号重新修订。

② 裁定原文如此。疑应为《基层法律服务工作者管理办法》第五十五条第一款第(一)、(九)、(十三)项。

讨论,确定了退费的处理意见,岳继文也表示愿意退还收取的法律服务费用,并在之后实际退还。

根据上述事实,司法局未对岳继文作出任何具体行政处理行为,仅要求远安县求是法律服务所内部处理投诉事宜,行政相对方是法律服务所而不是岳继文;岳继文的退费行为是根据法律服务所的决定作出的且是其自愿行为,不存在被司法局侵犯合法权益的问题。

关于司法局所作司法处理行为是否属于行政指导行为。《基层法律服务所管理办法》[①]第五条规定,司法行政机关依照本办法对基层法律服务所进行管理和指导。

行政指导是指行政机关为了适应复杂多变的经济和社会管理的需要,在其职责范围内,灵活地运用非强制手段,在行政相对方的同意或者协助下,依法有效地实现一定的行政目的,但又不直接产生法律效果的行为。本案中,司法局没有对岳继文本人提出任何强制性的要求,求是法律服务所也是自愿接受司法局的建议,达到了化解与投诉当事人矛盾的效果。故被告司法局的行政处理行为属于行政指导行为。《最高人民法院关于执行〈中华人民共和国行政诉讼法〉若干问题的解释》[②]第一条第二款第(四)项规定,不具有强制力的行政指导行为不属于人民法院行政诉讼的受案范围。

## 案例98　区分行政指导与具体行政行为

### ——吉德仁等诉盐城市人民政府行政决定案[③]

### 【案情简介】

2002年8月20日,盐城市人民政府作出第13号《专题会议纪要》(以下简称《会议纪要》),主要内容包括:城市公交的范围界定在批准的城市规范区内,以城市规划区为界,建设和交通部门各负其责,各司其职;城市公交在规划区内开通的若干线路,要保证正常运营,继续免交有关交通规费;在规划范围内的城市公共客运上发生的矛盾,须经政府协调,不允许贸然行事,否则将追究有关方面的责任。吉

① 本案依据的是2000年3月30日司法部令第59号发布的《基层法律服务所管理办法》。该办法已被2017年12月25日司法部令第137号修正。

② 本案依据的是法释〔2000〕8号。《最高人民法院关于适用〈中华人民共和国行政诉讼法〉的解释》于2018年2月8日起施行。该解释施行后,《最高人民法院关于执行〈中华人民共和国行政诉讼法〉若干问题的解释》(法释〔2000〕8号)、《最高人民法院关于适用〈中华人民共和国行政诉讼法〉若干问题的解释》(法释〔2015〕9号)同时废止。

③ 《吉德仁等诉盐城市人民政府行政决定案》,《最高人民法院公报》2003年第4期。

德仁、蔡越华、蔡和平、丁书全认为《会议纪要》属于违法行政决定行为，向江苏省盐城市中级人民法院提起诉讼。

原告吉德仁等诉称，盐城市公共交通总公司（以下简称公交总公司）的 5 路、15 路客运线路未经批准，擅自延伸出盐城市市区，与其经批准经营的客运线路重叠，属于不正当竞争，损害原告的经营利益。为此曾多次向盐城市城区交通局（以下简称城区交通局）反映，要求其依法对公交总公司及 5 路、15 路参加客运的车辆进行处罚并追缴非法所得。盐城市人民政府的《会议纪要》干预了城区交通局的查处，违反有关法律的规定，直接损害了原告方的经济利益。原告诉讼请求是：确认被告盐城市人民政府强行中止城区交通局查处公交总公司违法行为的行为违法；确认《会议纪要》的相关内容违反了国家道路运输管理的有关规定。

被告辩称，《会议纪要》不属于行政诉讼受案范围。2002 年 8 月 20 日，在盐城市南洋镇交管所开通农村公交、延伸城市公交，与公交总公司发生大规模冲突的背景下，市政府召集有关部门负责同志进行专题会议办公，并作出了《会议纪要》。该纪要依据有关法规、文件及城市规划规定，对城市公交的范围进行了界定，明确了建设、交通等部门对城市公交和道路运输管理的有关职责，对争议的矛盾提出了处理方案。该行为属于行政机关内部指导行为，且未超越有关法规文件的规定，也未作出具体的行政决定，不具有行政强制力。原告吉德仁等人不具备本案的诉讼主体资格，无权对城区交通局能否查处公交总公司以及是否合法查处提出诉讼请求，认为市政府非法干预城区交通局对公交总公司的查处亦无任何事实和法律依据。

盐城市中级人民法院认为：

被告盐城市人民政府的《会议纪要》虽然形式上是发给下级人民政府及所属各部门的会议材料，但从该纪要的内容上看，它对本市城市公交的运营范围进行了界定，并明确在界定范围内继续免交交通规费，而且该行为已实际导致城区交通局对公交总公司的管理行为的中止，所以该《会议纪要》是一种行政决定行为，有具体的执行内容，是可诉行政行为。原告吉德仁等人作为与被告行政行为的受益方公交总公司所属的 5 路、15 路公交车在同一路段进行道路运输的经营户，认为市政府的行为侵犯了他们的公平竞争权提起诉讼，具有行政诉讼的原告主体资格。

被告盐城市人民政府根据《地方各级人民代表大会和地方各级人民政府组织法》[①]规定，为解决矛盾召集其下属的有关部门进行协调，并作出《会议纪要》，将公交的运营范围界定为城市规划区内，并明确对在上述范围内运营的公交车辆继续

① 本案依据的是 1979 年 7 月 1 日第五届全国人民代表大会第二次会议通过，并已被 1982 年 12 月 10 日第五届全国人民代表大会第五次会议第一次修正，1986 年 12 月 2 日第六届全国人民代表大会常务委员会第十八次会议第二次修正，1995 年 2 月 28 日第八届全国人民代表大会常务委员会第十二次会议第三次修正的《地方各级人民代表大会和地方各级人民政府组织法》。该法已被 2004 年 10 月 27 日第十届全国人民代表大会常务委员会第十二次会议第四次修正，2015 年 8 月 29 日第十二届全国人民代表大会常务委员会第十六次会议第五次修正。

免交规费,是对原来就已经客观存在事实的一种明确、重申,是在其法定权限之内作出的行政行为,不违背相关的法律、法规,原告吉德仁等人要求认定该行为违法没有法律依据。

虽然城区交通局客观上中止了对公交总公司超出市区运输行为的查处,但原告吉德仁等人在本案中并未能提交足够的证据证明被告违法干预了交通管理部门的查处工作,所以要求确认市政府强行中止城区交通局的查处行为违法没有事实依据。

综上所述,本案中吉德仁等人虽具有诉讼主体资格,但因其诉讼请求不能成立,依照《最高人民法院关于执行〈中华人民共和国行政诉讼法〉若干问题的解释》[①]第五十六条第(四)项之规定,于 2002 年 12 月 22 日判决:驳回原告的诉讼请求。

一审宣判后,吉德仁等人向江苏省高级人民法院提出上诉。

上诉人诉称,一审判决认定盐城市人民政府的《会议纪要》相关内容不违法,是明显错误的。交通部的一系列规范性文件完全可以说明,城市公交的营运范围应"严格界定在城市市区"而非城市规划区。交通部、财政部等部委的三个规章均要求公交车辆出市区后,跨行公路的必须缴纳养路费、客运附加费和运输管理费。城区交通局是因为《会议纪要》的有关内容被迫停止对违法行为查处的。《会议纪要》中有关免交规费的规定,严重侵犯了上诉人的公平竞争权。请求确认盐城市人民政府强行中止城区交通局对公交总公司违法营运进行查处的行为违法;确认盐城市人民政府《会议纪要》的相关内容违反国家道路运输管理的有关规定。

被上诉人辩称,根据建设部有关规定,城市公交营运的地域范围为城市规划区,《会议纪要》的相关规定,体现了从实际出发、实事求是、顾全大局的原则,完全符合法律规定。上诉人不具备行政诉讼的主体资格,无权提出诉讼请求。《会议纪要》属行政机关内部指导行为,不具有行政强制力。《会议纪要》中有关建设、交通部门职能划分及继续免交有关交通规费的规定是抽象的,本案不属行政诉讼受案范围。

江苏省高级人民法院认为,盐城市人民政府《会议纪要》中"城市公交在规划区内开通的若干线路,要保证正常营运,继续免交有关交通规费"的规定作为政府的一项行政决定,具有行政强制力,是可诉的具体行政行为。吉德仁等人作为与公交总公司所属公交车辆营运范围有重叠的经营者,有权以《会议纪要》的规定侵犯其

① 本案依据的是法释〔2000〕8 号。《最高人民法院关于适用〈中华人民共和国行政诉讼法〉的解释》于 2018 年 2 月 8 日起施行。该解释施行后,《最高人民法院关于执行〈中华人民共和国行政诉讼法〉若干问题的解释》(法释〔2000〕8 号)、《最高人民法院关于适用〈中华人民共和国行政诉讼法〉若干问题的解释》(法释〔2015〕9 号)同时废止。

公平竞争权为由提起行政诉讼。盐城市人民政府《会议纪要》中有关在规划区免征规费的规定，超越了法定职权。该项决定的内容缺乏法律、法规依据，且与前述国家有关部委的多个规定相抵触，依法应予以撤销。一审判决认定吉德仁等人具有原告主体资格及《会议纪要》相关内容为可诉的具体行政行为的认定正确，但对于《会议纪要》中有关在规划区免征规费的规定的合法性认定不当，依法应予以撤销。吉德仁等人的其他请求，因与其公平竞争权没有法律上的利害关系，故不予支持。

据此，依照《行政诉讼法》[①]第六十一条第（二）项及《最高人民法院关于执行〈中华人民共和国行政诉讼法〉若干问题的解释》第五十六条第（四）项的规定，江苏省高级人民法院于2003年5月19日判决：撤销江苏省盐城市中级人民法院（2002）盐行初字第052号行政判决；撤销盐城市人民政府第13号《专题会议纪要》第五条中"城市公交在规划区内开通的若干线路，要保证正常营运，继续免交有关交通规费"的决定；驳回上诉人的其他诉讼请求。

## 【点评】

本案中主要争议焦点是《会议纪要》是否为可诉行政行为。原告吉德仁等人认为，《会议纪要》包括两个具体行政行为及一个已外化的内部行政行为，这些行为对其合法权益造成了实际的影响，是可诉行政行为，并因为同一路段道路运输的公平竞争权被侵犯而具有本案的主体资格。被告盐城市人民政府认为，《会议纪要》是政府的内部指导行为，没有特定的适用对象，是抽象的行政行为，《会议纪要》与原告之间没有直接的影响，不构成行政法上的利害关系，该行为不可诉。

所谓行政指导行为，是指行政机关在进行行政管理的过程中，所作出的具有咨询、建议、训导等性质的行为，不具有行政强制执行力。而被上诉人盐城市人民政府《会议纪要》中有关公交车辆在规划区免交规费的规定，是明确要求必须执行的，因此，盐城市人民政府认为该行为属行政指导行为没有法律依据。该项免交规费的规定，是针对公交总公司这一特定的主体并就特定的事项即公交总公司在规划区内开通的线路是否要缴纳交通规费所作出的决定，《会议纪要》的上述内容实际上已直接给予了公交总公司在规划区内免交交通规费的利益，不应认定为抽象行政行为。同时，由于该《会议纪要》是赋予一方当事人权利的行为，公交总公司作为受益人也参加了会议，因此《会议纪要》虽未向利益相对方直接送达，但《会议纪要》的相关内容在其后已经得到执行，城区交通局已将无法对公交总公司进行行政管理的原因及《会议纪要》的内容书面告知了吉德仁等人，因此应当认定盐城市人民

---

① 本案依据的是1989年4月4日第七届全国人民代表大会第二次会议通过的《行政诉讼法》。该法已被2014年11月1日第十二届全国人民代表大会常务委员会第十一次会议第一次修正，2017年6月27日第十二届全国人民代表大会常务委员会第二十八次会议第二次修正。

政府在《会议纪要》中作出的有关公交车辆在规划区免征规费的行为是一种可诉的具体行政行为。

行政指导与行政合同都是非权力行政方式,但与行政合同相比,行政指导更为柔和,公民、法人或其他组织的地位得到了最大的尊重。在行政的现代化和民主化以及行政效率等方面,行政指导的作用巨大。行政指导的规则包括以下内容。

(1) 不得越权指导。"超权无效"原则对行政指导同样适用。

(2) 符合法定目的。行政机关不得滥用行政指导,借行政指导之名行法律行为之实,规避法律,逃避诉讼。

(3) 不得因拒绝行政指导使公民、法人或者其他组织遭受不利处境。行政指导的实现以公民、法人或者其他组织自愿服从为前提。如果公民、法人或者其他组织明确表示拒绝,行政机关就应当停止指导,行政机关不得因此在后来的执法中限制公民、法人或者其他组织的权利。

(4) 在对多数人实施行政指导时,应当预先表明指导的方针。行政机关在作出规则性行政指导之前,应当征求利害关系人的意见,以保证行政指导的科学性、合理性,告知应当采取书面方式,利害关系人有权表示异议。

(5) 如果行政指导对公民、法人或者其他组织不利,行政机关就应当详细说明指导的理由、内容、履行方法,并书面告知利害关系人。利害关系人有权表示异议,并与行政机关进行磋商。

我国现行的交通管理体制存在的双重管理、两元结构的现象是历史形成的,即建设行政主管部门管理城市公共交通,而交通行政主管部门管理道路运输。目前仍然存在部门之间、城乡之间分割客运市场的问题,此种管理体制虽不符合"统一、精简、效能"的原则,但在未经有权机关统一之前,应当予以认可,建设和交通行政主管部门均应依法履行职责。[①]《公路法》[②]第八条规定,国务院交通主管部门主管全国公路工作,县级以上地方人民政府交通主管部门主管本行政区域内的公路工作。根据国务院有关交通部职能的规定,交通部是公路交通运输行业的行政主管部门。因此,各级交通行政主管部门作为当地公路交通运输行业的行政主管部门,有权依据国家有关法律、法规、政策,负责公路交通运输业的行业管理,维护公路交通运输行业的平等竞争秩序,负责公路路政管理和交通规费的稽征管理。因此,在

① 2008 年国务院大部制改革后,交通部的职责、建设部的指导城市客运职责,已整合划入交通运输部。

② 这里指的是 1997 年 7 月 3 日第八届全国人民代表大会常务委员会第二十六次会议通过,并已被 1999 年 10 月 31 日第九届全国人民代表大会常务委员会第十二次会议第一次修正的《公路法》。该法已被 2004 年 8 月 28 日第十届全国人民代表大会常务委员会第十一次会议第二次修正,2009 年 8 月 27 日第十一届全国人民代表大会常务委员会第十次会议第三次修正,2016 年 11 月 7 日第十二届全国人民代表大会常务委员会第二十四次会议第四次修正,2017 年 11 月 4 日第十二届全国人民代表大会常务委员会第三十次会议第五次修正。

交通部门管理的公路上营运的一切车辆均应当接受交通部门依法进行的行政管理。随着城市化进程的加快和公众出行的需要，城市公共交通超出原有的城市市区进行营运已成为一种客观现实。因此，城市公交的营运范围与交通部门管理的范围并不必然不相容，不能认为城市公交营运范围内的道路就必然排除交通部门的行政管理，也不能认为交通部门所管理的道路就必然不能成为城市公交的营运范围。城市公交营运范围的界定，并不影响交通部门对所管辖道路的管理。城市公共汽车驶离《城市道路管理条例》[①]中所确定的由城建部门修建、养护的城市道路，在交通部门修建、养护的道路上营运的，也应当接受交通部门依据《公路法》及相关道路运输规章所实施的管理，根据规定办理相应的手续。根据《公路养路费征收管理规定》[②]第九条、第十条的规定，公共汽车在由城建部门修建和养护管理的市区道路上行驶的，免征养路费，但公共汽车跨行公路在十公里以内的按费额的三分之一计征养路费。而公交总公司的 5 路、15 路公交车离开市区进入交通部门管理的 331 省道行驶近十公里，应当依法缴纳养路费。根据《关于规范公路客货运附加费增加公路建设资金的通知》的规定，公共汽车不属于免交公路客货附加费的车辆，应当缴纳公路客货附加费。盐城市人民政府提供的国家计委《关于公路客运附加费征收范围有关问题的复函》及建设部《建设部城建司答承德市公用局再次重申城市公共交通界定》只能证明在市区运行的车辆可以不缴纳该项费用，并不涉及出市区营运的公交车辆。同时，根据交通部、财政部联合制定的《公路运输管理费征收和使用规定》[③]的相关规定，在公路上营运的车辆还应当缴纳运输管理费。因此，城市公共汽车驶离由建设部门修建或养护的道路，进入交通部门管理的道路时，应当依法缴纳养路费、客货附加费及运输管理费。交通部门拥有征收上述费用和经法定程序免征费用的法定职权，其他任何行政机关均无征收或者免征的职权，无权决定应缴纳规费的单位免交规费。

---

① 这里指的是 1996 年 6 月 4 日国务院令第 198 号发布的《城市道路管理条例》。该条例已被 2011 年 1 月 8 日国务院令第 588 号第一次修正，2017 年 3 月 1 日国务院令第 676 号第二次修正，2019 年 3 月 24 日国务院令第 710 号第三次修正。

② 这里指的是 1991 年 10 月 15 日交通部、国家计委、财政部、国家物价局发布的《公路养路费征收管理规定》。该规定已被 2009 年 2 月 19 日发布的《交通运输部关于废止 8 件交通规章的决定》自 2009 年 2 月 19 日起废止。

③ 这里指的是 1986 年 9 月 10 日交通部、财政部发布的《公路运输管理费征收和使用规定》。该规定已被 2009 年 2 月 19 日发布的《交通运输部关于废止 8 件交通规章的决定》自 2009 年 2 月 19 日起废止。

# 第13章 行政程序

## 案例99 行政程序立法的意义与现状

### ——湖南省正式颁布《湖南省行政程序规定》[①]

### 【案情简介】

《湖南省行政程序规定》(以下简称《规定》)于2008年10月1日施行。这一地方性法规是我国首部地方性行政程序统一立法。《规定》有以下亮点。

**1. 公众参与行政管理**

第六条规定:"公民、法人或者其他组织有权依法参与行政管理,提出行政管理的意见和建议。行政机关应当为公民、法人或者其他组织参与行政管理提供必要的条件,采纳其合理意见和建议。"

政府在进行行政决策时,或多或少存在随意性问题,老百姓形象地概括为"三拍":决策前拍脑袋,决策中拍胸脯,出了问题拍屁股。在《规定》中,公众参与是一个基本原则,无论是涉及行政决策、执法,还是行政听证、指导、监督检查等,公众均享有参与权。

在行政决策方面,《规定》规定了公民可向政府提出决策建议;公布重大决策方案草案,征求听取公众意见;要通过座谈会、协商会、开放式听取意见等方式听取公众意见;制定规章和规范性文件,也要求公布草案,广泛听取各方面意见。

在行政执法方面,《规定》规定了说明理由制度、陈述意见制度、告知制度、陈述和申辩制度、听证制度、投诉制度等。凡是作出对老百姓利益直接相关的决定,都要听取行政相对人的意见、陈述,允许进行辩驳。

**2. 明确听证会程序**

第三十八条规定:"重大行政决策有下列情形之一的,应当举行听证会:(一)涉及公众重大利益的;(二)公众对决策方案有重大分歧的;(三)可能影响社会稳定的;(四)法律、法规、规章规定应当听证的。"

---

① 储文静:《省政府法制办主任贺安杰详细解读〈湖南省行政程序规定〉》,《潇湘晨报》2008年4月19日。

第七十四条规定:“具有下列情形之一的,行政机关在作出行政执法决定前应当举行听证会:(一)法律、法规、规章规定应当举行听证会的;(二)行政机关依法告知听证权利后,当事人、利害关系人申请听证的;(三)行政机关认为必要的;(四)当事人、利害关系人申请,行政机关认为确有必要的。”

第一百零七条规定:“行政机关实施重大行政指导,应当采取公布草案、听证会、座谈会、开放式听取意见等方式,广泛听取公民、法人或者其他组织的意见。听取意见的程序参照行政决策程序有关规定。”

《规定》设专章规定行政听证,包括决策的听证和执法的听证。行政机关凡是作出影响公众重大利益的决策或者执法,都要听证,让社会公众和当事人广泛发表意见,进行辩论。应当听证而不听证的,属程序违法,作出的行为就会无效或者被撤销。

为避免听证会走过场,《规定》完善了听证规则,从制度上保障听证的公正性,保证公众的合理意见能得到采纳。《规定》中明确,行政机关直接参与行政决策方案制定的人员和行政执法的调查人员不得担任相关听证会主持人;禁止听证主持人与当事人、利害关系人及其他听证参与人单方接触;采取欺骗、贿赂、胁迫等不正当手段操纵听证结果的,听证无效;听证笔录公开和听证笔录效力等。

**3. 提高办事效率**

《规定》第八十条规定:“法律、法规、规章对行政执法事项有明确期限规定的,行政机关必须在法定的期限内办结。行政机关应当通过优化工作流程,提高办事效率,使实际办结的行政执法期限尽可能少于法定的期限。”

第八十一条规定:“法律、法规、规章对行政执法事项以及非行政许可的行政审批事项没有规定办理期限的,实行限时办结制度,行政机关应当按照下列规定限时办结:(一)办理的事项只涉及一个行政机关的,行政机关应当自受理申请之日起20 日内办结;20 日内不能办结的经本行政机关负责人批准,可以延长 10 日,并应当将延长期限的理由告知申请人;(二)办理的事项涉及两个以上部门的,行政机关应当自受理申请之日起 45 日内办结;45 日内不能办结的,经本级人民政府负责人批准,可以延长 15 日,并应当将延长期限的理由告知申请人;(三)依法应当先经下级行政机关审查或者经上级行政机关批准的事项,负责审查或者批准的行政机关应当在受理之日起 20 日内审查或者批准完毕;(四)行政机关依职权启动的行政执法行为,应当自程序启动之日起 60 日内办结;60 日内不能办结的,经本机关负责人批准,可以延长 30 日,并应当将延长期限的理由告知当事人。”

长期以来,老百姓怕跟政府部门打交道,因为办一个项目要跑几十个部门,盖上百个章,“拜不完的‘码头’,跑不完的腿”,“门难进,脸难看,事难办”。为提高效率,减少环节,优化工作流程,《规定》为行政行为设定了统一的方式、步骤、顺序和期限,遵守这些法定程序成为行政机关的义务。

**4. 行政行为全公开**

阳光是最好的防腐剂。《规定》在具体内容中始终贯穿了公开的原则,要求政府管理的依据、过程和结果都要向社会公开,让权力在阳光下运行。其中第五条规定:“行政机关应当将行使行政职权的依据、过程和结果向公民、法人或者其他组织公开,涉及国家秘密和依法受到保护的商业秘密、个人隐私的除外。”

公开的具体内容包括:《政府信息公开条例》规定应当主动公开的政府信息;重大行政决策草案和结果;行政会议公开、行政执法的阅览卷宗和说明理由公开等。

《规定》要求行政机关将主动公开的政府信息,通过政府公报、政府网站、新闻发布会以及报刊、广播、电视等便于公众知晓的方式公开。同时借鉴美国联邦登记制度,建立湖南省行政登记制度,对重大决策、规章和规范性文件,实行统一登记、统一编号、统一公布。重大决策草案和规章、规范性文件草案,也要求通过报纸、政府公报和网站向社会公布,群众随时可以提出意见和建议。另外还对政府信息查阅场所和设施进行了规范,要求各级人民政府及其工作部门设立的信息公开查阅场所应当放置政府公报,并配置可查阅政府网站的电子设备,方便公众查阅政府信息,索取相关资料。

## 【点评】

我国行政程序立法起步晚,而且很不规范。1987 年国务院制定了《行政法规制定程序暂行条例》,是我国行政程序法典化的开始。

此后,个别部委制定了行政程序暂行规定,例如《国境卫生检疫行政处罚程序规则》(1990 年卫生部发布)、《统计违法案件查处工作暂行规定》(1991 年国家统计局发布)。

一些地方政府制定了有关行政执法程序的规定,例如《天津市行政执法和行政执法监督暂行规定》(1991 年)、《济南市行政执法监督暂行规定》(1991 年)。

还有一些地方人民代表大会制定了关于行政执法程序的地方性法规,例如《吉林省行政执法条例》(1990 年)、《福建省行政执法程序规定》(1992 年)。

健全组织法制和程序规则,才能保证国家机关按照法定权限和程序行使权力、履行职责。但目前在规范行政权力方面,我国尚未制定全国统一的《行政程序法》。早在 2003 年,《行政程序法》就列入了十届全国人大常委会五年立法规划,由于多种原因至今尚未启动。《行政程序法》草案已修改十几次,始终未能出台。当前,我国行政程序立法呈现“先地方后中央”的路径,地方的立法经验可以为制定《行政程序法》所借鉴。《湖南省行政程序规定》作为我国首部地方性行政程序统一立法,在很多方面可圈可点。

我国著名行政法学家应松年认为,行政程序法是现代国家规范行政权力的基本法,它的制定对国家机关之间的关系、国家与公民之间的关系有着深远影响。当前，中国在国家层面制定统一的行政程序立法的时机已经完全成熟。他指出，我国行政程序法的直接立法目的应当是构建统一的、最低限度公正的行政程序制度。而在他看来，最低限度公正行政程序的标准包括：①作出行政行为的程序应当公正，体现为程序公正原则；②行政程序应当以公开的方式运行，体现为程序公开原则；③受行政程序的结果影响的人应当充分而有意义地参与到行政过程中来，体现为参与原则；④行政机关应当及时、高效作出行政行为，体现为效率原则。[1]

## 案例 100 行政程序的公正原则

### ——李昕洋诉永嘉县人力资源和社会保障局行政确认案[2]

### 【案情简介】

李捷强（已亡故）系永嘉县国土资源局沙头国土资源所事业编制职工。2015 年 9 月 7 日，李捷强在单位上班，当晚住宿在单位。2015 年 9 月 8 日上午 7 时 30 分左右，沙头国土所聘用人员叶某在三楼与四楼楼梯转弯处发现李捷强仰躺在地上。叶某立即报 120 急救电话，不久医生赶到现场后，经诊断李捷强已经死亡，随后李捷强的同事向 110 报警，公安民警及法医到现场进行了查看。永嘉县公安局沙头派出所对李捷强的死亡作出初步排除因他杀、吸毒、酗酒而死亡的结论。永嘉县沙头镇中心卫生院出具《居民死亡医学证明（推断）书》，推断李捷强死亡原因为突发疾病。

永嘉县国土资源局于 2015 年 9 月 16 日向永嘉县人力资源和社会保障局提出工伤认定申请，永嘉县人力资源和社会保障局于 2015 年 9 月 25 日受理，但未出具受理通知书。永嘉县人力资源和社会保障局受理后，于 2015 年 10 月 13 日和 10 月 14 日分别向永嘉县国土资源局的工作人员、沙头中心卫生院医师等作了调查。永嘉县人力资源和社会保障局于 2015 年 10 月 31 日召开局长办公会议讨论本案，并形成不予认定工伤的结论。之后，永嘉县人力资源和社会保障局又于 2015 年 11 月 3 日向沙头国土资源所所长戴某调查。2015 年 11 月 5 日，永嘉县人力资源和社会保障局作出永人社工认〔2015〕632 号《不予认定工伤决定书》，于 2015 年 11 月 13 日送达永嘉县国土资源局，未向李捷强的近亲属送达文书。

李捷强之子李昕洋不服被告永嘉县人力资源和社会保障局作出的工伤行政确认行为，于 2016 年 5 月 10 日向永嘉县人民法院提起行政诉讼。

---

① 应松年：《中国行政程序立法展望》，《中国法学》2010 年第 2 期。

② 浙江省永嘉县人民法院行政判决书（2016）浙 0324 行初 43 号。

法院认为,本案被告作出被诉行政行为,严重违反法定程序,行使程序裁量权明显不当。程序正当是实体正确的有效保障,被告不仅应履行《工伤保险条例》[①]和《工伤认定办法》[②]明确规定的程序,还应合理行使程序裁量权,履行正当程序。本案中,首先,被告未按照《工伤认定办法》的规定,在受理案件时出具受理决定书,在作出决定后未向职工近亲属送达决定书,违反法定程序。其次,被告在局长办公会议讨论案件形成不予认定工伤的结论之后再向沙头国土资源所所长调查,先决定再调查,违反法定程序。再次,在行政过程中,未履行告知用人单位和受伤害职工近亲属举证的义务;在作出不利于受伤害职工近亲属的决定前又未听取用人单位和职工近亲属的陈述、申辩意见。最后,行政机关作出影响行政相对人权利义务的决定,负有说明理由的义务,被告以"本机关局长办公会议讨论研究认为"作为作出不予认定工伤的理由,属滥用程序裁量权,程序明显不当。

2016年10月25日,法院判决:撤销被告永嘉县人力资源和社会保障局于2015年11月5日作出永人社工认〔2015〕632号《不予认定工伤决定书》的行政行为;责令被告于本判决生效之日起60日内重新作出行政行为。

## 【点评】

本案的焦点是永嘉县人力资源和社会保障局的工伤行政确认行为在程序上是否合法。

实施任何行为都离不开一定的方式、步骤、顺序以及时间的延续性,这就是行为的程序。当法律要求某种行为必须符合一定的程序时,程序就是对实体活动的约束,程序与实体同等重要,程序的不当必然导致实体结果的不公正,程序的违法同样会导致行为的最终违法。

《工伤保险条例》第二十条第一款规定:"社会保险行政部门应当自受理工伤认定申请之日起60日内作出工伤认定的决定,并书面通知申请工伤认定的职工或者其近亲属和该职工所在的单位。"《工伤认定办法》第二十二条第一款规定:"社会保险行政部门应当自工伤认定决定作出之日起20日内,将《认定工伤决定书》或者《不予认定工伤决定书》送达受伤害职工(或者其近亲属)和用人单位,并抄送社会保险经办机构。"本案中,被告永嘉县人力资源和社会保障局在行政程序中违反行政法规及相关规范性文件的要求,在结论作出后没有向原告方送达,显属程序违法。

---

① 本案依据的是2003年4月27日国务院令第375号发布,并已被2010年12月20日国务院令第586号修正的《工伤保险条例》。

② 本案依据的是2010年12月31日人力资源和社会保障部令第8号发布的重新修订的《工伤认定办法》。

由于《工伤保险条例》和《工伤认定办法》中对于工伤认定的程序规定得不够具体，这给社会保险行政部门留下了充分的程序裁量空间。这就要求社会保险行政部门在认定工伤的过程中，合理行使程序裁量权，履行正当程序。本案中，被告在调查取证中，没有通知有直接利害关系的李捷强近亲属参与，且在作出对李捷强近亲属不利的行政决定前亦未告知李捷强近亲属，也未给予其陈述和申辩的机会。在申请、受理、调查和作出结论的过程中，被告全然剥夺了原告的知情权、陈述权、申辩权以及提出证据材料等权利，对于原告方显失公正。

## 案例 101　行政程序的公开原则

### ——李方平诉铁警违法查验身份证案[①]

### 【案情简介】

2007 年 11 月 12 日晚，北京瑞风律师事务所律师李方平与朋友到西客站北广场的售票大厅购买火车票。在入口处，铁路民警要求出示身份证检查。在被问及身份查验的理由并要求出具相关法律手续时，民警拒不给予任何答复。与警察僵持 10 多分钟后，李律师等人出示身份证接受查验后离开。李方平认为，铁警的做法不合法。《居民身份证法》[②]规定“人民警察依法执行职务，经出示执法证件，可以查验居民身份证”有 4 种情形，但在售票大厅设置专门通道对不特定旅客核查身份证并不在其中，北京铁路公安局北京公安处(以下简称北京铁路公安处)违法行政，同时还侵犯了宪法保障的公民人身自由权。李方平将北京铁路公安处诉至北京市东城区人民法院。

北京铁路公安处称，查验身份证是为缉拿犯罪嫌疑人而实施的刑事执法行为，不具有可诉性。为此还出示了 2007 年 10 月前后公安部发布的 5 份刑事通缉令，并称查验李方平等人身份证是依据通缉令上所列犯罪嫌疑人的体貌特征，结合民警的自由裁量判断而实施的排查。

东城区人民法院认为，北京铁路公安处对李方平进行身份查验的行为属人民法院行政诉讼的受案范围。同时，查验身份证的过程中，民警虽未出示执法证件，但并不会导致李方平对民警身份产生怀疑和误解，也并未实际侵害原告权益。据

① 丁玲:《警察能否随意查看身份证》,《江南时报》2008 年 6 月 26 日。

② 此处指的是 2003 年 6 月 28 日第十届全国人民代表大会常务委员会第三次会议通过的《居民身份证法》。下文同。该法已被 2011 年 10 月 29 日第十一届全国人民代表大会常务委员会第二十三次会议修正。

此驳回李方平的诉讼请求。

【点评】

2004年1月1日,《居民身份证法》正式实施,该法第十五条第一款规定,警察在以下4种情况下可以检查居民身份证:①对有违法犯罪嫌疑的人员,需要查明身份的;②依法实施现场管制时,需要查明有关人员身份的;③发生严重危害社会治安突发事件时,需要查明现场有关人员身份的;④法律规定需要查明身份的其他情况。

身份证是公民的宪法身份证明,应该从宪法的高度来看待警察随意检查居民身份证这个问题。警察随意检查居民的身份证,体现了执法部门还在使用“有罪推定”的思想开展工作,每个旅客都被怀疑可能是逃犯。

回顾《居民身份证法》颁布时的历史背景,就能更深刻地理解警察随意查验身份证的违法性和危害性。该法颁布于2003年,当时,广州发生了震惊中外的孙志刚事件,而作为此事件的社会背景,就是当时全国各地公安机关以执行《城市流浪乞讨人员收容遣送办法》[①]以及各地的收容遣送条例为名,随意、随地、随时检查公民的身份证,一旦发现没有身份证和暂住证的人,就一律强制关押收容,公民的自由受到了极大的威胁。孙志刚事件发生后,基于民众的怒潮和媒体及学者的呼吁,国家废止了《城市流浪乞讨人员收容遣送办法》(各地也相继废止了收容遣送条例),同时在短时间内颁布了《城市生活无着的流浪乞讨人员救助管理办法》[②]和《居民身份证法》。其中《居民身份证法》的立法目的,就是约束警察此前的随意查证行为,以保障公民的自由和安全。而从身份证所承载的权利来看,这是一个自然人拥有中华人民共和国国籍和公民身份的证明,对身份证的亵渎,就是对宪法所规定的公民权利的侵犯。

根据《警察法》[③]和《刑事诉讼法》[④]的规定,警察有抓逃犯维护社会治安的职责,也有检查公民身份证的权力。但那是特定时期、特定情况下的临时检查。而铁

---

① 此处指的是1982年5月12日国发〔1982〕79号发布的《城市流浪乞讨人员收容遣送办法》。该办法已被2003年6月20日国务院令第381号发布的《城市生活无着的流浪乞讨人员救助管理办法》自2003年8月1日起废止。

② 此处指的是2003年6月20日国务院令第381号发布的《城市生活无着的流浪乞讨人员救助管理办法》。

③ 此处指的是1995年2月28日第八届全国人民代表大会常务委员会第十二次会议通过的《人民警察法》。该法已被2012年10月26日第十一届全国人民代表大会常务委员会第二十九次会议修正。

④ 此处指的是1979年7月1日第五届全国人民代表大会第二次会议通过,并已被1996年3月17日第八届全国人民代表大会第四次会议第一次修正的《刑事诉讼法》。该法已被2012年3月14日第十一届全国人民代表大会第五次会议第二次修正,2018年10月26日第十三届全国人民代表大会常务委员会第六次会议第三次修正。

路警方长期、制度性地盘查旅客的身份证，已超出了上述法律规定的范围，侵犯了公民权利。法治的基本原理是：对于公权力，法无授权即禁止；对于私权利，法无禁止即自由。国家并没有哪部法律授权铁路警方可以在火车站设岗经常性地检查旅客身份证，法律也没有规定公民进出火车站时有出示身份证的义务。所以，铁路警察的做法不合适。

表明身份制度指行政执法人员在对公民采取管理措施之前，向公民出示证明自己身份和职权职责的有效证件。这是必需的程序，不可随意省略。本案中人民法院认为民警虽未出示执法证件，但并不会导致李方平对民警身份产生怀疑和误解，也并未实际侵害原告权益，因此认定民警行为合法，这是荒谬的。依法治国首先要求国家机关依法行政，尊重公民宪法性权利，不能用违法手段去实现正当目的。

《居民身份证法》已于 2011 年修正。第十五条第一款专门增加了一项警察可以检查居民身份证的情况："在火车站、长途汽车站、港口、码头、机场或者在重大活动期间设区的市级人民政府规定的场所，需要查明有关人员身份的"。这成为铁路警察在火车站设岗检查身份证的法律依据。

## 案例 102　行政程序的参与原则

——王超诉北京邮电大学撤销硕士学位案[①]

### 【案情简介】

王超是北京邮电大学信息与通信工程学院 2012 级硕士研究生，于 2015 年 4 月毕业，并获得了毕业证与学位证。2015 年 6 月，北京邮电大学收到了匿名举报邮件，称王超的学位论文涉嫌抄袭。接到举报后，按照《北京邮电大学学术道德规范与管理办法》的规定，北京邮电大学学术道德建设委员会开会对举报情况进行了讨论，决定成立调查工作组实施调查。经过调查，学术道德建设委员会认为王超硕士学位论文存在抄袭行为。7 月 3 日，王超向校学术道德建设委员会作出《检讨书》，承认存在学术不端行为。10 月 16 日，校学术道德建设委员会召开全体会议，经无记名投票，认为王超的学位论文存在抄袭行为。10 月 22 日，北京邮电大学学位评定委员会根据学术道德建设委员会的认定结论，经无记名投票，表决通过了撤销王超硕士学位的决定。2015 年 10 月 24 日，北京邮电大学在网站发布公告，撤销了王超的硕士学位。12 月 7 日，北京邮电大学作出《关于撤销王超硕士学位的

① 北京市海淀区人民法院行政判决书(2016)京 0108 行初 324 号。

情况通报书》,并于12月9日送达王超。王超对该撤销决定不服,于12月10日向校学生申诉处理委员会提出申诉。12月30日,校学生申诉处理委员会作出《关于王超申诉的复查结论》,维持原处理决定。2016年1月10日,王超向北京市教育委员会申诉。4月1日,北京市教委作出申诉答复意见书,对王超的申诉请求不予支持。王超不服,于2016年4月19日提起行政诉讼。

北京市海淀区人民法院认为,《学位条例》[①]第十七条规定:"学位授予单位对于已经授予的学位,如发现有舞弊作伪等严重违反本条例规定的情况,经学位评定委员会复议,可以撤销。"北京邮电大学作为学位授予单位,依法具有撤销已授予学位的行政职权。《学位论文作假行为处理办法》[②]第十三条规定:"对学位申请人员、指导教师及其他有关人员做出处理决定前,应当告知并听取当事人的陈述和申辩。"因此,北京邮电大学在作出撤销决定前,应当遵循正当程序,保障王超的陈述及申辩权。本案中,学校虽然在调查初期取得了王超的《检讨书》,听取了王超的意见,但这是该校学术道德委员会进行的调查程序,并非作出撤销决定前让王超行使申辩的权利。因此,学校在作出对王超不利的撤销决定前,没有给予王超申辩的机会,有违正当程序原则。同时,王超作《检讨书》的时间,正处于调查的初期,当时并未形成明确的处理意见。因此,法院判决:撤销北京邮电大学在2015年10月22日作出的撤销王超硕士学位的决定;责令被告重新作出处理。

## 【点评】

本案涉及正当程序中的参与原则。撤销学位涉及相对人的重大利益,但《学位条例》并未规定相对人的陈述申辩权,这是该条例立法上的不足。《学位论文作假行为处理办法》第十三条对这一程序有规定,但作为部门规章,其法律位阶较低。因此,本案主要还是应运用正当程序原则来判决。

本案争议焦点是:王超本人写过《检讨书》,是否属于听取了他的陈述和申辩。法院对此予以否认。法院认为,王超作《检讨书》的时间,正处于调查的初期,当时并未形成明确的处理意见。调查程序中的听取意见,不能算作在作出处理决定前听取了相对人的陈述申辩。

---

① 本案依据的是1980年2月12日第五届全国人民代表大会常务委员会第十三次会议通过,并已被2004年8月28日第十届全国人民代表大会常务委员会第十一次会议修正的《学位条例》。

② 本案依据的是2012年11月13日教育部令第34号发布的《学位论文作假行为处理办法》。

# 案例 103　行政程序的效率原则

## ——李健雄诉广东省交通运输厅政府信息公开案[①]

## 【案情简介】

2011 年 6 月 1 日，原告李健雄通过广东省人民政府公众网络系统向被告广东省交通运输厅递交了政府信息公开申请，申请获取广州广园客运站至佛冈的客运里程数等政府信息。政府公众网络系统以申请编号 11060100011 予以确认，并通过短信通知原告确认该政府信息公开申请提交成功。7 月 28 日，被告作出受理记录确认上述事实，并于 8 月 4 日向原告送达《关于政府信息公开的答复》和《政府信息公开答复书》。

原告李健雄诉称：其于 2011 年 6 月 1 日通过广东省人民政府公众网络系统向被告广东省交通运输厅提出政府信息公开申请，根据《政府信息公开条例》[②]第二十四条第二款的规定，被告应在当月 23 日前答复原告，但被告未在法定期限内答复及提供所申请的政府信息，故请求法院判决确认被告未在法定期限内答复的行为违法。

被告广东省交通运输厅辩称：原告申请政府信息公开通过的是广东省人民政府公众网络系统，即省政府政务外网（以下简称省外网），而非被告的内部局域网（以下简称厅内网）。按规定，被告将广东省人民政府"政府信息网上依申请公开系统"的后台办理设置在厅内网。由于被告的厅内网与互联网、省外网物理隔离，互联网、省外网数据都无法直接进入厅内网处理，需通过网闸以数据"摆渡"方式接入厅内网办理，因此被告工作人员未能立即发现原告在广东省人民政府公众网络系统中提交的申请，致使被告未能及时受理申请。根据《政府信息公开条例》第二十四条、《国务院办公厅关于做好施行〈中华人民共和国政府信息公开条例〉准备工作的通知》等规定，政府信息公开中的申请受理并非以申请人提交申请为准，而是以行政机关收到申请为准。原告称 2011 年 6 月 1 日向被告申请政府信息公开，但被

---

① 李健雄诉广东省交通运输厅政府信息公开案，最高人民法院指导案例 26 号，2014 年 1 月 26 日发布。资料来源：中国法院网，https://www.chinacourt.org/article/detail/2014/01/id/1209342.shtml。

② 本案依据的是 2007 年 4 月 5 日国务院令第 492 号发布的《政府信息公开条例》。该条例已被 2019 年 4 月 3 日国务院令第 711 号重新修订。

告未收到该申请,被告正式收到并确认受理的日期是7月28日,并按规定向原告发出了《受理回执》。8月4日,被告向原告当场送达《关于政府信息公开的答复》和《政府信息公开答复书》,距离受理日仅5个工作日,并未超出法定答复期限。因原告在政府公众网络系统递交的申请未能被及时发现并被受理应视为不可抗力和客观原因造成,不应计算在答复期限内,故请求法院依法驳回原告的诉讼请求。

广州市越秀区人民法院于2011年8月24日作出(2011)越法行初字第252号行政判决:确认被告广东省交通运输厅未依照《政府信息公开条例》第二十四条规定的期限对原告李健雄2011年6月1日申请其公开广州广园客运站至佛冈客运里程数的政府信息作出答复违法。

## 【点评】

《政府信息公开条例》第二十四条规定:"行政机关收到政府信息公开申请,能够当场答复的,应当当场予以答复。行政机关不能当场答复的,应当自收到申请之日起15个工作日内予以答复;如需延长答复期限的,应当经政府信息公开工作机构负责人同意,并告知申请人,延长答复的期限最长不得超过15个工作日。……"本案原告于2011年6月1日通过广东省人民政府公众网络系统向被告提交了政府信息公开申请,申请公开广州广园客运站至佛冈的客运里程数。政府公众网络系统生成了相应的电子申请编号,并向原告手机发送了申请提交成功的短信。被告确认收到上述申请并认可原告是基于生活生产需要获取上述信息,却于2011年8月4日才向原告作出《关于政府信息公开的答复》和《政府信息公开答复书》,已超过了上述规定的答复期限。

由于广东省人民政府"政府信息网上依申请公开系统"作为政府信息申请公开平台所应当具有的整合性与权威性,如未作例外说明,则从该平台上递交成功的申请应视为相关行政机关已收到原告通过互联网提出的政府信息公开申请。至于外网与内网、上下级行政机关之间对于该申请的流转,属于行政机关内部管理事务,不能成为行政机关延期处理的理由。被告认为原告是向政府公众网络系统提交的申请,因其厅内网与互联网、省外网物理隔离而无法及时发现原告申请,应以其2011年7月28日发现原告申请为收到申请日期而没有超过答复期限的理由不能成立。因此,原告通过政府公众网络系统提交政府信息公开申请的,该网络系统确认申请提交成功的日期应当视为被告收到申请之日,被告逾期作出答复的,应当确认为违法。

## 案例104 信息公开制度是行政程序的基本制度

### ——柯跃辉诉中国电信广东分公司政府信息公开案[①]

### 【案情简介】

被告中国电信股份有限公司广东分公司为其他股份有限公司分公司(上市),其经营范围为在本省行政区域内经营基础电信业务、增值电信业务等。原告柯跃辉于2014年9月22日通过邮寄方式向被告邮寄《政府信息公开申请书》,请求公开其2014年“三公”预算经费信息。被告于2014年9月24日签收该邮件后至原告起诉时未作出处理。原告遂向法院提起行政诉讼。

一审广州市越秀区人民法院认为,《政府信息公开条例》[②]第二十四条规定:“行政机关收到政府信息公开申请,能够当场答复的,应当当场予以答复。行政机关不能当场答复的,应当自收到申请之日起15个工作日内予以答复;如需延长答复期限的,应当经政府信息公开工作机构负责人同意,并告知申请人,延长答复的期限最长不得超过15个工作日。……”第三十七条规定:“教育、医疗卫生、计划生育、供水、供电、供气、供热、环保、公共交通等与人民群众利益密切相关的公共企事业单位在提供社会公共服务过程中制作、获取的信息的公开,参照本条例执行,具体办法由国务院有关主管部门或者机构制定。”被告作为向社会公众提供电信公共服务的主体,属于上述规定的公共企业范畴,对被上诉人提出的信息公开申请应依照上述规定作出处理。因此,作出(2015)穗越法行初字第87号行政判决,判决中国电信广东分公司于本判决发生效力之日起15个工作日内对原告2014年9月22日的政府信息公开申请作出处理。

中国电信广东分公司不服,提起上诉。二审广州市中级人民法院判决:驳回上诉,维持原判。

### 【点评】

随着《政府信息公开条例》的实施,信息公开作为基本的行政程序制度已经深入人心。但企业是否有信息公开的义务呢?一些与人民群众生活息息相关的公用

---

① 广东省广州市中级人民法院行政判决书(2015)穗中法行终字第1078号。

② 本案依据的是2007年4月5日国务院令第492号发布的《政府信息公开条例》。该条例已被2019年4月3日国务院令第711号重新修订。

企业,往往以自己不是政府部门为理由,拒绝公开相关信息,这是错误的。《政府信息公开条例》第三十七条对此有明确规定:"教育、医疗卫生、计划生育、供水、供电、供气、供热、环保、公共交通等与人民群众利益密切相关的公共企事业单位在提供社会公共服务过程中制作、获取的信息的公开,参照本条例执行,具体办法由国务院有关主管部门或者机构制定。"

另外,《政府信息公开条例》第二十一条还规定:"对申请公开的政府信息,行政机关根据下列情况分别作出答复:(一)属于公开范围的,应当告知申请人获取该政府信息的方式和途径;(二)属于不予公开范围的,应当告知申请人并说明理由;(三)依法不属于本行政机关公开或者该政府信息不存在的,应当告知申请人,对能够确定该政府信息的公开机关的,应当告知申请人该行政机关的名称、联系方式;(四)申请内容不明确的,应当告知申请人作出更改、补充。"无论哪种情况,信息公开义务人都不能对申请人的申请不理不睬。

## 案例105　管辖制度是行政程序的基本制度

——上海环球生物工程公司不服药品管理行政处罚案①

### 【案情简介】

上诉人上海环球生物工程公司不服上海市徐汇区人民法院的行政判决,向上海市中级人民法院提出上诉。该院依法组成合议庭,经审理,查明:

上诉人与江苏省宜兴市和桥医院于1985年9月18日、1986年12月11日两次签订了联合试制"人α-干扰素"合同。合同规定:上诉人提供试生产"人α-干扰素"的全部技术资料,培训操作人员,提供产品标志,承担产品质量检查和销售;和桥医院提供场地、资金、产品原材料;赢利分成为上诉人55%、和桥医院45%。1987年初开始试生产。1988年2月25日被无锡市卫生局责令停产。试生产期间,共生产"人α-干扰素"23777瓶。1989年4月,被上诉人上海市徐汇区卫生局在徐汇区中心医院药制科发现该科存放有无批准文号的"人α-干扰素"。经查,该药系上诉人与和桥医院在未取得《药品生产企业许可证》的情况下擅自生产的,而且在该药既未取得批准号又未取得试制号的情况下,进行批量销售、治疗使用,直接注射人体。截止到查获时,上诉人以每瓶10元的价格销售自产的"人α-干扰素"23716瓶,共获利237160元,剩余61瓶被查扣。其中上诉人分得利润51353.04元。被上诉人上海市徐汇区卫生局认为,上诉人与和桥医院在未获得许可证的情

① 《上海环球生物工程公司不服药品管理行政处罚案》,《最高人民法院公报》1989年第4期。

况下，擅自生产“人 α-干扰素”的行为，违反了《药品管理法》[①]的有关规定，于 1989 年 2 月 24 日以上海市徐汇区卫生局、上海市徐汇区工商行政管理局的名义，对上诉人作出处罚决定（和桥医院已另行处理）：责令上诉人停止生产“人 α-干扰素”；没收已查获的“人 α-干扰素”61 瓶，由卫生行政机关监督销毁；没收非法所得 51353.04 元；罚款 356655 元。上诉人对处罚决定不服，向上海市徐汇区人民法院提出起诉。

一审法院在审理中，上诉人又提出“人 α-干扰素”生产地在江苏宜兴市，被上诉人无管辖权。被上诉人上海市徐汇区卫生局辩称，上诉人销售药品的行为发生在上海市徐汇区，按照行政区划及行政管理的权限，有权对上诉人的行为实施监督。被上诉人上海市徐汇区工商行政管理局辩称，上诉人除违反《药品管理法》外，还违反了其他有关行政法规的规定，有权对上诉人进行查处。

一审法院认为：上诉人与和桥医院在《药品管理法》颁布实施后，未经卫生行政部门审核批准，擅自生产“人 α-干扰素”，违反了《药品管理法》第四条关于开办药品生产企业必须经审核批准的规定，其行为是违法的。上诉人将未取得批准文号生产的“人 α-干扰素”批量销售，违反了《药品管理法》第三十三条关于禁止销售未取得批准文号生产的药品的规定，其生产、销售的“人 α-干扰素”依法按假药处理。被上诉人上海市徐汇区卫生局作为药品监督管理部门，依照《药品管理法》第四十五条第一款的规定，对该案有管辖权；依照《药品管理法》第五十条关于生产、销售假药的，没收假药和违法所得，处以罚款的规定和该法第五十二条关于未取得《药品生产企业许可证》生产药品、经营药品的，责令停产，没收全部药品和违法所得，可以并处罚款的规定，对上诉人作出的处罚决定，事实清楚，证据确实，适用法律正确，处罚恰当。

被上诉人上海市徐汇区工商行政管理局，非药品监督部门，不具备实施处罚的主体资格，在对上诉人进行处罚时，违背了《药品管理法》第四十五条第一款关于卫生行政部门行使药品监督权的规定，属越权行政，上诉人的起诉理由是正确的，但不影响行政处罚的正确性。

一审法院据此判决：维持被上诉人上海市徐汇区卫生局的行政处罚决定中对上诉人处以责令停产，没收非法所得 51353.04 元，罚款 356655 元，对已查扣的 61 瓶“人 α-干扰素”监督销毁部分；撤销被上诉人上海市徐汇区工商行政管理局在该行政处罚决定中的处罚主体资格。

---

① 本案依据的是 1984 年 9 月 20 日第六届全国人民代表大会常务委员会第七次会议通过的《药品管理法》。该法已被 2001 年 2 月 28 日第九届全国人民代表大会常务委员会第二十次会议重新修订，2013 年 12 月 28 日第十二届全国人民代表大会常务委员会第六次会议第一次修正，2015 年 4 月 24 日第十二届全国人民代表大会常务委员会第十四次会议第二次修正。现行《药品管理法》已被 2019 年 8 月 26 日第十三届全国人民代表大会常务委员会第十二次会议第二次修订，自 2019 年 12 月 1 日起施行。

上诉人对一审判决不服,向上海市中级人民法院提出上诉。上诉期间,上诉人通过学习《药品管理法》和有关药品管理方面的法规、规章,认识到擅自生产、销售"人 α-干扰素"的行为违反了法律规定,表示接受监督机关的处罚,于 1989 年 11 月 5 日向上海市中级人民法院申请撤诉。二审法院根据《民事诉讼法(试行)》[①]第三条第二款、第一百一十四条关于审判前原告申请撤诉的,是否准许,由人民法院裁定的规定,经审查,于 1989 年 11 月 13 日裁定准予上诉人撤回上诉,按一审判决执行。

## 【点评】

管辖制度主要包括三种,即事务管辖、级别管辖、地域管辖。事务管辖指行政机关有权管理的行政事务的性质和种类,又称为职能管辖、部门管辖或立案管辖。事务管辖的作用是横向划分不同行业的行政机关之间的职权范围。级别管辖是在事务管辖的基础上进一步划分同一行业行政机关上下级的职权范围。地域管辖是在上述两者的基础上划分同一行业同一级别但不同地方的行政机关之间的职权范围。三种管辖因行业不同而不同,行政程序法典难以作统一规定,一般都由单项的部门法律法规分别规定。

本案中,上海市徐汇区工商行政管理局没有对于药品生产进行管理的事务管辖权,一审法院撤销其在行政处罚决定中的处罚主体资格是恰当的。一审中的原告及二审中的上诉人上海环球生物工程公司提出"人 α-干扰素"生产地在江苏宜兴市,上海市徐汇区卫生局无管辖权,其实是对地域管辖的误解。上诉人销售药品的行为发生在上海市徐汇区,因此,上海市徐汇区卫生局拥有管辖权。

本案发生在 1989 年,当时适用的是旧的《药品管理法》。2001 年,修订后的《药品管理法》公布,自 2001 年 12 月 1 日起施行。修订的主要内容如下。

**1. 明确药品监督管理部门的执法主体地位,充分体现了政府机构改革的成果**

在 1998 年国务院政府机构改革中,按照精简、统一、效能的原则,国务院决定将原国家医药管理局行使的药品生产流通监管职能、卫生部行使的药政管理和药检职能、国家中医药管理局行使的中药流通监管职能集中交由当时新组建的国家食品药品监督管理局行使,对省以下药品监督管理部门实行垂直管理。2001 年修订的《药品管理法》明确了药品监督管理部门(包括国家药品监督管理部门,各省、

① 本案依据的是于 1982 年 3 月 8 日第五届全国人民代表大会常务委员会第二十二次会议通过的《民事诉讼法(试行)》。该法已被 1991 年 4 月 9 日第七届全国人民代表大会第四次会议通过的《民事诉讼法》废止。

《民事诉讼法(试行)》第三条第二款规定:"法律规定由人民法院审理的行政案件,适用本法规定。"1989 年 4 月 4 日第七届全国人民代表大会第二次会议通过了《行政诉讼法》。此后,行政诉讼案件不再适用《民事诉讼法(试行)》。

自治区、直辖市药品监督管理部门及其垂直管理的地、市、县药品监督管理部门）的执法主体地位。

**2. 统一对新开办企业和药品的审批，减少审批环节，规范审批行为，提高行政效率**

（1）统一对新开办药品生产企业、经营企业的审批。按照 1984 年《药品管理法》的规定和执行中的做法，开办药品生产企业、经营企业须经药品生产经营主管部门和卫生行政部门两道审查，分别取得药品生产企业合格证和许可证、药品经营企业合格证和许可证，凭两证办理工商登记、领取营业执照，有了“两证一照”方可开业；生产已有标准的药品须经卫生行政部门征求药品生产经营主管部门意见后审核批准。这种办法造成部门职权交叉，办事手续重复，行政效率低下，并加重了企业负担。长期以来，企业强烈呼吁减少审批环节、改革审批体制。修订后的《药品管理法》简化了开办药品生产企业、经营企业的审批程序，将“两道审批、两证一照”改为“一道审批（药品监督管理部门审批）、一证（许可证）一照（营业执照）”。

（2）统一药品审批，取消药品地方标准，将中药材、中药饮片逐步纳入标准化、规范化管理轨道。1984 年《药品管理法》规定，药品标准包括国家药品标准和省、自治区、直辖市药品标准；生产已有国家标准或者省、自治区、直辖市标准的药品，由省、自治区、直辖市卫生行政部门发给批准文号。这样的规定，导致同一药品品种在不同省、自治区、直辖市有不同的标准，有些地方为了保护地方利益，甚至降低地方标准审批药品。这是造成药品质量低下、低水平重复生产情况严重的重要原因之一。因此，2001 年《药品管理法》在取消地方对生产药品的审批权的同时，还取消了药品地方标准。

按照 1984 年《药品管理法》的规定，生产中药材、中药饮片不需要经审批并取得批准文号。由于对生产中药材、中药饮片缺乏科学、规范的管理，我国中药材、中药饮片质量不合格率长期居高不下，远远超过其他药品。因此，对那些需要并可能制定质量标准的中药材、中药饮片生产实行规范化、标准化管理是十分必要的。修订后的《药品管理法》规定：“中药饮片必须按照国家药品标准炮制；国家药品标准没有规定的，必须按照省、自治区、直辖市人民政府药品监督管理部门制定的炮制规范炮制。省、自治区、直辖市人民政府药品监督管理部门制定的炮制规范应当报国务院药品监督管理部门备案。”（第十条）

**3. 进一步规范和加强对进口药品的管理，保证进口药品安全有效，适应我国即将加入世界贸易组织的新形势**

2001 年修订的《药品管理法》确定了进口药品审查注册制度，确定了进口药品在指定口岸的药品监督管理部门的审查备案制度。

**4. 增加药品监督管理执法行政强制措施,加大对制售假劣药品等违法行为的处罚、打击力度**

(1) 药品监督管理部门对涉嫌生产、经营假药、劣药或发生严重不良反应的情况,可采取行政强制措施或紧急控制措施。

(2) 扩大了认定制售假劣药品的行为范围,规范认定依据。2001 年修订的《药品管理法》将假药和按照假药论处的行为增加为 8 种(第四十八条),将劣药和按照劣药论处的行为增加为 7 种(第四十九条)。

(3) 加大对生产、销售或者配制假药劣药行为的处罚力度。2001 年《药品管理法》规定:"生产、销售假药的,没收违法生产、销售的药品和违法所得,并处违法生产、销售药品货值金额二倍以上五倍以下的罚款;有药品批准证明文件的予以撤销,并责令停产、停业整顿;情节严重的,吊销《药品生产许可证》、《药品经营许可证》或者《医疗机构制剂许可证》;构成犯罪的,依法追究刑事责任。"(第七十四条)"生产、销售劣药的,没收违法生产、销售的药品和违法所得,并处违法生产、销售药品货值金额一倍以上三倍以下的罚款;情节严重的,责令停产、停业整顿或者撤销药品批准证明文件,可以吊销《药品生产许可证》、《药品经营许可证》或者《医疗机构制剂许可证》;构成犯罪的,依法追究刑事责任。"(第七十五条)此外,还针对为制售假劣药品提供便利条件的行为,增加规定:"知道或者应当知道属假劣药品而为其提供运输、保管、仓储等便利条件的,没收全部运输、保管、仓储的收入,并处违法收入百分之五十以上三倍以下的罚款;构成犯罪的,依法追究刑事责任。"(第七十七条)

(4) 扩大对违法行为的处罚范围并增加资格罚。从实际情况看,一些单位生产、销售和配制假劣药品往往同其主管人员和其他直接责任人员有密切关系。由于 1984 年《药品管理法》没有设定对个人进行的处罚,因此,2001 年修订的《药品管理法》增加规定:"从事生产、销售假药以及生产、销售劣药情节严重的企业或者其他单位,其直接负责的主管人员和其他直接责任人员十年内不得从事药品生产、经营活动。对生产者专门用于生产假药、劣药的原辅材料、包装材料、生产设备,予以没收。"(第七十六条)

(5) 增加法律责任,体现对药品全过程的监督管理。为了充分体现对药品研制、生产、经营、使用的全过程监督管理,2001 年修订的《药品管理法》在法律责任一章增加了相应的条款,规定了对违反《药品生产质量管理规范》和《药品经营质量管理规范》、扰乱进口药品监控、骗取许可证或者药品批准证明文件、出具虚假检验报告等违法行为的处罚。

此外,2001 年新法首次规定了实行药品认证制度、药品分类管理制度和药品不良反应报告制度。新法还增加了药品广告、药品价格、药品回扣等相关规定,依法解决人民群众和广大医药企业关注的热点问题。

# 案例 106　听证制度是行政程序的基本制度

## ——南京市煤气总公司不服江苏省工商行政管理局不正当竞争行政处罚案[①]

## 【案情简介】

1998 年 8 月,省工商局接到市民的投诉,称煤气公司规定,新装管道煤气的用户必须使用煤气公司配发的灶具,在自己交纳的煤气管道费中就已包含了灶具费,这种限定他人购买指定的经营者商品的行为,违反了《反不正当竞争法》[②]的规定。

省工商局经过走访调查,并召开了听证会,认为煤气公司推荐煤气灶的行为是强制性的,违反了《反不正当竞争法》第六条的规定,据此省工商局于 1999 年 3 月 5 日作出了苏工商字(1999)第 94 号行政处罚决定,责令煤气公司立即停止违法行为,罚款 5 万元。

1999 年 4 月 8 日,煤气公司不服处罚决定,一纸诉状,将省工商局推上了被告席,从而拉开了这起江苏省行政诉讼第一案的帷幕。

煤气公司认为:省工商局所提出的证据并不能证明本案真实情况。煤气公司从未制定、发布过任何限定新装煤气用户购买其指定的经营灶具的文件和规定,也无限制其他经营者公平交易的具体行为,同用户签订的格式合同中的灶具是供用户协议选用,并非限制购买。煤气公司根据有关燃气管理地方性法规和部门规定行使经营管理权,并未侵犯新装燃气用户的合法权益。同时,认为省工商局在处罚前未告知其具体违法事实,在听证会中未全面出示证据,属处罚程序违法。故请求法院判决撤销省工商局行政处罚决定。

省工商局认为,煤气公司在经营人工煤气过程中,采用格式合同等手段,以便于维修和使用安全为由,限定新装煤气用户购买其指定的经营者的灶具。作为南京地区独家经营人工煤气的公用企业,其利用自身的独占地位采取的行为,限制了其他经营者的公平交易及用户购买燃气灶具的自由选择权。对煤气公司所作出的行政处罚决定事实清楚,证据充分,适用法律正确。为制止不正当竞争行为,为保

---

① 江苏行政诉讼第一案,资料来源:江苏省人大网,http://www.jsrd.gov.cn/jsrd/qk/rmyql/998_229/1323_4663/1335_4870/200901/t20090107_31028.html,访问时间:2019 年 2 月 1 日。

② 本案依据的是 1993 年 9 月 2 日第八届全国人民代表大会常务委员会第三次会议通过的《反不正当竞争法》。该法已被 2017 年 11 月 4 日第十二届全国人民代表大会常务委员会第三十次会议重新修订。现行《反不正当竞争法》已被 2019 年 4 月 23 日第十三届全国人民代表大会常务委员会第十次会议修正。

护经营者和消费者的合法权益,保障社会主义市场经济健康发展,请求法院维持其对煤气公司所作出的行政处罚决定。

1999年7月12日,南京市鼓楼区人民法院经庭审认定,作为公用企业的煤气公司为了用户的生命安全,推荐符合本地区燃气成分并经质检合格的灶具,并无不当,但其向用户推荐“合格的”灶具时,不得限定用户到指定的经营者处购买,故作出一审行政判决:维持省工商局的行政处罚决定。宣判后,煤气公司不服,向南京市中级人民法院提起上诉。

南京市中级人民法院经过两次开庭后,合议庭认为,省工商局在实施行政处罚时虽然组织了听证,但其在听证会上拒绝告知煤气公司实施限定他人购买其指定的经营者灶具行为的有关证据,其行为违反了《行政处罚法》[①]第四十二条的规定。听证会后,在行政处罚之前省工商局继续调查取证,该行为并不违法,但对于调查收集的新证据,应当告知当事人并听取其陈述、申辩和质证。本案中省工商局就新证据没有告知煤气公司,径行作出行政处罚,剥夺了煤气公司的陈述、申辩、质证的权利。从省工商局所提供的证据看,其行政处罚决定所依据的事实就是该案新证据。因此工商局的行为违反了《行政处罚法》有关规定,属程序违法,应予撤销。据此,1999年12月9日,南京市中级人民法院作出二审判决:撤销南京市鼓楼区法院行政判决,撤销省工商局对煤气公司的行政处罚。

二审判决宣判后,省工商局向江苏省高级人民法院提出再审申请。2000年9月14日,江苏省高级人民法院院长签发了行政裁定书,裁定由省高院提审此案。

2000年11月10日,江苏省高级人民法院的法庭内,该案再次开庭审理。合议庭认为,南京煤气公司作为南京地区经营煤气即煤气工程的公用企业,其在市场中具有独占地位。依照有关法规、规章,煤气公司可以对投入使用的煤气灶具实施安全监督。因此从安全的角度出发,煤气公司向用户推荐符合本地区燃气组成,并经质检合格的灶具并无不当。但是,煤气公司却利用了自身的独占地位,在经营人工煤气的过程中,限定新装煤气用户购买蓝光公司的灶具,从而限制了其他经营者的公平交易及用户购买燃气灶具的自由选择权,违反了《反不正当竞争法》第六条的规定。

经审查,有证据表明省工商局在作出行政处罚前,已就本案基本事实、理由及依据向煤气公司进行告知。对行政机关在进行听证后、作出行政处罚前再进行调查取证,法律没有禁止性规定,不违反先取证、后处罚的基本原则;省工商局在已就本案基本事实、理由、依据予以告知的前提下,该部分证据未予告知,可视为程序瑕

① 本案依据的是1996年3月17日第八届全国人民代表大会第四次会议通过的《行政处罚法》。该法已被2009年8月27日第十一届全国人民代表大会常务委员会第十次会议第一次修正,2017年9月1日第十二届全国人民代表大会常务委员会第二十九次会议第二次修正。

疵，因此省工商局在听证后进行补充调查不违反法律法规程序；省工商局根据《反不正当竞争法》第三条第二款的规定，有权对其辖区内的不正当竞争行为进行监督检查并实施行政处罚。本案中，省工商局依法调查取证后，根据《反不正当竞争法》第二十三条规定，作出行政处罚决定，认定事实清楚，证据充分，适用法律正确，主要程序符合法律规定，应予维持。原审判决以程序违法，撤销工商局具体行政行为，属认定事实不清，适用法律错误，应予撤销。

最终，江苏省高级人民法院判决：撤销江苏省南京市中级人民法院(1999)宁行终字第 38 号行政判决；维持江苏省工商行政管理局苏工商字(1999)第 94 号行政处罚决定。

## 【点评】

本案焦点在于：省工商局未把收集的证据完全告知相对人以及听证会后继续收集证据的行为是否由于程序违法而导致行政处罚行为无效。

在行政法领域中，程序违法是行政违法的形态之一。行政程序违法导致行政行为无效的法律后果似乎是行政法治的必然要求。但这样简单的推论不能不在司法实践中产生困惑。因为，行政法治的实践已充分显示，界定行政程序违法标准的难度远远超过确立认定行政实体违法的标准。因此，有学者认为，从行政违法行为的法律后果来看，程序违法(广义)可分为程序违法(狭义)和程序瑕疵。前者由于对行政程序的根本性违反而无效或被撤销；后者是对程序的次要性或细节性违反，无需撤销，可以采取补正或转化的方式加以补救。

本案中，工商局在听证会后继续收集证据，是不是严重的程序违法行为？虽然法律未明文禁止这一行为，但这一行为是否造成对行政相对人的不公正？由于我国没有正式的行政程序法律，对听证程序缺乏必要的规范，于是造成了本案的困境。

江苏省高级人民法院的判决反映出对行政诉讼中公正与效率两大价值的平衡。行政诉讼法既要保护相对人的合法权益，又要维护和监督行政机关依法行使行政权。虽然公正始终为上位价值目标，但效率也应在可能范围内得到一定体现。所以，对程序上的吹毛求疵不仅会大大降低行政效率，而且对行政公正目标的实现无益。程序违法，从严格法治角度来讲，是必须撤销该行为的；但从效率上讲，有条件地维持也是可取的。所以，法院认为，工商局就新收集的证据并未告知相对人虽然不合理，但尚未构成应予撤销的理由。工商局的行政处罚决定和法院的支持性判决均是依据经过告知和质证的主要事实作出的，未告知的那部分事实未对相对人的合法权益造成实质影响。该部分证据的瑕疵也未影响主要事实的有效性。

本案反映出我国听证制度在程序规范上的不足。

听证制度是行政程序司法化的标志之一。从程序结构来看，听证程序与法庭审判程序没有多大差别。案件承办人员为一方当事人,利害关系人为另一方当事人,在听证主持人的指挥下,进行公开的质证、辩论。听证制度是当事人表达意见、行政机关集中公众智慧和接受公众监督的最正规的途径,既适用于具体行政行为,也适用于抽象行政行为。听证程序的成本比一般程序和简易程序大得多,只能适用于重大复杂的行政事务。听证制度起源于18世纪的英国,最早应用于司法领域,此后在立法领域也广为应用。20世纪后,各国政府的行政权过度膨胀(如美国罗斯福新政),为体现民意,听证制度在行政领域也得到广泛采用。

对我国而言,引进听证程序有利于保障公民的宪法权利,有利于完善行政机关的行政行为,促进中国行政法治的发展。1993年深圳在全国率先实行的价格审查制度,是价格听证制度的雏形。此后,关于听证的规定在我国法律中开始越来越多地出现。

对于听证制度,最迫切的需要是程序规范。在对听证制度没有程序立法的情况下,听证往往徒具形式、机械走过场。到底听证代表的意见和看法被行政机关在什么层面上考虑,又发挥了什么作用,不见政府向听证代表交代,也未向公众交代。这就放弃了听证制度追求公共政策的合法与合理性和尊重公众意见的根本价值。北京市人民代表大会法制委员会在互联网上发布听证报告的做法很值得提倡。

需要指出的是,有的行政机关将听证理解成群众座谈会,这是根本错误的。听证是一种法律行为,会产生法律后果,而座谈会是不产生法律后果的。

关于听证制度还有另一种担心,即对听证制度寄望过高的担心。以美国为例。美国的行政程序法中虽然规定了听证,但是实际上进行得并不多。在它们的正式行政程序中,举行听证活动的不超过3%。这是因为行政活动要追求效率,不可能经常举行听证。如果每个行政决定都要听证,那行政机关的日常行政行为有什么用呢?他们为政策作的调查研究又有什么用呢?可见,听证不应当是行政管理的常态。

# 第14章　行政复议

## 案例107　行政复议制度是上级人民政府对下级人民政府法定的层级监督

——丰川装饰城诉辽宁省葫芦岛市龙港区人民政府强行拆除厂房案[①]

### 【案情简介】

1998年10月，葫芦岛市水电机械厂出资收购了龙港区木材公司。次年，经市政府规划处批准，木材公司改建为葫芦岛丰川装饰城。2001年5月，龙港区人民政府对锦葫路动迁改造，并对路两侧100米内区域进行市容整顿。5月26日，丰川装饰城墙壁上贴满了《限期拆迁紧急通知》。见此通知，丰川装饰城法定代表人王福瑞多次向龙港区人民政府提出整体搬迁申请，但均未得到批准。2001年11月26日，龙港区人民政府对丰川装饰城强行拆除。

2001年底，丰川装饰城就龙港区人民政府强拆行为向葫芦岛市人民政府提起了行政复议申请。市法制办对此举行了两次听证会，并将行政复议决定提交给市政府。但由于某市领导的反对，该行政复议决定没有签发。

2004年9月，丰川装饰城就葫芦岛市人民政府的行政不作为，向市中级人民法院提起行政诉讼，请求法院判令市政府在法定期限内作出行政复议决定。当年12月，市中级人民法院作出判决，责令葫芦岛市人民政府在判决生效30日内履行作出行政复议决定的法定职责。不幸的是，一纸判决让王福瑞空欢喜。1年多过去了，葫芦岛市人民政府依然没有作出行政复议决定。

法律之路行不通，无奈之下，王福瑞走上了漫漫上访路。无数次的上访，终于引起了辽宁省委主要领导的重视并作出批示。2005年3月4日，丰川装饰城拆迁案被交给省政府法制办处理。

2005年9月，辽宁省人民政府作出行政复议决定。复议决定书认为，被申请人(龙港区人民政府)作出的《违章建筑拆除通知书》认定申请人的大部分临时建筑期限已过，系违章建筑，属认定事实不清，证据不足；对申请人所使用的土地强制占

---

① 孙爱东、范春生：《一桩行政复议案竟然四年“肠梗阻”》，《半月谈》2006年3月10日。

用,对地上合法建筑物强制拆除不予补偿,与上述法律、法规的规定不符,被申请人作出的《违章建筑拆除通知书》违法,责令被申请人依法收回土地使用权并补偿申请人土地及地上合法建筑物 1217.3063 万元。

辽宁省人民政府的行政复议决定下达生效。然而,当王福瑞拿着“尚方宝剑”前往龙港区人民政府讨要公道时,却发现事情并不简单。2005 年 10 月 20 日,龙港区区长对王福瑞说:“我们商量过了,省里的决定区政府不接受,也不执行,你们可以找市领导。”2005 年 12 月,龙港区以政府文件的形式向省政府提出“申诉意见”。龙港区人民政府法制办主任说:“如果执行该决定,将造成重大国有资产的流失,是对党和人民的不负责任。”

## 【点评】

行政复议制度是上级人民政府对下级人民政府法定的层级监督制度,有严格的法定时限、法定程序和要求。行政复议决定一经送达,即发生法律效力,被申请人必须履行。龙岗区人民政府不执行省政府行政复议决定的做法不利于政令畅通,违反行政法治原则,损害了法治政府的形象。对于这种行为,上级行政机关或行政监察机关可追究有关人员的法律责任。

以省政府的名义,对一个区政府的具体行政行为进行直接审理并作出行政复议决定,这在全国是罕见的。辽宁省人民政府之所以直接受理该案,是因为下级人民政府未依法履行行政复议职责,并且造成了较大的不良影响。这起发生在辽宁省葫芦岛市的行政复议案,一波三折,扑朔迷离,不仅把当事人折腾得筋疲力尽,而且折射出依法行政的尴尬与艰难。

《行政复议法》[①]自 1999 年 10 月 1 日起施行。对于行政复议申请的受理,第十三条规定:“对地方各级人民政府的具体行政行为不服的,向上一级地方人民政府申请行政复议。”第二十条规定:“公民、法人或者其他组织依法提出行政复议申请,行政复议机关无正当理由不予受理的,上级行政机关应当责令其受理;必要时,上级行政机关也可以直接受理。”

本案中丰川装饰城先向葫芦岛市人民政府提起行政复议是合法的。然而,葫芦岛人民市政府逾期没有作出行政复议决定。因此,依据第二十条,省政府直接受理此案是合法且可行的。

① 此处指的是 1999 年 4 月 29 日第九届全国人民代表大会常务委员会第九次会议通过的《行政复议法》。该法已被 2009 年 8 月 27 日第十一届全国人民代表大会常务委员会第十次会议第一次修正,2017 年 9 月 1 日第十二届全国人民代表大会常务委员会第二十九次会议第二次修正。

# 案例 108　行政复议与行政诉讼的关系

## ——温州养殖户状告环保总局不作为案[①]

## 【案情简介】

2003 年下半年至 2004 年 3 月，由温州 130 多位养殖户承包的温州永兴围垦养殖示范区（以下简称示范区）开始出现水产品大量死亡的情况，养殖户损失惨重。经浙江省海洋水产研究所检测，示范区的池塘、水源及附近工业废水中，有害成分铜、pH 值、BOD（生化需氧量）严重超标，已经不适宜继续养殖。经温州市龙湾区永兴街道海水养殖协会估计，污染造成的经济损失 1.7 亿元。

由于龙湾区和温州经济技术开发区滨海园区几百家重污染企业排放的污水、居民生活污水，绝大部分没经处理就流经了示范区的进水口，养殖户们认为，污染事故就是由此引发的。在随后的调查取证中，养殖户们发现滨海园区环保设施未建成即投入了使用。根据温州总体规划，龙湾区和滨海园区不单独建设污水处理厂，工业污水统一纳管，送往温州市东片污水处理厂进行集中处理。但这个处理厂一直没有建成。

2005 年 6 月 15 日，养殖户们向浙江省环保局提出投诉，被批转温州市环保局环境监察支队办理。该支队调查认定，滨海园区存在未经验收投入使用的问题，因园区是浙江省环保局审批的项目，因此建议浙江省环保局作出处理。

根据《建设项目环境保护管理条例》[②]第二十八条的相关规定，滨海园区应被责令停产。但浙江省环保局一直没有作出进一步的处理。2005 年 8 月 29 日，养殖户们向国家环保总局提出了复议申请，要求责令浙江省环保局限期作出处理决定。9 月 16 日，环保总局行政复议办公室作出不予受理决定，理由是养殖户们的申请不属于行政复议受案范围。

无奈之下，2005 年 9 月 27 日，养殖户们向北京市第一中级人民法院提起行政诉讼，请求法院撤销环保总局的决定，限期受理原告的复议申请。这是环保总局第一次成为被告，引起了社会各界的广泛关注。

2006 年 4 月 3 日，北京市第一中级人民法院对本案进行了公开开庭审理。环

---

① 宗新建：《温州养殖户状告环保总局不作为案胜诉》，《畜牧市场》2006 年第 7 期。

② 此处指的是 1998 年 11 月 29 日国务院令第 253 号发布的《建设项目环境保护管理条例》。该条例已被 2017 年 6 月 21 日国务院令第 682 号修正。

保总局代理人认为,浙江省环保局接到投诉后,是通过《信访件交办单》的形式将投诉转交温州市环保局调查处理,浙江省环保局已将调查意见向养殖户作了反馈。对此,养殖户如果不服,依据《信访条例》[①]第三十四条规定,应该向有关上级行政机关申请复查和复核,不应该申请行政复议。

养殖户认为,查处环保违法行为是环保部门的法定职责,而《行政复议法》[②]第六条明确规定,申请行政机关履行保护财产权利的法定职责,行政机关没有依法履行的,当事人可以申请行政复议;与《信访条例》相比,《行政复议法》是上位法,应该优先适用。

北京市第一中级人民法院判决结果为:撤销被告环保总局作出的不予受理行政复议申请决定;责令环保总局于判决生效后60日内,对原告提出的复议申请重新作出决定。

## 【点评】

本案涉及行政复议和行政诉讼两种制度之间的衔接关系问题。根据目前法律法规的规定,有以下四种情况。

(1)自由选择。当事人可在复议与诉讼中自由选择其一,解决行政争议,如果选择了复议,对复议不服还可起诉。

(2)单一选择。当事人可在复议与诉讼中自由选择其一解决行政争议,但如果选择了复议,则复议终局。

(3)复议终局。只能提起行政复议,不能起诉。

(4)复议前置。当事人必须首先以复议方式解决行政争议,如对复议不服,才可以向人民法院提起行政诉讼。

其中,第二、三种情况都属于终局复议,第一、四种情况属于非终局复议。从目前的规定来看,以自由选择为主,复议前置为辅,复议终局为例外。复议终局只能由法律加以规定;复议前置只能由法律、法规予以具体规定。本案中养殖户既可以向环保总局申请行政复议,也可以就浙江省环保局的不作为行为直接向人民法院提起行政诉讼。环保总局对行政复议不受理的行为是显然违法的,最终导致自己成为行政诉讼的被告并败诉。

---

① 此处指的是2005年1月10日国务院令第431号发布的《信访条例》。

② 此处指的是1999年4月29日第九届全国人民代表大会常务委员会第九次会议通过的《行政复议法》。该法已被2009年8月27日第十一届全国人民代表大会常务委员会第十次会议第一次修正,2017年9月1日第十二届全国人民代表大会常务委员会第二十九次会议第二次修正。

## 案例 109　行政复议程序违法导致复议决定被撤销

### ——张成银诉徐州市人民政府房屋登记行政复议决定案[①]

### 【案情简介】

被告江苏省徐州市人民政府 2003 年 10 月 28 日受理了第三人曹春芳的行政复议申请，于 2004 年 4 月 29 日作出徐政行决(2004)24 号行政复议决定，以徐州市民安巷 31 号房屋使用者曹陈氏 1986 年死亡时，张成银不是该房产的合法继承人，原徐州市房地产管理局(被申请人徐州市房产管理局前身)认定张成银对民安巷 31 号房屋产权属原始取得与事实不符，为张成银颁发鼓房字第 1741 号《房屋所有权证》违反了《城镇房屋所有权登记暂行办法》[②]第八条的规定，将民安巷 31 号房屋产权和国有土地使用权确权给张成银不当等为由，依据《行政复议法》[③]第二十八条第一款第(三)项第 1、5 目之规定，确认徐州市房地产管理局将民安巷 31 号房屋产权及国有土地使用权确权给张成银的具体行政行为违法。张成银不服该复议决定，向江苏省徐州市中级人民法院提起行政诉讼。

曹春义、曹春芳系兄妹关系。二人之父早逝，一直随其母曹陈氏居住在徐州市民安巷 31 号，该住处原为 3 间东草房和 1 间南草房。1954 年，张成银与曹春义结婚后迁入民安巷 31 号居住。1961 年左右，曹春芳出嫁，搬出民安巷 31 号。1986 年 1 月 30 日，曹陈氏去世。在曹陈氏与儿媳张成银及其家庭成员共同居住生活期间，民安巷 31 号的原住处经翻建和新建，先后形成了砖木结构、砖混结构的房屋计 7 间。其中砖混结构的 3 间东屋，1981 年 12 月以张成银的名字办理了第 2268 号建筑工程施工执照，在原 3 间东草房的基础上翻建而成。1988 年 5 月 31 日，张成银向徐州市房产管理机关提出为其办理民安巷 31 号的上述 7 间房屋产权和土地使用权登记的书面申请。徐州市鼓楼区房地产登记发证办公室根据张成银提交的申请材料，经调查后于 1988 年 9 月 28 日为张成银填发了鼓房字第 1741 号《房屋

① 《张成银诉徐州市人民政府房屋登记行政复议决定案》，《最高人民法院公报》2005 年第 3 期。

② 本案依据的是 1987 年 4 月 21 日城建部〔1987〕城住字第 242 号发布的《城镇房屋所有权登记暂行办法》。该办法已被 2011 年 1 月 26 日住房和城乡建设部公告第 894 号《关于公布住房和城乡建设部规范性文件清理结果目录的公告》废止。

③ 本案依据的是 1999 年 4 月 29 日第九届全国人民代表大会常务委员会第九次会议通过的《行政复议法》。该法已被 2009 年 8 月 27 日第十一届全国人民代表大会常务委员会第十次会议第一次修正，2017 年 9 月 1 日第十二届全国人民代表大会常务委员会第二十九次会议第二次修正。

所有权证》,并加盖徐州市人民政府的印章,将199.78平方米的国有土地使用权登记为张成银使用。

此后,民安巷31号的房屋又历经1991年的新建、1994年的扩建、1997年的赠予和1998年的新建,徐州市房产管理机关经公告征询无产权异议后,相应为张成银办理了产权登记,颁发了《房屋所有权证》。徐州市土地管理局亦于1996年12月3日向张成银颁发了《国有土地使用证》。2002年,张成银位于民安巷31号的房屋被依法拆迁。2003年10月28日,曹春芳向徐州市人民政府申请行政复议,请求撤销1988年将民安巷31号房屋产权和土地使用权确权登记给张成银的具体行政行为。徐州市人民政府于2004年4月29日作出了徐政行决(2004)24号行政复议决定:确认徐州市房地产管理局将民安巷31号房屋产权及国有土地使用权确权给张成银的具体行政行为违法。

江苏省徐州市中级人民法院认为,本案中,曹春芳之母曹陈氏于1986年1月30日去世后,徐州市民安巷31号的房产一直由张成银及家人居住使用;张成银及家人于90年代在此处又新建了房屋,并对原有房屋进行扩建,原徐州市房地产管理局于1994年为张成银颁发该处《房屋所有权证》前也进行了公告,征询有关当事人有无产权异议,曹春芳应当知道徐州市房地产管理机关已将民安巷31号的房地产确权登记给张成银。故徐州市人民政府受理曹春芳2003年10月28日提出的复议申请并作出复议决定超过了法定期限。曹春芳述称其于2003年10月才得知原徐州市房地产管理机关将民安巷31号房地产登记确权归张成银的主张,依法不予以支持。行政机关在进行行政复议时虽可以采取书面审查的办法,但张成银作为原徐州市房地产管理机关1988年颁发的鼓房字第1741号《房屋所有权证》的持证人,与徐州市人民政府对该证的复议审查结果有着直接的利害关系,徐州市人民政府应当通知张成银参加行政复议。由于徐州市人民政府无法证明已采取适当的方式通知张成银参加行政复议,应属严重违反行政程序,且作出的徐政行决(2004)24号行政复议决定的结论中也有复议审查对象不具体的瑕疵。

综上,徐州市人民政府受理曹春芳的复议申请而作出的徐政行决(2004)24号行政复议决定,严重违反法定程序,依法应予撤销。依据《行政复议法》第九条第一款、第十条第三款及《行政诉讼法》[①]第五十四条第(二)项第3目的规定,徐州市人民法院于2004年9月30日判决:撤销徐州市人民政府于2004年4月29日作出的徐政行决(2004)24号行政复议决定。

宣判后,曹春芳不服,向江苏省高级人民法院提起上诉。江苏省高级人民法院

① 本案依据的是1989年4月4日第七届全国人民代表大会第二次会议通过的《行政诉讼法》。该法已被2014年11月1日第十二届全国人民代表大会常务委员会第十一次会议第一次修正,2017年6月27日第十二届全国人民代表大会常务委员会第二十八次会议第二次修正。

依照《行政诉讼法》第六十一条第(一)项之规定，于 2004 年 12 月 10 日判决：驳回上诉，维持原判。

【点评】

本案的主要争议焦点为：行政机关在依照《行政复议法》复议行政决定时，如果可能直接影响到他人的利益，是否必须以适当的方式通知其参加复议并听取意见？《行政复议法》虽然没有明确规定行政复议机关必须通知第三人参加复议，但根据正当程序的要求，行政机关在可能作出对他人不利的行政决定时，应当专门听取利害关系人的意见。本案中，复议机关审查的对象是颁发鼓房字第 1741 号《房屋所有权证》行为，复议的决定结果与现持证人张成银有着直接的利害关系，故复议机关在行政复议时应正式通知张成银参加复议。本案中，徐州市人民政府虽声明曾采取电话的方式口头通知张成银参加行政复议，但却无法予以证明，而利害关系人持有异议的，应认定其没有采取适当的方式正式通知当事人参加行政复议，故徐州市人民政府认定张成银自动放弃参加行政复议的理由欠妥。在此情形下，徐州市人民政府未听取利害关系人的意见即作出于其不利的行政复议决定，构成严重违反法定程序。行政机关在行政复议中可能作出不利于他人的决定时，如没有采取适当的方式通知其本人参加行政复议即作出复议决定的，构成严重违反法定程序，应予撤销。

## 案例 110　行政复议的范围

### ——董永华等 108 户被拆迁户诉重庆市人民政府不服行政复议裁定上诉案[①]

【案情简介】

1998 年 2 月 10 日，因重庆市垫江县桂溪镇北苑小区进行旧城改造，重庆市垫江县人民政府作出垫府发〔1998〕2 号文件《关于认真做好北苑小区旧城改造房屋拆迁补偿安置工作的通知》。该文件详细规定了北苑小区范围内住户的房屋拆迁事宜，包括拆迁时限及奖惩办法、拆迁房屋面积的计算办法、优惠政策、拆迁组织管理等内容。董永华等 108 户被拆迁户认为该文件所规定的补偿安置标准过低，不断向垫江县人民政府反映、申诉。2000 年 7 月 7 日，垫江县人民政府作出《行政复议告知书》，告知董永华等 108 户被拆迁户向重庆市人民政府申请复议。7 月 22

① 最高人民法院(2001)行终字第 14 号判决书。

日,董永华等108户被拆迁户向重庆市人民政府申请复议,重庆市人民政府于8月7日作出渝府复裁(2000)5号《行政复议裁定书》,认为垫江县人民政府发布文件的行为是一种抽象行政行为,裁定不予受理。董永华等108户被拆迁户不服,以重庆市人民政府为被告向重庆市高级人民法院提起行政诉讼。

重庆市高级人民法院经审理认为,垫江县人民政府发布的《关于认真做好北苑小区旧城改造房屋拆迁补偿安置工作的通知》,是以文件的形式下发到重庆市垫江县桂溪镇人民政府、县府各部门、县属各企事业单位,并抄送到县委相关部门,未发给小区内的被拆迁单位和被拆迁户。但实际上,有关部门已将文件内容通过各种形式告知了北苑小区的拆迁户。从针对的对象看,尽管范围限于北苑小区,但并没有特指小区内的某个被拆迁单位或被拆迁户,而是泛指位于小区内的全部被拆迁单位和被拆迁户;从效力上是否可反复适用看,尽管该文件因北苑小区的拆迁而产生,也将因北苑小区拆迁结束而终止其效力,但在拆迁期间,对小区内的不同单位和个人均可反复适用;从效力的时间性看,该文件并不是对已存在的事实给予的法律评价,只对被拆迁人将来的行为有拘束力,而不对被拆迁人过去的行为有拘束力;从内容上看,虽然对限期搬迁、补偿标准、奖惩手段等作了规定,但从庭审调查看,该文件并不具有强制力,并非所有的拆迁人与被拆迁人都遵守了该文件的规定,而采取了另外的方式完成拆迁。最重要的,从能否进入执行程序看,依据该文件不能直接进入执行程序,作为强制执行的依据,只能是行政机关针对具体的人和事所作的具有个别性质的行政裁决或决定,而不能是一种对象不明的、原则性的规范性文件。综上,垫江县人民政府所作的垫府发〔1998〕2号文件,具备了抽象行政行为的所有特点。重庆市人民政府以一审原告所申请事项属于抽象行政行为为由裁定不予受理正确。但在适用法律时,只适用了《行政复议法》第九条、第十七条规定,没有适用《行政复议法》第六条即行政复议的受案范围,属于引用法律不全,但该瑕疵不影响其定性。根据《行政诉讼法》①第五十四条第(一)项之规定,判决如下:维持重庆市人民政府渝府复裁(2000)15号不予受理行政复议裁定。

董永华等108户被拆迁户不服一审判决,向最高人民法院提起上诉称,垫江县人民政府所作的垫府发〔1998〕2号文件所针对的对象是北苑小区的全部被拆迁单位和被拆迁户,人数是确定的。该文件只适用于北苑小区内确定的被拆迁单位和被拆迁户,其效力不及于其他对象,不能反复适用。根据该文件的规定,未在拆迁期限内完成拆迁的,将被依法强制拆迁,因此该文可以直接进入强制程序。综上,垫江县人民政府垫发〔1998〕2号文件对相对人的权利义务产生了实际影响,属于

① 本案依据的是1989年4月4日第七届全国人民代表大会第二次会议通过的《行政诉讼法》。该法已被2014年11月1日第十二届全国人民代表大会常务委员会第十一次会议第一次修正,2017年6月27日第十二届全国人民代表大会常务委员会第二十八次会议第二次修正。

可诉的具体行政行为。

被上诉人答辩称，垫府发〔1998〕2 号文件所指向的对象是不特定的；只要小区范围内的拆迁、安置补偿、房屋建设、买卖、“农转非”指标的安排等事项没有结束，该通知将在北苑小区范围内反复适用；该通知不能直接进入执行程序；该通知的外部表现形式和具体内容也符合抽象行政行为的特征。

最高人民法院认为，垫江县人民政府作出的垫府发〔1998〕2 号文件中有关拆迁补偿安置的标准、办法以及未按通知执行的法律后果等内容涉及当事人权利义务，上述内容针对的对象是特定的，即北苑小区的全部被拆迁单位和被拆迁户。上述内容的效力只适用于北苑小区旧城改造范围的被拆迁单位和被拆迁户，其效力不及于其他对象，不能反复适用，一旦北苑小区的拆迁工作完成，该通知即失去其效力。该通知第二条规定，对个别超过拆迁公告规定的拆迁期限，并经拆迁动员单位督促后，仍拒不拆搬的，在给予一定经济惩罚的基础上，依法实施强制拆除。该规定不仅为相对人设定了义务，而且规定一旦相对人未履行义务，将直接承担被强制拆除的法律后果。综上，垫江县人民政府垫府发〔1998〕2 号文件中含有具体行政行为的内容，根据《行政复议法》[①]第二条、第六条的规定，属于申请复议的范围。重庆市人民政府认为该通知属于抽象行政行为、不属行政复议的范围的理由不能成立，其作出的渝府复裁(2000)15 号行政复议裁定主要证据不足，适用法律错误，应予撤销。重庆市高级人民法院(2001)行重字第 8 号行政判决维持重庆市人民政府的渝府复裁(2000)15 号行政复议裁定，属于认定事实不清，适用法律错误。上诉人的上诉理由成立，应予支持。根据《行政诉讼法》第五十四条第(二)项、第六十一条第(三)项的规定，判决如下：撤销重庆市高级人民法院(2001)行重字第 8 号行政判决；撤销重庆市人民政府渝府复裁(2000)15 号行政复议裁定；由重庆市人民政府重新作出具体行政行为。

## 【点评】

《行政复议法》第二条规定：

公民、法人或者其他组织认为具体行政行为侵犯其合法权益，向行政机关提出行政复议申请。

第六条规定：

有下列情形之一的，公民、法人或者其他组织可以依照本法申请行政复议：

(一) 对行政机关作出的警告、罚款、没收违法所得、没收非法财物、责令停产

① 本案依据的是 1999 年 4 月 29 日第九届全国人民代表大会常务委员会第九次会议通过的《行政复议法》。该法已被 2009 年 8 月 27 日第十一届全国人民代表大会常务委员会第十次会议第一次修正，2017 年 9 月 1 日第十二届全国人民代表大会常务委员会第二十九次会议第二次修正。

停业、暂扣或者吊销许可证、暂扣或者吊销执照、行政拘留等行政处罚决定不服的;

(二)对行政机关作出的限制人身自由或者查封、扣押、冻结财产等行政强制措施决定不服的;

(三)对行政机关作出的有关许可证、执照、资质证、资格证等证书变更、中止、撤销的决定不服的;

(四)对行政机关作出的关于确认土地、矿藏、水流、森林、山岭、草原、荒地、滩涂、海域等自然资源的所有权或者使用权的决定不服的;

(五)认为行政机关侵犯合法的经营自主权的;

(六)认为行政机关变更或者废止农业承包合同,侵犯其合法权益的;

(七)认为行政机关违法集资、征收财物、摊派费用或者违法要求履行其他义务的;

(八)认为符合法定条件,申请行政机关颁发许可证、执照、资质证、资格证等证书,或者申请行政机关审批、登记有关事项,行政机关没有依法办理的;

(九)申请行政机关履行保护人身权利、财产权利、受教育权利的法定职责,行政机关没有依法履行的;

(十)申请行政机关依法发放抚恤金、社会保险金或者最低生活保障费,行政机关没有依法发放的;

(十一)认为行政机关的其他具体行政行为侵犯其合法权益的。

本案可归入第(十一)项"认为行政机关的其他具体行政行为侵犯其合法权益的"。108户被拆迁户认为垫江县人民政府作出垫府发〔1998〕2号文件《关于认真做好北苑小区旧城改造房屋拆迁补偿安置工作的通知》的行为侵犯其合法权益,有权提起复议。重庆市人民政府裁定不予受理是错误的。所以,二审法院判决撤销其行政复议裁定,并要求其重新作出具体行政行为。

## 案例111 行政复议可以审查规范性文件的合法性

### ——某市铁路电器厂不服市园林绿化管理局行政处罚申请复议①

### 【案情简介】

该行政复议的申请人为某市铁路电器厂,被申请人为某市园林绿化管理局,第三人为某市铁路分局。

① 马耀青:《砍树起纠纷 复议辨是非》,http://www.148com.com/html/629/102174.html,访问时间:2012年6月1日。

1999 年，申请人经批准在厂区内建房及招待所。同年 10 月 11 日，第三人向申请人核发铁路林木采伐许可证，批准申请人采伐厂区内乔木树 17 株。兹后，申请人先后砍伐直径 15～20 公分树木 13 株，尚有 4 株有待砍伐。2000 年 1 月 12 日，被申请人以申请人"擅自砍伐树木 17 株，冬青 7 株"为由，依据《××市园林绿化管理办法》第三十八条第三款之规定，决定予以罚款 42900 元。申请人对处罚决定不服，于 1 月 20 日向市政府提出复议申请，以"伐树持有铁路局颁发的采伐许可证，手续齐全，符合有关规定"等为由，依法向市政府申请复议，要求撤销被申请作出的具体行政行为。

市政府受理本案后，经审查有关法律规范发现，根据某省林业厅〔1989〕鲁林政字第 9 号《关于执行鲁林政字〔1989〕11 号和 14 号文的有关问题的答复》，第三人颁发林木采伐许可证的职权，是由省林业厅授权济南铁路局批准的，且根据某铁路局济铁工函〔1990〕9 号文《关于转发山东省林业厅〈关于执行鲁林政字〔1989〕11 号和 14 号文的有关问题的答复〉的通知》规定，铁路林木包括护路林和庭园环境保护林，而申请人所采伐的树木系庭园环境保护林，属铁路林木范围，砍伐应由第三人审批。在案件审理过程中，申请人提出，被申请人作出行政处罚决定所依据的《××市园林绿化管理办法》与省林业厅第 9 号文在部分内容上规定不一致，要求对此予以解释。同年 2 月 15 日，市政府依据《行政复议法》[①]第二十六条之规定，裁决中止复议，并提请有关机关对法律规范作出解释。

2000 年 4 月 21 日，省林业厅鲁林函政字〔2000〕8 号文《关于"××市林业局关于铁路部门林木采伐审批权限有关问题的请示"的答复》，对第三人颁发林业采伐许可证的授权范围作了明确的界定，即省林业厅第 9 号文"未涉及铁路主管部门对林业的采伐审批范围，而仅对该部门所采用林木采伐许可证的格式、编号、印刷等问题所做的答复，与林木采伐审批权限无关"。并且明确指出，"根据《中华人民共和国森林法》[②]有关规定，铁路部门仅对铁路护路林的更新采伐审批发放采伐许可证，无权越此范围审核发放采伐许可证"。

市政府认为，我国现行法律、法规、规章及上级的规范性文件对林木的管理权限已有明确界定，彼此并无矛盾之处，依法应予执行。被申请人认定申请人"擅自砍伐树木"事实清楚，证据确实充分，适用法律正确，依法应予处罚。根据《森林法》

① 本案依据的是 1999 年 4 月 29 日第九届全国人民代表大会常务委员会第九次会议通过的《行政复议法》。该法已被 2009 年 8 月 27 日第十一届全国人民代表大会常务委员会第十次会议第一次修正，2017 年 9 月 1 日第十二届全国人民代表大会常务委员会第二十九次会议第二次修正。

② 本案依据的是 1984 年 9 月 20 日第六届全国人民代表大会常务委员会第七次会议通过，并已被 1998 年 4 月 29 日第九届全国人民代表大会常务委员会第二次会议第一次修正的《森林法》。该法已被 2009 年 8 月 27 日第十一届全国人民代表大会常务委员会第十次会议第二次修正。该法已被 2019 年 12 月 28 日第十三届全国人民代表大会常务委员会第十五次会议重新修订，自 2020 年 7 月 1 日起施行。

第二十八条第三款,《城市绿化条例》[①]第七条第四款、第二十一条第二款及《××市园林绿化管理办法》第三条第一款、第二十七条之规定,并参照省林业厅〔1989〕9号文、〔1994〕8号文的有关规定,市政府决定维持被申请人作出的罚款42900元的决定。并决定:市内各区及各县级市的城市绿化管理工作统一由市园林绿化管理部门负责;城区以外,铁路两侧的护路林由铁路主管部门根据授权范围实施管理;其他林木由林业主管部门负责。

## 【点评】

这是一起因未经主管部门批准擅自采伐树木而受到行政处罚,由此引起的行政复议案件。本案申请人未经林业、园林部门批准擅自采伐树木的事实比较清楚,但在复议案件审理过程中,涉及了法律、法规和规范性文件的有关规定不一致问题,牵涉铁路、园林、林业等部门审核发放林木采伐许可证等职权如何界定等问题,情况比较复杂。

本案复议机关主要是对抽象行政行为进行审查,因为被申请人作出行政处罚决定所依据的地方性法规规定,在城区内采伐树木应持有园林部门核发的采伐许可证,而申请人伐树是持有第三人颁发的采伐许可证。第三人在复议过程中称,颁发采伐林木许可证是由省林业厅授权铁路局批准的,且在实际工作中铁路局所有的林木长期来都是铁路局自己发证砍伐。

复议机关在审理本案时,一是按照《行政复议法》的规定,裁决中止复议,就铁路部门的林木采伐审批权限问题提请省林业厅作出答复。接到答复后,及时恢复了复议,并依据法律、法规和省林业厅作出的有关答复,作出了维持原具体行政行为的复议决定。在复议过程中对抽象行政行为一并进行审查,在《行政复议法》中有明确的规定。二是复议机关不就案论案,而是采取了"审结一案,理顺一片"的方式审结本案。复议机关如单纯对争议的行政处罚决定进行审理,案件简单、清楚,很容易结案,但争议的本质问题解决不了。因此,行政复议机关在审查本案时,重点对林业、园林、铁路三单位的职权进行了研究,并通过行政复议决定对职权予以界定。通过本案的审理,理顺了该市长期以来在林木管理方面权责不清的问题。

---

① 本案依据的是1992年6月22日国务院令第100号发布的《城市绿化条例》。该条例已被2011年1月8日国务院令第588号第一次修正,2017年3月1日国务院令第676号第二次修正。

# 案例 112　行政复议的期限

## ——侯军诉武隆县人民政府工伤认定纠纷案[①]

## 【案情简介】

2005 年 1 月 4 日，钱某以个体工商户侯军为用工主体，向武隆县劳动和社会保障局申请工伤认定。2005 年 6 月 20 日，武隆县劳动和社会保障局作出武劳社伤险认决字(2005)37 号《工伤认定决定书》。6 月 23 日，武隆县劳动和社会保障局在采用直接送达方式向侯军送达《工伤认定决定书》未果的情况下，用特快专递的方式，仍未能送达侯军本人。6 月 28 日，武隆县劳动和社会保障局在侯军个体工商登记的住所地，采用公告的方式对作出的《工伤认定决定书》进行了送达，公告期 60 日。2006 年 8 月 13 日，侯军对工伤决定不服，向武隆县人民政府申请行政复议。武隆县人民政府 2006 年 8 月 21 日受理侯军的行政复议申请后，在审理该行政复议案件过程中，发现申请人侯军提起的行政复议申请已超过法定的申请期限，于 2006 年 12 月 27 日作出《终止审理行政复议通知书》。侯军对武隆县人民政府作出的《终止审理行政复议通知书》不服，起诉至重庆市第三中级人民法院，请求人民法院判决撤销武隆县人民政府《终止审理行政复议通知书》，并判决被告武隆县人民政府作出行政复议决定。

重庆市第三中级人民法院判决，被告武隆县人民政府作出的《终止审理行政复议通知书》合法，但存在合理性问题；原告的诉讼理由不成立，其诉讼请求本院不予支持。判决驳回原告侯军的诉讼请求。

## 【点评】

本案涉及两个问题。

一是关于行政复议的被申请人武隆县劳动和社会保障局送达《工伤认定决定书》是否合法的问题。

参照《工伤认定办法》[②]第十七条第二款的规定，工伤认定法律文书的送达按

---

① 重庆市第三中级人民法院行政判决书(2007)渝三中行初字第 13 号。

② 本案依据的是 2003 年 9 月 23 日劳动和社会保障部令第 17 号发布的《工伤认定办法》。该办法已被 2010 年 12 月 31 日人力资源和社会保障部令第 8 号发布的新的《工伤认定办法》自 2011 年 1 月 1 日起废止。

照《民事诉讼法》[①]的有关送达规定执行。《民事诉讼法》规定的送达方式有直接送达、留置送达、委托和邮寄送达、公告送达。本案行政复议的被申请人武隆县劳动和社会保障局,向用工主体个体工商户侯军送达《工伤认定决定书》时,在采用直接送达、邮寄送达的方式均未能送达到的情况下,按照《民事诉讼法》第八十四条的规定,在侯军个体工商登记的住所地张贴公告送达《工伤认定决定书》,具有合法性。因此,武隆县劳动和社会保障局于2005年6月28日,在原告侯军个体工商登记的住所地张贴公告送达《工伤认定决定书》,公告期60日后的2005年8月28日,应视为该《工伤认定决定书》已送达原告侯军。

二是关于被告武隆县人民政府作出《终止审理行政复议通知书》是否合法的问题。

根据《行政复议法》第九条"公民、法人或者其他组织认为具体行政行为侵犯其合法权益的,可以自知道该具体行政行为之日起六十日内提起行政复议申请"的规定,原告应在2005年8月28日之后的60日内提起行政复议申请,但原告却在2006年8月13日才向复议机关提起行政复议申请,显然超过了提起行政复议申请的法定期限。被告在2006年8月21日受理原告的复议申请后,经审理发现原告提起的行政复议申请超过了法定的期限,作出终止审理行政复议决定的事实清楚、适用法律正确,其合法性应予确认。应当指出,被告在2006年8月21日受理原告的复议申请后,于2006年12月27日作出《终止审理行政复议通知书》,超过了《行政复议法》第三十一条"行政复议机关应当自受理申请之日起六十日内作出行政复议决定……延长期限最多不超过三十日"的规定,该行为属于程序上的瑕疵,但不影响作出终止审理行政复议决定的效力。

## 案例113　行政复议的管辖

### ——熊淑端不服古蔺县工商局行政处罚提起行政复议[②]

### 【案情简介】

2002年8月5日,四川省泸州市古蔺县古蔺镇光明路通讯器材经营部负责人熊淑端因不服古蔺县工商行政管理局对涉及自身利益的案件处罚决定,向古蔺县

① 本案依据的是1991年4月9日第七届全国人民代表大会第四次会议通过的《民事诉讼法》。该法已被2007年10月28日第十届全国人民代表大会常务委员会第三十次会议第一次修正,2012年8月31日第十一届全国人民代表大会常务委员会第二十八次会议第二次修正,2017年6月27日第十二届全国人民代表大会常务委员会第二十八次会议第三次修正。

② 资料来源:http://www.148com.com/html/629/102151.html,访问时间:2012年6月1日。

人民政府申请行政复议。

在收到申请人熊淑端的行政复议申请书后，古蔺县人民政府法制办公室依据《行政复议法》[①]相关规定，审查后认为该申请属本机关受案范围，决定予以立案。

古蔺县人民政府法制办公室立案后，于 2002 年 8 月 6 日向被申请人古蔺县工商行政管理局送达了《行政复议申请书》副本和《提出答复通知书》。第二天，古蔺县工商行政管理局书面致函古蔺县人民政府法制办公室，认为依据《行政复议法》及《国家工商行政管理局关于行政复议案件管辖权问题的答复》相关规定，古蔺县人民政府对此案没有管辖权，要求古蔺县人民政府法制办公室通知申请人向泸州市工商行政管理局申请复议。

古蔺县人民政府法制办公室随即通知了当事人熊淑端，但熊淑端认为古蔺县工商行政管理局的答复是部门规定，与《行政复议法》第十二条“对县级以上地方各级人民政府工作部门的具体行政行为不服的，由申请人选择，可以向该部门的本级人民政府申请行政复议，也可以向上一级主管部门申请行政复议”的立法精神相抵触，属无效答复，坚持向古蔺县人民政府申请复议并因此上访了县领导。

## 【点评】

是古蔺县人民政府还是泸州市工商行政管理局对此案有管辖权，熊淑端和古蔺县工商行政管理局各执一词。对熊淑端来说，她面临着投诉无门的困境。而处于尴尬地位的古蔺县人民政府法制办公室面对的难题有三个：半垂直机构的复议机关是谁？古蔺县工商行政管理局是否有权解释《行政复议法》？在熊淑端不撤销申请又坚持不向泸州市工商行政管理局申请复议的情况下，此案该如何处置？

《国家工商行政管理局关于行政复议案件管辖权问题的答复》规定：“根据《行政复议法》第十二条关于‘对县级以上地方各级人民政府工作部门的具体行政行为不服的，由申请人选择，可以向该部门的本级人民政府申请行政复议，也可以向上一级主管部门申请行政复议。对海关、金融、国税、外汇管理等垂直领导的行政机关和国家安全机关的具体行政行为不服的，向上一级主管部门申请行政复议’的规定，我局认为，省以下工商行政管理机关实行垂直领导体制后，地（市）、县（区）工商行政管理机关为上一级工商行政管理机关的直属机构，不再是地（市）、县（区）人民政府的工作部门，因此，对省以下工商行政管理机关作出的具体行政行为不服申请的行政复议，应由上一级工商行政管理机关管辖。省、自治区、直辖市工商行政管理机关是本级人民政府的工作部门，对省、自治区、直辖市工商行政管理机关的具

① 本案依据的是 1999 年 4 月 29 日第九届全国人民代表大会常务委员会第九次会议通过的《行政复议法》。该法已被 2009 年 8 月 27 日第十一届全国人民代表大会常务委员会第十次会议第一次修正，2017 年 9 月 1 日第十二届全国人民代表大会常务委员会第二十九次会议第二次修正。

体行政行为不服申请的行政复议,仍由本级人民政府或者国家工商行政管理局管辖。"依据该答复,古蔺县工商行政管理局不是古蔺县人民政府的工作部门,因此后者没有管辖权。

这仅仅是众多反映现行行政复议制度缺陷的典型案例之一,在实际操作中,类似的因行政复议制度设计缺陷导致投诉无门乃至当事人不得不上访的案例大量存在。

熊淑端坚持不向泸州市工商行政管理局申请复议,显然是担心在"条条体制"下不能得到公正的处理。那么,她不服古蔺县工商行政管理局的具体行政行为,还可以提起行政诉讼,寻求司法救济。

## 案例 114　行政行为认定事实错误被行政复议撤销

### ——王某不服市卫生局行政答复向省卫生厅提出行政复议①

### 【案情简介】

申请人王某于 2003 年 4 月 30 日在 A 市市立医院做骨外科手术失败。实施手术者为张某。张某,2001 年大学毕业后到 A 市市立医院骨外科工作,2002 年 9 月参加了全国医师资格考试,成绩合格,2002 年 12 月 1 日获得执业医师资格,2003 年底领到《医师资格证书》,但未进行医师注册。王某多次要求 A 市市立医院及张某进行人身损害赔偿未果。2004 年 6 月 7 日,王某向被申请人 A 市卫生局请求认定张某诊疗行为为非法行医。A 市卫生局于 2004 年 7 月 15 日给予书面答复,认为张某直到 2003 年底才拿到《医师资格证书》是因为证件制作、上报验印有个过程,因此不能认定张某诊疗行为为非法行医。王某不服,于 2004 年 7 月 20 日向该省卫生厅提出行政复议申请,以张某没有《医师资格证书》,不能单独实施医疗手术为由,请求撤销 A 市卫生局作出的不能认定张某诊疗行为为非法行医的答复。

省卫生厅接到申请人王某的行政复议申请以后,经过审查,于 2004 年 7 月 23 日受理了此案,向王某寄发了《受理通知书》,同时向 A 市卫生局寄发了《提出答复通知书》,要求 A 市卫生局在接到通知书之日起 10 日内提交书面答辩,并提交当初作出具体行政行为的证据、依据。

A 市卫生局于 2004 年 8 月 5 日向 A 省卫生厅提交了书面答复意见及相关证

① 杨玉坡:《一起卫生行政复议案例分析》,http://www.148com.com/html/629/102180.html,访问时间:2012 年 6 月 1 日。

据材料，认为张某未能向卫生行政部门申请执业注册是因为当时正处于“非典”的特殊时期，属于不可抗力。张某实施手术有上级医师台下指导，不属于单独执业。

省卫生厅经过书面审理，于 2004 年 9 月 22 日作出行政复议决定，撤销 A 市卫生局作出的不能认定张某诊疗行为为非法行医的答复。

## 【点评】

本案涉及两个问题。

第一，该行政复议申请是否应当受理？

一种观点认为，王某与 A 市市立医院及张某发生的医患纠纷属于民事纠纷，王某应该向人民法院提起诉讼而不应该请求卫生行政机关认定张某属于非法行医，因此对于王某提出的行政复议申请应当不予受理。

另一种观点认为王某提出的行政复议申请应当予以受理。根据《行政复议法》[①]第二条和第九条的规定，只要公民、法人或者其他组织认为具体行政行为侵犯其合法权益，就可以提出行政复议申请。《行政复议法》第六条以列举的方式明确了行政复议范围。从中可以看出，行政复议是针对具体行政行为而言。本案是否属于行政复议范围，关键看 A 市卫生局的答复是否属于具体行政行为。具体行政行为，是相对于抽象行政行为而言的，是国家行政机关依法就特定事项对特定的公民、法人和其他组织权利义务作出的单方行政职权行为。从类型上讲，行政机关依法裁决公民、法人或者其他组织之间权益争议的活动称为行政裁决，行政裁决是具体行政行为的一种。A 市卫生局对王某和 A 市市立医院的医患纠纷作出认定答复是行政裁决，也就是一种具体行政行为，这种行为属于行政复议范围，应予受理。

第二，张某是否有非法行医的事实？

申请人王某在申请书中提到，是张某单独对其施行的手术。而被申请人采信的是 A 市市立医院的主张。A 市市立医院称张某实施医疗手术有上级医师指导，不属于单独实施手术的情况。A 市市立医院还出具了上级医师李某于 2004 年 7 月 7 日签字的书面证明。在这个问题上，病历记录对事实的认定起到了关键的作用。事实不可能重复。但是事实发生以后，总会有证明事实的信息保存下来。在医疗纠纷中，病历记录是证明事实真相的主要证据。如果院方没有按照法律规定正确书写病历造成不利的法律后果，也只能以原始病历记录为判断事实的依据，因为“以事实为依据”诉求的只能是法律事实。在本案中，病历中明确记载手术者为

---

① 本案依据的是 1999 年 4 月 29 日第九届全国人民代表大会常务委员会第九次会议通过的《行政复议法》。该法已被 2009 年 8 月 27 日第十一届全国人民代表大会常务委员会第十次会议第一次修正，2017 年 9 月 1 日第十二届全国人民代表大会常务委员会第二十九次会议第二次修正。

张某,并无医师李某的签名记录。由此可以认定,是张某单独实施的医疗手术。

A市卫生局在书面答复意见中认为张某未能向卫生行政部门申请执业注册是因为当时正处于“非典”的特殊时期,属于不可抗力。这种理由并不成立。“非典”的发生与张某没有申请医师执业注册的行为之间没有必然因果关系。《执业医师法》[①]规定,取得医师资格的,可以向所在地县级以上人民政府卫生行政部门申请注册,医疗、预防、保健机构也可以为本机构中的医师集体办理注册手续。可以看出,张某有两种途径申请医师注册。在科技发达的今天,张某完全可以通过信函、电传等形式与当地卫生行政部门联系申请医师注册。“非典”的发生与张某不申请医师注册之间没有必然因果关系,因此以“非典”的发生属于不可抗力作为不申请医师注册的抗辩理由是不成立的。

《行政复议法》第二十八条规定:

行政复议机关负责法制工作的机构应当对被申请人作出的具体行政行为进行审查,提出意见,经行政复议机关的负责人同意或者集体讨论通过后,按照下列规定作出行政复议决定:

……

(三)具体行政行为有下列情形之一的,决定撤销、变更或者确认该具体行政行为违法;决定撤销或者确认该具体行政行为违法的,可以责令被申请人在一定期限内重新作出具体行政行为:

1. 主要事实不清、证据不足的;
2. 适用依据错误的;
3. 违反法定程序的;
4. 超越或者滥用职权的;
5. 具体行政行为明显不当的。

本案为“主要事实不清、证据不足”的情况,对该具体行政行为应予以撤销。

## 案例115 行政不作为被行政复议责令作为

### ——某化工有限公司因省科技厅不作为提请省政府行政复议[②]

### 【案情简介】

1998年7月22日,某省科技厅下发了《一九九八年第二批新产品试制计划》,

① 本案依据的是1998年6月26日第九届全国人民代表大会常务委员会第三次会议通过的《执业医师法》。该法已被2009年8月27日第十一届全国人民代表大会常务委员会第十次会议修正。

② 储厚冰:《科技厅不作为 省府限期作为》,http://www.148com.com/html/629/102159.html,访问时间:2012年6月1日。

其中第 50 号计划目录确定的项目名称为甲红霉素。1998 年 12 月，该省科技厅依据上述计划，组织鉴定委员会对甲化工厂生产的甲红霉素粗品进行了鉴定。12 月 30 日，省科技厅作出了《科学技术成果鉴定证书》（以下简称《鉴定证书》），鉴定项目名称为甲红霉素粗品，完成单位为甲化工厂，鉴定注明甲红霉素粗品系甲化工厂承担的省科技厅 1998 年新产品试制计划项目。2000 年，甲化工厂以《鉴定证书》中“国内药厂甲红霉素粗品全部由该厂供给”为依据起诉同样在生产甲红霉素粗品的乙化工有限公司侵权。乙化工有限公司认为《鉴定证书》有错误，侵害了其公平竞争权和其他合法权益，遂于 2002 年 11 月 20 日，通过公证向省科技厅邮寄了一份申请书，要求省科技厅纠正鉴定或直接予以查处。2003 年 1 月 28 日，省科技厅口头答复鉴定不存在错误，未作出实质性处理。乙化工有限公司于是向省政府提出行政复议申请，请求复议机关责令被申请人依法履行其法定职责，责令纠正鉴定或直接进行查处。

省政府复议审查后，认定鉴定确实存在诸多错误，如计划项目与实际鉴定项目不一致，鉴定指标与计划指标不符，鉴定缺少必需的查新报告等。根据《科学技术成果鉴定办法》[①]规定，发现科技成果鉴定确有错误的，省科技厅应当履行责令其授权鉴定的机关及时纠正或直接进行查处的法定职责。省科技厅对乙化工有限公司提出的纠正、查处的请求不予处理，属于不履行法定职责。根据《行政复议法》[②]的规定，省政府认定不履行法定职责的事实成立，决定由省科技厅在收到《复议决定书》之日起一个月内责令纠正或直接查处。

## 【点评】

这是一起源于错误的鉴定侵犯了利害关系人的公平竞争权，申请行政机关予以纠正和查处，而行政机关不履行纠正和查处法定职责的行政复议案。履行法定职责，是行政机关依照法律、法规和规章的规定应承担的行政法上的义务。行政机关不依法履行，则构成不履行法定职责。不履行法定职责行为，包括不作为，也包括形式上的作为而实质上的不作为。对于确实存在错误的鉴定，行政机关应当依法进行纠正和查处，这既是行政机关的权力，同时也是行政机关的义务。本案乙化工有限公司认为鉴定错误而提出的纠正和查处请求，行政机关草率处理，没有进行实质性的复查纠正，乙化工有限公司有权向上一级机关申请行政复议。

在复议过程中，复议机关对不履行纠正和查处的行为进行了审查：一是行政机

① 本案依据的是 1994 年 10 月 26 日国家科学技术委员会第 19 号令发布的《科学技术成果鉴定办法》。该办法已被 2016 年 6 月 23 日科学技术部令第 17 号《科技部关于对部分规章和文件予以废止的决定》废止。

② 本案依据的是 1999 年 4 月 29 日第九届全国人民代表大会常务委员会第九次会议通过的《行政复议法》。该法已被 2009 年 8 月 27 日第十一届全国人民代表大会常务委员会第十次会议第一次修正，2017 年 9 月 1 日第十二届全国人民代表大会常务委员会第二十九次会议第二次修正。

关是否负有纠正和查处的法定职责,主要看是否具有相应的行政职权依据;二是该行政职权属主动履行,还是依申请履行,在依申请履行的情况下,相对人是否提出过请求;三是鉴定是否确实存在错误,如果确实存在错误,行政机关则当然具有纠正和查处的义务。本案中,某省科技厅对于错误鉴定没有进行纠正和查处,构成了不履行法定职责,该行为显然是违法的。

《行政复议法》第二十八条第一款第(二)项规定,“被申请人不履行法定职责的,决定其在一定期限内履行”。省政府的处理决定是正确的。

# 第15章 行政诉讼

## 案例116 行政诉讼的原告必须是利害关系人

——海龙王公司诉广州市对外经济贸易委员会行政处理决定纠纷案[①]

### 【案情简介】

珠江侨都项目是广州市城市开发的一个重点工程项目，广州市侨办是这个项目的行政主管部门，广州市外经委是负责中外合作经营企业的行政审批和主管机关。根据广州市人大常委会的有关决议，珠江侨都工程项目还专门成立了一个筹委会，负责项目工程的有关规划和设计的审定，并对征地和投资等重大问题进行指导和协调。1997年10月27日，被告广州市外经委作出337号批复，批准香港嘉宇公司和爱光公司于同月17日签订的《股权转让协议书》和《合作开发经营"珠江侨都"房地产合同之补充合同》及其补充章程，并同意由三联公司与爱光公司共同开发珠江侨都项目。1998年1月12日，被告广州市外经委又作出6号批复，批准三联公司和爱光公司于同月8日签订的《终止合作开发经营珠江侨都房地产合同协议书》。同月15日，被告广州市外经委再次作出9号批复，同意三联公司、珠江公司和广大公司成立中外合作企业侨都公司，同意侨都公司开发珠江侨都项目。

1998年12月28日，参与珠江侨都项目投资的三联公司与海龙王公司签订《协议书》，约定：海龙王公司作为珠江侨都项目的共同投资者支付6000万元，该款也作为获取整个项目中50%投资开发权益的预付款；如合作成立，海龙王公司该预付款可转为对由其参与设立的新项目公司的注册资本；如合作不成立，该款三联公司于一个月内连本带息返还。《协议书》签订的第二天，海龙王公司即将6000万元通过银行支付给三联公司。

1998年12月31日，珠江侨都筹委会办公室作出《珠江侨都筹委会会议纪要》，同意海龙王公司参加珠江侨都项目50%的投资，并准备5亿元的资信证明，参加合作谈判。

---

① 《广州市海龙王投资发展有限公司诉广东省广州市对外经济贸易委员会行政处理决定纠纷案》，《最高人民法院公报》2002年第6期。

1999年7月29日,被告广州市外经委作出143号通知致广州市侨办:鉴于嘉宇公司在香港清盘,由此而延伸的协议、合同均失去了其法律基础。经研究,撤销我委337号、6号和9号批复。但同年10月25日,被告广州市外经委又作出233号通知致广州市侨办,撤销143号通知。

海龙王公司于是以广州市外经委为被告,向广东省高级人民法院提起行政诉讼,认为广州市外经委的143号通知依法撤销了侨都公司,使其获得了在平等竞争的基础上参加珠江侨都项目投资的权利。但广州市外经委的233号通知撤销了143号通知,客观上剥夺了其参与竞争的可能,侵犯了其参与投资的平等竞争权。

广东省高级人民法院认为,广州市外经委是广州市人民政府负责中外合作经营企业的审批和主管机关,其作出的233号通知虽然是以内部发文的形式直接发给广州市侨办,并抄送三联公司、珠江公司等有关单位和企业的,但是,该通知的内容涉及了广州市外经委原先作出的143号通知以及337号、6号和9号批复的法律效力问题,并且还直接涉及有关相对人对珠江侨都项目的经营权问题,显然具有行政法上的权利义务内容,产生了新的行政法律关系。对于行政关系的有关当事人来说,233号通知应属于可诉性的具体行政行为。

233号通知以及与其有关的143号通知和337号、6号、9号批复,都是广州市外经委依照职权对特定的有关中外合作企业的成立、变更或者撤销履行的行政审批行为,由此而产生的行政法律关系,应该只限于特定的范围,即依照法定的程序直接参与广州市珠江侨都工程项目合作开发的中外企业。珠江侨都工程项目是一个合作开发项目,任何参与珠江侨都工程项目投资和开发的企业,都要依照法定程序加入具有中外合作经营企业性质的侨都公司,以侨都公司股东的身份参与投资和合作。由于海龙王公司没有与珠江侨都项目的各合作方签订合作合同和章程,更没有按照法定程序经批准加入珠江侨都公司,所以,对珠江侨都工程项目并不享有投资开发权。因此,广州市外经委对珠江侨都项目的合作开发事宜所作出的审批行为,与海龙王公司未形成行政法律关系。

综上,原告海龙王公司认为被告的233号通知侵犯其合法权益并向人民法院提起行政诉讼,必须证明该通知与其有法律上的利害关系。虽然被诉的233号通知属于具体行政行为,但没有依据认定原告海龙王公司与该具体行政行为存在法律上的利害关系,因此,海龙王公司不具备本案原告的诉讼主体资格,其起诉不符合法定条件。广东省高级人民法院裁定:驳回原告海龙王公司的起诉。

一审判决后,原告海龙王公司不服提出上诉。最高人民法院作出二审裁定:驳回上诉,维持原裁定。

## 【点评】

本案中,海龙王公司认为被告的233号通知侵犯其合法权益,因为233号通知撤销了 143 号通知，导致自己参与珠江侨都项目的投资权受到损害。这种逻辑是很牵强的。143 号通知并没有授予海龙王公司对珠江侨都项目的投资权，这只是原告自己的一厢情愿。

原告海龙王公司与第三人三联公司签订的有关协议，是双方当事人对参与珠江侨都工程项目合作经营的意向，不能作为已经享有对珠江侨都工程项目合作开发投资权的依据。

珠江侨都筹委会是广州市为加强对珠江侨都合作工程项目的宏观管理而成立的一个临时性组织。该组织不是一级行政机关，更不是法定中外合作企业的主管部门。该组织的性质决定了其作出的任何决定只具有行政指导性质，而不具有行政法律效力。珠江侨都筹委会办公室根据筹委会 1998 年 12 月 31 日工作会议的内容作出的关于同意海龙王公司参与珠江侨都工程项目的纪要，是该组织对有关工作提出的意向性意见，并不是政府的行政决定，对有关当事人也没有强制力。海龙王公司以该会议纪要作为政府主管部门的行政决定，以此确认其拥有对珠江侨都工程项目 50%的开发权，缺乏事实上和法律上的依据。

## 案例 117　行政诉讼的被告是以自己名义独立行使行政权力的主体

### ——王兰英诉湖南省张家界市永定区人民政府房屋征收补偿案[①]

### 【案情简介】

2012 年 6 月 1 日，永定区政府作出了“张定政决〔2012〕第 3 号”房屋征收决定，并发布了公告。2012 年 9 月 17 日，王兰英作为被征收人与张家界市永定区房屋征收与补偿管理办公室(以下简称永定区征收办)签订了《房屋征收安置补偿协议》。后因永定区征收办未按协议约定向王兰英交付产权调换房屋，王兰英于 2015 年 7 月 15 日以永定区人民政府为被告向一审法院提起诉讼，要求永定区人民政府按协议履约并承担违约责任。

湖南省张家界市中级人民法院一审认为，《国有土地上房屋征收与补偿条例》[②]第二十五条规定，房屋征收部门与被征收人依照本条例的规定，就补偿方式、补偿金额和支付期限、用于产权调换房屋的地点和面积、搬迁费、临时安置费或者周转用房、停产停业损失、搬迁期限、过渡方式和过渡期限等事项，订立补偿协议。

---

① 最高人民法院(2016)最高法行申 412 号行政裁定书。

② 本案依据的是 2011 年 1 月 21 日国务院令第 590 号发布的《国有土地上房屋征收与补偿条例》。

补偿协议订立后,一方当事人不履行补偿协议约定的义务的,另一方当事人可以依法提起诉讼。永定区征收办是一个独立的事业单位,其宗旨和业务范围是国有土地上房屋征收与补偿。王兰英与永定区征收办于 2012 年 9 月 17 日签订了《房屋征收安置补偿协议》,约定了补偿方式、过渡安置事项及产权调换的其他事项,并约定了违约责任。现王兰英起诉要求履行该行政协议,应当起诉协议的相对方即永定区征收办,永定区人民政府不是适格被告。经本院向王兰英释明,王兰英拒绝变更。依照《最高人民法院关于适用〈中华人民共和国行政诉讼法〉若干问题的解释》[①]第三条的规定,湖南省张家界市中级人民法院作出(2015)张中行初字第 67 号行政裁定:驳回原告王兰英的起诉。

王兰英不服,向湖南省高级人民法院提起上诉。

二审湖南省高级人民法院作出(2015)湘高法行终字第 462 号行政裁定:驳回上诉,维持原裁定。

王兰英不服二审裁定,向最高人民法院申请再审称,永定区征收办只是永定区政府房屋征收补偿工作中的一个做具体工作的组织实施机构,虽是法定的补偿协议的签订主体,但不是法定的对补偿协议中的补偿义务承担履行责任的主体,故不应当构成本案给付产权调换房屋争议诉讼的当事人主体,不应当是本案的适格被告。据此请求撤销湖南省高院(2015)湘高法行终字第 462 号行政裁定和湖南省张家界市中院(2015)张中行初字第 67 号行政裁定,并改判确认湖南省永定区人民政府是该案的适格被告。

最高人民法院认为,本案中永定区征收办作为拆迁补偿协议订立方,具有对外独立承担法律责任的能力。因此,本案的适格被告应为永定区征收办,而不是永定区人民政府。原审法院经向王兰英释明后,其仍坚持起诉永定区人民政府,原审法院驳回其起诉并无不当。

综上,王兰英的再审申请不符合《行政诉讼法》[②]第九十一条规定的情形。裁定驳回王兰英的再审申请。

## 【点评】

本案争议的焦点是永定区征收办是否具有被告主体资格及永定区人民政府是否是本案适格被告的问题。

---

① 本案依据的是《最高人民法院关于适用〈中华人民共和国行政诉讼法〉若干问题的解释》(法释〔2015〕9 号)。《最高人民法院关于适用〈中华人民共和国行政诉讼法〉的解释》于 2018 年 2 月 8 日起施行。该解释施行后,法释〔2015〕9 号同时废止。

② 本案依据的是 1989 年 4 月 4 日第七届全国人民代表大会第二次会议通过,并已被 2014 年 11 月 1 日第十二届全国人民代表大会常务委员会第十一次会议第一次修正的《行政诉讼法》。该法已被 2017 年 6 月 27 日第十二届全国人民代表大会常务委员会第二十八次会议第二次修正。

根据《国有土地上房屋征收与补偿条例》第四条第二款“市、县级人民政府确定的房屋征收部门(以下称房屋征收部门)组织实施本行政区域的房屋征收与补偿工作”及第二十五条“房屋征收部门与被征收人依照本条例的规定，就补偿方式、补偿金额和支付期限、用于产权调换房屋的地点和面积、搬迁费、临时安置费或者周转用房、停产停业损失、搬迁期限、过渡方式和过渡期限等事项，订立补偿协议。补偿协议订立后，一方当事人不履行补偿协议约定的义务的，另一方当事人可以依法提起诉讼”的规定，房屋征收部门基于行政法规的明确授权而取得了行政职权，并取得了以自己的名义行使权力及承担法律责任的能力。

根据《行政诉讼法》的相关规定，可诉的行政行为包括法律、法规、规章授权的组织作出的行政行为。故而本案中，永定区征收办作为法定授权的组织，具有行政主体资格，是本案行政诉讼的适格被告。

《行政诉讼法》第九十一条对于再审的规定是：

当事人的申请符合下列情形之一的，人民法院应当再审：

(一) 不予立案或者驳回起诉确有错误的；

(二) 有新的证据，足以推翻原判决、裁定的；

(三) 原判决、裁定认定事实的主要证据不足、未经质证或者系伪造的；

(四) 原判决、裁定适用法律、法规确有错误的；

(五) 违反法律规定的诉讼程序，可能影响公正审判的；

(六) 原判决、裁定遗漏诉讼请求的；

(七) 据以作出原判决、裁定的法律文书被撤销或者变更的；

(八) 审判人员在审理该案件时有贪污受贿、徇私舞弊、枉法裁判行为的。

本案王兰英的再审申请不符合以上情形。

## 案例 118　行政诉讼的受案范围

——点头隆胜石材厂不服福鼎市人民政府行政扶优扶强措施案[①]

### 【案情简介】

原告福鼎市点头隆胜石材厂不服被告福鼎市人民政府于 2001 年 3 月 13 日以鼎政办〔2001〕14 号文件下发的《关于 2001 年玄武岩石板材加工企业扶优扶强的意见》，向福鼎市人民法院提起诉讼。

原告诉称，矿山每年开采的玄武岩荒料仅有 9 万立方米，都由第三人福建玄武

① 《点头隆胜石材厂不服福鼎市人民政府行政扶优扶强措施案》，《最高人民法院公报》2001 年第 6 期。

石材有限公司负责供应本市的920余家石材加工企业,平均每个加工企业只能得到不足98立方米。2000年,被告曾通过下达鼎政办〔2000〕59号和60号文件,从全市玄武岩荒料总量中提留8000立方米,指定供应给22家所谓的扶优企业。2001年3月3日,被告又下达鼎政办〔2001〕14号文件,规定对31家企业要用倾斜增加供应荒料的办法扶优扶强。照这样计算,当年需要从玄武岩荒料总量中提留11300立方米去供应那些所谓的扶优扶强企业。平均到每家企业头上,就要被提留12.28立方米荒料。而且被告确定的这31家所谓的扶优扶强企业,就有26家产值低于500万元,根本达不到被告自己制定的扶优扶强条件。被告这种逐年提高扶优荒料提留量的做法,迫使原告逐年减产。原告认为,强劲、优势的企业只能通过公平竞争显露出来,不能通过行政手段扶持起来。被告的这种做法制造了不平等,破坏了公平竞争的社会经济秩序,使拉关系、走后门的腐败之风盛行,是违法行政。请求撤销被告的14号文件。

被告辩称,14号文件只是在取得行政相对方、本案第三人福建玄武石材有限公司同意后,对其业务所作的非强制性、不直接产生法律后果的行政指导性文件。对原告来说,该文件既没有为其设定权利,也没有对其科以义务,与其利益没有直接的关系,不属于《行政诉讼法》①第二条规定的具体行政行为,不是行政诉讼可诉的对象。原告无权就该文件向人民法院提起行政诉讼。被告没有向人民法院提交制作14号文件的事实根据和法律依据。

开庭前,第三人书面申请不参加庭审活动。

福鼎市人民法院经审理查明,2001年3月13日,被告福鼎市人民政府为了促进福鼎市的玄武岩石材企业上规模、产品上档次,由其下属的办公室作出鼎政办〔2001〕14号文件,批准下发《关于2001年玄武岩石板材加工企业扶优扶强的意见》。该文件中,确定2001年在全市扶持具有一定生产规模的31家石板材企业。文件规定,第三人福建玄武石材有限公司要为年销售收入1000万元以上的10家企业,每家全年增加供应玄武岩荒料500立方米;要为年销售收入500万元以上的21家企业,每家全年增加供应玄武岩荒料300立方米。该文件以通知的形式下发到福鼎市各乡(镇)人民政府、街道办事处、市直有关单位和龙安开发区管委会。本案审理期间,福鼎市人民政府又于2001年7月13日作出74号文件,决定停止14号文件的执行。

福鼎市人民法院认为,福鼎市的玄武岩石材企业,其生产用原料都由第三人福建玄武石材有限公司供应,而且供应数量有限。在此情况下,被告福鼎市人民政府

① 本案依据的是1989年4月4日第七届全国人民代表大会第二次会议通过的《行政诉讼法》。该法已被2014年11月1日第十二届全国人民代表大会常务委员会第十一次会议第一次修正,2017年6月27日第十二届全国人民代表大会常务委员会第二十八次会议第二次修正。

以 14 号文件，批准下发了《关于 2001 年玄武岩石板材加工企业扶优扶强的意见》。该文件虽未给原告点头隆胜石材厂确定权利与义务，但却通过强制干预福建玄武石材有限公司的销售办法，直接影响到点头隆胜石材厂的经营权利。因此对点头隆胜石材厂来说，该文件具有了《行政诉讼法》第十一条第一款第(三)项规定的"认为行政机关侵犯法律规定的经营自主权的"情形，是《行政诉讼法》第二条规定的具体行政行为，属于人民法院行政诉讼的受案范围，点头隆胜石材厂有权提起行政诉讼。人民法院受理此案，符合《最高人民法院关于执行〈中华人民共和国行政诉讼法〉若干问题的解释》[①]第一条第一款关于"公民、法人或者其他组织对具有国家行政职权的机关和组织及其工作人员的行政行为不服，依法提起诉讼的，属于人民法院行政诉讼的受案范围"的规定。福鼎市人民政府认为 14 号文件是行政指导性文件，没有强制性，不是具体行政行为，不是行政诉讼可诉对象的理由，不能成立。

《行政诉讼法》第三十二条规定："被告对作出的具体行政行为负有举证责任，应当提供作出该具体行政行为的证据和所依据的规范性文件。"第四十三条规定："被告应当在收到起诉状副本之日起 10 日内向人民法院提交作出具体行政行为的有关材料，并提出答辩状。"《最高人民法院关于执行〈中华人民共和国行政诉讼法〉若干问题的解释》第二十六条第二款规定："被告应当在收到起诉状副本之日起 10 日内提交答辩状，并提供作出具体行政行为时的证据、依据；被告不提供或者无正当理由逾期提供的，应当认定该具体行政行为没有证据、依据。"本案被告福鼎市人民政府收到起诉状副本后，在法定期限内仅提交了答辩状，没有提供作出 14 号文件的事实根据和法律依据，不能证明该文件是合法的，依法应予撤销。本案审理期间，福鼎市人民政府已经停止执行 14 号文件，再判决撤销该文件，已无实际意义。

福鼎市人民法院根据《最高人民法院关于执行〈中华人民共和国行政诉讼法〉若干问题的解释》第五十条第三款关于"被告改变原具体行政行为，原告不撤诉，人民法院经审查认为原具体行政行为违法的，应当作出确认其违法的判决"的规定，于 2001 年 7 月 19 日判决：确认被告福建省福鼎市人民政府 2001 年 3 月 13 日作出的鼎政办〔2001〕14 号文件违法。一审宣判后，双方当事人均未上诉，该判决已发生法律效力。

## 【点评】

行政诉讼的范围(或称受案范围)，是指人民法院受理行政争议案件的范围，或

① 本案依据的是法释〔2000〕8 号。《最高人民法院关于适用〈中华人民共和国行政诉讼法〉的解释》于 2018 年 2 月 8 日起施行。该解释施行后，《最高人民法院关于执行〈中华人民共和国行政诉讼法〉若干问题的解释》(法释〔2000〕8 号)、《最高人民法院关于适用〈中华人民共和国行政诉讼法〉若干问题的解释》(法释〔2015〕9 号)同时废止。

者说作为原告的行政相对人可以提起行政诉讼的具体行政行为的范围。简而言之,就是可诉具体行政行为的范围。

根据《行政诉讼法》第十一条的规定,人民法院受理公民、法人和其他组织对下列具体行政行为不服提起的诉讼:

(1) 对拘留、罚款、吊销许可证和执照、责令停产停业、没收财物等行政处罚不服的;

(2) 对限制人身自由或者对财产的查封、扣押、冻结等行政强制措施不服的;

(3) 认为行政机关侵犯法律规定的经营自主权的;

(4) 认为符合法定条件申请行政机关颁发许可证和执照,行政机关拒绝颁发或者不予答复的;

(5) 申请行政机关履行保护人身权、财产权的法定职责,行政机关拒绝履行或者不予答复的;

(6) 认为行政机关没有依法发给抚恤金的;

(7) 认为行政机关违法要求履行义务的;

(8) 认为行政机关侵犯其他人身权、财产权的;

(9) 法律、法规规定可以提起诉讼的其他行政案件。

本案中,《关于2001年玄武岩石板材加工企业扶优扶强的意见》通过强制干预福建玄武石材有限公司的销售办法,直接影响到点头隆胜石材厂的经营权利,符合《行政诉讼法》规定的"认为行政机关侵犯法律规定的经营自主权的"情形,属于人民法院行政诉讼的受案范围。

## 案例119 抽象行政行为不可诉

### ——湖南省武冈市23名职工股东诉武冈市人民政府案[①]

### 【案情简介】

2001年,武冈市人民政府下发《关于将原股份合作制企业改制为国有独资公司的决定》(以下简称《决定》)。文件中说:"国有独资公司的管理权由政府授权企业主管部门行使";"原股份合作制企业职工所购股金,全部转为集资款,待企业形势好转再由企业予以退还";"国有独资公司依法只设董事会,不设股东会和监事会……董事会成员由企业主管部门会同组织部进行考察确定,董事长从董事会成员中产生,报政府任免"。这份文件出台后,在相关企业职工中激起强烈反响。股

① 吴湘韩:《湖南省武冈市23名职工股东状告市府"红头文件"》,《中国青年报》2001年10月10日。

份合作制企业武冈市水泥有限责任公司的邓小明等23名职工对此表示强烈反对。

据介绍，原武冈市水泥厂因经营管理不善，亏损达487余万元。1998年3月，经原武冈市水泥厂第九届职代会第二次会议通过，改组为股份合作制企业，3月20日获武冈市体改委批准。该企业职工人均认股2000元，职工内部募集股金61.4万元；重新注册登记为武冈市水泥有限责任公司，注册资本61.4万元。其后，公司运作正常。

武冈市人民政府在《决定》中是这样陈述其理由的：经过近几年的运作，由于体制不顺，管理工作不规范，国有资产监管机制不健全，职工所购股金不能按要求到位，认购股金偏少，有些单位职工甚至没有认购股金等原因，企业资产的全部或绝大部分仍为国家所有，不能体现国有资产出资者的应有权利。为深化企业改革，适应社会主义市场经济体制的新型政企关系，确保企业国有资产的保值增值，根据《公司法》[①]关于国有独资公司的有关规定，经研究，决定将该市原有股份合作制企业改为国有独资公司。

但邓小明等职工却认为，这一文件于法无据，与上级有关精神是相违背的。中共湖南省委在《关于贯彻〈中共中央关于国有企业改革和发展若干重大问题的决议〉的实施意见》中明确要求："除极少数确需采取国有独资形式的企业外，绝大多数国有企业应通过多种途径对原有单一的产权结构进行重组，改为股份制企业，大力发展混合所有制经济……今后除极少数确需由政府投资兴办的企业，一般不再采取国有独资形式。"

他们还认为，武冈市经委等有关部门依据《决定》将职工入股的依法成立的武冈市水泥有限责任公司强行改制，严重侵害了职工入股公司的经营自主权和全体股东的股权。尤为重要的是，这一"红头文件"使他们"民选厂长"的愿望破灭了。因为，如果是股份制企业，就可由职工股东自行改选厂长。但若为国有独资企业，厂长是由上级任命的。

2001年1月，邓小明等23名职工一纸诉状将武冈市人民政府告上法庭，请求法院撤销市政府的《决定》。

3月5日，武冈市人民法院公开审理此案。法院认为，该文件没有特定对象，且可反复适用，故该行为具有普遍约束力，是抽象行政行为，不属于人民法院受案范围。于是，作出一审裁定，驳回原告的诉讼请求。

---

① 本案依据的是1993年12月29日第八届全国人民代表大会常务委员会第五次会议通过，并已被1999年12月25日第九届全国人民代表大会常务委员会第十三次会议第一次修正的《公司法》。该法已被2004年8月28日第十届全国人民代表大会常务委员会第十一次会议第二次修正，2005年10月27日第十届全国人民代表大会常务委员会第十八次会议重新修订。现行《公司法》已被2013年12月28日第十二届全国人民代表大会常务委员会第六次会议第一次修正，2018年10月26日第十三届全国人民代表大会常务委员会第六次会议第二次修正。

23名原告不服,上诉至邵阳市中级人民法院。该法院经审理后也认为,《决定》是一个带有指导性质的抽象行政行为,不具有可诉性。该《决定》是武冈市人民政府依据宪法和法律的授权,根据本市企业的具体情况,就如何进一步规范和发展企业所作出的一个指导性意见,没有直接的强制力。武冈市人民政府并没有包办代替所有制改制工作,而可以根据各企业的具体情况制定相适应的章程,采取相应措施。并且,该文件并没有下发或特指某一个具体企业,而是下发给武冈市各乡、镇政府、街道办事处,市直机关各单位,是具有普遍指导意义的抽象行政行为。于是,二审裁定:驳回上诉,维持原裁定。

## 【点评】

武冈市人民法院和邵阳市中级人民法院认为"红头文件"不属于人民法院立案范围,不具可诉性,从而驳回起诉的做法是正确的。《行政诉讼法》[①]第十二条规定,人民法院不受理公民、法人或者其他组织对下列事项提起的诉讼:

(1) 国防、外交等国家行为;

(2) 行政法规、规章或者行政机关制定、发布的具有普遍约束力的决定、命令;

(3) 行政机关对行政机关工作人员的奖惩、任免等决定;

(4) 法律规定由行政机关最终裁决的具体行政行为。

本案中的《关于将原股份合作制企业改制为国有独资公司的决定》符合上述"行政法规、规章或者行政机关制定、发布的具有普遍约束力的决定、命令",是抽象行政行为,在现行行政诉讼制度下是不可诉的。

我国实行的是人民代表大会制度,人民代表大会作为权力机关,享有立法权,法院则不具备司法审查权。《行政诉讼法》规定抽象行政行为不属于人民法院受案范围,是符合我国宪政体制的。因此,我们不能直接向人民法院起诉政府的"红头文件",但我们也有自己的法律规定和解决途径。

根据我国《地方各级人民代表大会和地方各级人民政府组织法》[②]的有关规定,武冈市人民政府对武冈市人民代表大会及其常务委员会和邵阳市人民政府负责,武冈市人民代表大会及其常务委员会和邵阳市人民政府有权撤销武冈市的"红

---

① 本案依据的是1989年4月4日第七届全国人民代表大会第二次会议通过的《行政诉讼法》。该法已被2014年11月1日第十二届全国人民代表大会常务委员会第十一次会议第一次修正,2017年6月27日第十二届全国人民代表大会常务委员会第二十八次会议第二次修正。

② 此处指的是1979年7月1日第五届全国人民代表大会第二次会议通过,并已被1982年12月10日第五届全国人民代表大会第五次会议第一次修正,1986年12月2日第六届全国人民代表大会常务委员会第十八次会议第二次修正,1995年2月28日第八届全国人民代表大会常务委员会第十二次会议第三次修正的《地方各级人民代表大会和地方各级人民政府组织法》。该法已被2004年10月27日第十届全国人民代表大会常务委员会第十二次会议第四次修正,2015年8月29日第十二届全国人民代表大会常务委员会第十六次会议第五次修正。

头文件”。该法第八条规定，县级以上的地方各级人民代表大会有权撤销本级人民政府的不适当的决定和命令；第四十四条规定，县级以上的地方各级人民代表大会常务委员会有权撤销本级人民政府的不适当的决定与命令；第五十九条规定，县级以上的地方各级人民政府有权改变或撤销所属各工作部门的不适当的命令、指示和下级人民政府不适当的决定、命令。因此，23 名职工应当向邵阳市人民政府反映情况并要求对该文件进行审查，或者向武冈市人民代表大会常务委员会反映情况，要求其进行调查并在会议中进行讨论表决。

像武冈市这种“红头文件”的情况在我国普遍存在，或有更严重的“立法谋私”、“立法违法”现象。我国规范这种现象的法律体系是完备的，然而《地方各级人民代表大会和地方各级人民政府组织法》和《立法法》[①]颁布实施以来却很少被运用到司法实践中。从深层次上分析，我国的人民代表大会制度并未完全落到实处，人大的权威没有树立起来，人大在制度上的权力也没有完全行使出来。加强人民代表大会制度建设，是实现依法治国的极端重要的环节。

## 案例 120　对不作为的具体行政行为不服可以提起行政诉讼

### ——董坚状告卫生部行政不作为案[②]

### 【案情简介】

2000 年起，董坚联合了国内眼科医学权威、人大代表等共计 164 人书面发起筹备“中国爱眼协会”。

依照《社会团体登记管理条例》[③]，民间组织首先应通过该组织所在行业的业务主管单位的审查同意，此后才得以在民政部门登记。因此，成立“中国爱眼协会”，首先必须征得卫生部同意。

2000 年 2 月起，董坚先后向卫生部医政司综合处、人事司等申请成立“中国爱眼协会”。卫生部相关职能部门要他“递交报告”、“补充有办公场所、启动资金的证明”等。他也多次应卫生部要求对申请材料进行了修改、补充。到 2004 年 1 月，董坚先后递交了 8 份修改的申请报告，历时 5 年，卫生部仍未作出明确答复。2004

① 此处指的是 2000 年 3 月 15 日第九届全国人民代表大会第三次会议通过的《立法法》。该法已被 2015 年 3 月 15 日第十二届全国人民代表大会第三次会议修正。

② 王亦君：《草根 NGO 成立难过“婆婆”这道关》，《中国青年报》2007 年 1 月 9 日。

③ 此处指的是 1998 年 10 月 25 日国务院令第 250 号发布的《社会团体登记管理条例》。该条例已被 2016 年 2 月 6 日国务院令第 666 号修正。

年12月,他再次致电有关职能部门,要求给一个不让成立的书面理由,但被婉拒。

2005年2月3日,董坚向北京市第一中级人民法院起诉状告卫生部不作为。2006年3月,北京市第一中级人民法院受理了此案。

卫生部的诉讼代理人之一、卫生部人事司一位处长在法庭上表示,卫生部对于此事不是不作为,而是积极地作为了。相关工作部门认真审核后,认为董提供的材料不齐全,也不符合要求,并曾多次当面口头或通过电话对原告等人的申请提出补正意见,但原告始终未能提供符合卫生部有关内部规定要求的补正资料,因此卫生部一直未正式受理其申请。至于卫生部为什么迟迟不批准董坚等人成立"中国爱眼协会"的申请,该处处长在庭审结束后称,"不知道协会想干什么","卫生部已经有四五十个NGO了,相同相似的再不予批准"。

2006年12月27日,北京市第一中级人民法院作出一审判决,驳回了董坚的诉讼请求。

## 【点评】

NGO,英文"non-governmental organization"一词的缩写,是指在特定法律系统下,不被视为政府部门的协会、社团、基金会、慈善信托、非营利公司或其他法人,是不以营利为目的的非政府组织。

NGO在全球范围的兴起始于20世纪80年代。随着全球人口、贫困和环境问题的日益突出,人们发现仅仅依靠传统的政府和市场两级还无法解决人类的可持续发展问题。作为一种回应,NGO迅速成长并构成社会新的一极。

但是,当前中国的NGO普遍存在能力不足、资源短缺的现象,严重限制着中国NGO的发展。中国NGO最大的困难来自组织合法性,这里主要是指取得官方认可的政治法律属性,包括政治上的合法性、法律上的合法性及行政上的合法性。在中国成立NGO必须经过官方的审核,按照政府所规定的程序,符合官方设定的条件,经过合法登记才能取得正式的身份。中国的现行制度为NGO设置很高的门槛来达到限制的目的。因此,在中国,真正的NGO常常由于找不到或不愿找主管单位而很少具有这种正式的官方合法身份。

本案中,"原告始终未能提供符合卫生部有关内部规定要求的补正资料"是导致"中国爱眼协会"未能获得批准的原因。行政机关可以用"内部规定"来剥夺公民的宪法权利,而且无须向公民给出任何书面解释,这是与法治精神背道而驰的。

## 案例 121　行政诉讼中对学术活动的司法审查

### ——刘燕文诉北京大学不授予博士学位案[①]

### 【案情简介】

1992 年 9 月，刘燕文在获得北大的硕士学位和毕业证书后，继续留在北大无线电电子学系攻读博士学位，主攻方向为电子物理，其导师是以吴氏理论著称于世的光电阴极专家、中国科学院院士吴全德。对刘燕文的博士论文《超短脉冲激光驱动的大电流密度的光电阴极的研究》的审查经过了三道程序：其一是博士论文答辩委员会的审查（当时 7 位委员全票通过）；其二是北大学位评定委员会电子学系分会的审查（当时 13 位委员中 12 票赞成，1 票反对）；其三是北大学位评定委员会的审查（北大学位评定委员会委员共计 21 位，对刘燕文论文进行审查时到场 16 位委员，6 票赞成，7 票反对，3 票弃权）。根据 1996 年 1 月 24 日北大学位评定委员会的审查结果，北京大学决定不授予刘燕文博士学位，只授予其博士结业证书（而非毕业证书）。这一决定结果未正式、书面通知刘燕文。刘燕文曾多次向系、校有关部门询问未获得学位的原因，也曾向教育部反映情况，均未得到答复。1997 年，他向法院起诉，法院不予受理。1999 年 7 月，他从报上看到田永诉北京科技大学案的报道后，带着报纸来到海淀区人民法院。同年 9 月，法院终于受理了他的诉讼，至此他得以与北大对簿公堂。

庭审主要对以下问题展开调查与辩论：

其一，本案是否已过诉讼时效？被告辩称：校学位评定委员会的行政行为是 1996 年 1 月 24 日作出的，起诉时已经是 1999 年 9 月，因此已经过了诉讼时效。原告认为：自 1996 年知道该行政行为后，多次找校方、法院寻求救济，直到 1999 年 10 月校方才给予了一个“研究结果”，因此，适用民事诉讼法之诉讼时效中断的规定，本案在诉讼时效之内。

其二，校学位评定委员会对博士论文的审查应为程序性审查还是实质性审查？被告辩称：校学位评定委员会的行政行为经过了国务院教育部的授权，并且委员的组成、表决程序等方面都符合法律的规定，是合法的行政行为。又因校学位评定委员会对于各院系分会的提议有权否决、通过或要求其重新审查，因此这种审查属于实质性审查。原告认为：校学位评定委员会的人员组成及其人员的知识结构决定

---

① 刘燕文诉北京大学不授予博士学位案，资料来源：中国法院网，https://www.chinacourt.org/article/detail/2003/11/id/93787.shtml，访问日期：2019 年 8 月 31 日。

了其审查不可能是实质性审查,而应当是程序性审查。由此,在答辩委员会和学位评定委员会电子学系分会通过对刘燕文博士论文的评定并且建议校学位评定委员会颁发博士学位的情况下,校学位评定委员会只要通过对其的程序性审查,就应当颁发刘燕文的博士学位。

其三,校学位评定委员会的行政行为是否违法(包括其行政行为的作出是否遵循了正当程序和决定是否有法律依据)?被告辩称:校学位评定委员会在人员组成、无记名投票等过程中都遵守了有关法律的规定,符合法律的正当程序。原告认为:被告在拒绝给原告颁发博士学位证书之后,又拒绝给予原告申辩、申诉的机会,也未充分地告知原告拒绝给其颁发博士学位证书的理由,该行政行为违反了法律的正当程序原则。对于法律依据,被告辩称:根据《学位条例》[①],学位的授予必须经过校学位评定委员会委员的过半数同意,而原告刘燕文的博士论文未获得校学位评定委员会委员的半数通过。原告认为:批准的决定与不批准的决定都应当以过半数的票数通过才属有效。校学位评定委员会共有 21 名委员,对刘燕文论文的反对票只有 7 票,远未达到全体成员(21 位委员)的半数,甚至没有达到出席人员(16 位)的半数,因此不能作出不批准的决定。

其四,颁发毕业证书与颁发博士学位证书是否关联?被告辩称:根据北京大学的有关规定,只有在博士论文获得通过的情况下,才能获得博士毕业证书。原告的博士论文未获通过,所以不予颁发毕业证书。原告认为:北京大学的规定既不符合国家把学历证书和学位证书分开的立法精神,更不符合《研究生学籍管理规定》[②]第三十三条对颁发学历证书的条件的具体规定。《北京大学研究生学籍管理实施细则》违反了上位法,法院不应适用。

法院认定:首先,对于诉讼时效问题,由于北京大学一直未将最终决议书面通知原告,对于原告的申诉也一直未正式回复,故本案未超出诉讼时效。其次,关于博士毕业证问题,按照《研究生学籍管理规定》第三十三条规定:“研究生按培养计划的规定,完成课程学习和必修环节,成绩合格,完成毕业(学位)论文并通过答辩,德体合格,准予毕业并发给毕业证书。”刘燕文按培养计划的规定,已完成课程学习和必修环节,成绩合格,完成了博士论文并通过了答辩,北大应发给其毕业证书。再次,关于拒绝授予博士学位问题,校学位评定会委员当时到场 16 位委员,6 票赞成,7 票反对,3 票弃权,赞成票与反对票均未过半数,故学位评定委员会未形成有效决议。最后,从程序上,校学位评定委员会在作出不授予刘燕文博士学位的决定

① 本案依据的是 1980 年 2 月 12 日第五届全国人民代表大会常务委员会第十三次会议通过的《学位条例》。该条例已被 2004 年 8 月 28 日第十届全国人民代表大会常务委员会第十一次会议修正。

② 本案依据的是 1995 年 2 月 23 日国家教育委员会教学〔1995〕4 号发布的《研究生学籍管理规定》。该规定已被 2005 年 3 月 29 日教育部令第 21 号发布的《普通高等学校学生管理规定》自 2005 年 9 月 1 日起废止。

前，未听取刘燕文的申辩意见；在作出决定之后，也未将决定向刘燕文实际送达，影响了刘燕文向有关部门提出申诉或提起诉讼权利的行使。

据此，海淀区人民法院作出（1999）海行初字第 103 号、第 104 号行政判决书[①]，判决：责令北京大学在两个月内颁发给原告博士毕业证书；责令北京大学在三个月内对是否授予刘燕文博士学位予以重新审查。

被告不服此判决，上诉至北京市第一中级人民法院。二审法院以原审法院未能查清诉讼时效问题为由，作出北京市第一中级人民法院行政裁定书（2000）一中行终字第 43 号、第 45 号，裁定：撤销原判，发回重审。

海淀区人民法院重新审理认为，公民不服行政主体作出的具体行政行为，应当在法定的起诉期限内提起行政诉讼。原告于 1996 年 4 月 1 日签字领取的结业证书上，写明了“论文未通过，未达到毕业要求，予以结业”。原告对被告作出的颁发结业证书予以结业这一决定提起行政诉讼的期限，应当根据 1991 年通过的《最高人民法院关于贯彻执行〈中华人民共和国行政诉讼法〉若干问题的意见（试行）》[②]第三十五条规定计算，即从签字领取结业证书之日算起，不超过一年。原告于 1999 年 9 月向海淀区人民法院提起行政诉讼，已经超过法定起诉期限。2000 年 3 月 10 日起实施的《最高人民法院关于执行〈中华人民共和国行政诉讼法〉若干问题的解释》[③]，虽然对起诉期限进行了修改，但是原告的起诉期限在该解释发布之前已经届满，故不能适用该解释。

海淀区人民法院于 2000 年 12 月 15 日作出裁定，以原告起诉超过诉讼时效为由，驳回起诉。原告刘燕文对海淀区人民法院的裁定不服，向北京市第一中级人民法院提出上诉，二审法院于 2001 年 3 月 30 日作出裁定，驳回刘燕文的上诉，维持海淀区人民法院的裁定。

## 【点评】

著名行政法学家姜明安教授认为，本案的意义和启示主要体现在两个方面。

① 本案涉及博士毕业证和博士学位证。按照相关的规定，博士毕业证由北京大学决定是否发放，博士学位证由北京大学校学位评定委员会决定是否批准发放。所以，原告起诉了两个被告，产生两个案件。其一，状告北京大学，要求颁发毕业证书。其二，状告北京大学校学位评定委员会，请求法院判令其重新评议刘燕文博士学位问题。

② 此处指的是 1991 年 6 月 11 日法〔1991〕19 号发布的《最高人民法院印发关于贯彻执行〈中华人民共和国行政诉讼法〉若干问题的意见（试行）》。该意见已被 2000 年 3 月 8 日最高人民法院法释〔2000〕8 号发布的《最高人民法院关于执行〈中华人民共和国行政诉讼法〉若干问题的解释》自 2000 年 3 月 8 日起废止。

③ 此处指的是法释〔2000〕8 号。《最高人民法院关于适用〈中华人民共和国行政诉讼法〉的解释》于 2018 年 2 月 8 日起施行。该解释施行后，《最高人民法院关于执行〈中华人民共和国行政诉讼法〉若干问题的解释》（法释〔2000〕8 号）、《最高人民法院关于适用〈中华人民共和国行政诉讼法〉若干问题的解释》（法释〔2015〕9 号）同时废止。

其一,本案和田永案开辟了在教育领域为行政相对人(学生、教员、职工等)提供司法救济的途径。在大陆法系,长期以来盛行一种特别权力关系理论。这种理论认为,学生和学校、公务员和政府等相互之间存在着特别权力关系,这种特别权力关系的相对人(学生、公务员等)不能享受一般公民的某些权利,如向法院起诉的权利。这种理论虽然有一定的合理因素,但显然也有封建的身份关系成分。目前西方国家大多通过法律、法规限制这种特别权力关系的适用范围,但我国的法律、法规依然维护这种关系,对涉及内部行政关系的行政行为,没有给学生、公务员等提供明确的司法救济途径。这两个案例一开,就在教育领域首先打破了特别权力关系的限制,开了内部相对人通过司法途径状告行政主体的先河。

其二,本案暴露了教育领域现有法制的不完善。首先,《教育法》①、《学位条例》等对学生(也包括教员)权利的保障不充分,如对学生被开除学籍,被拒发毕业证、学位证等没有规定说明理由、听取陈述和申辩等程序制度,更没有规定明确的司法救济。其次,《学位条例》有些条款过于抽象,不具体,在实践中容易引起争议。例如,《学位条例》第十条规定学位评定委员会决定是否授予学生学位,经全体成员过半数通过。这里没有规定法定出席人数,也没有规定对弃权票的认定。再次,法律没有明确答辩委员会和学位评定委员会的性质和各自的职责范围。答辩委员会是一个学术性的专家组织,其决议不应为其他组织推翻,除非其组织成员不合格,答辩中有弄虚作假或违反程序的情形。学位评定委员会是一个行使行政权能的机构,它代表学校作出是否授予学生学位的决定。它虽然也是由专家组成,但其在审查非本专业的论文时则是外行。因此,学位评定委员会一般不应审查学生论文的学术质量,而应只审查学生的学习成绩表以及论文答辩委员会的组成、资格、答辩程序等。也就是说,学位评定委员会对学位论文的审查应为程序性审查而非实质性审查。但是,法律对此没有明确规定,在实践中导致外行评议内行的情况。

本书编者认为,尽管原告的诉讼请求最终因诉讼时效问题被驳回,然而,本案仍然堪称行政诉讼中对学术活动进行司法审查的经典案例,尤其对于学位评定委员会的行政主体资格、其对学位论文的审查程序、其作出对行政相对人不利的决定应当遵循的程序规范都有所探讨,具有开创性意义。当然,有观点认为,法院受理学位纠纷,是对学术自由的粗暴干涉,是对得之不易的学术空间的践踏。然而,“自由”本身不能成为拒绝司法的当然理由。在教育行政化和学术行政化的背景下,学生与校学位评定委员会之间就学位授予问题发生的纠纷,不是学术纠纷,而是学术管理纠纷(严格地说,应当是教育管理纠纷)。本案中司法审查的不是学术观点,而是学术管理行为,这与学术自治并不冲突。

① 此处指的是1995年3月18日第八届全国人民代表大会第三次会议通过的《教育法》。该法已被2009年8月27日第十一届全国人民代表大会常务委员会第十次会议第一次修正,2015年12月27日第十二届全国人民代表大会常务委员会第十八次会议第二次修正。

# 案例 122　行政行为因证据不足被撤销

## ——丰浩江等人诉广东省东莞市规划局房屋拆迁行政裁决纠纷案[①]

### 【案情简介】

2002 年 8 月 30 日，广东省东莞市城建规划局（以下简称东莞市规划局）根据东莞市城区房地产开发公司（以下简称开发公司）的申请，对位于东纵大道 18 号 24 个商铺私有房产的拆迁安置事宜作出东规行裁（2002）1 号《房屋拆迁行政裁决书》。丰浩江等 17 位业主不服拆迁裁决，向广东省东莞市中级人民法院提起行政诉讼。

原告诉称，被告上述裁决所依据的《评估报告》在委托主体、使用条件和范围、适用程序等方面适用法律错误，且《评估报告》的相关内容和鉴定人身份等没有经过原告质证，其裁决结果损害了原告的合法权益，请求撤销被告的《房屋拆迁行政裁决书》。

被告答辩称，裁决所依据的《评估报告》是由华联公司作出，该公司是经工商行政部门核准登记成立的独立企业法人，且拥有财政部批准颁发的资产评估资格，其评估资产范围包括房地产、机器设备等各类资产。而且，《评估报告》及其评估机构的资质均在举行听证时经各原告质证。因此，该《评估报告》具有公信力且合法，我局的行政裁决程序合法，适用法律正确，原告的诉讼理由不成立。

东莞市中级人民法院于 2003 年 3 月 28 日判决，驳回原告丰浩江等 17 人的诉讼请求。

一审宣判后，丰浩江等人不服，向广东省高级人民法院提出上诉。

广东省高级人民法院认为，东莞市规划局采纳华联公司作出的《评估报告》作为其行政裁决依据时，应当对作出该《评估报告》评估人员的资格、评估程序等事项进行审查。《注册资产评估师执业资格制度暂行规定》[②]第二十四条规定："资产评估机构接受委托承接的评估项目，其项目负责人只能由注册资产评估师担任，评估报告至少由二位注册资产评估师签署方为有效。"本案《评估报告》中签署姓名的评

---

① 《丰浩江等人诉广东省东莞市规划局房屋拆迁行政裁决纠纷案》，《最高人民法院公报》2004 年第 7 期。

② 此处指的是 1995 年 5 月 10 日人事部、国家国有资产管理局人职发〔1995〕54 号发布的《注册资产评估师执业资格制度暂行规定》。该规定已被 2015 年 4 月 27 日人力资源和社会保障部、财政部人社部发〔2015〕43 号发布的《资产评估师职业资格制度暂行规定》自 2015 年 5 月 1 日起废止。

估人员为张瑞明和肖晓康,但只有张瑞明具有注册评估师资格,肖晓康不具有注册评估师资格。根据上述规定,该《评估报告》无效。《评估报告》将涉案房屋分为商铺和仓库分别予以评估的理由,是因为委托评估的开发公司所提供的资料将涉案房屋已事先区分为商铺和仓库。作为注册资产评估师的张瑞明,评估时未对委托方房地产开发公司提供的资料进行审核,就直接采纳,违反了《中国注册资产评估师职业道德规范》第十八条"注册资产评估师应对客户委托评估的资产进行勘查,并对客户提供的有关资料进行审核"的规定。而且,丰浩江等人持有的《房屋所有权证》对涉案房屋均作了"铺位"字样的记载,华联公司没有提供有关证据和法律依据证明"铺位"可以理解为商铺和仓库,故在《评估报告》中将涉案房屋区分为商铺和仓库两部分,缺乏依据,不能采信。此外,华联公司介绍《评估报告》中采用的租金标准,是通过询问涉案房屋周围有关人员后确定的,但评估人张瑞明却不能提供证据对此予以证明,故华联公司采用该租金标准证据不足。由于作出《评估报告》的两位评估人员中有一位不具备法定评估资格,且评估人员既未对委托方房地产开发公司提供的资料进行审核,亦未能依法取证证明其所采纳的租金标准,《评估报告》在程序上存在严重违法。东莞市规划局在未依法对该《评估报告》的上述事项进行审查的情况下,即采纳其作为行政裁决的依据,应认定为裁决的证据不足,依法应予撤销。《最高人民法院关于行政诉讼证据若干问题的规定》[①]第六十二条规定:"对被告在行政程序中采纳的鉴定结论,原告或者第三人提出证据证明有下列情形之一的,人民法院不予采纳:(一)鉴定人不具备鉴定资格;(二)鉴定程序严重违法……"据此,原审法院采纳该《评估报告》中的评估结论不妥,属适用法律错误;同时,原审法院以该《评估报告》作为认定被诉行政裁决合法的定案根据,属认定事实不清。

据此,广东省高级人民法院依照《行政诉讼法》[②]第六十一条第(三)项和第五十四条第(二)项第1目之规定,于2003年12月12日判决:撤销东莞市中级人民法院的一审行政判决;撤销广东省东莞市规划局东规行裁(2002)1号《房屋拆迁行政裁决书》;广东省东莞市规划局在收到本判决书之日起60日内重新作出裁决。

## 【点评】

《行政诉讼法》第五十四条规定,人民法院经过审理,根据不同情况,分别作出以下判决。

---

① 本案依据的是2002年7月24日法释〔2002〕21号发布的《最高人民法院关于行政诉讼证据若干问题的规定》。

② 本案依据的是1989年4月4日第七届全国人民代表大会第二次会议通过的《行政诉讼法》。该法已被2014年11月1日第十二届全国人民代表大会常务委员会第十一次会议第一次修正,2017年6月27日第十二届全国人民代表大会常务委员会第二十八次会议第二次修正。

(1) 维持判决。即具体行政行为证据确凿，适用法律、法规正确，符合法定程序的，判决维持。

(2) 撤销判决。即具体行政行为的主要证据不足，或者适用法律、法规错误，或者违反法定程序，或者超越职权，或者滥用职权的，判决撤销或者部分撤销，并可以判决被告重新作出具体行政行为。

(3) 履行判决。即被告不履行或者拖延履行法定职责的，判决其在一定期限内履行。

(4) 变更判决。即行政处罚显失公正的，可以判决变更。

本案中《评估报告》的两位评估人员中有一位不具备法定评估资格，且评估程序存在严重违法。东莞市规划局采纳《评估报告》作为行政裁决的依据，应认定为裁决的证据不足，依法应予撤销。

另外须注意，行政诉讼中被告不得自行收集证据。这条证据规则，是指被告在作出具体行政行为后不得再行取证或不得擅自取证，涉诉后自行收集的证据将被认定为无效证据或瑕疵证据。之所以在行政诉讼中确立这一证据规则，除了取决于行政程序法上的“先取证，后裁决”规则外，还因为行政诉讼中的原、被告一般都处于管理者和被管理者地位，虽然双方在诉讼中的法律地位平等(《行政诉讼法》第七条)，然而其本身所处的地位具有不平等性。如果允许被告在诉讼中自行补充证据，一则会助长行政机关不负责任草率处理问题的作风，二则难免个别行政机关凭借行政权力采取诱供等非法手段收集有利于自己的证据，给人民法院认定案件事实造成困难。

## 案例 123　程序瑕疵的行政行为也可能不被撤销

### ——孙淑芸诉北京市国土资源局土地行政处罚案[①]

### 【案情简介】

原告孙淑芸系北京市顺义区北务镇仓上村村民。经村民代表决议通过，2009 年 1 月 18 日，原告与仓上村村委会签订了《土地租赁协议》，将两块相邻的土地租赁给原告使用。2010 年，原告与仓上村村委会又签订了《房屋购置与土地租赁合同书》，根据该合同，仓上村村委会将村西原机库及构件厂旧址的房屋出售给原告，并将该房屋坐落的土地租赁给原告经营使用。2011 年，原告未经用地批准机关批准，将租赁地内原有的建筑物及构筑物全部拆除后，在涉诉土地上建设了钢架结构

① 北京市顺义区人民法院行政判决书(2015)顺行初字第 167 号。

的房屋,并进行了地面硬化。此后,原告将上述房屋出租给北京现工汽车部件有限公司作为厂房使用。

2014 年 5 月 5 日,被告北京市国土资源局接到群众举报,称原告未经政府批准,擅自占用仓上村集体土地建房,遂于 2014 年 5 月 9 日正式对此案立案受理。2014 年 5 月 12 日,原告向被告提交了授权委托书及自己和其丈夫张友文的身份证复印件,委托事项为:委托张友文代表原告到被告处办理北务镇仓上村村西侧土地事宜,代表原告作相应说明,接受质询,签署相关文件。授权有效期为:此授权签发之日起至本次事宜处理完毕止。此后,被告向张友文调取了相关证据,又对相关人员进行了调查询问。2014 年 6 月 16 日,被告下属北京市国土资源局顺义分局(以下简称顺义国土分局)委托的陕西国土测绘工程院对原告的用地面积、涉诉建筑物和硬化地面进行了现场勘测。勘测后,张友文在现场勘测笔录上签字确认。2015 年 4 月 13 日,被告对原告作出京国土(顺)分局责字(2014)第 312 号《责令改正国土资源违法行为通知书》,告知原告上述建房行为违反了《土地管理法》[①]第四十三条第一款的规定,根据第七十六条第一款的规定,要求原告自收到该通知书之日起十五日内改正违法行为,逾期不改的,将依法追究相应的法律责任。张友文于当日签收了该通知书。2015 年 4 月 28 日,被告对原告作出京国土(顺)分局告字(2014)第 311 号《国土资源行政处罚告知书》,将拟作出行政处罚认定的事实、法律依据及原告享有陈述和申辩的权利告知了原告。该告知书亦被张友文于同日签收。2015 年 5 月 8 日,被告对原告作出京国土(顺)分局听告字(2014)第 311 号《国土资源行政处罚听证告知书》,将拟作出行政处罚的内容和原告享有听证的权利告知了原告,并再次告知原告享有陈述和申辩的权利。同日,该听证告知书亦被张友文签收。原告未提出书面陈述和申辩,亦未提出听证申请。2015 年 5 月 28 日,被告作出被诉的京国土(顺)分局罚字(2014)第 311 号《国土资源行政处罚决定书》,张友文于同日签收。2015 年 8 月 26 日,原告不服被告作出的处罚决定,向法院提起行政诉讼。

北京市顺义区人民法院认为,被告具有对其辖区内的土地违法行为进行行政处罚的法定职权。《土地管理法》第四十三条第一款规定:“任何单位和个人进行建设,需要使用土地的,必须依法申请使用国有土地;但是,兴办乡镇企业和村民建设住宅经依法批准使用本集体经济组织农民集体所有的土地的,或者乡(镇)村公共设施和公益事业建设经依法批准使用农民集体所有的土地的除外。”本案中,涉诉土地属于仓上村集体土地,原告未经政府批准,未依法申请使用国有土地,即擅自

① 本案依据的是 1998 年 8 月 29 日第九届全国人民代表大会常务委员会第四次会议重新修订,并已被 2004 年 8 月 28 日第十届全国人民代表大会常务委员会第十一次会议第一次修正的《土地管理法》。该法已被 2019 年 8 月 26 日第十三届全国人民代表大会常务委员会第十二次会议第二次修正。

在涉诉集体土地上进行建设的行为，违反了上述法律规定。故被告作出的处罚决定认定的事实清楚、适用法律正确。

被告接到举报立案之后，对原告委托的代理人及有关证人进行了调查，调取了相关证据，对涉诉土地和建筑物进行了勘验测量，查清基本事实后，被告对原告下发了责令改正通知书、行政处罚告知书和听证告知书，将拟对原告进行处罚的事实、理由、依据、处罚内容及原告享有的相关权利、义务均告知了原告。此后，被告依据《土地管理法》第七十六条第一款和《土地管理法实施条例》[①]第四十二条的规定，作出被诉处罚决定并依法送达给原告委托的代理人。故被告的上述执法程序合法，适用法律正确，处罚幅度适当。

然而，被诉处罚决定存在程序轻微违法的情形，具体表现如下：

第一，《国土资源行政处罚办法》[②]第二十八条第一款规定："对拟给予较大数额罚款或者吊销勘查许可证、采矿许可证等行政处罚的，国土资源主管部门应当制作《行政处罚听证告知书》，按照法律规定的方式，送达当事人。当事人要求听证的，应当在收到《行政处罚听证告知书》后三个工作日内提出。"本案中，被告送达给原告的听证告知书中，告知原告"如要求上述权利，请在自接到本告知书之日起三日内向本机关提出"，"三日"显然与"三个工作日"含义不同。但因原告在收到听证告知书后的"三个工作日"内亦未提出听证申请，故被告的上述告知对原告的权利并未产生实际影响。

第二，《国土资源行政处罚办法》第三十二条规定："国土资源主管部门应当自立案之日起六十日内作出行政处罚决定。案情复杂，不能在规定期限内作出行政处罚决定的，经本级国土资源主管部门负责人批准，可以适当延长，但延长期限不得超过三十日，案情特别复杂的除外。"本案中，针对原告非法占用土地进行建设一事，被告于 2014 年 5 月 9 日正式立案，但直到 2015 年 5 月 28 日才作出被诉的行政处罚决定，远远超过了上述规章规定的期限，且被告未提交证据证明该案延长期限作出处罚的审批手续。尽管被告超期作出行政处罚，但对原告的权利亦不产生实际影响。

第三，《行政诉讼法》[③]第四十六条第一款规定："公民、法人或者其他组织直接向人民法院提起诉讼的，应当自知道或者应当知道作出行政行为之日起六个月内提出。法律另有规定的除外。"本案中，被诉的《行政处罚决定书》却告知原告提起

---

① 本案依据的是 1998 年 12 月 27 日国务院令第 256 号发布，并已被 2011 年 1 月 8 日国务院令第 588 号《国务院关于废止和修改部分行政法规的决定》第一次修正，2014 年 7 月 29 日国务院令第 653 号《国务院关于修改部分行政法规的决定》第二次修正的《土地管理法实施条例》。

② 本案依据的是 2014 年 5 月 7 日国土资源部令第 60 号发布的《国土资源行政处罚办法》。

③ 本案依据的是 1989 年 4 月 4 日第七届全国人民代表大会第二次会议通过，并已被 2014 年 11 月 1 日第十二届全国人民代表大会常务委员会第十一次会议第一次修正的《行政诉讼法》。该法已被 2017 年 6 月 27 日第十二届全国人民代表大会常务委员会第二十八次会议第二次修正。

行政诉讼的期限为三个月。但因原告已经提起涉案之诉,且系在收到处罚决定书后三个月之内,故被告的此项告知亦未对原告的权利产生实际影响。

综上所述,被告作出的被诉《行政处罚决定书》程序轻微违法,但均对原告的权利不产生实际影响,故不应被撤销。原告的诉讼请求缺少法律依据,不予支持。法院最后判决:确认被告北京市国土资源局于2015年5月28日作出的京国土(顺)分局罚字(2014)第311号《国土资源行政处罚决定书》违法;驳回原告孙淑芸要求撤销该《国土资源行政处罚决定书》的诉讼请求;案件受理费50元,由原告孙淑芸负担。

孙淑芸不服,提起上诉。二审北京市第三中级人民法院判决:驳回上诉,维持原判。

## 【点评】

本案是依照2014年修正后的《行政诉讼法》进行判决,且判决结果与适用修法前截然不同的典型案例。本案若发生在2014年修法前,则属于被诉行政行为虽然存在瑕疵,但不导致被撤销的法律后果的情形,应当按照《最高人民法院关于执行〈中华人民共和国行政诉讼法〉若干问题的解释》[①]第五十六条第四项的规定,判决驳回原告的全部诉讼请求。然而,2014年修正并于2015年5月1日施行的《行政诉讼法》第七十四条第一款第(二)项规定,行政行为程序轻微违法,但对原告权利不产生实际影响的,人民法院判决确认违法,但不撤销行政行为。本案正是依据该规定作出的判决。

对于程序轻微违法的情形,给予否定性判决,充分体现出对行政行为的程序要求更加严格,彰显了行政诉讼制度的进步。

# 案例124 行政机关负责人不出庭应诉不构成违反法定程序

### ——烟台泰格尔服装有限公司诉烟台市人力资源和社会保障局、山东省人力资源和社会保障厅工伤行政确认案[②]

## 【案情简介】

2014年11月中旬至2015年3月中旬,巴才忠在原告烟台泰格尔服装有限公

---

① 《最高人民法院关于适用〈中华人民共和国行政诉讼法〉的解释》于2018年2月8日起施行。该解释施行后,《最高人民法院关于执行〈中华人民共和国行政诉讼法〉若干问题的解释》(法释〔2000〕8号)、《最高人民法院关于适用〈中华人民共和国行政诉讼法〉若干问题的解释》(法释〔2015〕9号)同时废止。

② 山东省济南市中级人民法院(2015)鲁01行终字第294号。

司(以下简称泰格尔公司)处从事烧锅炉工作,且在 2014 年之前也曾在原告处烧过锅炉,并仅有巴才忠一人在原告单位从事烧锅炉工作;报酬为每天 100 元,未签订书面合同,仅口头约定。

2015 年 2 月 4 日 4 时 50 分左右,巴才忠上班途中行至 204 国道 20 km+200 m处,推自行车横过道路时,与一辆轻型普通货车相撞,被撞到对行车道后,又被一辆重型半挂牵引车碾压,当场死亡。第三人巴信鹏系巴才忠之子,向被告烟台市人力资源和社会保障局(以下简称烟台市人社局)提出工伤认定申请。被告烟台市人社局于 2015 年 7 月 7 日作出烟人社工伤案字(2015)第 030442 号《工伤认定决定书》,对巴才忠 2015 年 2 月 4 日受到的事故伤害认定为工伤。原告泰格尔公司不服,向被告(山东省人力资源和社会保障厅,以下简称省人社厅)提出行政复议申请。2015 年 10 月 19 日,被告省人社厅作出鲁人社复决字(2015)36 号《行政复议决定书》,维持烟人社工伤案字(2015)第 030442 号《工伤认定决定书》。原告不服起诉至法院。

一审法院判决驳回诉讼请求。原告不服,认为两被上诉人的负责人在一审诉讼中均未出庭应诉而违反法定义务,一审法院对此未予纠正,严重违反法定程序,遂上诉至山东省济南市中级人民法院。

二审法院认为,根据《行政诉讼法》[①]第三条第三款规定:“被诉行政机关负责人应当出庭应诉。不能出庭的,应当委托行政机关相应的工作人员出庭。”《山东省人民政府办公厅关于行政机关负责人出庭应诉工作的意见》要求,行政机关负责人不能出庭应诉的,应由本人就不能出庭应诉的原因作出书面说明。本案中,被上诉人烟台市人社局、省人社厅的负责人因故不能出庭应诉并就不能出庭应诉的原因向法庭作了说明,对此,一审原告(即二审上诉人)在一审庭审中并未提出异议,一审法院对行政机关负责人未能出庭应诉的审查并无不当。判决:驳回上诉,维持原判。

## 【点评】

《行政诉讼法》第三条第三款规定的“应当”并非是一种强制性术语,而是倡导性提法。《最高人民法院关于适用〈中华人民共和国行政诉讼法〉若干问题的解

① 本案依据的是 1989 年 4 月 4 日第七届全国人民代表大会第二次会议通过,并已被 2014 年 11 月 1 日第十二届全国人民代表大会常务委员会第十一次会议第一次修正的《行政诉讼法》。该法已被 2017 年 6 月 27 日第十二届全国人民代表大会常务委员会第二十八次会议第二次修正。

释》[1]第五条规定:"行政诉讼法第三条第三款规定的'行政机关负责人',包括行政机关的正职和副职负责人。行政机关负责人出庭应诉的,可以另行委托一至二名诉讼代理人。"该法条提出"行政机关负责人出庭应诉的……",言外之意是行政机关负责人同样可以不出庭应诉。本案中,烟台市人社局、省人社厅的负责人因故不能出庭应诉并根据《山东省人民政府办公厅关于行政机关负责人出庭应诉工作的意见》的相关规定就不能出庭应诉的原因向法庭作了说明,原告也未提出异议,因此,一审的审查并无不当。

被诉行政机关负责人不出庭情况下,应委托相应的机关工作人员出庭,对相应的机关工作人员的范围,法律并未严格限制。本案中,被上诉人烟台市人社局委托其工作人员出庭并出具了委托手续,一审法院据此准许被上诉人烟台市人社局委托的工作人员出庭并无不当。

《行政诉讼法》关于"被诉行政机关负责人应当出庭应诉"的规定,初衷是增强行政机关的行政责意识。但在实践中,不要让行政机关负责人出庭应诉沦为一种浮于表面、僵化变异的考核指标,甚至成为行政官员政治作秀的手段。

## 案例125 再审程序

### ——姜济庸等诉衢州市文化局不履行文物保护鉴定职责行政争议案[2]

### 【案情简介】

2002年6月6日,姜济庸、姜淑凤、姜淑媛向衢州市文化局提出申请,请求依据《文物保护法》[3]的规定对坐落于衢州市区天后街3号的祖遗房屋进行鉴定,并正式公布为文物保护单位。2002年8月5日,衢州市文化局作出衢市文函〔2002〕

---

① 本案依据的是法释〔2015〕9号。《最高人民法院关于适用〈中华人民共和国行政诉讼法〉的解释》于2018年2月8日起施行。该解释施行后,《最高人民法院关于执行〈中华人民共和国行政诉讼法〉若干问题的解释》(法释〔2000〕8号)、《最高人民法院关于适用〈中华人民共和国行政诉讼法〉若干问题的解释》(法释〔2015〕9号)同时废止。

② 浙江省高级人民法院行政判决书(2003)浙行再字第2号。

③ 本案依据的是1982年11月19日第五届全国人民代表大会常务委员会第二十五次会议通过,并已被1991年6月29日第七届全国人民代表大会常务委员会第二十次会议修正的《文物保护法》。该法已被2002年10月28日第九届全国人民代表大会常务委员会第三十次会议重新修订。现行《文物保护法》已被2007年12月29日第十届全国人民代表大会常务委员会第三十一次会议第一次修正,2013年6月29日第十二届全国人民代表大会常务委员会第三次会议第二次修正,2015年4月24日第十二届全国人民代表大会常务委员会第十四次会议第三次修正,2017年11月4日第十二届全国人民代表大会常务委员会第三十次会议第四次修正。

4 号《关于答复姜济庸等人有关申请的函》，认为"根据《中华人民共和国文物保护法》第七条规定：'县、自治县、市级文物保护单位，由县、自治县、市人民政府核定公布，并报省、自治区、直辖市人民政府备案'。对市区天后街 3 号古建筑的鉴定工作，届时再组织市文物鉴定专家组鉴定"。

姜济庸、姜淑凤、姜淑媛于 2002 年 8 月 8 日向衢州市柯城区人民法院提起行政诉讼，请求判令被告衢州市文化局依法履行职责，及时对市区天后街 3 号"明代民居"作出正式文物鉴定，并报市政府公布为文物保护单位。

2002 年 11 月 6 日，衢州市柯城区人民法院作出(2002)柯行初字第 10 号行政判决认为，原告的古建筑，被告已认定为"明代民居"，并确定为文物保护点。被告作为文物管理行政部门，应积极保护管理文物。原告提出对"明代民居"进行鉴定的要求，被告虽已答复，但由于答复"届时再组织市文物鉴定专家组鉴定"中"届时"时间不确定，这对保护文物不利，被告行为属不履行法定职责。遂判决：撤销被告衢州市文物局 2002 年 8 月 5 日作出的衢市文函〔2002〕4 号《关于答复姜济庸等人有关申请的函》；被告衢州市文化局在本判决生效之日起 60 日内对原告作出时间明确的组织市文物鉴定专家组对市区天后街 3 号古建筑鉴定的复函。

衢州市文化局不服，提出上诉。

2003 年 2 月 11 日，衢州市中级人民法院作出(2003)衢中行终字第 1 号行政判决认为，根据文物保护法律、法规及规范性文件的规定，上诉人作为文物保护行政部门，有保护管理文物的职责，但对文物不具有鉴定的法定职责。上诉人已认定市区天后街 3 号古建筑属"明代民居"，并确认为文物保护点予以保护，且已向市政府申报为市级重点文物保护单位，其已履行了相应的保护职责。原审认定事实不清，适用法律错误，依法应予改判。遂依据《行政诉讼法》[①]第六十一条第(三)项、《最高人民法院关于执行〈中华人民共和国行政诉讼法〉若干问题的解释》[②]第五十六条第(一)项之规定，作出判决：撤销柯城区人民法院(2002)柯行初字第 10 号行政判决；驳回被上诉人姜济庸、姜淑凤、姜淑媛要求判令上诉人衢州市文化局依法履行职责，及时对市区天后街 3 号"明代民居"作出正式文物鉴定并报市政府公布为文物保护单位的诉讼请求。

原审被上诉人姜济庸、姜淑凤、姜淑媛向浙江省高级人民法院提出再审申请。

---

① 本案依据的是 1989 年 4 月 4 日第七届全国人民代表大会第二次会议通过的《行政诉讼法》。该法已被 2014 年 11 月 1 日第十二届全国人民代表大会常务委员会第十一次会议第一次修正，2017 年 6 月 27 日第十二届全国人民代表大会常务委员会第二十八次会议第二次修正。

② 本案依据的是法释〔2000〕8 号。《最高人民法院关于适用〈中华人民共和国行政诉讼法〉的解释》于 2018 年 2 月 8 日起施行。该解释施行后，《最高人民法院关于执行〈中华人民共和国行政诉讼法〉若干问题的解释》(法释〔2000〕8 号)、《最高人民法院关于适用〈中华人民共和国行政诉讼法〉若干问题的解释》(法释〔2015〕9 号)同时废止。

浙江省高级人民法院认为,根据浙江省文物局〔1990〕浙文物博字91号《关于同意成立衢州市文物鉴定小组的批复》、浙文物〔1996〕26号《关于同意调整衢州市文物鉴定小组成员的批复》的规定,衢州市文物鉴定小组系由衢州市文化局依据国家有关法规设置的从事文物鉴定的专门机构。对文物进行鉴定,是文物管理工作的一个组成部分,衢州市文化局具有组织文物鉴定小组对涉案文物进行鉴定的职责。原审被上诉人姜济庸、姜淑凤、姜淑媛于2002年6月向衢州市文化局提出对市区天后街3号古建筑进行鉴定的申请,衢州市文化局接受该申请后一直未组织鉴定,却于2002年8月5日作出"届时再组织市文物鉴定专家组鉴定"的衢市文函〔2002〕4号《关于答复姜济庸等人有关申请的函》,属拖延履行法定职责。因此,原二审法院认定衢州市文化局不具有鉴定的法定职责、其作出届时组织鉴定的复函不属不履行法定职责,显与事实不符。原一审判决认定事实清楚,但适用法律错误;原二审判决,认定事实不清,证据不足,依法均应予纠正。综上,根据《行政诉讼法》第六十一条第(三)项、第五十四条第(三)项,《最高人民法院关于执行〈中华人民共和国行政诉讼法〉若干问题的解释》第三十九条第一款、第六十条第二款、第七十六条第一款、第七十八条之规定,判决如下:撤销衢州市中级人民法院(2003)衢中行终字第1号行政判决和衢州市柯城区人民法院(2002)柯行初字第10号行政判决;判令衢州市文化局于本判决生效后60日内组织文物鉴定专家组对涉案文物进行鉴定。

## 【点评】

再审程序,又称审判监督程序,是指人民法院对已发生法律效力的判决、裁定,发现违反法律、法规的规定,依法进行重新审判的程序。根据《行政诉讼法》的规定,当事人对已经发生法律效力的判决、裁定,应予执行,但认为该判决、裁定确实有错误的,可以向原审人民法院或者上一级人民法院提出申诉。人民法院院长对本院已经发生法律效力的判决裁定,发现违反法律、法规认为需要再审的,应当提交审判委员会决定是否再审。上级人民法院对下级人民法院已经发生法律效力的判决、裁定,发现违反法律、法规规定的,有权提审或者指令下级人民法院再审。人民检察院对人民法院已经发生法律效力的判决、裁定,发现违反法律、法规规定的,有权按再审程序提出抗诉。

本案中,浙江省高级人民法院在再审中发现,原一审判决认定事实清楚,但适用法律错误,原二审判决,认定事实不清,证据不足,依法均应予纠正。浙江省高级人民法院的做法是正确的。

# 案例 126　行政诉讼的时效

## ——黄建煌、肖建兰诉厦门市规划委员会规划行政许可案[1]

### 【案情简介】

黄建煌系厦门国际文化大厦裙楼-1 层铺位 23 单元、32 单元的所有权人;肖建兰系厦门国际文化大厦裙楼－1 层铺位 30 单元的所有权人。

2008 年 1 月 10 日,被告厦门市规划局(现名称为厦门市规划委员会)作出厦规建(2008)14 号《厦门市规划局关于同意厦门国际文化大厦项目一至五层平面局部变更并建筑规模调整的批复》(以下简称《批复》),同意对厦门国际文化大厦一至五层作适当变更,并调整建筑规模。本案第三人厦门外图集团有限公司根据该《批复》,封闭一楼架空层,变更公共电梯用途。

2016 年 3 月,原告到厦门市城市建设档案馆查询才得知该《批复》的存在,认为厦门市规划委员会在未经听证、未考虑原告购买大厦地下商铺在先且已实际交房的情况下作出上述《批复》,直接影响到原告商铺的价值,该行政行为直接侵害了原告的合法利益。黄建煌、肖建兰不服上述《批复》,于 2016 年 5 月 9 日向市政府申请行政复议。

2016 年 6 月 29 日,市政府作出厦府行复(2016)39 号行政复议决定,维持上述《批复》。黄建煌、肖建兰不服,向法院提起行政诉讼。

厦门市思明区人民法院认为,《行政诉讼法》[2]第四十六条第二款规定:“因不动产提起诉讼的案件自行政行为作出之日起超过二十年,其他案件自行政行为作出之日起超过五年提起诉讼的,人民法院不予受理。”本案系针对行政许可行为提起的诉讼,不属于“因不动产提起诉讼的案件”,最长起诉期限为五年。上述《批复》于 2008 年 1 月 10 日作出,至 2016 年 3 月原告起诉时已超过诉讼时效。因此,法院作出(2016)闽 0203 行初 269 号不予立案行政裁定。

黄建煌、肖建兰不服,提起上诉。二审厦门市中级人民法院认为,上述《批复》系针对不动产建设项目的调整,以常理来理解,应当属于“因不动产提起诉讼的案

---

① 福建省厦门市中级人民法院行政裁定书(2018)闽 02 行终 238 号。

② 本案依据的是 1989 年 4 月 4 日第七届全国人民代表大会第二次会议通过,并已被 2014 年 11 月 1 日第十二届全国人民代表大会常务委员会第十一次会议第一次修正的《行政诉讼法》。该法已被 2017 年 6 月 27 日第十二届全国人民代表大会常务委员会第二十八次会议第二次修正。

件”,最长诉讼时效为二十年。即使关于是否属于“因不动产提起诉讼的案件”存在争议,也应作有利于处于弱势一方的行政相对人的解释。2016 年 11 月 16 日,厦门市中级人民法院作出(2016)闽 02 行终 162 号行政裁定:撤销厦门市思明区人民法院(2016)闽 0203 行初 269 行政裁定,由厦门市思明区人民法院立案审理。

本案又回到了厦门市思明区人民法院。这一次,厦门市思明区人民法院以相同的理由,认为已经超过五年的诉讼时效,作出(2016)闽 0203 行初 337 号行政裁定:不予立案。

黄建煌、肖建兰不服,第二次提起上诉。这一次,厦门市中级人民法院认为,2018 年 2 月 8 日起施行的《最高人民法院关于适用〈中华人民共和国行政诉讼法〉的解释》[①]第九条第一款规定:“行政诉讼法第二十条规定的‘因不动产提起的行政诉讼’是指因行政行为导致不动产物权变动而提起的诉讼。”该司法解释系对于《行政诉讼法》第二十条规定的“因不动产提起的行政诉讼,由不动产所在地人民法院管辖”中“不动产”范围的再次明确,人民法院在审判中应予依据适用。《行政诉讼法》第四十六条第二款中“因不动产提起诉讼的案件”也应作此解释。案涉《批复》属于规划行政许可行为,不存在上述司法解释规定的“不动产物权变动”情形,对规划行政许可行为的起诉期限保护最长五年,超过五年提起行政诉讼的,人民法院不予受理。原审裁定认定上诉人对原审的起诉超过起诉期限且无正当理由,驳回上诉人对原审的起诉,事实认定清楚,适用法律准确,应予维持。最终裁定:驳回上诉,维持原裁定。

## 【点评】

本案争议焦点在于黄建煌、肖建兰起诉是否超过诉讼时效规定。《行政诉讼法》对诉讼时效的规定包括以下几种情况。

第四十五条规定:

公民、法人或者其他组织不服复议决定的,可以在收到复议决定书之日起十五日内向人民法院提起诉讼。复议机关逾期不作决定的,申请人可以在复议期满之日起十五日内向人民法院提起诉讼。法律另有规定的除外。

第四十六条第一款规定:

公民、法人或者其他组织直接向人民法院提起诉讼的,应当自知道或者应当知道作出行政行为之日起六个月内提出。法律另有规定的除外。

因不动产提起诉讼的案件自行政行为作出之日起超过二十年,其他案件自行

① 《最高人民法院关于适用〈中华人民共和国行政诉讼法〉的解释》于 2018 年 2 月 8 日起施行。该解释施行后,《最高人民法院关于执行〈中华人民共和国行政诉讼法〉若干问题的解释》(法释〔2000〕8 号)、《最高人民法院关于适用〈中华人民共和国行政诉讼法〉若干问题的解释》(法释〔2015〕9 号)同时废止。

政行为作出之日起超过五年提起诉讼的，人民法院不予受理。

第四十七条规定：

公民、法人或者其他组织申请行政机关履行保护其人身权、财产权等合法权益的法定职责，行政机关在接到申请之日起两个月内不履行的，公民、法人或者其他组织可以向人民法院提起诉讼。法律、法规对行政机关履行职责的期限另有规定的，从其规定。

公民、法人或者其他组织在紧急情况下请求行政机关履行保护其人身权、财产权等合法权益的法定职责，行政机关不履行的，提起诉讼不受前款规定期限的限制。

第四十八条规定：

公民、法人或者其他组织因不可抗力或者其他不属于其自身的原因耽误起诉期限的，被耽误的时间不计算在起诉期限内。

公民、法人或者其他组织因前款规定以外的其他特殊情况耽误起诉期限的，在障碍消除后十日内，可以申请延长期限，是否准许由人民法院决定。

本案的争议主要在于对《行政诉讼法》第四十六条第二款“因不动产提起诉讼的案件”的理解。本案两次起诉，两次经历了一审和二审，但二审厦门市中级人民法院两次的观点不一致。第一次二审时，厦门市中级人民法院采纳了“应作有利于处于弱势一方的行政相对人的解释”的观点。第二次二审时，由于 2018 年 2 月 8 日起施行的《最高人民法院关于适用〈中华人民共和国行政诉讼法〉的解释》第九条对“因不动产提起的行政诉讼”进行了解释，厦门市中级人民法院遵循了该最新的司法解释。

## 案例 127　公益诉讼

### ——乔占祥诉铁道部票价上浮案[①]

### 【案情简介】

2000 年 7 月，被上诉人铁道部向国家计委上报了《关于报批部分旅客列车实行政府指导价的实施方案》(以下简称《实施方案》)。《实施方案》中表述，根据经国务院批准的国家计委《关于对部分旅客列车运输实行政府指导价的请示》，我部拟订了对部分旅客列车实行政府指导价的实施方案。其中关于春运票价上浮方案为：春节前(除夕除外)14 天，自哈尔滨、上海、广州、北京等局始发，到达指定局

① 北京市高级人民法院行政判决书(2001)年高行终字第 39 号。

(省)的部分列车,春节后23天(初一、初二除外)自北京、上海、广州等局始发到达指定局(省)的部分旅客列车实行票价上浮。春运期间票价最高上浮幅度原则上不超过国务院批准的上浮标准,即旅行速度100公里以下30%、100公里以上40%。

同年11月8日,国家计委1960号文批准了铁道部的《实施方案》。

铁道部于12月21日作出《关于2001年春运期间部分旅客列车票价上浮的通知》(以下简称《通知》),《通知》决定2001年1月13日至22日、1月26日至2月17日,春运期间在北京铁路局、上海铁路局、广州铁路(集团)公司等始发的部分直通列车的票价上浮20%~30%。该《通知》经公布后于2001年春运期间实施。

上诉人河北律师乔占祥于2001年1月17日、1月22日,分别购买了2069次列车从石家庄到磁县、石家庄到邯郸的火车客票,支付票款37元,比上浮前多支付9元。为此,2001年4月,乔占祥以铁道部所作《通知》程序违法为由将铁道部告上法院。乔占祥认为,铁道部于2000年12月21日向有关铁路局发出的《通知》,以及有关铁路局依据此《通知》对票价实行上浮的措施,侵犯了他本人及广大旅客的合法权益。乔占祥认为该《通知》不仅内容失当,而且程序违法。

北京市第一中级人民法院判决认定,原告作为购票乘客与铁道部所作《通知》有法律上的利害关系,有权提起行政诉讼。被告作出的2001年春运期间部分旅客列车价格上浮决定是经过市场调查、方案拟订、上报批准的,程序未违反有关法律规定。遂以(2001)一中行初字第149号行政判决,驳回原告的诉讼请求。

一审判决后乔占祥不服,上诉至北京市高级人民法院。

二审法院认为,铁道部所作《通知》,是铁路行政主管部门对铁路旅客票价实行政府指导价所作的具体行政行为,该行为对于铁路经营企业和乘客均有行政法律上的权利义务关系。乔占祥认为该具体行政行为侵犯其合法权益向人民法院提起行政诉讼,是符合《行政诉讼法》[①]规定的受案范围的。

铁路列车旅客票价直接关系群众的切身利益,依照《价格法》[②]第十八条的规定,政府在必要时可以实行政府指导价或者政府定价。根据《铁路法》[③]第二十五条"国家铁路的旅客票价率……由国务院铁路主管部门拟订,报国务院批准"的规定,铁路列车旅客票价调整属于铁道部的法定职责。铁道部上报的《实施方案》所

① 本案依据的是1989年4月4日第七届全国人民代表大会第二次会议通过的《行政诉讼法》。该法已被2014年11月1日第十二届全国人民代表大会常务委员会第十一次会议第一次修正,2017年6月27日第十二届全国人民代表大会常务委员会第二十八次会议第二次修正。

② 本案依据的是1997年12月29日第八届全国人民代表大会常务委员会第二十九次会议通过的《价格法》。

③ 本案依据的是1990年9月7日第七届全国人民代表大会常务委员会第十五次会议通过的《铁路法》。该法已被2009年8月27日第十一届全国人民代表大会常务委员会第十次会议第一次修正,2015年4月24日第十二届全国人民代表大会常务委员会第十四次会议第二次修正。

依据的 1862 号文已经国务院批准，其所作《通知》是在市场调查的基础上又召开了价格咨询会，在向有权机关上报了具体的实施方案并得到了批准的情况下作出的，应视为履行了必要的正当程序。虽然《价格法》第二十三条规定“制定关系群众切身利益的公用事业价格、公益性服务价格、自然垄断经营的商品价格等政府指导价、政府定价，应当建立听会证制度”，但由于在铁道部制定《通知》时，国家尚未建立和制定规范的价格听证制度，要求铁道部申请价格听证缺乏具体的法规和规章依据。据此，上诉人乔占祥请求认定被上诉人铁道部所作《通知》程序违法并撤销该具体行政行为理由不足。综上，一审判决认定事实清楚，适用法律正确，程序合法。上诉人上诉理由不足，其诉讼请求本院不予支持。依照《行政诉讼法》第六十一条第(一)项的规定，判决：驳回上诉，维持原判。

## 【点评】

根据 1989 年《行政诉讼法》第四十一条的规定，起诉的法定条件是：①原告是认为具体行政行为侵犯其合法权益的行政相对人；②有明确的被告，即明确指出作出侵犯其合法权益的具体行政行为的行政机关是哪个；③有具体的诉讼请求和事实根据；④属于人民法院受案范围和受诉人民法院管辖。对此，一些学者认为此规定已经不能适应依法治国的新形势。本案如果乔占祥没有购买 2 张火车票，那么，在现行法律下，他将没有作为原告的资格。

过去我国的“民告官”案只涉及个人利益，近年来行政诉讼的目的越来越多地开始涉及公共利益，即公益诉讼。日趋复杂的“民告官”案使 1989 年《行政诉讼法》在受案范围方面存在的不足暴露无遗：只能起诉具体行政行为，不能起诉抽象行政行为；只能救济人身权和财产权，不能救济劳动权、受教育权等其他权利；只能审查外部行政行为，不能审查涉及所谓特别权力关系的行为。受这种受案范围的限制，目前我国行政诉讼缺乏对公共利益保护的诉讼渠道，对个人权益保护也基本上处于“法定权利”标准阶段。有学者认为，应从行政诉讼制度上实现对原告资格的拓宽，实现从“法定权利”标准向“法律上的利益”标准的迈进。扩大行政诉讼受案范围的原则应当是，将所有国家公权力主体与相对人发生的公法上的争议均纳入行政诉讼的范围。其中包括将抽象行政行为纳入行政诉讼范围，对内部行政行为提供司法救济，加强对其他公权力主体行为的监督与救济，所有行使公权力的主体都应接受人民法院的司法审查，扩大行政诉讼法所保护的权利范围。

2014 年 11 月 1 日第十二届全国人民代表大会常务委员会第十一次会议通过的《全国人民代表大会常务委员会关于修改〈中华人民共和国行政诉讼法〉的决定》将第十一条改为第十二条，将第一款修改为：“人民法院受理公民、法人或者其他组织提起的下列诉讼：(一)对行政拘留、暂扣或者吊销许可证和执照、责令停产停业、没收违法所得、没收非法财物、罚款、警告等行政处罚不服的；(二)对限制人身自由或者对财产的查封、扣押、冻结等行政强制措施和行政强制执行不服的;(三)申请行政许可,行政机关拒绝或者在法定期限内不予答复,或者对行政机关作出的有关行政许可的其他决定不服的;(四)对行政机关作出的关于确认土地、矿藏、水流、森林、山岭、草原、荒地、滩涂、海域等自然资源的所有权或者使用权的决定不服的;(五)对征收、征用决定及其补偿决定不服的;(六)申请行政机关履行保护人身权、财产权等合法权益的法定职责,行政机关拒绝履行或者不予答复的;(七)认为行政机关侵犯其经营自主权或者农村土地承包经营权、农村土地经营权的;(八)认为行政机关滥用行政权力排除或者限制竞争的;(九)认为行政机关违法集资、摊派费用或者违法要求履行其他义务的;(十)认为行政机关没有依法支付抚恤金、最低生活保障待遇或者社会保险待遇的;(十一)认为行政机关不依法履行、未按照约定履行或者违法变更、解除政府特许经营协议、土地房屋征收补偿协议等协议的;(十二)认为行政机关侵犯其他人身权、财产权等合法权益的。”

修改之后,扩大了受案范围,一是不再仅仅针对“具体行政行为”,二是把行政强制执行、行政确认、行政征收征用及其补偿、侵犯经营自主权、违法集资或摊派、不依法履行协议等行政行为均纳入了受案范围。

另外,修改之后,关于提起行政诉讼的条件,由第四十一条改为第四十九条,其第一项修改为:“(一)原告是符合本法第二十五条规定的公民、法人或者其他组织”,主要变化也是不再仅仅针对“具体行政行为”。

## 案例 128　检察院作为行政公益诉讼的原告

### ——行政公益诉讼回顾与展望[①]

### 【案情简介】

2015 年 12 月,山东省庆云县人民检察院因县环保部门不依法履行职责,依法向庆云县人民法院提起行政公益诉讼。这是全国人大常委会授权检察机关提起公益诉讼试点工作后全国首例行政公益诉讼案件。

2016 年 9 月,吉林省延吉市人民检察院因延吉市环保局不履行法定职责,依法向延吉市人民法院提起行政公益诉讼。

2018 年 10 月,吉林省延吉市人民检察院因延吉市卫生和计划生育局不履行法定职责,依法向吉林省敦化市人民法院提起行政公益诉讼。

---

① 黄学贤:《行政公益诉讼回顾与展望——基于“一决定三解释”及试点期间相关案例和〈行政诉讼法〉修正案的分析》,《苏州大学学报》2018 年第 2 期。

公益诉讼试点以来，检察机关提起行政公益诉讼具有以下特点：第一，就案件源来看，都是检察机关在履行监督职责中发现的，而其中又以检察机关在履行职务犯罪侦查中发现的案件数量居多。第二，就案件的监督对象来看，行政机关的行政不作为占比比较大。第三，就案件所保护的公益领域来看，这些案件主要集中在生态环境与资源保护、国有资产保护和国有土地使用权出让等领域。第四，就提起行政公益诉讼的主体看，主要是基层人民检察院，被监督的主体也主要是县级人民政府的工作部门。

## 【点评】

2015 年 7 月 1 日，第十二届全国人民代表大会常务委员会第十五次会议就通过了《关于授权最高人民检察院在部分地区开展公益诉讼试点工作的决定》。次日，最高人民检察院发布了《检察机关提起公益诉讼改革试点方案》。2015 年 12 月 16 日，最高人民检察院第十二届检察委员会第四十五次会议通过了《人民检察院提起公益诉讼试点工作实施办法》。作为推进试点工作配套制度的一部分，2016 年 2 月 22 日，最高人民法院审判委员会第 1679 次会议通过了《人民法院审理人民检察院提起公益诉讼案件试点工作实施办法》。至此，我国检察机关提起行政公益诉讼有了直接的法律依据（即上述的“一《决定》三解释”）和基本规则，行政公益诉讼制度的基本框架落地。

如果说关于公益诉讼的“一《决定》三解释”使得我国行政公益诉讼因有了直接的法律依据而落地，那么，《行政诉讼法》的第二次修改则使得我国行政公益诉讼真正生根。就在两年试点工作即将到期的 2017 年 6 月 27 日，第十二届全国人民代表大会常务委员会第二十八次会议通过了关于修改《行政诉讼法》的决定，对《行政诉讼法》作出了如下修改，即对原法第二十五条增加一款，作为第四款：“人民检察院在履行职责中发现生态环境和资源保护、食品药品安全、国有财产保护、国有土地使用权出让等领域负有监督管理职责的行政机关违法行使职权或者不作为，致使国家利益或者社会公共利益受到侵害的，应当向行政机关提出检察建议，督促其依法履行职责。行政机关不依法履行职责的，人民检察院依法向人民法院提起诉讼。”该修正案自 2017 年 7 月 1 日起施行。虽然此次修改的内容不多，但其意义却非凡。这表明我国行政公益诉讼已从试点区域扩大到全国范围，同时也表明在制度建设上我国的行政诉讼制度更加完善，检察机关的监督职能进一步拓展，依法行政的实践和法治政府的建设又向前大大迈进了一步。

当然，也必须指出，尽管 2017 年《行政诉讼法》的第二次修正案初步完成了行政公益诉讼从试点到全面、从授权到法律，进而成为常态的历史性任务，更加坚实了行政公益诉讼的合法性基础，并进一步彰显了其权威性和明确性，然而它并没有构建起行政公益诉讼的完整制度。在受案范围、举证责任、诉前程序、协调结案、行政附带民事公益诉讼以及检察机关败诉后的程序等方面仍然有待探讨与完善。

# 案例129　不鼓励滥用诉权

## ——李红与宣城市人民政府信息公开答复及安徽省人民政府复议案[①]

### 【案情简介】

据不完全统计,2013年5月至2015年4月期间,李俊、李红、李梅、李桂、李兰等兄妹5人以了解相关情况为由,分别向宣城市人民政府、宣城市住房和城乡建设委员会、宣城市国土资源局、宣城市城乡规划局、宣城市城市管理执法局、宣城市宣州区政府等机关共提起至少239次政府信息公开申请。李红等兄妹5人收到行政机关作出的相关政府信息公开答复后,分别向安徽省人民政府、安徽省住房和城乡建设厅、安徽省国土资源厅、宣城市人民政府等复议机关共提起至少69次行政复议。在经过行政复议程序之后,其又分别以政府答复的信息内容与申请内容不一致、未按照申请人要求的形式答复及变相拒绝信息公开等为由向安徽省高级人民法院、合肥市中级人民法院、合肥市庐阳区人民法院、宣城市中级人民法院、宣州区人民法院提起涉及政府信息公开及行政复议类诉讼至少47次,另提起其他各类行政诉讼至少50次。

法院认为,《政府信息公开条例》[②]第一条规定,制定本条例的目的是"为了保障公民、法人和其他组织依法获取政府信息,提高政府工作的透明度,促进依法行政,充分发挥政府信息对人民群众生产、生活和经济社会活动的服务作用"。因此,保障社会公众获取政府信息的知情权是《政府信息公开条例》的最主要的立法目的之一。而有关"依法获取政府信息"的规定,表明申请获取政府信息也必须在现行法律框架内,应当按照法律规定的条件、程序和方式进行,必须符合立法宗旨,能够实现立法目的。

法院认为,李红等兄妹5人提出的众多政府信息公开申请具有以下几个明显特征:①一天内多次向行政机关提出多件政府信息公开申请;②向不同机关提出相同或类似申请,内容多有重复;③申请公开的内容包罗万象,部分信息明显不属于《政府信息公开条例》规定的政府信息范畴;④部分申请目的明显不符合《政府信息公开条例》的规定,而是为了向政府及其相关部门施加压力,以引起对自身拆迁补

① 安徽省宣城市中级人民法院行政裁定书(2015)宣中行初字第00056号。

② 此处指的是2007年4月5日国务院令第492号发布的《政府信息公开条例》。该条例已被2019年4月3日国务院令第711号重新修订。

偿安置问题的重视和解决。

保障当事人的诉权与制约恶意诉讼、无理缠诉均是审判权的应有之义。对于个别当事人反复多次提起轻率的、相同的或者类似的诉讼请求，或者明知无正当理由而反复提起的诉讼，人民法院对其起诉应严格依法审查。李红等兄妹 5 人所提起的相关诉讼因明显缺乏诉的利益、目的不当、有悖诚信，违背了诉权行使的必要性，因而也就失去了权利行使的正当性，属于典型的滥用诉权行为。

2015 年 10 月 26 日，安徽省宣城市中级人民法院裁定：驳回原告李红的起诉。

## 【点评】

获取政府信息和提起诉讼是法律赋予公民的权利。为了保障公民知情权的实现，行政机关应当主动公开政府信息，以提高政府工作的透明度。《政府信息公开条例》第十三条进一步明确，除行政机关主动公开的政府信息外，公民、法人或者其他组织还可以根据自身生产、生活、科研等特殊需要，向国务院部门、地方各级人民政府及县级以上地方人民政府部门申请获取相关政府信息。为了监督行政机关依法行政，切实保障公民依法获取政府信息，《政府信息公开条例》第三十三条规定，公民、法人或者其他组织认为行政机关在政府信息公开工作中的具体行政行为侵犯其合法权益的，可以依法提起行政诉讼。但需要指出的是：任何公民享有宪法和法律规定的权利，同时必须履行宪法和法律规定的义务；公民在行使自由和权利的时候，不得损害国家的、社会的、集体的利益和其他公民的合法的自由和权利；公民在行使权利时，应当按照法律规定的方式和程序进行，接受法律及其内在价值的合理规制。

在现行法律规范尚未对滥用获取政府信息权、滥用诉权行为进行明确规制的情形下，法院根据审判权的应有之义，结合立法精神，决定对李红的起诉不作实体审理是正确的。

# 第16章 行政赔偿

## 案例130 行政赔偿请求人的资格

——无期徒刑犯人刘小望诉武汉市黄陂区公安局行政赔偿案[①]

### 【案情简介】

2001年9月18日晚，武汉市黄陂区组织公安机关和有关部门组成联合执法队，对辖区内非法鞭炮作坊进行查处。在收缴刘小望家生产、储存的烟花爆竹后，执法人员在搬运过程中发生爆炸，致使5名民警殉职和包括刘小望之妻在内的多名居民伤亡，刘家的三层楼房及其他财物被毁损。

随后，武汉市中级人民法院以刘小望非法买卖、储存爆炸物罪判处其无期徒刑，剥夺政治权利终身。同时，根据相关证据认定，此次爆炸的原因，并非刘小望的直接行为所致，而是执法人员在收缴过程中因摩擦、碰撞及烟花爆竹掉在地上引起的。

2002年12月13日，刘小望及其4个未成年子女共同作为原告向黄陂区人民法院提起行政诉讼，要求黄陂公安机关给予行政赔偿。武汉市中级人民法院指定新洲区人民法院公开审理。报经省、市人民法院认可，尚在服刑的刘小望因与此案有直接利益关系，被准许以原告身份参与诉讼。

一审法院认为，公安机关依法收缴刘小望家非法生产、储存的烟花爆竹，是其职务行为，但由于执法人员在执行任务过程中，对其所搬运的危险物品疏于安全防范，操作不当，以致发生爆炸，造成人员伤亡和财产损失，属于违反行政职责的行为。

依照《国家赔偿法》[②]有关规定，裁定由公安机关赔偿刘小望之妻的死亡赔偿金57988元，房屋及财产损失57369元，刘小望四子女的生活费38640元；国家赔

---

① 金文兵：《武汉一无期徒刑犯人获国家行政赔偿创国内先例》，《北京青年报》2004年4月19日。

② 本案依据的是1994年5月12日第八届全国人民代表大会常务委员会第七次会议通过的《国家赔偿法》。该法已被2010年4月29日第十一届全国人民代表大会常务委员会第十四次会议第一次修正，2012年10月26日第十一届全国人民代表大会常务委员会第二十九次会议第二次修正。

偿金额共计 15 万余元，其中，原告刘小望获得 4 万余元。双方均未提起上诉。

## 【点评】

《国家赔偿法》于 1994 年 5 月 12 日第八届全国人大常委会第七次会议通过，自 1995 年 1 月 1 日起实施。

该法第三条规定："行政机关及其工作人员在行使行政职权时有下列侵犯人身权情形之一的，受害人有取得赔偿的权利：……（五）造成公民身体伤害或者死亡的其他违法行为。"

第四条规定："行政机关及其工作人员在行使行政职权时有下列侵犯财产权情形之一的，受害人有取得赔偿的权利：……（四）造成财产损害的其他违法行为。"

本案中，公安机关依法收缴刘小望家非法生产、储存的烟花爆竹，是其职务行为，但由于执法人员在执行任务过程中操作不当造成人员伤亡和财产损失，属于"其他违法行为"，受害人有权取得行政赔偿。

第六条规定："受害的公民、法人或者其他组织有权要求赔偿。受害的公民死亡，其继承人和其他有扶养关系的亲属有权要求赔偿。受害的法人或者其他组织终止的，承受其权利的法人或者其他组织有权要求赔偿。"可见获得行政赔偿是公民权利，与政治权利无关。

刘小望因非法生产、储存爆炸物罪被判处无期徒刑，剥夺政治权利终身，但丧失的仅是参加管理国家和政治活动的权利，并不会丧失他作为国家公民的权利。所以，他具备国家赔偿请求人的资格。

# 案例 131　行政第三人不能要求行政赔偿

## ——江西某公司诉湖南省商检局赔偿损失案[①]

## 【案情简介】

江西某公司（买方，简称甲方）与湖南某公司（卖方，简称乙方）签订一份购销合同。合同约定，乙方组织的货物经商检部门检验合格后，由甲方收购并同时支付货款。在商检部门对乙方的货物作出合格鉴定后，甲、乙双方都履行了自己的义务。然而当甲方将这批货物出口到日本后，经日本商检部门和中国商检局日本办事处鉴定，为不合格商品。于是，日本方面拒绝接收这批货物，导致甲方直接经济损失

① 周一兵、何正良：《行政第三人权利救济理性分析》，http://frqfy.chinacourt.org/public/detail.php?id=17，访问时间：2012 年 6 月 1 日。

780 万美元。江西某公司请求湖南省商检局行政赔偿,湖南省商检局以江西某公司不是本局鉴定行为的相对人为由,不予赔偿。

## 【点评】

《最高人民法院关于经商检局检验出口的商品被退回应否将商检局列为经济合同质量纠纷案件当事人问题的批复》[①]称:"经商检局检验出口的商品被退回,当事人以经济合同商品质量纠纷起诉的,人民法院不应将商检局列为被告或者第三人。"该批复是本案中湖南省商检局不予赔偿的主要依据。湖南省商检局鉴定行为直接针对的是提出商品鉴定申请的湖南某公司,因此,湖南某公司是相对人,江西某公司不是相对人。但是,由于湖南省商检局的鉴定行为间接导致了江西某公司的经济损失 780 万美元,江西某公司由此与鉴定行为具有间接的利害关系,是行政第三人。行政第三人是否可以提起行政诉讼,这是行政法学界的新课题。

该批复表明,在我国行政法学界和行政司法实践中,对行政第三人救济程序权利的重视和保护还相当不够。如在行政赔偿中,对行政第三人的赔偿权利不予保护。

行政第三人是指因受行政权间接作用或约束,其权益受行政行为的效力辐射或影响因而与行政行为有间接利害关系的行政法律关系中潜在的或暗示的公民、法人或其他组织。现代法治要求对行政主体实施行政行为所造成的权利侵害必须予以法律上的补救。行政第三人权利救济是指有关国家机关依法对行政行为给行政第三人造成不利后果予以消除而实施的一种法律补救机制。我国目前还缺乏此类法律补救机制。

# 案例 132 行政机关不履行法定职责应承担行政赔偿责任

——尹琛琰诉卢氏县公安局 110 报警不作为行政赔偿案[②]

## 【案情简介】

2002 年 6 月 27 日凌晨 3 时许,原告尹琛琰位于卢氏县县城东门外的工艺礼

---

① 本案依据的是 1998 年 6 月 23 日最高人民法院发布的法释〔1998〕12 号。该司法解释已被 2019 年 7 月 8 日发布的法释〔2019〕11 号《最高人民法院关于废止部分司法解释(第十三批)的决定》自 2019 年 7 月 20 日起废止。

② 《尹琛琰诉卢氏县公安局 110 报警不作为行政赔偿案》,《最高人民法院公报》2003 年第 2 期。

花渔具门市部(以下简称门市部)发生盗窃,作案人的撬门声惊动了在街道对面劳动就业培训中心招待所住宿的旅客吴古栾、程发新,他们又叫醒了该招待所负责人任春风。当他们确认有人行窃时,即打电话 110 向警方报案,前后两次打通了被告卢氏县公安局 110 指挥中心并报告了案情,但卢氏县公安局始终没有派人出警。20 多分钟后,作案人将盗窃物品装上摩托车后驶离了现场。尹琛琰被盗的物品为渔具、化妆品等货物,价值总计 24546.5 元,被毁坏物品折价 455 元,共计 25001.5 元。案发后,尹琛琰向卢氏县公安局提交了申诉材料,要求卢氏县公安局惩处有关责任人,尽快破案,并赔偿其损失。卢氏县公安局一直没有作出答复。尹琛琰即以卢氏县公安局逾期不受理为由提起行政诉讼。

卢氏县人民法院认为:

《人民警察法》[①]第二条规定:"人民警察的任务是维护国家安全,维护社会治安秩序,保护公民的人身安全、人身自由和合法财产,保护公共财产,预防、制止和惩治违法犯罪活动。"第二十一条规定:"人民警察遇到公民人身、财产安全受到侵犯或者处于其他危难情形,应当立即救助;对公民提出解决纠纷的要求,应当给予帮助;对公民的报警案件,应当及时查处。"

《国家赔偿法》[②]第二条规定:"国家机关和国家机关工作人员违法行使职权侵犯公民、法人和其他组织的合法权益造成损害的,受害人有依照本法取得国家赔偿的权利。"

依法及时查处危害社会治安的各种违法犯罪活动,保护公民的合法财产,是公安机关的法律职责。本案中,被告卢氏县公安局两次接到群众报警后,都没有按规定立即派出人员到现场对正在发生的盗窃犯罪进行查处,不履行应该履行的法律职责,其不作为的行为是违法的,该不作为行为相对原告尹琛琰的财产安全来说,是具体的行政行为,且与门市部的货物因盗窃犯罪而损失在法律上存在因果关系。因此,尹琛琰有权向卢氏县公安局主张赔偿。

《国家赔偿法》第十三条规定:"赔偿义务机关应当自收到申请之日起两个月内依照本法第四章的规定给予赔偿;逾期不予赔偿或者赔偿请求人对赔偿数额有异议的,赔偿请求人可以自期间届满之日起三个月内向人民法院提起诉讼。"

原告尹琛琰在门市部被盗窃案发后,向被告卢氏县公安局提交了书面申诉材料,要求给予赔偿,符合法律规定的申请国家赔偿程序。卢氏县公安局在《国家赔偿法》规定的两个月的期间内没有任何意见答复,尹琛琰以卢氏县公安局逾期不受

---

① 本案依据的是 1995 年 2 月 28 日第八届全国人民代表大会常务委员会第十二次会议通过的《人民警察法》。该法已被 2012 年 10 月 26 日第十一届全国人民代表大会常务委员会第二十九次会议修正。

② 本案依据的是 1994 年 5 月 12 日第八届全国人民代表大会常务委员会第七次会议通过的《国家赔偿法》。该法已被 2010 年 4 月 29 日第十一届全国人民代表大会常务委员会第十四次会议第一次修正,2012 年 10 月 26 日第十一届全国人民代表大会常务委员会第二十九次会议第二次修正。

理为由提起行政诉讼,符合行政诉讼的受理程序。

原告尹琛琰主张的损失数额,有合法的依据,被告卢氏县公安局虽然对具体数额表示怀疑,但由于没有提供相关的具体证据予以否认,因此,对尹琛琰主张的财产损失数额应予以认定。尹琛琰门市部的财产损失,是有人进行盗窃犯罪活动直接造成的,卢氏县公安局没有及时依法履行查处犯罪活动的职责,使尹琛琰有可能避免的财产损失没能得以避免,故应对盗窃犯罪造成的财产损失承担相应的赔偿责任。尹琛琰的门市部发生盗窃犯罪时,尹琛琰没有派人值班或照看,对财产由于无人照看而被盗所造成的损失,也应承担相应的责任。

综上,卢氏县人民法院根据《行政诉讼法》[①]第六十七条第一款、第二款,第六十八条之规定,于2002年12月12日判决:卢氏县公安局赔偿尹琛琰25001.5元损失的50%,即12500.75元,在判决生效后10日内给付。

宣判后,双方当事人均未上诉。

## 【点评】

1995年1月1日施行的《国家赔偿法》第二条规定的"违法行使职权",包括行政机关怠于履行职责的行为。怠于履行职责包括两部分:一是不作为,如经相对人申请,公安机关不履行保护公民生命、财产安全的职责;二是不能有效防范风险和阻止风险的扩大。怠于履行职责的行为致害应当纳入行政赔偿的范围,原因有三。①行政机关具有法定职责,合理正确地履行职责是行政机关的应尽义务,这也是设置行政机关、建立公务员队伍的宗旨所在。怠于履行职责具有明显的违法性,而从依法行政的角度考虑,无论是何种性质的行为,行政机关都必须依法运作,违法行政给相对人带来的损害,国家应承担相应的法律责任。②行政机关的行为具有公定力。一旦作出,人们会对其作出合法性的假定,从而作出自己的行为预期,也就有了信赖利益。这种信赖利益无疑需要法律保护。一旦信赖利益被损害,国家要予以赔偿。③行政管理中的间接行为很多,从保护相对人权益的角度考虑,要确立行政机关的救济责任。如果受害人已从直接致害人那里获得了赔偿,国家可免除责任。如果受害人不能从致害人处得到赔偿,或赔偿不到位,则国家要承担连带赔偿责任。

《最高人民法院关于公安机关不履行法定行政职责是否承担行政赔偿责任问

---

① 本案依据的是1989年4月4日第七届全国人民代表大会第二次会议通过的《行政诉讼法》。该法已被2014年11月1日第十二届全国人民代表大会常务委员会第十一次会议第一次修正,2017年6月27日第十二届全国人民代表大会常务委员会第二十八次会议第二次修正。

题的批复》[①]中明确:“由于公安机关不履行法定行政职责,致使公民、法人和其他组织的合法权益遭受损害的,应当承担行政赔偿责任。在确定赔偿的数额时,应当考虑该不履行法定职责的行为在损害发生过程和结果中所起的作用等因素。”本案中,考虑到原告自身也存在管理不善的过失,应承担相应的责任,因此,判决卢氏县公安局赔偿尹琛琰损失的 50%是恰当的。

## 案例 133 行政赔偿必须有实际损失

——王惠民诉郑州大学行政处罚及行政赔偿案[②]

### 【案情简介】

王惠民 2002 年考入郑州大学,成为该校公共事业管理专业本科班的一名学生。2004 年 9 月 6 日晚 11 时,郑州大学新校区一期生活园区因停电引起部分学生起哄闹事,要求学校来电,后经校领导劝阻得以平息。王惠民也参与了起哄。2004 年 9 月 23 日,郑州大学以王惠民的言行严重违反校纪校规,扰乱学校稳定,拒不承认所犯错误,态度蛮横为由,对其作出了勒令退学的处分决定。处分决定作出后,郑州大学未向王惠民送达该处分决定,也未告知其申辩、申诉的权利。

王惠民认为,学校在没有查清事实的情况下,就仓促作出决定,违反了法定程序,适用法律错误,处罚明显过重,严重侵犯了其受教育的权利,使其身心受到巨大伤害,况且这么多起哄的学生而仅他一个人受处分。因此,王惠民于 2005 年 9 月 14 日一纸诉状将母校郑州大学告上法庭,要求法院依法撤销学校对其作出的勒令退学的处分决定,判令学校让其返校继续完成学业,并赔偿其损失 1 万元。

2005 年 10 月 12 日,郑州市二七区人民法院对此案公开开庭进行了审理。被告郑州大学答辩称,其学生王惠民于 2004 年 9 月 6 日晚 11 时许,在郑州大学新校区一期生活区起哄,用煽动性语言蛊惑人心,并将点燃的报纸扔向楼下,严重违反

① 本案依据的是 2001 年 7 月 17 日最高人民法院发布的法释〔2001〕23 号。该司法解释已被 2019 年 7 月 8 日发布的法释〔2019〕11 号《最高人民法院关于废止部分司法解释(第十三批)的决定》自 2019 年 7 月 20 日起废止。其内容已被《最高人民法院关于适用〈中华人民共和国行政诉讼法〉的解释》(法释〔2018〕1 号)第九十八条代替。

② 井长水、张光辉、张红、张惠君:《“起哄”学生告赢郑州大学》,《法制日报》2005 年 11 月 16 日。

了学校纪律。根据《教育法》[①]、《高等教育法》[②]、《普通高等学校学生管理规定》[③]的相关规定,学校对于违反学校纪律的学生享有处分的职权,其中对于严重违反学校纪律的学生可以给予勒令退学的处分。校方根据上述法律、法规等制定的《郑州大学普通本专科学生违纪处分暂行条例》[④]第八条、第二十条的规定,经研究决定,对学生王惠民作出了勒令退学的处分。处分决定作出后,校方已将处分决定送给了王惠民。因此,被告认为,其作出的处分决定事实清楚,适用法律正确,程序合法,故请求法院依法驳回原告的诉讼请求。

郑州市二七区人民法院审理后认为,原告王惠民因不服郑州大学对其作出的处分决定而与学校发生的争议属行政争议,且该处分决定对王惠民的受教育权产生了实际的影响,因此,王惠民不服郑州大学对其作出的处分决定提起的诉讼,属于行政诉讼的范围。参照《普通高等学校学生管理规定》的相关规定,认定被告具有作出勒令退学处分决定的法定职权。

关于被告郑州大学对王惠民作出的处分所认定的事实是否清楚、证据是否充分的问题,法院根据被告向法庭提交的证据,认定被告郑州大学对王惠民作出勒令退学的处分决定事实不清,主要证据不足,并同时认定被告郑州大学适用本校制定的处分暂行条例对王惠民作出勒令退学的处分是错误的。

法院认为,勒令退学涉及被处分者的受教育权利,从充分保障当事人权益的原则出发,作出处分决定的单位应当将该处分决定直接向被处分者本人宣布、送达,允许被处理者本人提出申辩意见。郑州大学没有按照上述程序办理,忽视了当事人的申辩权利,属程序违法。

法院认定被告郑州大学对原告王惠民作出的处分决定事实不清,主要证据不足,适用法律错误,程序违法,依法予以撤销。2005 年 11 月 15 日,法院作出一审判决,依法撤销被告郑州大学 2004 年 9 月 23 日对原告王惠民作出的处分决定,判令被告郑州大学让原告王惠民返校学习。

---

① 此处指的是 1995 年 3 月 18 日第八届全国人民代表大会第三次会议通过的《教育法》。该法已被 2009 年 8 月 27 日第十一届全国人民代表大会常务委员会第十次会议第一次修正,2015 年 12 月 27 日第十二届全国人民代表大会常务委员会第十八次会议第二次修正。

② 此处指的是 1998 年 8 月 29 日第九届全国人民代表大会常务委员会第四次会议通过的《高等教育法》。该法已被 2015 年 12 月 27 日第十二届全国人民代表大会常务委员会第十八次会议第一次修正,2018 年 12 月 29 日第十三届全国人民代表大会常务委员会第七次会议第二次修正。

③ 此处指的是 1990 年 1 月 20 日国家教育委员会令第 7 号发布的《普通高等学校学生管理规定》,但本案判决时该规定已失效。法院判决参照的是 2005 年 3 月 25 日教育部令第 21 号发布的新《普通高等学校学生管理规定》,自 2005 年 9 月 1 日起施行。2016 年 12 月 16 日教育部令第 41 号发布修订后的《普通高等学校学生管理规定》,自 2017 年 9 月 1 日起施行。原《普通高等学校学生管理规定》(教育部令第 21 号)同时废止。

④ 《郑州大学普通本专科学生违纪处分暂行条例》已于 2005 年 9 月 1 日废止。

对原告王惠民要求学校赔偿其损失 1 万元的诉讼请求，法院认为，国家对大学生毕业分配实行双向选择的就业政策，并非学生毕业后就能找到工作，获得收入。因此，郑州大学作出的勒令退学处分决定虽然使王惠民失去了与同学同期就业的机会，但并未对王惠民的人身权、财产权造成实际损害，故驳回了原告王惠民要求赔偿损失 1 万元的诉讼请求。

## 【点评】

《国家赔偿法》[①]从 1995 年 1 月 1 日开始正式实施，那时候，它被誉为“中国法制建设的里程碑”，因为它“肯定了国家与公民、法人及其他组织之间各自独立意志和独立权益的存在，否定了公民利益应当无条件地服从国家利益、国家利益凌驾于公民利益之上的观点”。这是中国的立法第一次传达出如此明确的信息，肯定国家责任，将国家和公民同等对待。因此，《国家赔偿法》也称得上是一部“宪法承诺公民基本权利的兑现法”。

国家赔偿的范围是《国家赔偿法》的核心问题。它是指国家对国家机关及其工作人员在行使职权中的侵权行为所承担的赔偿责任的范围。它要解决的是国家对哪些国家机关及其工作人员造成的哪些损害给予赔偿的问题。对相对人来说，国家赔偿范围意味着其求偿权的范围。国家赔偿范围确定的大与小、宽与窄，直接关系到国家对公民、法人和其他组织合法权益的保护程度。因此，从某种意义上说，国家赔偿范围是衡量一个国家民主法治进程的尺度之一。由于我国的《国家赔偿法》只涵盖了行政赔偿和刑事赔偿，所以，我国国家赔偿的范围包括行政赔偿和司法赔偿，不包括立法赔偿和军事赔偿。

行政赔偿是指国家行政机关及其工作人员在行使行政职权时，违法侵犯公民、法人和其他组织的合法权益造成损害的，国家依法向受害人赔偿的制度。

司法赔偿是指国家司法机关及其工作人员在行使司法职权的过程中，违法侵犯公民、法人和其他组织的合法权益造成损害的，国家依法向受害人予以赔偿的制度。

行政赔偿在国家赔偿中占有重要的位置。因为行政机关是国家权力机关的执行机关，国家约 80％的法律、法规，是由行政机关及其工作人员来实施的。因此，在国家机关中，行政机关与公民、法人和其他组织的关系最直接、最广泛、最经常。如果他们违法行使职权，必然直接侵犯公民、法人和其他组织的合法权益，负面影响也很大。所以，行政赔偿是国家赔偿的重点。在行政赔偿中，行政机关的违法致

① 本案依据的是 1994 年 5 月 12 日第八届全国人民代表大会常务委员会第七次会议通过的《国家赔偿法》。该法已被 2010 年 4 月 29 日第十一届全国人民代表大会常务委员会第十四次会议第一次修正，2012 年 10 月 26 日第十一届全国人民代表大会常务委员会第二十九次会议第二次修正。

害行为包括两类:一类是具体行政行为,另一类是事实行为。根据《国家赔偿法》的规定,国家只对这两类行为承担赔偿责任。行政机关的抽象行政行为不属赔偿范围。

1995 年的《国家赔偿法》存在一些先天性缺陷,在司法实践中逐渐显露出来。立法的时候,《国家赔偿法》确立了法定有限赔偿原则,主要是解决"填平补齐"的问题,就是只赔偿直接损失,不赔偿间接损失,也没有精神损害赔偿,而且制定的赔偿标准也都偏低。本案中一审法院认为王惠民没有实际损失,不予赔偿,正是基于"只赔偿直接损失,不赔偿间接损失"的规定。

## 案例 134　正当行使职责不负行政赔偿责任

——陈宁诉庄河市公安局行政赔偿纠纷案[①]

### 【案情简介】

2001 年 12 月 24 日,原告陈宁的丈夫韩勇驾驶的出租轿车,在庄河市栗子房镇林坨处发生了交通事故,韩勇当场死亡。庄河市公安局交通警察大队在事故现场用气焊切割该车,致使该车失火,经济损失达 21 万余元。经调查,该车被撞车损约为 3 万元,其余为失火损失。原告陈宁要求庄河市公安局行政赔偿,认为是由于交通警察处理事故时的职务行为直接导致车辆失火,故应赔偿该车因失火造成的经济损失 18 万元。庄河市公安局对此作出不予赔偿的决定。陈宁不服,诉至法院。

一审庄河市人民法院认为,在处理事故中,警方根据司机韩勇生死不明的情况,判断应立即从发生事故的汽车中将其救出送往医院,并无不当。在其他方法都无法打开已经变形的车门时,不得不采取破损车门的措施并不违法。虽然该措施后来导致了汽车的毁损,但由于当时情况紧急,无法采取其他更安全、有效的措施抢救韩勇。警方在救人过程中虽然造成了汽车的毁损,但不具有违法性,原告陈宁要求庄河市公安局对抢险过程中致使其汽车毁损给予行政赔偿,不符合《国家赔偿法》[②]的有关规定。庄河市公安局对此作出不予赔偿的决定是正确的,应予维持。

---

① 《陈宁诉庄河市公安局行政赔偿纠纷案》,《最高人民法院公报》2003 年第 3 期。

② 本案依据的是 1994 年 5 月 12 日第八届全国人民代表大会常务委员会第七次会议通过的《国家赔偿法》。该法已被 2010 年 4 月 29 日第十一届全国人民代表大会常务委员会第十四次会议第一次修正,2012 年 10 月 26 日第十一届全国人民代表大会常务委员会第二十九次会议第二次修正。

据此，庄河市人民法院依据《行政诉讼法》[①]第五十四条第(一)项的规定，于 2002 年 6 月 26 日判决：维持被告庄河市公安局庄公行不赔字(2002)第 1 号《不予赔偿决定书》。

宣判后，陈宁不服，向大连市中级人民法院提出上诉，请求撤销一审判决，判令庄河市公安局赔偿其经济损失 18 万元。她坚持认为交通警察采取气焊切割车门的方式，并不是救人必须采取的手段，而且在用气焊切割车门之前，应该预见到引起失火的后果。失火是因为没有采取可靠的防范措施造成的，说明警方处理事故的措施不当，对由此引起的财产损失，应予赔偿。

大连市中级人民法院于 2002 年 11 月 7 日判决：驳回上诉，维持原判。

## 【点评】

不同的国家赔偿责任归责原则，对于具体确定赔偿范围、义务主体、赔偿数额起着重要作用。

1995 年施行的《国家赔偿法》第二条规定："国家机关和国家机关工作人员违法行使职权侵犯公民、法人和其他组织的合法权益造成损害的，受害人有依照本法取得国家赔偿的权利。"从这一规定可以看出来，《国家赔偿法》采取的是违法责任原则。

本案中按照违法责任原则，因公安局在执行公务中并没有违法行为，故两审法院判决维持被告庄河市公安局庄公行不赔字(2002)第 1 号《不予赔偿决定书》是正确的。

同时，必须认识到，国家赔偿的归责原则，在我国有一个不断深化认识和发展变化的过程。2010 年修正的《国家赔偿法》第二条规定："国家机关和国家机关工作人员行使职权，有本法规定的侵犯公民、法人和其他组织合法权益的情形，造成损害的，受害人有依照本法取得国家赔偿的权利。"如何来解读这一条的变化呢？

1995 年《国家赔偿法》强调的是违法归责原则，即不论是行政赔偿，还是刑事赔偿和非刑事赔偿，都要先经确认程序确认致害行为属于违法行为，才能进入赔偿程序。现在，实际上已经将赔偿原则修改成多元的归责，违法赔偿虽然仍占主要部分，但是取消了先行确认违法的独立程序。

在一些国家的国家赔偿法中，违法的概念被理解为"违反职务上的义务"，甚至扩大解释为机关或机关人员的一切具有可非难性、可指责性的行为，这种扩大理解的趋向，反映出国家赔偿范围的不断扩大，也说明对"违法"概念解释过窄将会使大

---

① 本案依据的是 1989 年 4 月 4 日第七届全国人民代表大会第二次会议通过的《行政诉讼法》。该法已被 2014 年 11 月 1 日第十二届全国人民代表大会常务委员会第十一次会议第一次修正，2017 年 6 月 27 日第十二届全国人民代表大会常务委员会第二十八次会议第二次修正。

量应当取得国家赔偿的人因找不到违反的具体法律规定而得不到赔偿,从而带来赔偿不公或应当赔偿而不能获得赔偿的问题。《国家赔偿法》修正以后,人民法院在行政审判实践中,已通过司法解释的形式对“违法”这一概念作了适当扩充解释,将所有“违反职责上的义务”的行为(包括作为和不作为)都视为违法,因此,行政赔偿的归责也随之而有扩展变化,违法及过错都应当可以被要求国家赔偿。

## 案例135　只赔偿财产的直接损失

### ——汇兴公司诉浦江海关行政赔偿案[①]

### 【案情简介】

汇兴公司于2001年11月13日由上海协通(集团)有限公司代理报关,申报进口人工草坪共计8491.2平方米,浦江海关于同日分别征收关税101515.8元和代征增值税132308.96元后放行。之后,浦江海关发现汇兴公司申报进口人工草坪的商品编号有误,工作人员根据错误申报的编号予以税则归类致使少征了税款,故于2002年10月22日向汇兴公司补征关税和代征增值税共计47509.34元(以下简称补征税行为)。汇兴公司缴纳了补征的税款后,于2003年1月20日以浦江海关2001年11月13日的征税行为(以下简称原征税行为)违法为由,向浦江海关申请行政赔偿。2003年3月21日,浦江海关作出不予行政赔偿决定,认为海关征税行为合法,汇兴公司的赔偿请求不符合《国家赔偿法》[②]第二、四条规定的赔偿条件,决定不予赔偿。

在赔偿申请被拒后,汇兴公司起诉至上海市第二中级人民法院,要求确认浦江海关补征税行为违法,并要求浦江海关赔偿因税则归类错误导致其无法将补征税款计入成本核销所产生的经济损失,损失数额与补征税行为的税额相同。

上海市第二中级人民法院认为:

《最高人民法院关于审理行政赔偿案件若干问题的规定》[③]第三十三条规定:“被告的具体行政行为违法但尚未对原告合法权益造成损害的,或者原告的请求没有事实根据或法律根据的,人民法院应当判决驳回原告的诉讼请求。”

原告汇兴公司委托他人以错误的商品编号向海关申报进口人工草坪,浦江海

① 《汇兴公司诉浦江海关行政赔偿案》,《最高人民法院公报》2004年第1期。

② 本案依据的是1994年5月12日第八届全国人民代表大会常务委员会第七次会议通过的《国家赔偿法》。该法已被2010年4月29日第十一届全国人民代表大会常务委员会第十四次会议第一次修正,2012年10月26日第十一届全国人民代表大会常务委员会第二十九次会议第二次修正。

③ 本案依据的是1997年4月29日最高人民法院发布的法发〔1997〕10号。

关对此未予严格审核，致使少征了汇兴公司的税款。浦江海关发现少征税款后，依照《海关法》[①]的规定向汇兴公司补征税款并无不当。汇兴公司虽然有权以浦江海关原征税行为造成其损失为由，要求国家赔偿，但由于汇兴公司提供的工程施工合同约定的单价，包括人工草坪、铺设所需辅料及人工费用等证据，与赔偿请求之间无法律上的因果关系，亦不能证明实际存在着损害的后果，故不予支持。

据此，上海市第二中级人民法院于 2003 年 7 月 14 日判决：驳回原告汇兴实业有限公司的诉讼请求。

一审宣判后，汇兴公司不服，向上海市高级人民法院提出上诉，认为由于征税违法导致补征税，从而产生进口人工草坪的新成本，而征税所涉及的人工草坪已在补征税之前出售，因此新增成本只能充抵上诉人所获收益。该新增成本就是浦江海关原征税行为错误造成的。

二审法院审理后认为，上诉人汇兴公司提供的证据显示人工草坪的单价相差较大，而这些人工草坪进口时适用的税率均为同一，可见征税数额并非合同定价的主要因素。因此上诉人主张的利益损失并不确定，不确定的利益不构成直接损失。据此，二审法院驳回汇兴公司的诉请，维持一审原判。

## 【点评】

本案的争议焦点有二。一是原征税行为是否具有违法性？二是原征税行为是否给汇兴公司造成直接损失？

根据《最高人民法院关于审理行政赔偿案件若干问题的规定》第二十一条规定："赔偿请求人单独提起行政赔偿诉讼，应该符合下列条件……(4)加害行为为具体行政行为的，该行为已被确认为违法……"具体行政行为是否已被确认违法，应由人民法院依法认定。汇兴公司提出的赔偿请求，是浦江海关的原征税行为直接导致的。由于浦江海关已对汇兴公司作出了补征税决定，该决定本身即表明原征税行为在税则归类和税额计算方面存在错误，且案件一审时双方当事人对汇兴公司原征税行为的违法性亦无争议，故应认定本案赔偿请求所依附的原征税行为违法性已得到确认，汇兴公司有权根据《国家赔偿法》的规定，单独提起行政赔偿诉讼。

《国家赔偿法》第二十八条第(七)项规定："对财产权造成其他损害的，按照直

① 本案依据的是 1987 年 1 月 22 日第六届全国人民代表大会常务委员会第十九次会议通过，并已被 2000 年 7 月 8 日第九届全国人民代表大会常务委员会第十六次会议第一次修正的《海关法》。该法已被 2013 年 6 月 29 日第十二届全国人民代表大会常务委员会第三次会议第二次修正，2013 年 12 月 28 日第十二届全国人民代表大会常务委员会第六次会议第三次修正，2016 年 11 月 7 日第十二届全国人民代表大会常务委员会第二十四次会议第四次修正，2017 年 11 月 4 日第十二届全国人民代表大会常务委员会第三十次会议第五次修正。

接损失给予赔偿。”根据《海关法》有关补征税制度的规定，本案中，最初的缴纳关税和后来的补交关款，都是汇兴公司进口人工草坪时应承担的义务，不论人工草坪是否已经出售，在浦江海关依法确认其少交税款后，汇兴公司都应该依照《海关法》的规定补交税款。汇兴公司少交的税款为不当得利，本应返还。所以，本案中，汇兴公司在履行补交纳税义务时是否直接造成损失，是确认浦江海关应否承担赔偿责任的前提。根据《国家赔偿法》的规定，如果汇兴公司认为浦江海关的补征行为造成了其直接损失，就应对自己的赔偿主张负举证责任。汇兴公司提供的有关人工草坪的出售合同、协议书及电汇凭证等证据，虽可以证明进口的人工草坪是在浦江海关的补征行为之前已经销售，但由于汇兴公司出售人工草坪的单价为每平方米102～180元不等，收益的幅度相差较大，故浦江海关关于征税数额并非合同定价的主要因素，合同定价主要是由市场调节的主张可以成立。汇兴公司主张的销售收入减少，是指以较高价格销售出人工草坪而获得利益为前提的，而较高利益的实现在销售中是受到供求关系等各种不确定因素决定的，属于不确定的利益，故不构成直接损失。由于汇兴公司提供的证据不能证明原征税行为造成其直接损失，故汇兴公司的行政赔偿请求不能成立。

## 案例136　赔偿标准

### ——麻旦旦诉泾阳县、咸阳市公安局赔偿精神损害案[①]

### 【案情简介】

2001年1月8日晚8时，泾阳县公安局蒋路派出所以19岁农家少女麻旦旦涉嫌卖淫将其传唤到派出所，麻不承认，泾阳县公安局工作人员便将麻旦旦用手铐铐在院内篮球杆上。第二天晚上7时，麻旦旦才被送回家。泾阳县公安局于1月9日作出《治安管理处罚裁决书》，内容是：“2001年2月9日，麻旦旦，男，因嫖娼依法给予行政拘留15天的处罚。”

麻旦旦不服，当日向咸阳市公安局申请复议，请求撤销原《治安管理处罚裁定书》以嫖娼为由，对其拘留15天的决定，要求赔偿误工费、医疗费8000元，赔偿精神损失费5万元；要求对刑讯逼供、违法乱纪的民警进行处理。

咸阳市公安局于1月15日受理，但迟迟不作裁决，麻旦旦的家人多次找咸阳

① 李静、马跃：《“处女嫖娼案”审结，麻旦旦不服一审判决提出上诉》，《三秦都市报》2001年5月10日。储国强：《陕西离奇“处女嫖娼案”二审判决，麻旦旦不满》，http://www.people.com.cn/GB/shehui/20011211/624687.html，访问时间：2012年6月1日。

市公安局法制处、纪委交涉,得到的答复是听候处理,并一再拖延。直至 2 月 6 日,咸阳市公安局法制处处长一行几人来到麻家,要麻旦旦去咸阳 215 医院做处女膜检查。当天,麻旦旦来到咸阳 215 医院妇科,经医生检查,其处女膜完整,属未婚型。2 月 9 日,咸阳市公安局法制处处长和几位民警要求麻旦旦再去咸阳市做一次“处检”。咸阳市第二人民医院对原告麻旦旦作出“处女膜完整”鉴定结论。2 月 7 日,咸阳市公安局会议研究决定撤销原裁决,2 月 8 日作出《申诉裁决书》,撤销泾阳县公安局裁决书,2 月 9 日向麻旦旦送达。

2001 年 2 月,麻旦旦一纸诉状将咸阳市公安局、泾阳县公安局诉至咸阳市中级人民法院,并要求精神损害赔偿 500 万元。2 月 16 日,咸阳市中级人民法院指定咸阳市秦都区人民法院受理。秦都区人民法院于 3 日后受理此案,并依法组成合议庭,于 3 月 20 日公开开庭审理此案。

2001 年 5 月 9 日,咸阳市秦都区人民法院对此案作出一审判决:确认被告泾阳县公安局传唤原告麻旦旦并限制其人身自由 23 小时的具体行政行为违法;确认被告泾阳县公安局对原告麻旦旦使用械具行为违法;确认被告咸阳市公安局委托医院对原告麻旦旦做医学鉴定的具体行政行为违法;自判决生效后 10 日内被告泾阳县公安局向原告麻旦旦支付赔偿金 74.66 元;自判决生效后 10 日内被告泾阳县公安局赔偿原告医疗费 1354.34 元及误工损失费;驳回原告麻旦旦其他诉讼请求。

麻旦旦不服一审判决,向咸阳市中级人民法院提起上诉。

2001 年 12 月 11 日,咸阳市中级人民法院二审判决:确认泾阳县公安局对麻旦旦讯问时,使用械具并殴打限制其人身自由的行政行为违法;确认咸阳市公安局委托医院对麻旦旦做医学鉴定的具体行政行为违法;泾阳县公安局违法限制麻旦旦人身自由 2 天的赔偿金 74.66 元,维持不变,另赔偿麻旦旦医疗费 1671.44 元,交通、住宿费 669.50 元,180 天误工费 6719.40 元,共计 9135 元整;驳回麻旦旦要求 500 万元精神损失赔偿和公安局在媒体上公开赔礼道歉的诉讼请求。

## 【点评】

1995 年施行的《国家赔偿法》第三十条规定:“赔偿义务机关对依法确认有本法第三条第(一)、(二)项,第十五条第(一)、(二)、(三)项规定情形之一,并造成受害人名誉权、荣誉权损害的,应当在侵权行为影响的范围内,为受害人消除影响,恢复名誉,赔礼道歉。”该内容,就是有关精神损害赔偿的规定。

但是,1995 年《国家赔偿法》对精神损害并未明确规定金钱赔偿的形式。正因如此,麻旦旦要求的 500 万元精神损害赔偿被咸阳市中级人民法院驳回。理由就是,麻旦旦请求精神损害赔偿,不符合《国家赔偿法》规定。

曾经参与《国家赔偿法》立法起草工作的著名行政法学家应松年表示,《国家赔偿法》制定之初,也考虑过精神损害赔偿这个问题,但当时国家财政困难就没有纳入。目前来讲,国家经济困难的时代已经过去,对于给精神上造成的损害要远大于经济损失的情况,国家应当承担起精神赔偿的责任。应松年认为,尽管精神损害赔偿的标准确实不容易统一,属于自由裁量,但至少要跟民事赔偿案件中的标准看齐,甚至可以更高一些,因为公权力对公民的侵害要比平等主体之间造成的精神伤害更大。[①]

最高人民法院在2001年3月颁布了《关于确定民事侵权精神损害赔偿责任若干问题的解释》[②]。该司法解释第八条第二款规定:"因侵权致人精神损害,造成严重后果的,人民法院除判令侵权人承担停止侵害、恢复名誉、消除影响、赔礼道歉等民事责任外,可以根据受害人一方的请求判令其赔偿相应的精神损害抚慰金。"第九条规定,精神损害抚慰金包括残疾赔偿金、死亡赔偿金和其他损害情形的精神抚慰金。由此可见,在民事审判领域,我国已认可精神损害赔偿。因而,在国家赔偿领域,当作为我国公民的人身权利受到行政或司法侵犯而产生精神损害时,作为公民人身权利保护者和最大利益代表者的国家,当然更有责任对此承担损害赔偿义务。[③]

麻旦旦一审仅获得74.66元的赔偿,一审法院这一判决并无不当,二审法院对一审法院的这一判决也只能维持。1995年《国家赔偿法》第二十六条规定:"侵犯公民人身自由的,每日的赔偿金按照国家上年度职工日平均工资计算。"1996年《最高人民法院关于人民法院执行〈中华人民共和国国家赔偿法〉几个问题的解释》[④]第六条规定:"国家上年度职工日平均工资数额,应当以职工年平均工资除以全年法定工作日数的方法计算。年平均工资以国家统计局公布的数字为准。"2000年我国职工每日平均工资为37.33元,泾阳县公安局违法限制麻旦旦人身自由前后2天,所以赔偿其74.66元。

1995年修正后的《国家赔偿法》对于精神损害赔偿进行了规定,这成为《国家赔偿法》修改的最大亮点。其中第三十五条规定:"有本法第三条或者第十七条规定情形之一,致人精神损害的,应当在侵权行为影响的范围内,为受害人消除影响,恢复名誉,赔礼道歉;造成严重后果的,应当支付相应的精神损害抚慰金。"

---

① 杜萌:《应松年:让"国家赔偿法是不赔法"的说法从此消失》,《法制日报》2010年5月4日。

② 此处指的是2001年3月8日最高人民法院发布的法释〔2001〕7号。

③ 廖特力、丁宝华:《国家赔偿标准问题探讨——从麻旦旦一案谈起》,《社会科学》2002年第5期。

④ 此处指的是1996年5月6日最高人民法院发布的法发〔1996〕15号。

# 案例 137 行政赔偿诉讼中的举证责任

## ——天坛鑫盈公司诉北京市工商行政管理局怀柔分局行政赔偿案①

## 【案情简介】

1999 年 7 月 19 日，原告北京天坛鑫盈珠宝有限公司(以下简称天坛鑫盈公司)在北京市崇文区工商行政管理局设立登记，法定代表人为韩燕。该公司注册资本为 30 万元，其中韩燕出资 18 万元、韩扬梅出资 12 万元，营业期限为 10 年。2003 年 9 月，天坛鑫盈公司申请将住所由北京市崇文区前门大街甲 6 号变更至北京市怀柔区青春路甲 68 号，被告北京市工商行政管理局怀柔分局(以下简称工商怀柔分局)准予变更登记。2004 年 7 月，天坛鑫盈公司向工商怀柔分局提出申请变更公司股东、注册资本、股东出资、法定代表人、经营范围等事项。2004 年 7 月 9 日，工商怀柔分局准予该公司变更登记。变更后的公司注册资本 70 万元，其中股东郝永良出资 30 万元、郝强出资 22 万元、韩燕出资 18 万元，法定代表人郝永良。2010 年 7 月 19 日，天坛鑫盈公司向工商怀柔分局申请变更公司股东、法定代表人等事项并提供了有关材料。工商怀柔分局对其提交材料进行审查后，于当日作出准予变更通知。变更后的公司股东郝永君出资 30 万元、郝强出资 22 万元、韩燕出资 18 万元，法定代表人郝永君。2012 年 12 月 4 日，天坛鑫盈公司向工商怀柔分局提出变更公司经营范围的申请，并提交相关材料。工商怀柔分局对其提交材料进行审查后，于当日作出准予变更通知。

因天坛鑫盈公司原股东韩燕长期在国外生活，自 2003 年起由郝永良负责公司日常管理。2004 年 7 月至 2012 年 12 月期间的公司登记变更事宜均非韩燕本人办理。2013 年 1 月 14 日，韩燕到工商行政管理部门查询后，才得知天坛鑫盈公司上述股权和注册资金的变更情况。因韩燕、韩杨梅均未召集或参加股东会，相关股东会决议中韩燕和韩杨梅的签名均非本人书写，韩燕遂将天坛鑫盈公司和第三人郝永君、郝永良、郝强诉至怀柔区人民法院，要求确认几次股东会决议无效。2013 年 5 月 13 日，怀柔区人民法院作出(2013)怀民初字第 01868 号民事判决书，确认了 2004 年 7 月 7 日天坛鑫盈公司第一届第六次股东会决议无效、第二届第一次股东会决议无效，2010 年 7 月 8 日天坛鑫盈公司(原股东会及新一届股东会)股东会

① 天坛鑫盈公司诉工商怀柔分局行政赔偿案，资料来源：北京市怀柔区人民法院网，http://hrqfy.chinacourt.gov.cn/article/detail/2018/04/id/4084476.shtml，访问日期：2019 年 9 月 1 日。

议决议无效。该判决于2013年5月29日发生法律效力。

2015年4月,原告天坛鑫盈公司将被告工商怀柔分局诉至北京市怀柔区人民法院,分别要求确认2004年7月9日、2010年7月19日、2012年12月4日被告三次准予原告变更登记的行政行为违法。针对2010年7月19日、2012年12月4日被告准予原告变更登记的行为,法院认为,尽管工商怀柔分局尽到了审查义务,但根据生效民事判决中已确认的股东会决议无效的事实,工商怀柔分局作出的工商变更登记行为违法。另外,因原告针对2004年7月9日被告准予其变更登记的起诉超过起诉期限,法院于2015年5月20日作出(2015)怀行初字第32号行政裁定书,裁定驳回了原告的起诉。原告不服,提起上诉。二审维持原裁定。

2015年12月1日,原告天坛鑫盈公司向被告工商怀柔分局提出行政赔偿申请,要求被告工商怀柔分局赔偿因其违法行为给原告天坛鑫盈公司造成的经济损失3260万元。2015年12月8日,被告作出京工商怀赔(不)受字(2015)第1号《(不予)受理案件通知书》,裁定不予受理。2016年1月11日,原告天坛鑫盈公司将被告工商怀柔分局诉至北京市怀柔区人民法院,要求被告赔偿其经济损失3260万元。

北京市怀柔区人民法院依照《最高人民法院关于审理行政赔偿案件若干问题的规定》[①]第三十三条之规定,判决驳回原告的赔偿请求。

原告不服,提起上诉。二审北京市第三中级人民法院判决:驳回上诉,维持原判。

## 【点评】

本案过程比较复杂,先有民事诉讼,后有行政行为违法之诉,最后是行政赔偿之诉。聚焦到行政赔偿之诉,其疑难点有二。

其一,在被告工商怀柔分局的变更登记行为被依法确认违法后,其是否应当承担赔偿责任。本案被告于2010年7月19日、2012年12月4日两次准予原告变更登记的行政行为虽已被生效判决确认违法,但该行政行为违法并非因被告违法行使职权所导致。相反,两份确认违法的生效判决中认定被告在为原告办理变更登记事项时已尽到审查义务。《行政许可法》[②]第三十一条规定:“申请人申请行政许可,应当如实向行政机关提交有关材料和反映真实情况,并对其申请材料实质内容的真实性负责。”原告在变更登记时提供虚假材料,直接导致被告作出的变更登记行为欠缺合法的事实依据而被确认违法,故因申请材料虚假造成错误登记的责任,

① 本案依据的是1997年4月29日最高人民法院发布的法发〔1997〕10号。

② 本案依据的是2003年8月27日第十届全国人民代表大会常务委员会第四次会议通过的《行政许可法》。该法已被2019年4月23日第十三届全国人民代表大会常务委员会第十次会议修正。

不应由准予其变更登记的被告承担。

其二,举证责任如何承担。《最高人民法院关于审理行政赔偿案件若干问题的规定》第三十二条规定:"原告在行政赔偿诉讼中对自己的主张承担举证责任。被告有权提供不予赔偿或者减少赔偿数额方面的证据。"《国家赔偿法》[①]第三十六条规定:"侵犯公民、法人和其他组织的财产权造成损害的,按照下列规定处理:……(八)对财产权造成其他损害的,按照直接损失给予赔偿。""直接损失"应是违法行政行为造成的现有财产的直接减少或消灭。本案中,原告未能提供充分证据证明其主张的经济损失3260万元为被告准予其变更登记行为造成的直接必然损失,故原告的赔偿请求没有事实及法律依据。

此外,《最高人民法院关于审理公司登记行政案件若干问题的座谈会纪要》[②]第一条"以虚假材料获取公司登记的问题"对此也有说明:因申请人隐瞒有关情况或者提供虚假材料导致登记错误引起行政赔偿诉讼,登记机关与申请人恶意串通的,与申请人承担连带责任;登记机关未尽审慎审查义务的,应当根据其过错程度及其在损害发生中所起作用承担相应的赔偿责任;登记机关已尽审慎审查义务的,不承担赔偿责任。本案中被告工商怀柔分局作为登记机关,其是对申请人提交的材料和证明文件是否齐全,以及申请材料和证明文件及其所记载的事项是否符合有关登记处管理法律法规的规定进行形式审查。法院生效判决已经确认被告工商怀柔分局在变更登记过程中尽到了审慎审查义务,因此,被告不应承担赔偿责任。

① 本案依据的是1994年5月12日第八届全国人民代表大会常务委员会第七次会议通过,并已被2010年4月29日第十一届全国人民代表大会常务委员会第十四次会议第一次修正,2012年10月26日第十一届全国人民代表大会常务委员会第二十九次会议第二次修正的《国家赔偿法》。

② 本案依据的是2012年3月7日最高人民法院发布的法发法办〔2012〕62号。